中国行政检察发展报告

（2019年）

最高人民检察院行政检察研究基地
武汉大学行政检察研究中心 编

中国检察出版社

图书在版编目（CIP）数据

中国行政检察发展报告. 2019年 / 最高人民检察院行政检察研究基地，武汉大学行政检察研究中心编. —北京：中国检察出版社，2020.11
ISBN 978-7-5102-2472-0

Ⅰ. ①中… Ⅱ. ①最… ②武… Ⅲ. ①行政诉讼-检察-研究报告-中国-2019 Ⅳ. ①D926.3

中国版本图书馆CIP数据核字(2020)第147396号

中国行政检察发展报告（2019年）

最高人民检察院行政检察研究基地
武汉大学行政检察研究中心　编

出版发行：中国检察出版社
社　　址：北京市石景山区香山南路109号（100144）
网　　址：中国检察出版社（www.zgjccbs.com）
编辑电话：(010)86423753
发行电话：(010)86423726　86423727　86423728
(010)86423730　68650016
经　　销：新华书店
印　　刷：北京宝昌彩色印刷有限公司
开　　本：710 mm×960 mm　16开
印　　张：27.25
字　　数：359千字
版　　次：2020年11月第一版　2021年6月第二次印刷
书　　号：ISBN 978-7-5102-2472-0
定　　价：89.00元

编　委　会

顾　　问　张文显　马怀德　韩大元

主　　编　张相军　秦前红

副 主 编　韩成军　苏绍龙

编写人员　（以姓氏笔画为序）

邓烈辉　石泽华　李知隆

陈家勋　赵　丹　聂　影

董　擎

2019 年 8 月，张军检察长在最高人民检察院检察研究基地授牌仪式暨检察理论工作座谈会上讲话。

2019 年 8 月，张军检察长为武汉大学行政检察研究中心授牌，武汉大学副校长唐其柱教授代表学校接受牌匾。

2019 年 9 月，全国检察机关行政检察工作座谈会在福州召开，最高人民检察院副检察长张雪樵出席座谈会并讲话。

2019 年 2 月，最高人民检察院第七检察厅厅长张相军接受《检察日报》专访，畅谈如何做好新时代行政检察工作。

2019 年 11 月 8 日，“新时代行政检察的理论与实务”研讨会在武汉大学召开。最高人民检察院第七检察厅厅长张相军，中国法学会宪法学研究会会长、中国人民大学法学院教授韩大元，湖北警官学院院长刘茂林，湖北省人民检察院党组成员、副检察长金鑫等校内外专家学者参加研讨会。

前　言

2019年初，最高人民检察院内设机构改革，成立第七检察厅专司行政检察职责，许多地方检察机关也随之成立专门负责行政检察工作的部门。行政检察是新时代检察机关立足国家法律监督机关宪法定位，强化法律监督力量，实现“四大检察”全面协调充分发展的重要内容。以行政检察为抓手，各级检察机关发挥“一手托两家”的作用，既维护司法公正，又促进依法行政、推进法治政府建设，同时检察机关积极参与社会治理，推动行政争议的实质性化解，维护人民群众的切身利益。

不可否认的是，目前行政检察仍是检察工作中较为薄弱的一个方面，案件数量相对较少、实践经验尚不充足，相应的理论研究也较为滞后。因此，“补短板、强弱项”仍将是当前和今后一个时期行政检察工作发展的主要方向。在2019年全国检察长会议上，张军检察长鲜明地提出“做实行政检察工作”的要求，明确指出：“行政检察要围绕行政诉讼监督展开，做到精准，抓好典型性、引领性案件的监督，做一件成一件、成一件影响一片。多与审判机关、行政机关沟通，争取双赢多赢共赢的效果。”做实行政检察，必须坚持“讲政治、顾大局、谋发展、重自强”的检察工作总要求，把“稳进、落实、提升”检察工作主题贯穿行政检察工作全过程，不断强化专业化建设，实现行政检察工作稳步发展。

实践的发展离不开理论的支撑。为开创行政检察理论研究的新格局，武汉大学成立了“武汉大学行政检察研究中心”，最高人民检察院随后授予研究中心“最高人民检察院行政检察研究基地”，研究中心由最高人民检察院第七检察厅厅长张相军同志担任联席主任，武汉大学法学院秦前红教授担任主任，中国法学会宪法学研究会会长、中国人民大学法学院韩大元教授担任学术委员会主任。研究中心汇聚了一批德才兼备的检察理论研究专家和检察业务专家，以行政检察为重点，深入研究新时代检察工作重大理论和实践问题。研究中心成立后不久，便同最高人民检察院第七检察厅合作启动了这部《中国行政检察发展报告（2019年）》的编写工作。

本报告共分为四编，分别从制度建设、实践探索、典型案例、研究成果等四个方面对2019年中国行政检察的发展情况进行回顾，总结实践经验、展望未来发展趋势。在制度建设方面，本报告盘点了从中央到地方有关行政检察的决策部署与制度建设情况；在实践探索方面，细致梳理了全国与各地方的行政检察实践情况；在典型案例方面，汇集了最高人民检察院发布的行政检察指导性案例、典型案例，并就案例进行了分析；在研究成果方面，摘选了较有代表性的行政检察基础理论和应用理论研究成果。本报告既囊括了实务界在行政检察上的实践做法与观点意见，也涵盖了理论界对行政检察的学术探讨与独到见解，既包括了中央在宏观领域的制度设计，也收集了地方探索创新的经验做法。

本报告的编写作为有益的尝试，力图全方位、多层次地展现中国行政检察的现状与发展方向，同时也希冀能够为广大行政检察实务工作者和研究人员提供更为扎实可靠的参考。

编 者

2020 年 7 月

目　录

第一编　制度建设盘点

第二编　实践探索概述

第三编　典型案例评析

第四编　研究成果扫描

第一编

制度建设盘点

- 中央决策部署
- 最高人民检察院部署安排
- 地方检察机关行政检察制度建设情况

中央决策部署

中共中央关于坚持和完善中国特色社会主义制度　推进国家治理体系和治理能力现代化若干重大问题的决定（节选）*

（2019 年 10 月 31 日中国共产党第十九届中央委员会第四次全体会议通过）

为贯彻落实党的十九大精神，十九届中央委员会第四次全体会议着重研究了坚持和完善中国特色社会主义制度、推进国家治理体系和治理能力现代化的若干重大问题，作出如下决定。

……

四、坚持和完善中国特色社会主义法治体系，提高党依法治国、依法执政能力

建设中国特色社会主义法治体系、建设社会主义法治国家是坚持和发展中国特色社会主义的内在要求。必须坚定不移走中国特色社会主义

* 全文载新华社客户端 2019 年 11 月 15 日，http：//xhpfmapi. zhongguowangshi. com/vh512/share/6604286？channel = qq。

法治道路，全面推进依法治国，坚持依法治国、依法执政、依法行政共同推进，坚持法治国家、法治政府、法治社会一体建设，加快形成完备的法律规范体系、高效的法治实施体系、严密的法治监督体系、有力的法治保障体系，加快形成完善的党内法规体系，全面推进科学立法、严格执法、公正司法、全民守法，推进法治中国建设。

（一）健全保证宪法全面实施的体制机制。依法治国首先要坚持依宪治国，依法执政首先要坚持依宪执政。加强宪法实施和监督，落实宪法解释程序机制，推进合宪性审查工作，加强备案审查制度和能力建设，依法撤销和纠正违宪违法的规范性文件。坚持宪法法律至上，健全法律面前人人平等保障机制，维护国家法制统一、尊严、权威，一切违反宪法法律的行为都必须予以追究。

（二）完善立法体制机制。坚持科学立法、民主立法、依法立法，完善党委领导、人大主导、政府依托、各方参与的立法工作格局，立改废释并举，不断提高立法质量和效率。完善以宪法为核心的中国特色社会主义法律体系，加强重要领域立法，加快我国法域外适用的法律体系建设，以良法保障善治。

（三）健全社会公平正义法治保障制度。坚持法治建设为了人民、依靠人民，加强人权法治保障，保证人民依法享有广泛的权利和自由、承担应尽的义务，引导全体人民做社会主义法治的忠实崇尚者、自觉遵守者、坚定捍卫者。坚持有法必依、执法必严、违法必究，严格规范公正文明执法，规范执法自由裁量权，加大关系群众切身利益的重点领域执法力度。深化司法体制综合配套改革，完善审判制度、检察制度，全面落实司法责任制，完善律师制度，加强对司法活动的监督，确保司法公正高效权威，努力让人民群众在每一个司法案件中感受到公平正义。

（四）加强对法律实施的监督。保证行政权、监察权、审判权、检察权得到依法正确行使，保证公民、法人和其他组织合法权益得到切实保障，坚决排除对执法司法活动的干预。拓展公益诉讼案件范围。加大对严重违法行为处罚力度，实行惩罚性赔偿制度，严格刑事责任追究。加大全民普法工作力度，增强全民法治观念，完善公共法律服务体系，夯实依法治国群众基础。各级党和国家机关以及领导干部要带头尊法学法守法用法，提高运用法治思维和法治方式深化改革、推动发展、化解矛盾、维护稳定、应对风险的能力。

五、坚持和完善中国特色社会主义行政体制，构建职责明确、依法行政的政府治理体系

国家行政管理承担着按照党和国家决策部署推动经济社会发展、管理社会事务、服务人民群众的重大职责。必须坚持一切行政机关为人民服务、对人民负责、受人民监督，创新行政方式，提高行政效能，建设人民满意的服务型政府。

（一）完善国家行政体制。以推进国家机构职能优化协同高效为着力点，优化行政决策、行政执行、行政组织、行政监督体制。健全部门协调配合机制，防止政出多门、政策效应相互抵消。深化行政执法体制改革，最大限度减少不必要的行政执法事项。进一步整合行政执法队伍，继续探索实行跨领域跨部门综合执法，推动执法重心下移，提高行政执法能力水平。落实行政执法责任制和责任追究制度。创新行政管理和服务方式，加快推进全国一体化政务服务平台建设，健全强有力的行政执行系统，提高政府执行力和公信力。

（二）优化政府职责体系。完善政府经济调节、市场监管、社会管理、公共服务、生态环境保护等职能，实行政府权责清单制度，厘清政府和市场、政府和社会关系。深入推进简政放权、放管结合、优化服务，深化行政审批制度改革，改善营商环境，激发各类市场主体活力。健全以国家发展规划为战略导向，以财政政策和货币政策为主要手段，就业、产业、投资、消费、区域等政策协同发力的宏观调控制度体系。完善国家重大发展战略和中长期经济社会发展规划制度。完善标准科学、规范

透明、约束有力的预算制度。建设现代中央银行制度，完善基础货币投放机制，健全基准利率和市场化利率体系。严格市场监管、质量监管、安全监管，加强违法惩戒。完善公共服务体系，推进基本公共服务均等化、可及性。建立健全运用互联网、大数据、人工智能等技术手段进行行政管理的制度规则。推进数字政府建设，加强数据有序共享，依法保护个人信息。

（三）优化政府组织结构。推进机构、职能、权限、程序、责任法定化，使政府机构设置更加科学、职能更加优化、权责更加协同。严格机构编制管理，统筹利用行政管理资源，节约行政成本。优化行政区划设置，提高中心城市和城市群综合承载和资源优化配置能力，实行扁平化管理，形成高效率组织体系。

（四）健全充分发挥中央和地方两个积极性体制机制。理顺中央和地方权责关系，加强中央宏观事务管理，维护国家法制统一、政令统一、市场统一。适当加强中央在知识产权保护、养老保险、跨区域生态环境保护等方面事权，减少并规范中央和地方共同事权。赋予地方更多自主权，支持地方创造性开展工作。按照权责一致原则，规范垂直管理体制和地方分级管理体制。优化政府间事权和财权划分，建立权责清晰、财力协调、区域均衡的中央和地方财政关系，形成稳定的各级政府事权、支出责任和财力相适应的制度。构建从中央到地方权责清晰、运行顺畅、充满活力的工作体系。

……

十四、坚持和完善党和国家监督体系，强化对权力运行的制约和监督

党和国家监督体系是党在长期执政条件下实现自我净化、自我完善、自我革新、自我提高的重要制度保障。必须健全党统一领导、全面覆盖、权威高效的监督体系，增强监督严肃性、协同性、有效性，形成决策科

学、执行坚决、监督有力的权力运行机制，确保党和人民赋予的权力始终用来为人民谋幸福。

（一）健全党和国家监督制度。完善党内监督体系，落实各级党组织监督责任，保障党员监督权利。重点加强对高级干部、各级主要领导干部的监督，完善领导班子内部监督制度，破解对“一把手”监督和同级监督难题。强化政治监督，加强对党的理论和路线方针政策以及重大决策部署贯彻落实情况的监督检查，完善巡视巡察整改、督察落实情况报告制度。深化纪检监察体制改革，加强上级纪委监委对下级纪委监委的领导，推进纪检监察工作规范化、法治化。完善派驻监督体制机制。推进纪律监督、监察监督、派驻监督、巡视监督统筹衔接，健全人大监督、民主监督、行政监督、司法监督、群众监督、舆论监督制度，发挥审计监督、统计监督职能作用。以党内监督为主导，推动各类监督有机贯通、相互协调。

（二）完善权力配置和运行制约机制。坚持权责法定，健全分事行权、分岗设权、分级授权、定期轮岗制度，明晰权力边界，规范工作流程，强化权力制约。坚持权责透明，推动用权公开，完善党务、政务、司法和各领域办事公开制度，建立权力运行可查询、可追溯的反馈机制。坚持权责统一，盯紧权力运行各个环节，完善发现问题、纠正偏差、精准问责有效机制，压减权力设租寻租空间。

（三）构建一体推进不敢腐、不能腐、不想腐体制机制。坚定不移推进反腐败斗争，坚决查处政治问题和经济问题交织的腐败案件，坚决斩断“围猎”和甘于被“围猎”的利益链，坚决破除权钱交易的关系网。深化标本兼治，推动审批监管、执法司法、工程建设、资源开发、金融信贷、公共资源交易、公共财政支出等重点领域监督机制改革和制度建设，推进反腐败国家立法，促进反腐败国际合作，加强思想道德和党纪国法教育，巩固和发展反腐败斗争压倒性胜利。

……

中央全面依法治国委员会第二次会议的决策部署*

中共中央总书记、国家主席、中央军委主席、中央全面依法治国委员会主任习近平2019年2月25日下午主持召开中央全面依法治国委员会第二次会议并发表重要讲话。他强调，改革开放40年的经验告诉我们，做好改革发展稳定各项工作离不开法治，改革开放越深入越要强调法治。要完善法治建设规划，提高立法工作质量和效率，保障和服务改革发展，营造和谐稳定社会环境，加强涉外法治建设，为推进改革发展稳定工作营造良好法治环境。

中共中央政治局常委、中央全面依法治国委员会副主任李克强、栗战书、王沪宁出席会议。

会议审议通过了《中央全面依法治国委员会2018年工作总结报告》《中央全面依法治国委员会2019年工作要点》《2019年中央党内法规制定计划》《全国人大常委会2019年立法工作计划》《国务院2019年立法工作计划》《关于开展法治政府建设示范创建活动的意见》《关于全面推进海南法治建设、支持海南全面深化改革开放的意见》《重大行政决策程序暂行条例（草案）》等文件稿。

会议指出，中央全面依法治国委员会成立以来，坚持党对全面依法治国的集中统一领导，积极推进全面依法治国重点工作。各地区各部门和委员会各协调小组、成员单位履行责任，积极作为，推动委员会决策

* 参见《习近平主持召开中央全面依法治国委员会第二次会议》，载新华网2019年2月25日，http：//www. xinhuanet. com/politics/leaders/2019 -02/25/c_1124161654. htm。

部署落地落实。委员会确定的年度工作任务基本完成，宪法学习宣传教育落点实、效果好，一批涉及高质量发展、保障和改善民生的重要法律法规陆续出台，法治政府建设扎实推进，司法体制改革蹄疾步稳，法治社会建设全面深化，全面依法治国迈出新的步伐。

会议强调，法治建设规划，事关全面依法治国工作全局。党的十八届四中全会专题研究了全面推进依法治国重大问题。党的十九大描绘了2035年基本建成法治国家、法治政府、法治社会的宏伟蓝图。要贯彻中国特色社会主义法治理论，贯彻新发展理念，同我国发展的战略目标相适应，同全面建成小康社会、全面深化改革、全面从严治党相协同，扎扎实实把全面依法治国推向前进，确保制度设计行得通、真管用，发挥法治固根本、稳预期、利长远的保障作用。

会议指出，发展要高质量，立法也要高质量。要积极推进重点领域立法，深入推进科学立法、民主立法、依法立法，提高立法质量和效率，不断完善以宪法为核心的中国特色社会主义法律体系，推动形成比较完善的党内法规制度体系。

会议强调，要以立法高质量发展保障和促进经济持续健康发展。要适应新时代构建开放型经济新体制的需要，制定统一的外资基础性法律。对改革开放先行先试地区相关立法授权工作要及早作出安排。知识产权保护、生物安全、土地制度改革、生态文明建设等方面的立法项目要统筹考虑，立改废释并举。

会议指出，推进全面依法治国，要坚持法治国家、法治政府、法治社会一体建设，法治政府建设是重点任务，对法治国家、法治社会建设具有示范带动作用。要加强法治政府建设，加强对示范创建活动的指导，杜绝形式主义，务求实效。

会议指出，规范重大行政决策程序，是依法治国的迫切需要。要把党的领导贯穿于重大行政决策全过程和各方面，履行决策法定程序，增强公众参与实效，提高专家论证质量，坚持合法性审查，防控决策风险。

要坚持以人民为中心，坚持从实际出发，坚持尽力而为、量力而行，以规范的程序、科学的决策维护重大公共利益、维护人民合法权益，促进社会公平正义，不断增强人民群众获得感、幸福感、安全感。

会议强调，法治是最好的营商环境。要把平等保护贯彻到立法、执法、司法、守法等各个环节，依法平等保护各类市场主体产权和合法权益。要用法治来规范政府和市场的边界，尊重市场经济规律，通过市场化手段，在法治框架内调整各类市场主体的利益关系。要把工作重点放在完善制度环境上，健全法规制度、标准体系，加强社会信用体系建设，加强普法工作。对食品、药品等领域的重大安全问题，要拿出治本措施，对违法者用重典，用法治维护好人民群众生命安全和身体健康。要加快推进我国法域外适用的法律体系建设，加强涉外法治专业人才培养，积极发展涉外法律服务，强化企业合规意识，保障和服务高水平对外开放。

会议强调，各地区各部门要结合实际，压实工作责任，贯彻落实党中央关于全面依法治国的决策部署。中央依法治国委协调小组要发挥好作用，推动本领域法治建设任务落地落实。中央依法治国办要认真履行职责，加强工作任务的协调、督促、检查、推动。督促检查要掌握正确方式方法，突出工作实效。

会议还讨论了其他事项。

中央全面依法治国委员会委员出席会议，中央和国家机关有关部门负责同志列席会议。

习近平在中央政法工作会议上发表重要讲话*

中央政法工作会议2019年1月15日至16日在北京召开。中共中央总书记、国家主席、中央军委主席习近平出席会议并发表重要讲话。他强调，要坚持以新时代中国特色社会主义思想为指导，坚持党对政法工作的绝对领导，坚持以人民为中心的发展思想，加快推进社会治理现代化，加快推进政法领域全面深化改革，加快推进政法队伍革命化、正规化、专业化、职业化建设，忠诚履职尽责，勇于担当作为，锐意改革创新，履行好维护国家政治安全、确保社会大局稳定、促进社会公平正义、保障人民安居乐业的职责任务，不断谱写政法事业发展新篇章。

中共中央政治局常委、中央书记处书记王沪宁，中共中央政治局常委、国务院副总理韩正出席会议。

习近平在讲话中强调，党的十八大以来，党中央把政法工作摆到更加重要的位置来抓，作出一系列重大决策，实施一系列重大举措，维护了政治安全、社会安定、人民安宁，促进了经济社会持续健康发展。这是党中央坚强领导的结果，是全党全国各族人民共同奋斗的结果，凝聚着全国政法战线和广大政法干警的智慧和汗水。习近平代表党中央向全国广大政法干警表示诚挚的慰问。

习近平指出，要贯彻好党的群众路线，坚持社会治理为了人民，善于把党的优良传统和新技术新手段结合起来，创新组织群众、发动群众的机制，创新为民谋利、为民办事、为民解忧的机制，让群众的聪明才

* 参见《习近平出席中央政法工作会议并发表重要讲话》，载新华网2019年1月16日，http：//www. xinhuanet. com/politics/leaders/2019－01/16/c_1123999899. htm。

智成为社会治理创新的不竭源泉。要加大关系群众切身利益的重点领域执法司法力度，让天更蓝、水更清、空气更清新、食品更安全、交通更顺畅、社会更和谐有序。

习近平强调，要善于把党的领导和我国社会主义制度优势转化为社会治理效能，完善党委领导、政府负责、社会协同、公众参与、法治保障的社会治理体制，打造共建共治共享的社会治理格局。要创新完善平安建设工作协调机制，统筹好政法系统和相关部门的资源力量，形成问题联治、工作联动、平安联创的良好局面。各地区各部门主要负责同志要落实好平安建设领导责任制，履行好维护一方稳定、守护一方平安的政治责任。要深入推进社区治理创新，构建富有活力和效率的新型基层社会治理体系。

习近平指出，要大力弘扬社会主义核心价值观，加强思想教育、道德教化，改进见义勇为英雄模范评选表彰工作，让全社会充满正气、正义。要坚持依法办事，让遵法守纪者扬眉吐气，让违法失德者寸步难行。要完善基层群众自治机制，调动城乡群众、企事业单位、社会组织自主自治的积极性，打造人人有责、人人尽责的社会治理共同体。要健全社会心理服务体系和疏导机制、危机干预机制，塑造自尊自信、理性平和、亲善友爱的社会心态。要加快推进立体化、信息化社会治安防控体系建设。

习近平强调，黑恶势力是社会毒瘤，严重破坏经济社会秩序，侵蚀党的执政根基。要咬定三年为期目标不放松，分阶段、分领域地完善策略方法、调整主攻方向，保持强大攻势。要紧盯涉黑涉恶重大案件、黑恶势力经济基础、背后“关系网”“保护伞”不放，在打防并举、标本兼治上下真功夫、细功夫，确保取得实效、长效。

习近平指出，政法系统要在更高起点上，推动改革取得新的突破性进展，加快构建优化协同高效的政法机构职能体系。要优化政法机关职权配置，构建各尽其职、配合有力、制约有效的工作体系。要推进政法机关内设机构改革，优化职能配置、机构设置、人员编制，让运行更加顺畅高效。要全面落实司法责任制，让司法人员集中精力尽好责、办好案，提高司法质量、效率、公信力。要聚焦人民群众反映强烈的突出问题，抓紧完善权力运行监督和制约机制，坚决防止执法不严、司法不公甚至执法犯法、司法腐败。要深化诉讼制度改革，推进案件繁简分流、轻重分离、快慢分道，推动大数据、人工智能等科技创新成果同司法工作深度融合。

习近平强调，政法机关承担着大量公共服务职能，要努力提供普惠均等、便捷高效、智能精准的公共服务。要持续开展“减证便民”行动，加快推进跨域立案诉讼服务改革，推动诉讼事项跨区域远程办理、跨层级联动办理，解决好异地诉讼难等问题。要深化公共法律服务体系建设，加快整合律师、公证、司法鉴定、仲裁、司法所、人民调解等法律服务资源，尽快建成覆盖全业务、全时空的法律服务网络。要加快构建海外安全保护体系，保障我国在海外的机构、人员合法权益。

习近平指出，要旗帜鲜明把政治建设放在首位，努力打造一支党中央放心、人民群众满意的高素质政法队伍。要抓好科学理论武装，教育引导广大干警学深悟透新时代中国特色社会主义思想，增强“四个意识”、坚定“四个自信”、做到“两个维护”，矢志不渝做中国特色社会主义事业的建设者、捍卫者。政法机关要敢于刀刃向内、刮骨疗毒，坚决清除害群之马。

习近平强调，政法系统要把专业化建设摆到更加重要的位置来抓。专业化建设要突出实战、实用、实效导向，全面提升政法干警的法律政策运用能力、防控风险能力、群众工作能力、科技应用能力、舆论引导能力。政法队伍是和平年代奉献最多、牺牲最大的队伍。对这支特殊的队伍，要给予特殊的关爱，做到政治上激励、工作上鼓劲、待遇上保障、人文上关怀，千方百计帮助解决各种实际困难，让干警安身、安心、安业。

习近平指出，要加强政法领导班子和干部队伍建设，加强政法机关基层党组织建设。各级党组织和领导干部要支持政法单位开展工作，支持司法机关依法独立公正行使职权。各级党委政法委要把工作着力点放在把握政治方向、协调各方职能、统筹政法工作、建设政法队伍、督促依法履职、创造公正司法环境上，健全完善政治督察、综治督导、执法监督、纪律作风督查巡查等制度机制。

中共中央政治局委员、中央政法委书记郭声琨在总结讲话中指出，习近平总书记的重要讲话，为新时代政法事业发展擘画了宏伟蓝图，提供了根本遵循。要坚持以习近平新时代中国特色社会主义思想为指导，把学习贯彻习近平总书记重要讲话精神作为首要政治任务，增强“四个意识”、坚定“四个自信”、做到“两个维护”，着力维护国家政治安全、确保社会大局稳定、促进社会公平正义、保障人民安居乐业，以优异成绩迎接新中国成立70周年。

部分中共中央政治局委员，全国人大常委会、国务院有关领导同志，最高人民法院院长，最高人民检察院检察长出席会议。

中央政法委委员，中央政法委、中央政法各单位，各省区市和计划单列市、新疆生产建设兵团，中央和国家机关有关部门、有关国有大型企业和高校、军队有关单位负责同志等参加会议。会议以电视电话会议形式召开，各省区市和新疆生产建设兵团设分会场。

第十三届全国人民代表大会第二次会议关于最高人民检察院工作报告的决议*

（2019年3月15日第十三届全国人民代表大会第二次会议通过）

第十三届全国人民代表大会第二次会议听取和审议了最高人民检察院检察长张军所作的工作报告。会议充分肯定最高人民检察院的工作，同意报告提出的2019年工作安排，决定批准这个报告。

会议要求，最高人民检察院要以习近平新时代中国特色社会主义思想为指导，全面贯彻党的十九大和十九届二中、三中全会精神，牢固树立“四个意识”，坚定“四个自信”，做到“两个维护”，毫不动摇坚持党的绝对领导，坚持以人民为中心，围绕党和国家工作大局，忠实履行宪法法律赋予的职责，着力维护国家政治安全、确保社会大局稳定、促进社会公平正义、保障人民安居乐业，全面深化司法体制改革，加强过硬队伍建设，更好发挥人民检察院刑事、民事、行政、公益诉讼各项检察职能，为决胜全面建成小康社会提供更高水平司法保障，以优异成绩庆祝中华人民共和国成立70周年！

* 参见《第十三届全国人民代表大会第二次会议关于最高人民检察院工作报告的决议》，载新华网2019年3月15日，http：//www.xinhuanet.com/politics/2019lh/2019－03/15/c_1124241043.htm。

附：

2019年《最高人民检察院工作报告》（节选）*

各位代表：

现在，我代表最高人民检察院，向大会报告工作，请予审议，并请全国政协各位委员提出意见。

2018年工作回顾

2018年是改革开放40周年，也是检察机关恢复重建40周年。在以习近平同志为核心的党中央坚强领导下，在全国人大及其常委会有力监督下，最高人民检察院坚持以习近平新时代中国特色社会主义思想为指导，全面贯彻党的十九大和十九届二中、三中全会精神，认真落实十三届全国人大一次会议决议，增强“四个意识”，坚定“四个自信”，做到“两个维护”，立足新时代人民群众对民主、法治、公平、正义、安全、环境等提出的更高要求，积极适应反贪转隶、检察职能调整，坚持讲政治、顾大局、谋发展、重自强，采取一系列主动跟进的思路举措，使转隶成为法律监督全面协调充分发展的转机，各项检察工作稳步向前。一年来，全国检察机关忠实履行宪法法律赋予的法律监督职责，共批准逮捕各类犯罪嫌疑人1056616人，提起公诉1692846人，同比分别下降2.3%和0.8%；对刑事、民事和行政诉讼活动中的违法情形监督447940件次，同比上升22.4%；立案办理公益诉讼案件113160件。

---

* 参见《（两会受权发布）最高人民检察院工作报告》，载新华网2019年3月19日，http：//www.xinhuanet.com//legal/2019－03/19/c_1124253998.htm。

一、充分发挥检察职能，为大局服务、为人民司法

……

用心做好未成年人检察工作。对涉嫌轻微犯罪并有悔罪表现的未成年人，不批捕15205人、不起诉8332人、附条件不起诉6959人，同比分别上升6.9%、13.8%和16%；应当依法从严惩戒的，批捕29350人、起诉39760人，同比分别上升4.4%、下降8.8%；对未达到刑事责任年龄的，会同相关部门约束教育、严加矫治。近年来，性侵、拐卖、虐待、伤害未成年人犯罪持续多发，去年起诉50705人，同比上升6.8%。齐某强奸、猥亵多名女童，拒不认罪，仅被判处十年有期徒刑，最高人民检察院抗诉后改判无期徒刑。就此案发现的问题，向教育部发出最高人民检察院第一号检察建议，并请省级检察院同步落实。教育部和各地教育行政部门推动落实性违法犯罪人员从业禁止、校园性侵强制报告、女生宿舍封闭管理等制度。针对一些“大灰狼”通过网络聊天，胁迫女童自拍裸照上传，严重侵害儿童人格尊严和身心健康，将一起抗诉改判案作为案例，确立了无身体接触猥亵行为与接触儿童身体猥亵行为同罪追诉原则。针对校园暴力发布案例，明确成年人遇到未成年人欺凌弱小，劝阻无效，可以对正在施暴者进行正当防卫，不应视而不见、路过不管。落实“法治教育从娃娃抓起”，最高人民检察院带头，四级检察院1796位检察长兼任中小学法治副校长。最高人民检察院和各省级检察院专设未成年人检察机构，体现了党和国家对未成年人司法保护的高度重视。

立足办案参与社会治理。检察机关践行新时代“枫桥经验”，重在化解矛盾、案结事了，不能止于程序结案。将心比心对待群众信访，建立7日内程序回复、3个月内办理过程或结果答复制度。对不符合受理条件或审查后不支持申诉的58181起信访案件，耐心释疑解惑，使当事人信服。

……

二、强化诉讼活动法律监督，维护司法公正公信

检察监督不是零和博弈，监督与被监督目标一致，都是践行以人民为中心，努力让人民群众在每一个司法案件中感受到公平正义。

……

加强行政诉讼监督。对认为确有错误的行政判决、裁定提出抗诉117件，同比下降15.8%；提出再审检察建议90件，同比上升50%。重点监督征地拆迁、社会保障等领域的案件。开展行政非诉执行专项监督，督促行政机关依法申请强制执行，监督法院依法审查办理，提出检察建议6528件，已采纳5117件。

……

三、依法开拓公益诉讼，履行公益保护崇高使命

我们牢记党和人民嘱托，落实以人民为中心，探索中国特色公益诉讼检察之路，开局效果良好。全年共立案办理民事公益诉讼4393件、行政公益诉讼108767件。其中，涉及生态环境和资源保护59312件、食品药品安全41118件、国有财产保护10025件、国有土地使用权出让2648件、英烈权益保护57件。通过办案，督促治理被污染损毁的耕地、湿地、林地、草原211万亩，督促清理固体废物、生活垃圾2000万吨；督促查处、回收假冒伪劣食品40万千克，假药和走私药品9606千克；督促追收国有财产257亿元；追偿修复生态、治理环境费用30亿元，违法者必须为恢复受损公益"买单"。

树立双赢多赢共赢理念。行政公益诉讼涉及政府履职，本质是助力政府依法行政，共同维护人民根本利益，得到各方面有力支持。黑龙江省人大常委会就检察公益诉讼专门作出决定，该省检察机关专项调查387家小煤矿关闭整治公益保护问题，发现违法违规和犯罪问题线索132件；

对公益受损案件，以检察建议督促主管机关履职，取得良好成效。针对公益诉讼案件确定管辖难、调查取证难、司法鉴定难等问题，会同最高人民法院出台司法解释，与生态环境部等9部委会签协作意见；河北、上海、广西、陕西等地检察机关与有关部门建立协作联动机制。全国县级检察院办理公益诉讼案件已做到全覆盖。

把诉前实现维护公益目的作为最佳状态。检察机关诉前发出公告或检察建议，促使有关主体提起诉讼、行政机关依法履职，不仅能够及时保护公益，而且能够以最少司法投入获得最佳社会效果。共办理诉前程序案件102975件。其中，公告督促有关社会组织提起民事公益诉讼1721件；向行政机关发出检察建议101254件，97.2%得到采纳，更多问题在诉前得以解决。长沙市柏家洲地处湘江饮用水源一级保护区，污水直排。检察机关发出检察建议后，有关部门全力落实，迅即搬迁岛民、拆除违建、清理餐饮船舶，携手打了一场“碧水保卫战”。

将提起诉讼做成生动法治课。诉前检察建议不能有效落实，就以诉讼、庭审接力推动问题解决，警示一片、教育社会面。共提起公益诉讼3228件，法院已判决1526件，支持起诉意见1525件。重庆市荣昌区濑溪河沿岸禁养区内286家养殖户违规经营，直排畜禽粪便污水。检察机关向16个镇街发出检察建议，对其中怠于履行环境监管职责的古昌镇政府提起公益诉讼，获得庭审支持，促进了禁养区内河流污染的全面治理。

用法律捍卫英烈尊严。认真贯彻英雄烈士保护法，对21起侵害英烈姓名、肖像、名誉、荣誉，损害社会公共利益的行为，通过发出公告或当面征询意见，促请英烈近亲属起诉，对未能提起诉讼的，江苏、山东等地检察机关提起民事公益诉讼6件；对英烈纪念设施保护不力的，向有关部门发出检察建议36件，均获采纳，维护了英烈尊严，让英灵得以安宁。

四、提升检察监督能力，适应新时代更高更严要求

……

推进内设机构系统性、重构性改革。满足新时代人民日益增长的美好生活需要，必须首先解决检察机关自身跟不上的问题。贯彻党的十九届三中全会精神，把内设机构改革作为检察工作创新发展的突破口，先从最高人民检察院改起。针对批捕、起诉职能关联性强，分别行使影响办案质量和效率，改为捕诉一体，同一案件批捕、起诉由同一办案组织、同一检察官负责到底。针对民事、行政申诉持续上升，监督案件大量积压，认真落实全国人大常委会审议意见，着力解决“重刑轻民”问题，分别设立民事、行政检察机构。忠实于公共利益代表的嘱托和法律赋权，落实中央全面深化改革委员会第三次会议精神，专设公益诉讼检察机构。去年 12 月，最高人民检察院内设机构改革落地，地方检察机关同步部署。刑事、民事、行政、公益诉讼“四大检察”法律监督总体布局有力推进。

……

我们清醒地认识到，检察工作仍然存在不少突出问题。一是服务经济社会发展的针对性、实效性有待增强，简单办案、机械司法依然存在。二是各项检察工作发展不平衡，民事检察、行政检察在基层尤为薄弱。三是司法办案质量、效率有待提升，一些抗诉、检察建议质量不高，不少监督意见发出后没有跟进落实，司法不规范问题时有发生。四是队伍政治业务素质仍需加强，民商事和金融、网络、生态环境等专业人才短缺的状况尚待改进；不少市、县级检察院人才进不来、留不住。五是检察人员违纪违法问题存量不少，增量仍在发生，需要高度重视。六是基层基础工作仍需加强，有的改革举措没有落地，有的在执行中走样；检察工作信息化、智能化水平有待提升。问题催人警醒，责任倒逼担当。我们一定紧盯不放、着力解决。

2019 年工作安排

做好今年检察工作，最根本的是坚持以习近平新时代中国特色社会主义思想为指导，深入学习贯彻党的十九大精神和习近平总书记在中央政法工作会议、省部级主要领导干部专题研讨班上的重要讲话精神，坚持党对检察工作的绝对领导，坚决维护习近平总书记核心地位，坚决维护党中央权威和集中统一领导，自觉在思想上政治上行动上同以习近平同志为核心的党中央保持高度一致；最关键的是坚持以人民为中心，适应人民日益增长的美好生活需要，肩负起维护国家政治安全、确保社会大局稳定、促进社会公平正义、保障人民安居乐业的职责任务；最要紧的是坚持稳中求进工作总基调，以崇尚实干、狠抓落实的精神，以政治业务素质明显提升的自觉，忠实履行宪法法律赋予的法律监督职责，强化底线思维，着力防范化解重大风险，努力为决胜全面建成小康社会提供更高水平的法治服务。

第一，把握“稳进”这个大局，依法保障经济社会持续健康发展。紧紧围绕稳增长、促改革、调结构、惠民生、防风险、保稳定，立足检察职能积极作为、精准服务。始终把维护政治安全作为头等大事，坚决打击各种渗透颠覆破坏活动、暴力恐怖活动、民族分裂活动、宗教极端活动。充分发挥批捕、起诉等职能，依法有力推进扫黑除恶专项斗争，紧盯涉黑涉恶重大案件、黑恶势力经济基础、背后“关系网”和“保护伞”不放，在打防并举、标本兼治上下功夫。坚决惩治严重暴力犯罪，依法惩治拐卖妇女儿童、“两抢一盗”、电信网络诈骗、涉枪涉爆、黄赌毒和传销等犯罪。更精准服务打好三大攻坚战，加大对风险防范、脱贫攻坚、生态环保等领域犯罪打击力度。从严惩治侵犯知识产权、制售伪劣商品、非法集资、虚开发票骗税等严重破坏市场经济秩序犯罪，让法治成为最好的营商环境。加强产权依法平等保护，健全源头预防涉企错案机制，让企业家有持久的安全、可靠的预期，放手经营发展。从严惩治教育、医疗、社会保障和食品药品安全等领域犯罪，守护民生法治底线。进一步加强未成年人司法保护，系统做好司法办案、权益维护、犯罪预防工作，深入开展检察长兼任法治副校长工作。完善监检衔接配合机制，依法惩治职务犯罪，在反腐败斗争中充分发挥职能作用。支持国防和军队建设，坚决维护军人军属和退役军人合法权益，配合做好军队全面停止有偿服务下篇文章。积极参与社会治理，深入剖析案件反映出的倾向性问题和管理漏洞，及时提出检察建议，努力做到办理一案、治理一片，促进全社会增强法治观念、坚定法治信仰。

第二，把握“落实”这个重心，推进重大部署落地生根。凡是党中央作出的重要决策部署，都要结合检察工作实际坚决贯彻，一丝不苟、一抓到底。认真落实修改后的刑事诉讼法和人民检察院组织法，坚持在办案中监督、在监督中办案，履行好各项检察职责。规范行使职权，着力提高检察建议质量，全面推开监狱巡回检察，依法查办司法工作人员职务犯罪。细化落实政法领域全面深化改革实施意见，抓实检察改革五年规划，推动改革在更高起点取得新突破，不断发展完善中国特色社会主义检察制度。促进地方检察机关内设机构改革落地，加强民事、行政、公益诉讼检察办案力量，把“四大检察”全面协调充分发展落到实处。全面落实司法责任制，促进检察官履职尽责办好案。完善员额检察官动态管理制度，不符合条件的退出，符合条件的补进。严格规范司法改革，重要检察改革举措层报最高人民检察院。深化智慧检务建设，统筹研发智能辅助办案和管理系统，促进科技创新成果同检察工作深度融合，助力提高司法质量、效率、公信力。

第三，把握“提升”这个目标，新时代检察工作要有新气象新作为。加强检察队伍革命化、正规化、专业化、职业化建设。深入学习贯彻中国共产党政法工作条例，扎实开展“不忘初心、牢记使命”主题教育，推动习近平新时代中国特色社会主义思想学习研讨融入日常工作，把党的政治建设抓得更实。大力推进高质量高标准业务培训，培养专业能力、弘扬专业精神。充分发挥捕诉一体在提升办案质量效率方面的优势，健全司法办案、工作指导、监督制约等配套机制。加大对民事诉讼中深层次违法问题监督力度，坚持不懈强化民事执行监督，着力办出具有示范指导意义的典型案件，增强民事检察工作实效。下大气力补齐行政检察短板，加强行政诉讼监督，维护司法公正、促进依法行政。完善公益诉讼检察制度，注重督导规范，探索拓展办案范围，更加注重质量效果。牢固树立监督者更要接受监督的理念，坚持严字当头，深化检察机关党风廉政建设和反腐败工作，深化系统内巡视巡察，坚决整治司法不规范、不公正问题，做到忠诚、干净、担当。强化上级检察院领导、指导责任，深化基层检察院政治和业务建设，人财物保障进一步向基层倾斜，夯实检察为民根基。

……

中共中央办公厅　国务院办公厅
关于统筹推进自然资源资产产权制度改革的指导意见*

自然资源资产产权制度是加强生态保护、促进生态文明建设的重要基础性制度。改革开放以来，我国自然资源资产产权制度逐步建立，在促进自然资源节约集约利用和有效保护方面发挥了积极作用，但也存在自然资源资产底数不清、所有者不到位、权责不明晰、权益不落实、监

---

* 参见《中共中央办公厅、国务院办公厅印发〈关于统筹推进自然资源资产产权制度改革的指导意见〉》，载新华网 2019 年 4 月 14 日，http：//www. xinhuanet. com/politics/2019－04/14/c_1124365173. htm。

管保护制度不健全等问题，导致产权纠纷多发、资源保护乏力、开发利用粗放、生态退化严重。为加快健全自然资源资产产权制度，进一步推动生态文明建设，现提出如下意见。

一、总体要求

（一）指导思想。以习近平新时代中国特色社会主义思想为指导，全面贯彻党的十九大和十九届二中、三中全会精神，全面落实习近平生态文明思想，认真贯彻党中央、国务院决策部署，紧紧围绕统筹推进“五位一体”总体布局和协调推进“四个全面”战略布局，以完善自然资源资产产权体系为重点，以落实产权主体为关键，以调查监测和确权登记为基础，着力促进自然资源集约开发利用和生态保护修复，加强监督管理，注重改革创新，加快构建系统完备、科学规范、运行高效的中国特色自然资源资产产权制度体系，为完善社会主义市场经济体制、维护社会公平正义、建设美丽中国提供基础支撑。

（二）基本原则

——坚持保护优先、集约利用。正确处理资源保护与开发利用的关系，既要发挥自然资源资产产权制度在严格保护资源、提升生态功能中的基础作用，又要发挥在优化资源配置、提高资源开发利用效率、促进高质量发展中的关键作用。

——坚持市场配置、政府监管。以扩权赋能、激发活力为重心，健全自然资源资产产权制度，探索自然资源资产所有者权益的多种有效实现形式，发挥市场配置资源的决定性作用，努力提升自然资源要素市场化配置水平；加强政府监督管理，促进自然资源权利人合理利用资源。

——坚持物权法定、平等保护。依法明确全民所有自然资源资产所有权的权利行使主体，健全自然资源资产产权体系和权能，完善自然资源资产产权法律体系，平等保护各类自然资源资产产权主体合法权益，更好发挥产权制度在生态文明建设中的激励约束作用。

——坚持依法改革、试点先行。坚持重大改革于法有据，既要发挥改革顶层设计的指导作用，又要鼓励支持地方因地制宜、大胆探索，为制度创新提供鲜活经验。

（三）总体目标。到2020年，归属清晰、权责明确、保护严格、流转顺畅、监管有效的自然资源资产产权制度基本建立，自然资源开发利用效率和保护力度明显提升，为完善生态文明制度体系、保障国家生态安全和资源安全、推动形成人与自然和谐发展的现代化建设新格局提供有力支撑。

二、主要任务

（四）健全自然资源资产产权体系。适应自然资源多种属性以及国民经济和社会发展需求，与国土空间规划和用途管制相衔接，推动自然资源资产所有权与使用权分离，加快构建分类科学的自然资源资产产权体系，着力解决权利交叉、缺位等问题。处理好自然资源资产所有权与使用权的关系，创新自然资源资产全民所有权和集体所有权的实现形式。落实承包土地所有权、承包权、经营权“三权分置”，开展经营权入股、抵押。探索宅基地所有权、资格权、使用权“三权分置”。加快推进建设用地地上、地表和地下分别设立使用权，促进空间合理开发利用。探索研究油气探采合一权利制度，加强探矿权、采矿权授予与相关规划的衔接。依据不同矿种、不同勘查阶段地质工作规律，合理延长探矿权有效期及延续、保留期限。根据矿产资源储量规模，分类设定采矿权有效期及延续期限。依法明确采矿权抵押权能，完善探矿权、采矿权与土地使用权、海域使用权衔接机制。探索海域使用权立体分层设权，加快完善海域使用权出让、转让、抵押、出租、作价出资（入股）等权能。构建无居民海岛产权体系，试点探索无居民海岛使用权转让、出租等权能。完善水域滩涂养殖权利体系，依法明确权能，允许流转和抵押。理顺水域滩涂养殖的权利与海域使用权、土地承包经营权，取水权与地下水、地热水、矿泉水采矿权的关系。

（五）明确自然资源资产产权主体。推进相关法律修改，明确国务院授权国务院自然资源主管部门具体代表统一行使全民所有自然资源资产所有者职责。研究建立国务院自然资源主管部门行使全民所有自然资源资产所有权的资源清单和管理体制。探索建立委托省级和市（地）级政府代理行使自然资源资产所有权的资源清单和监督管理制度，法律授权省级、市（地）级或县级政府代理行使所有权的特定自然资源除外。完善全民所有自然资源资产收益管理制度，合理调整中央和地方收益分配比例和支出结构，并加大对生态保护修复支持力度。推进农村集体所有的自然资源资产所有权确权，依法落实农村集体经济组织特别法人地位，明确农村集体所有自然资源资产由农村集体经济组织代表集体行使所有权，增强对农村集体所有自然资源资产的管理和经营能力，农村集体经济组织成员对自然资源资产享有合法权益。保证自然人、法人和非法人组织等各类市场主体依法平等使用自然资源资产、公开公平公正参与市场竞争，同等受到法律保护。

（六）开展自然资源统一调查监测评价。加快研究制定统一的自然资源分类标准，建立自然资源统一调查监测评价制度，充分利用现有相关自然资源调查成果，统一组织实施全国自然资源调查，掌握重要自然资源的数量、质量、分布、权属、保护和开发利用状况。研究建立自然资源资产核算评价制度，开展实物量统计，探索价值量核算，编制自然资源资产负债表。建立自然资源动态监测制度，及时跟踪掌握各类自然资源变化情况。建立统一权威的自然资源调查监测评价信息发布和共享机制。

（七）加快自然资源统一确权登记。总结自然资源统一确权登记试点经验，完善确权登记办法和规则，推动确权登记法治化，重点推进国家公园等各类自然保护地、重点国有林区、湿地、大江大河重要生态空间确权登记工作，将全民所有自然资源资产所有权代表行使主体登记为国务院自然资源主管部门，逐步实现自然资源确权登记全覆盖，清晰界定全部国土空间各类自然资源资产的产权主体，划清各类自然资源资产所有权、使用权的边界。建立健全登记信息管理基础平台，提升公共服务能力和水平。

（八）强化自然资源整体保护。编制实施国土空间规划，划定并严守生态保护红线、永久基本农田、城镇开发边界等控制线，建立健全国土空间用途管制制度、管理规范和技术标准，对国土空间实施统一管控，强化山水林田湖草整体保护。加强陆海统筹，以海岸线为基础，统筹编制海岸带开发保护规划，强化用途管制，除国家重大战略项目外，全面停止新增围填海项目审批。对生态功能重要的公益性自然资源资产，加快构建以国家公园为主体的自然保护地体系。国家公园范围内的全民所有自然资源资产所有权由国务院自然资源主管部门行使或委托相关部门、省级政府代理行使。条件成熟时，逐步过渡到国家公园内全民所有自然资源资产所有权由国务院自然资源主管部门直接行使。已批准的国家公园试点全民所有自然资源资产所有权具体行使主体在试点期间可暂不调整。积极预防、及时制止破坏自然资源资产行为，强化自然资源资产损害赔偿责任。探索建立政府主导、企业和社会参与、市场化运作、可持续的生态保护补偿机制，对履行自然资源资产保护义务的权利主体给予合理补偿。健全自然保护地内自然资源资产特许经营权等制度，构建以产业生态化和生态产业化为主体的生态经济体系。鼓励政府机构、企业和其他社会主体，通过租赁、置换、赎买等方式扩大自然生态空间，维护国家和区域生态安全。依法依规解决自然保护地内的探矿权、采矿权、取水权、水域滩涂养殖捕捞的权利、特许经营权等合理退出问题。

（九）促进自然资源资产集约开发利用。既要通过完善价格形成机制，扩大竞争性出让，发挥市场配置资源的决定性作用，又要通过总量和强度控制，更好发挥政府管控作用。深入推进全民所有自然资源资产有偿使用制度改革，加快出台国有森林资源资产和草原资源资产有偿使用制度改革方案。全面推进矿业权竞争性出让，调整与竞争性出让相关的探矿权、采矿权审批方式。有序放开油气勘查开采市场，完善竞争出让方式和程序，制定实施更为严格的区块退出管理办法和更为便捷合理的区块流转管理办法。健全水资源资产产权制度，根据流域生态环境特征和经济社会发展需求确定合理的开发利用管控目标，着力改变分割管理、全面开发的状况，实施对流域水资源、水能资源开发利用的统一监管。完善自然资源资产分等定级价格评估制度和资产审核制度。完善自然资源资产开发利用标准体系和产业准入政策，将自然资源资产开发利用水平和生态保护要求作为选择使用权人的重要因素并纳入出让合同。完善自然资源资产使用权转让、出租、抵押市场规则，规范市场建设，明确受让人开发利用自然资源资产的要求。统筹推进自然资源资产交易平台和服务体系建设，健全市场监测监管和调控机制，建立自然资源资产市场信用体系，促进自然资源资产流转顺畅、交易安全、利用高效。

（十）推动自然生态空间系统修复和合理补偿。坚持政府管控与产权激励并举，增强生态修复合力。编制实施国土空间生态修复规划，建立健全山水林田湖草系统修复和综合治理机制。坚持谁破坏、谁补偿原则，建立健全依法建设占用各类自然生态空间和压覆矿产的占用补偿制度，严格占用条件，提高补偿标准。落实和完善生态环境损害赔偿制度，由责任人承担修复或赔偿责任。对责任人灭失的，遵循属地管理原则，按照事权由各级政府组织开展修复工作。按照谁修复、谁受益原则，通过赋予一定期限的自然资源资产使用权等产权安排，激励社会投资主体从事生态保护修复。

（十一）健全自然资源资产监管体系。发挥人大、行政、司法、审计和社会监督作用，创新管理方式方法，形成监管合力，实现对自然资源资产开发利用和保护的全程动态有效监管，加强自然资源督察机构对国有自然资源资产的监督，国务院自然资源主管部门按照要求定期向国务院报告国有自然资源资产报告。各级政府按要求向本级人大常委会报告国有自然资源资产情况，接受权力机关监督。建立科学合理的自然资源资产管理考核评价体系，开展领导干部自然资源资产离任审计，落实完善党政领导干部自然资源资产损害责任追究制度。完善自然资源资产产权信息公开制度，强化社会监督。充分利用大数据等现代信息技术，建立统一的自然资源数据库，提升监督管理效能。建立自然资源行政执法与行政检察衔接平台，实现信息共享、案情通报、案件移送，通过检察法律监督，推动依法行政、严格执法。完善自然资源资产督察执法体制，加强督察执法队伍建设，严肃查处自然资源资产产权领域重大违法案件。

（十二）完善自然资源资产产权法律体系。全面清理涉及自然资源资产产权制度的法律法规，对不利于生态文明建设和自然资源资产产权保护的规定提出具体废止、修改意见，按照立法程序推进修改。系统总结农村土地制度改革试点经验，加快土地管理法修订步伐。根据自然资源资产产权制度改革进程，推进修订矿产资源法、水法、森林法、草原法、海域使用管理法、海岛保护法等法律及相关行政法规。完善自然资源资产产权登记制度。研究制定国土空间开发保护法。加快完善以国家公园为主体的自然保护地法律法规体系。建立健全协商、调解、仲裁、行政裁决、行政复议和诉讼等有机衔接、相互协调、多元化的自然资源资产产权纠纷解决机制。全面落实公益诉讼和生态环境损害赔偿诉讼等法律制度，构建自然资源资产产权民事、行政、刑事案件协同审判机制。适时公布严重侵害自然资源资产产权的典型案例。

三、实施保障

（十三）加强党对自然资源资产产权制度改革的统一领导。自然资源资产产权制度改革涉及重大利益调整，事关改革发展稳定全局，必须在党的集中统一领导下推行。各地区各有关部门要增强“四个意识”，不折不扣贯彻落实党中央、国务院关于自然资源资产产权制度改革的重大决策部署，确保改革有序推进、落地生效。建立统筹推进自然资源资产产权制度改革的工作机制，明确部门责任，制定时间表和路线图，加强跟踪督办，推动落实改革任务。强化中央地方联动，及时研究解决改革推进中的重大问题。

（十四）深入开展重大问题研究。重点开展自然资源资产价值、国家所有权、委托代理、收益分配、宅基地“三权分置”、自然资源资产负债表、空间开发权利等重大理论和实践问题研究，系统总结我国自然资源资产产权制度实践经验，开展国内外比较研究和国际交流合作，加强相关学科建设和人才培养，构建我国自然资源资产产权理论体系。

（十五）统筹推进试点。对自然资源资产产权制度改革涉及的具体内容，现行法律、行政法规没有明确禁止性规定的，鼓励地方因地制宜开展探索，充分积累实践经验；改革涉及具体内容需要突破现行法律、行政法规明确禁止性规定的，选择部分地区开展试点，在依法取得授权后部署实施。在福建、江西、贵州、海南等地探索开展全民所有自然资源资产所有权委托代理机制试点，明确委托代理行使所有权的资源清单、管理制度和收益分配机制；在国家公园体制试点地区、山水林田湖草生态保护修复工程试点区、国家级旅游业改革创新先行区、生态产品价值实现机制试点地区等区域，探索开展促进生态保护修复的产权激励机制试点，吸引社会资本参与生态保护修复；在全民所有自然资源资产有偿使用试点地区、农村土地制度改革试点地区等其他区域，部署一批健全产权体系、促进资源集约开发利用和加强产权保护救济的试点。强化试点工作统筹协调，及时总结试点经验，形成可复制可推广的制度成果。

（十六）加强宣传引导。加强政策解读，系统阐述自然资源资产产权制度改革的重大意义、基本思路和重点任务。利用世界地球日、世界环境日、世界海洋日、世界野生动植物日、世界湿地日、全国土地日等重要纪念日，开展形式多样的宣传活动。

中共中央办公厅　国务院办公厅
关于强化知识产权保护的意见*

（中央全面深化改革委员会第九次会议通过
2019年11月印发施行）

近日，中共中央办公厅、国务院办公厅印发了《关于强化知识产权保护的意见》，并发出通知，要求各地区各部门结合实际认真贯彻落实。

《关于强化知识产权保护的意见》全文如下。

加强知识产权保护，是完善产权保护制度最重要的内容，也是提高我国经济竞争力的最大激励。为贯彻落实党中央、国务院关于强化知识产权保护的决策部署，进一步完善制度、优化机制，现提出如下意见。

一、总体要求

以习近平新时代中国特色社会主义思想为指导，全面贯彻党的十九大和十九届二中、三中、四中全会精神，紧紧围绕统筹推进“五位一体”总体布局和协调推进“四个全面”战略布局，牢固树立保护知识产权就是保护创新的理念，坚持严格保护、统筹协调、重点突破、同等保护，不断改革完善知识产权保护体系，综合运用法律、行政、经济、技术、社会治理手段强化保护，促进保护能力和水平整体提升。力争到2022

* 参见《（受权发布）中共中央办公厅 国务院办公厅 印发〈关于强化知识产权保护的意见〉》，载新华网2019年11月24日，http：//www.xinhuanet.com/politics/2019－11/24/c_1125268659.htm。

年，侵权易发多发现象得到有效遏制，权利人维权“举证难、周期长、成本高、赔偿低”的局面明显改观。到2025年，知识产权保护社会满意度达到并保持较高水平，保护能力有效提升，保护体系更加完善，尊重知识价值的营商环境更加优化，知识产权制度激励创新的基本保障作用得到更加有效发挥。

二、强化制度约束，确立知识产权严保护政策导向

（一）加大侵权假冒行为惩戒力度。研究制定知识产权基础性法律的必要性和可行性，加快专利法、商标法、著作权法等修改完善。完善地理标志保护相关立法。加快在专利、著作权等领域引入侵权惩罚性赔偿制度。大幅提高侵权法定赔偿额上限，加大损害赔偿力度。强化民事司法保护，有效执行惩罚性赔偿制度。研究采取没收违法所得、销毁侵权假冒商品等措施，加大行政处罚力度，开展关键领域、重点环节、重点群体行政执法专项行动。规制商标恶意注册、非正常专利申请以及恶意诉讼等行为。探索加强对商业秘密、保密商务信息及其源代码等的有效保护。加强刑事司法保护，推进刑事法律和司法解释的修订完善。加大刑事打击力度，研究降低侵犯知识产权犯罪入罪标准，提高量刑处罚力度，修改罪状表述，推动解决涉案侵权物品处置等问题。强化打击侵权假冒犯罪制度建设，探索完善数据化打假情报导侦工作机制，开展常态化专项打击行动，持续保持高压严打态势。

（二）严格规范证据标准。深入推进知识产权民事、刑事、行政案件“三合一”审判机制改革，完善知识产权案件上诉机制，统一审判标准。制定完善行政执法过程中的商标、专利侵权判断标准。规范司法、行政执法、仲裁、调解等不同渠道的证据标准。推进行政执法和刑事司法立案标准协调衔接，完善案件移送要求和证据标准，制定证据指引，顺畅行政执法和刑事司法衔接。制定知识产权民事诉讼证据规则司法解释，着力解决权利人举证难问题。探索建立侵权行为公证悬赏取证制度，减

轻权利人举证责任负担。

（三）强化案件执行措施。建立健全知识产权纠纷调解协议司法确认机制。建立完善市场主体诚信档案“黑名单”制度，实施市场主体信用分类监管，建立重复侵权、故意侵权企业名录社会公布制度，健全失信联合惩戒机制。逐步建立全领域知识产权保护案例指导机制和重大案件公开审理机制。加强对案件异地执行的督促检查，推动形成统一公平的法治环境。

（四）完善新业态新领域保护制度。针对新业态新领域发展现状，研究加强专利、商标、著作权、植物新品种和集成电路布图设计等的保护。探索建立药品专利链接制度、药品专利期限补偿制度。研究加强体育赛事转播知识产权保护。加强公证电子存证技术推广应用。研究建立跨境电商知识产权保护规则，制定电商平台保护管理标准。编制发布企业知识产权保护指南，制定合同范本、维权流程等操作指引，鼓励企业加强风险防范机制建设，持续优化大众创业万众创新保护环境。研究制定传统文化、传统知识等领域保护办法，加强中医药知识产权保护。

三、加强社会监督共治，构建知识产权大保护工作格局

（五）加大执法监督力度。加强人大监督，开展知识产权执法检查。发挥政协民主监督作用，定期开展知识产权保护工作调研。建立健全奖优惩劣制度，提高执法监管效能。加强监督问责，推动落实行政执法信息公开相关规定，更大范围更大力度公开执法办案信息，接受社会和舆论监督。

（六）建立健全社会共治模式。完善知识产权仲裁、调解、公证工作机制，培育和发展仲裁机构、调解组织和公证机构。鼓励行业协会、商会建立知识产权保护自律和信息沟通机制。引导代理行业加强自律自治，全面提升代理机构监管水平。加强诚信体系建设，将知识产权出质登记、行政处罚、抽查检查结果等涉企信息，通过国家企业信用信息公示系统

统一归集并依法公示。建立健全志愿者制度，调动社会力量积极参与知识产权保护治理。

（七）加强专业技术支撑。加强科技研发，通过源头追溯、实时监测、在线识别等技术手段强化知识产权保护。建设侵权假冒线索智能检测系统，提升打击侵权假冒行为效率及精准度。在知识产权行政执法案件处理和司法活动中引入技术调查官制度，协助行政执法部门、司法部门准确高效认定技术事实。探索加强知识产权侵权鉴定能力建设，研究建立侵权损害评估制度，进一步加强司法鉴定机构专业化、程序规范化建设。

四、优化协作衔接机制，突破知识产权快保护关键环节

（八）优化授权确权维权衔接程序。加强专利、商标、植物新品种等审查能力建设，进一步压缩审查周期。重点提高实用新型和外观设计专利审查质量，强化源头保护。进一步发挥专利商标行政确权远程审理、异地审理制度在重大侵权行政执法案件处理中的作用。健全行政确权、公证存证、仲裁、调解、行政执法、司法保护之间的衔接机制，加强信息沟通和共享，形成各渠道有机衔接、优势互补的运行机制，切实提高维权效率。

（九）加强跨部门跨区域办案协作。制定跨部门案件处理规程，健全部门间重大案件联合查办和移交机制。健全行政执法部门与公安部门对涉嫌犯罪的知识产权案件查办工作衔接机制。在案件多发地区探索建立仲裁、调解优先推荐机制。建立健全知识产权案件分流制度，推进案件繁简分流机制改革。推动建立省级行政区内知识产权案件跨区域审理机制，充分发挥法院案件指定管辖机制作用，有效打破地方保护。

（十）推动简易案件和纠纷快速处理。建立重点关注市场名录，针对电商平台、展会、专业市场、进出口等关键领域和环节构建行政执法、仲裁、调解等快速处理渠道。推动电商平台建立有效运用专利权评价报

告快速处置实用新型和外观设计专利侵权投诉制度。指导各类网站规范管理，删除侵权内容，屏蔽或断开盗版网站链接，停止侵权信息传播，打击利用版权诉讼进行投机性牟利等行为。

（十一）加强知识产权快保护机构建设。在优势产业集聚区布局建设一批知识产权保护中心，建立案件快速受理和科学分流机制，提供快速审查、快速确权、快速维权“一站式”纠纷解决方案。加快重点技术领域专利、商标、植物新品种审查授权、确权和维权程序。推广利用调解方式快速解决纠纷，高效对接行政执法、司法保护、仲裁等保护渠道和环节。

五、健全涉外沟通机制，塑造知识产权同保护优越环境

（十二）更大力度加强国际合作。积极开展海外巡讲活动，举办圆桌会，与相关国家和组织加强知识产权保护合作交流。探索在重要国际展会设立专题展区，开展中国知识产权保护成就海外巡展。充分发挥知识产权制度对促进共建“一带一路”的重要作用，支持共建国家加强能力建设，推动其共享专利、植物新品种审查结果。充分利用各类多双边对话合作机制，加强知识产权保护交流合作与磋商谈判。综合利用各类国际交流合作平台，积极宣传我国知识产权保护发展成就。

（十三）健全与国内外权利人沟通渠道。通过召开驻华使领馆信息沟通会、企业座谈会等方式，加强与国内外行业协会、商会、社会团体等信息交流。组织召开知识产权保护要情通报会，及时向新闻媒体和社会公众通报重大事项和进展，增信释疑，积极回应国内外权利人关切。

（十四）加强海外维权援助服务。完善海外知识产权纠纷预警防范机制，加强重大案件跟踪研究，建立国外知识产权法律修改变化动态跟踪机制，及时发布风险预警报告。加强海外信息服务平台建设，开展海外知识产权纠纷应对指导，构建海外纠纷协调解决机制。支持各类社会组织开展知识产权涉外风险防控体系建设。鼓励保险机构开展知识产权海

外侵权责任险、专利执行险、专利被侵权损失险等保险业务。建立海外维权专家顾问机制，有效推动我国权利人合法权益在海外依法得到同等保护。

（十五）健全协调和信息获取机制。完善涉外执法协作机制，加大工作协调力度，进一步加强我国驻外使领馆知识产权对外工作。选设海外知识产权观察企业和社会组织，建立信息沟通机制。健全重大涉外知识产权纠纷信息通报和应急机制。组织开展我国企业海外知识产权保护状况调查，研究建立国别保护状况评估机制，推动改善我国企业海外知识产权保护环境。

六、加强基础条件建设，有力支撑知识产权保护工作

（十六）加强基础平台建设。建立健全全国知识产权大数据中心和保护监测信息网络，加强对注册登记、审批公告、纠纷处理、大案要案等信息的统计监测。建立知识产权执法信息报送统筹协调和信息共享机制，加大信息集成力度，提高综合研判和宏观决策水平。强化维权援助、举报投诉等公共服务平台软硬件建设，丰富平台功能，提升便民利民服务水平。

（十七）加强专业人才队伍建设。鼓励引导地方、部门、教育机构、行业协会、学会加大对知识产权保护专业人才培训力度。加强知识产权行政执法和司法队伍人员配备和职业化专业化建设，建立有效激励行政执法和司法人员积极性的机制，确保队伍稳定和有序交流。推动知识产权刑事案件办理专业化建设，提高侦查、审查逮捕、审查起诉、审判工作效率和办案质量。在有关管理部门和企事业单位，全面推行公职律师、公司律师、法律顾问制度，促进知识产权管理和保护工作法治化。充分发挥律师等法律服务队伍作用，做好知识产权纠纷调解、案件代理、普法宣传等工作。建立健全知识产权仲裁、调解、公证、社会监督等人才的选聘、管理、激励制度。加强知识产权保护专业人才岗位锻炼，充分

发挥各类人才在维权实践中的作用。

（十八）加大资源投入和支持力度。各地区各部门要加大对知识产权保护资金投入力度。鼓励条件成熟的地区先行先试，率先建设知识产权保护试点示范区，形成若干保护高地。推动知识产权行政执法和司法装备现代化、智能化建设。鼓励企业加大资金投入，并通过市场化方式设立知识产权保护维权互助基金，提升自我维权能力和水平。

七、加大组织实施力度，确保工作任务落实

（十九）加强组织领导。全面加强党对知识产权保护工作的领导。各有关方面要按照职能分工，研究具体政策措施，协同推动知识产权保护体系建设。国家知识产权局要会同有关部门不断完善工作机制，加强协调指导和督促检查，确保各项工作要求有效落实，重大问题要及时按程序向党中央、国务院请示报告。

（二十）狠抓贯彻落实。地方各级党委和政府要全面贯彻党中央、国务院决策部署，落实知识产权保护属地责任，定期召开党委或政府专题会议，研究知识产权保护工作，加强体制机制建设，制定配套措施，落实人员经费。要将知识产权保护工作纳入地方党委和政府重要议事日程，定期开展评估，确保各项措施落实到位。

（二十一）强化考核评价。建立健全考核评价制度，将知识产权保护绩效纳入地方党委和政府绩效考核和营商环境评价体系。建立年度知识产权保护社会满意度调查制度和保护水平评估制度。完善通报约谈机制，督促各级党委和政府加大知识产权保护工作力度。

（二十二）加强奖励激励。按照国家有关规定，对在知识产权保护工作中作出突出贡献的集体和个人给予表彰。鼓励各级政府充分利用现有奖励制度，对知识产权保护先进工作者和优秀社会参与者加强表彰。完善侵权假冒举报奖励机制，加大对举报人员奖励力度，激发社会公众参与知识产权保护工作的积极性和主动性。

（二十三）加强宣传引导。各地区各部门要加强舆论引导，定期公开发布有社会影响力的典型案件，让强化知识产权保护的观念深入人心。加强公益宣传，开展知识产权保护进企业、进单位、进社区、进学校、进网络等活动，不断提高全社会特别是创新创业主体知识产权保护意识，推动形成新时代知识产权保护工作新局面。

最高人民检察院部署安排

最高人民检察院成立第七检察厅专司行政检察职责*

国务院新闻办公室2019年1月3日上午10时举行新闻发布会，请最高人民检察院检察长、首席大检察官张军，最高人民检察院副检察长、二级大检察官童建明介绍最高人民检察院改革内设机构、全面履行法律监督职能有关情况，并答记者问。

……

人民日报记者：这次改革将原来民事行政检察厅一分为三，分别是民事检察厅、行政检察厅和公益诉讼检察厅，请问这样改革的依据和考虑是什么？

张军：社会对检察机关的法律监督职能的行使确实不是很了解。这与我们自己怎么样去宣传，怎么样让检察职能更好更充分地为人民、为社会服务有关。从新时代的要求来讲，我们做得还是有差距。改革前，我们民事、行政和公益诉讼检察工作只是由一个民事行政检察厅负责。"重刑轻民""重刑事轻行政"的问题客观存在。刑事检察机构一共是四

---

* 节选自《国新办举行2019年首场新闻发布会　最高检领导就内设机构改革答记者问》，载《检察日报》2019年1月4日。

个，负责民事行政公益检察的机构只有一个。民事申诉案件过去几年大幅度上升，远远超过了刑事申诉，行政申诉也有上升。公益诉讼检察2016 年、2017 年经法律赋权试点，2017 年 6 月民事诉讼法、行政诉讼法修改，赋予检察机关提起公益诉讼职能。很明显，民事行政检察厅不能满足人民群众新时代对检察机关职权行使的需求。

面对这样一个现实，最高人民检察院主动从供给侧进行改革，满足经济社会发展的需求，把公益诉讼检察专门分立出来，得到中央全面深化改革委员会的高度认可。全面深化改革委员会 2018 年 8 月同意我们增设一个公益诉讼检察机构。人民群众有那么多的申诉案件，民事行政检察厅不能够适应需求。进行分设，根本考虑就是办案的需求，满足人民群众追求公平正义的需求，落实好以人民为中心的要求。

机构调整了，检察官数量能够满足吗？检察官的能力能够跟上吗？这就是机构改革 2019 年需要逐一去解决的问题。人，我们自己培养，可以从下级检察机关遴选、从有关部门去选调。能力，自己建设的同时，最高人民检察院在 2018 年 5 月份设立了民事行政案件专家委员会，有103 人，由全国律协专业委员会选择经验更丰富的律师来担任，还有退休法官、专家学者、人大代表、政协委员中有这方面法律专业知识的人员。我们选择他们参加到这个专家委员会里来，在为我们办案提供相关咨询意见的基础上，帮助把握哪些案件应该向法院提起抗诉；哪些案件虽然有问题，但是可以通过检察建议的方式去纠正；哪些案件没有任何问题，应该给予维护，维护好人民法院的司法最终裁判的权威。

……

最高人民检察院制定下发《2018—2022年检察改革工作规划》*

最高人民检察院日前制定下发《2018—2022年检察改革工作规划》（以下简称《改革规划》），进一步明确了新时代检察改革的方向和路径，对今后几年的检察改革作了系统规划和部署。据悉，《改革规划》共确定了6个方面46项改革任务，通过健全完善检察机关坚持党的领导制度、检察机关法律监督等六大体系，推动检察职能得到全面、充分履行，为人民群众提供更丰富、更优质的法治产品、检察产品。

根据《改革规划》，今后一个时期检察改革的总目标是：全面、充分履行宪法和法律赋予检察机关的法律监督职责，构建以刑事检察、民事检察、行政检察、公益诉讼检察为主要内容的检察机关法律监督职能体系，提升司法办案专业化、组织体系科学化、检察队伍职业化水平，构建与国家治理体系和治理能力现代化要求相符合，与建设中国特色社会主义法治国家相适应的新时代检察体制和工作机制。

《改革规划》提出要完善检察机关坚持党的领导制度体系。严格执行检察机关党组向党委请示报告重大事项的规定，健全检察机关重大事项和办案工作党内请示报告制度，实现党对检察工作的领导具体化、程序化、制度化。建立检察机关政治督察制度。完善检察机关服务党和国家大局工作机制。

《改革规划》要求健全完善检察机关法律监督体系。在刑事检察方面，

* 参见《健全完善六大体系推动检察职能全面充分履行》，载《检察日报》2019年2月13日。

建立完善刑事立案和侦查活动法律监督机制、审查逮捕工作机制、以证据为核心的刑事犯罪指控体系、与多层次诉讼体系相适应的公诉模式、刑事执行检察工作机制、对司法人员利用职权实施犯罪的侦查机制等。在民事、行政检察方面，重点是健全以“精准化”为导向的民事、行政诉讼监督机制。在公益诉讼检察方面，主要是完善公益诉讼工作机制，更加重视诉前程序作用，建立健全诉前沟通机制。同时，健全人民检察院与人民法院、行使行政执法权的机关工作协调机制，进一步规范公益诉讼办案流程和标准，构建配置科学、运行高效的公益诉讼检察机构职能体系。除此之外，为了更加强化法律监督效果，《改革规划》还规定了建立专家委员会制度；与有关行政机关、金融管理部门等开展干部交流，辅助检察官办理案件制度；完善检察建议制度，创新检察案例指导制度以及完善各级人民检察院检察长列席人民法院审判委员会会议制度等。

《改革规划》要求完善检察权运行体系。规定科学设置办案组织和办案团队、完善担任领导职务检察官办案制度、规范检察官办案权限、完善检察官承办案件确定机制、完善检察官业绩评价机制、完善案件管理和监督机制、完善司法责任认定和追究机制、深化检务公开等制度，确保将司法责任制落到实处。

《改革规划》提出要完善检察人员分类管理体系。主要是加强检察官队伍正规化专业化职业化建设，健全检察人员分类管理制度规范，形成检察官、检察辅助人员、司法行政人员各归其位、各司其职、各行其道的检察人员分类管理体系。内容涵盖了从检察官入额遴选，员额动态管理，检察官单独职务序列管理和检察辅助人员、司法行政人员管理直到检察人员职业保障等各个方面。

《改革规划》要求完善检察机关组织管理体系。按照《改革规划》，改革应当坚持优化协同高效，全面优化检察职能配置，全面落实法律监督，整合司法资源，构建符合司法规律、系统完备、科学规范、运行高效的检察机关内设机构体系。最高人民检察院按照案件类型组建专业化刑事办案机构，实行捕诉一体办案机制；适应经济社会发展和人民群众司法需求，分设民事、行政、公益诉讼检察机构；检察业务机构内设立检察官办案组。地方检察机关参照落实，业务机构名称统一称为“部”。

《改革规划》强调要完善法律监督专业能力专业素养提升体系。加强法律监督能力建设，培育双赢多赢共赢监督理念，全面提高检察队伍政治素质、业务素质、职业道德素质。深化检察改革与现代科技的结合，推进智慧检务工程，全面构建应用层、支撑层、数据层有机结合的新时代智慧检察生态，构建融检察服务、检务公开、检察宣传、监督评议于一体的检察服务公共平台，在提高办案效能的同时，为人民群众提供更加便捷的服务。

《改革规划》还强调，要进一步加强领导，深化调查研究，加大改革督察力度，严肃改革纪律，强化思想工作，确保各项改革任务如期完成、落到实处。

人民检察院检察建议工作规定

(2018 年 12 月 25 日最高人民检察院第十三届检察委员会第十二次会议通过　2019 年 2 月 26 日公布并施行　高检发释字〔2019〕1 号)

第一章　总　则

第一条　为了进一步加强和规范检察建议工作，确保检察建议的质量和效果，充分发挥检察建议的作用，根据《中华人民共和国人民检察院组织法》等法律规定，结合检察工作实际，制定本规定。

第二条 检察建议是人民检察院依法履行法律监督职责，参与社会治理，维护司法公正，促进依法行政，预防和减少违法犯罪，保护国家利益和社会公共利益，维护个人和组织合法权益，保障法律统一正确实施的重要方式。

第三条 人民检察院可以直接向本院所办理案件的涉案单位、本级有关主管机关以及其他有关单位提出检察建议。

需要向涉案单位以外的上级有关主管机关提出检察建议的，应当层报被建议单位的同级人民检察院决定并提出检察建议，或者由办理案件的人民检察院制作检察建议书后，报被建议单位的同级人民检察院审核并转送被建议单位。

需要向下级有关单位提出检察建议的，应当指令对应的下级人民检察院提出检察建议。

需要向异地有关单位提出检察建议的，应当征求被建议单位所在地同级人民检察院意见。被建议单位所在地同级人民检察院提出不同意见，办理案件的人民检察院坚持认为应当提出检察建议的，层报共同的上级人民检察院决定。

第四条 提出检察建议，应当立足检察职能，结合司法办案工作，坚持严格依法、准确及时、必要审慎、注重实效的原则。

第五条 检察建议主要包括以下类型：

（一）再审检察建议；

（二）纠正违法检察建议；

（三）公益诉讼检察建议；

（四）社会治理检察建议；

（五）其他检察建议。

第六条 检察建议应当由检察官办案组或者检察官办理。

第七条 制发检察建议应当在统一业务应用系统中进行，实行以院名义统一编号、统一签发、全程留痕、全程监督。

第二章　适用范围

第八条　人民检察院发现同级人民法院已经发生法律效力的判决、裁定具有法律规定的应当再审情形的，或者发现调解书损害国家利益、社会公共利益的，可以向同级人民法院提出再审检察建议。

第九条　人民检察院在履行对诉讼活动的法律监督职责中发现有关执法、司法机关具有下列情形之一的，可以向有关执法、司法机关提出纠正违法检察建议：

（一）人民法院审判人员在民事、行政审判活动中存在违法行为的；

（二）人民法院在执行生效民事、行政判决、裁定、决定或者调解书、支付令、仲裁裁决书、公证债权文书等法律文书过程中存在违法执行、不执行、怠于执行等行为，或者有其他重大隐患的；

（三）人民检察院办理行政诉讼监督案件或者执行监督案件，发现行政机关有违反法律规定、可能影响人民法院公正审理和执行的行为的；

（四）公安机关、人民法院、监狱、社区矫正机构、强制医疗执行机构等在刑事诉讼活动中或者执行人民法院生效刑事判决、裁定、决定等法律文书过程中存在普遍性、倾向性违法问题，或者有其他重大隐患，需要引起重视予以解决的；

（五）诉讼活动中其他需要以检察建议形式纠正违法的情形。

第十条　人民检察院在履行职责中发现生态环境和资源保护、食品药品安全、国有财产保护、国有土地使用权出让等领域负有监督管理职责的行政机关违法行使职权或者不作为，致使国家利益或者社会公共利益受到侵害，符合法律规定的公益诉讼条件的，应当按照公益诉讼案件办理程序向行政机关提出督促依法履职的检察建议。

第十一条　人民检察院在办理案件中发现社会治理工作存在下列情形之一的，可以向有关单位和部门提出改进工作、完善治理的检察建议：

（一）涉案单位在预防违法犯罪方面制度不健全、不落实，管理不完善，存在违法犯罪隐患，需要及时消除的；

（二）一定时期某类违法犯罪案件多发、频发，或者已发生的案件暴露出明显的管理监督漏洞，需要督促行业主管部门加强和改进管理监督工作的；

（三）涉及一定群体的民间纠纷问题突出，可能导致发生群体性事件或者恶性案件，需要督促相关部门完善风险预警防范措施，加强调解疏导工作的；

（四）相关单位或者部门不依法及时履行职责，致使个人或者组织合法权益受到损害或者存在损害危险，需要及时整改消除的；

（五）需要给予有关涉案人员、责任人员或者组织行政处罚、政务处分、行业惩戒，或者需要追究有关责任人员的司法责任的；

（六）其他需要提出检察建议的情形。

第十二条 对执法、司法机关在诉讼活动中的违法情形，以及需要对被不起诉人给予行政处罚、处分或者需要没收其违法所得，法律、司法解释和其他有关规范性文件明确规定应当发出纠正违法通知书、检察意见书的，依照相关规定执行。

第三章 调查办理和督促落实

第十三条 检察官在履行职责中发现有应当依照本规定提出检察建议情形的，应当报经检察长决定，对相关事项进行调查核实，做到事实清楚、准确。

第十四条 检察官可以采取以下措施进行调查核实：

（一）查询、调取、复制相关证据材料；

（二）向当事人、有关知情人员或者其他相关人员了解情况；

（三）听取被建议单位意见；

（四）咨询专业人员、相关部门或者行业协会等对专门问题的意见；

（五）委托鉴定、评估、审计；

（六）现场走访、查验；

（七）查明事实所需要采取的其他措施。

进行调查核实，不得采取限制人身自由和查封、扣押、冻结财产等强制性措施。

第十五条 检察官一般应当在检察长作出决定后两个月以内完成检察建议事项的调查核实。情况紧急的，应当及时办结。

检察官调查核实完毕，应当制作调查终结报告，写明调查过程和认定的事实与证据，提出处理意见。认为需要提出检察建议的，应当起草检察建议书，一并报送检察长，由检察长或者检察委员会讨论决定是否提出检察建议。

经调查核实，查明相关单位不存在需要纠正或者整改的违法事实或者重大隐患，决定不提出检察建议的，检察官应当将调查终结报告连同相关材料订卷存档。

第十六条 检察建议书要阐明相关的事实和依据，提出的建议应当符合法律、法规及其他有关规定，明确具体、说理充分、论证严谨、语言简洁、有操作性。

检察建议书一般包括以下内容：

（一）案件或者问题的来源；

（二）依法认定的案件事实或者经调查核实的事实及其证据；

（三）存在的违法情形或者应当消除的隐患；

（四）建议的具体内容及所依据的法律、法规和有关文件等的规定；

（五）被建议单位提出异议的期限；

（六）被建议单位书面回复落实情况的期限；

（七）其他需要说明的事项。

第十七条 检察官依据本规定第十一条的规定起草的检察建议书，报送检察长前，应当送本院负责法律政策研究的部门对检察建议的必要性、合法性、说理性等进行审核。

检察建议书正式发出前，可以征求被建议单位的意见。

第十八条 检察建议书应当以人民检察院的名义送达有关单位。送达检察建议书，可以书面送达，也可以现场宣告送达。

宣告送达检察建议书应当商被建议单位同意，可以在人民检察院、被建议单位或者其他适宜场所进行，由检察官向被建议单位负责人当面宣读检察建议书并进行示证、说理，听取被建议单位负责人意见。必要时，可以邀请人大代表、政协委员或者特约检察员、人民监督员等第三方人员参加。

第十九条 人民检察院提出检察建议，除另有规定外，应当要求被建议单位自收到检察建议书之日起两个月以内作出相应处理，并书面回复人民检察院。因情况紧急需要被建议单位尽快处理的，可以根据实际情况确定相应的回复期限。

第二十条 涉及事项社会影响大、群众关注度高、违法情形具有典型性、所涉问题应当引起有关部门重视的检察建议书，可以抄送同级党委、人大、政府、纪检监察机关或者被建议单位的上级机关、行政主管部门以及行业自律组织等。

第二十一条 发出的检察建议书，应当于五日内报上一级人民检察院对口业务部门和负责法律政策研究的部门备案。

第二十二条 检察长认为本院发出的检察建议书确有不当的，应当决定变更或者撤回，并及时通知有关单位，说明理由。

上级人民检察院认为下级人民检察院发出的检察建议书确有不当的，应当指令下级人民检察院变更或者撤回，并及时通知有关单位，说明理由。

第二十三条 被建议单位对检察建议提出异议的，检察官应当立即进行复核。经复核，异议成立的，应当报经检察长或者检察委员会讨论决定后，及时对检察建议书作出修改或者撤回检察建议书；异议不成立的，应当报经检察长同意后，向被建议单位说明理由。

第二十四条 人民检察院应当积极督促和支持配合被建议单位落实

检察建议。督促落实工作由原承办检察官办理，可以采取询问、走访、不定期会商、召开联席会议等方式，并制作笔录或者工作记录。

第二十五条　被建议单位在规定期限内经督促无正当理由不予整改或者整改不到位的，经检察长决定，可以将相关情况报告上级人民检察院，通报被建议单位的上级机关、行政主管部门或者行业自律组织等，必要时可以报告同级党委、人大，通报同级政府、纪检监察机关。符合提起公益诉讼条件的，依法提起公益诉讼。

第四章　监督管理

第二十六条　各级人民检察院检察委员会应当定期对本院制发的检察建议的落实效果进行评估。

第二十七条　人民检察院案件管理部门负责检察建议的流程监控和分类统计，定期组织对检察建议进行质量评查，对检察建议工作情况进行综合分析。

第二十八条　人民检察院应当将制发检察建议的质量和效果纳入检察官履职绩效考核。

第二十九条　上级人民检察院应当加强对下级人民检察院开展检察建议工作的指导，及时通报情况，帮助解决检察建议工作中的问题。

第五章　附　则

第三十条　法律、司法解释和其他有关规范性文件对再审检察建议、纠正违法检察建议和公益诉讼检察建议的办理有规定的，依照其规定办理；没有规定的，参照本规定办理。

第三十一条　本规定由最高人民检察院负责解释。

第三十二条　本规定自公布之日起施行，2009 年印发的《人民检察院检察建议工作规定（试行）》同时废止。

最高人民检察院建立群众来信7日内程序性回复、3个月内办理过程和结果答复制度*

2019年3月12日上午，最高人民检察院检察长张军在十三届全国人大二次会议上作最高人民检察院工作报告时说：检察机关立足办案参与社会治理，践行新时代“枫桥经验”，重在化解矛盾、案结事了，不能止于程序结案。将心比心对待群众信访，建立7日内程序回复、3个月内办理过程或结果答复制度。

人民检察院办案活动接受人民监督员监督的规定

（2019年6月28日最高人民检察院第十三届检察委员会第二十次会议通过　2019年8月27日公布并施行）

第一条　为了健全检察权运行的外部监督制约机制，保障人民监督员依法履行职责，促进司法公正，提升司法公信，根据《中华人民共和国人民检察院组织法》等规定，制定本规定。

* 节选自《最高人民检察院工作报告——2019年3月12日在第十三届全国人民代表大会第二次会议上》。

第二条　人民检察院的办案活动依照法律和本规定接受人民监督员的监督。

第三条　人民监督员依法、独立、公正履行监督职责。

人民监督员行使监督权受法律保护。

人民监督员履行监督职责，应当遵守国家法律、法规和保密规定。

第四条　人民检察院应当保障人民监督员履行监督职责，自觉接受人民监督员的监督。

第五条　人民监督员的选任和培训、考核等管理工作，依照相关规定由司法行政机关负责，人民检察院予以配合协助。

第六条　各级人民检察院应当明确负责人民监督员工作的机构。人民监督员工作机构的主要职责是：

（一）组织人民监督员监督办案活动；

（二）通报检察工作情况；

（三）受理、审查、办理人民监督员提出的监督要求和相关材料；

（四）协调、督促相关部门办理监督事项；

（五）反馈监督案件处理结果；

（六）有关人民监督员履职的其他工作。

第七条　人民监督员对检察办案活动实行监督，应当遵守有关人民监督员回避的规定。

第八条　人民检察院下列工作可以安排人民监督员依法进行监督：

（一）案件公开审查、公开听证；

（二）检察官出庭支持公诉；

（三）巡回检察；

（四）检察建议的研究提出、督促落实等相关工作；

（五）法律文书宣告送达；

（六）案件质量评查；

（七）司法规范化检查；

（八）检察工作情况通报；

（九）其他相关司法办案工作。

第九条 人民检察院对不服检察机关处理决定的刑事申诉案件、拟决定不起诉的案件、羁押必要性审查案件等进行公开审查，或者对有重大影响的审查逮捕案件、行政诉讼监督案件等进行公开听证的，应当邀请人民监督员参加，听取人民监督员对案件事实、证据的认定和案件处理的意见。

第十条 人民检察院对检察官出席法庭的公开审理案件，可以协调人民法院安排人民监督员旁听，对检察官的出庭活动进行监督，庭审结束后应当听取人民监督员对检察官出庭行为规范、文书质量、讯问询问、举证答辩等指控证明犯罪情况的意见建议。

第十一条 人民检察院对监狱、看守所等进行巡回检察的，可以邀请人民监督员参加，听取人民监督员对巡回检察工作的意见建议。

第十二条 人民检察院研究提出检察建议、督促落实检察建议等相关工作的，可以邀请人民监督员参加，听取人民监督员对检察建议必要性、可行性、说理性等方面的意见建议，或者对检察建议督促落实方案、效果等方面的意见建议。

第十三条 人民检察院组织开展法律文书宣告送达活动的，可以邀请人民监督员参加，听取人民监督员对法律文书说理工作的意见建议。

第十四条 人民检察院组织开展案件质量评查活动的，可以邀请人民监督员担任评查员，听取人民监督员对评查工作的意见建议，或者对检察办案活动的意见建议。

第十五条 人民检察院组织开展司法规范化检查活动的，可以邀请人民监督员参加，听取人民监督员对检查方式、内容、效果等方面的意见建议，或者对检察办案活动的意见建议。

第十六条 人民检察院应当建立健全检察工作通报机制，向人民监督员通报重大工作部署、司法办案总体情况以及开展检察建议、案件质量评查、巡回检察等工作情况，听取人民监督员的意见建议。

第十七条　人民监督员通过其他方式对检察办案活动提出意见建议的，人民检察院人民监督员工作机构应当受理审查，及时转交办理案件的检察官办案组或者独任检察官审查处理。

第十八条　人民监督员监督检察办案活动，依法独立发表监督意见，人民检察院应当如实记录在案，列入检察案卷。

第十九条　人民检察院应当认真研究人民监督员的监督意见，依法作出处理。监督意见的采纳情况应当及时告知人民监督员。

人民检察院经研究未采纳监督意见的，应当向人民监督员作出解释说明。人民监督员对于解释说明仍有异议的，相关部门或者检察官办案组、独任检察官应当报请检察长决定。

第二十条　人民检察院邀请人民监督员监督办案活动的，应当根据具体情况确定人民监督员的人数。

第二十一条　省、自治区、直辖市人民检察院和设区的市级人民检察院接受人民监督员监督办案活动的，由本院协调联络同级司法行政机关抽选人民监督员并组织开展监督；基层人民检察院或者直辖市人民检察院分院接受人民监督员监督办案活动的，由设区的市级人民检察院或者直辖市人民检察院协调同级司法行政机关抽选人民监督员，具体联络、组织开展监督等工作由基层人民检察院或者直辖市人民检察院分院负责。

第二十二条　人民检察院人民监督员工作机构根据本规定第八条规定拟安排人民监督员开展监督活动，应当组织、协调相关部门或者检察官办案组、独任检察官在工作中予以配合。相关部门或者检察官办案组、独任检察官也可以视具体工作，主动邀请人民监督员依照本规定进行监督，并提前告知人民监督员工作机构做好联络安排工作。

人民监督员工作机构应当通知相关部门或者检察官办案组、独任检察官提供与监督有关的材料并及时送交人民监督员。

第二十三条 人民检察院应当提前将邀请参加监督活动的人民监督员人数、监督时间、地点以及其他有关事项通知同级司法行政机关，由司法行政机关依照相关规定，从人民监督员信息库中随机抽选和联络确定参加监督工作的人民监督员。

第二十四条 人民检察院应当严格依照本规定接受人民监督员的监督，不得限制、规避人民监督员对办案活动的监督，不得干扰人民监督员依法独立发表监督意见，不得违反规定泄露人民监督员监督办案活动情况。

第二十五条 人民检察院应当为人民监督员提供履行监督职责所必需的工作场所以及其他必要条件。

第二十六条 人民检察院应当加强人民监督员监督工作信息化建设，为人民监督员实时了解相关司法办案信息提供技术支持。

第二十七条 人民监督员监督检察办案活动的经费，除依照相关规定由司法行政机关予以补助外，列入人民检察院检察业务经费保障范围。

第二十八条 人民检察院应当定期将人民监督员监督检察办案活动情况通报司法行政机关。

第二十九条 本规定由最高人民检察院负责解释。

第三十条 本规定自公布之日起施行，2016 年印发的《最高人民检察院关于人民监督员监督工作的规定》同时废止。

最高人民检察院民事行政诉讼监督案件专家咨询论证工作办法

（2018年7月17日最高人民检察院第十三届检察委员会第四次会议通过　2018年8月16日公布施行）

第一条　为了提高民事行政诉讼监督案件的办案质量和效率，依法、精准提出抗诉和检察建议，促进司法民主、司法公正和司法廉洁，深化检务公开，根据《最高人民检察院专家咨询委员会工作办法》《关于完善人民检察院司法责任制的若干意见》《最高人民检察院关于指派、聘请有专门知识的人参与办案若干问题的规定（试行）》《最高人民检察院关于开展专家咨询委员会委员参与案件咨询论证工作的意见（试行）》等规定，结合检察工作实际，制定本办法。

第二条　最高人民检察院办理民事行政诉讼监督案件，设立专家委员会，提供咨询论证意见。

专家委员会专家从下列人员中选聘：

（一）最高人民检察院专家咨询委员会委员；

（二）高等院校、科研机构或者相关单位推荐的法学专家和技术专家；

（三）中国法官协会推荐的离退休审判业务专家；

（四）具有民事、行政检察专业背景的离退休全国检察业务专家；

（五）中国律师协会推荐的专家型律师；

（六）具有法律专业背景的全国人大代表、全国政协委员。

专家委员会专家实行聘任制，每届任期五年，可以连续聘任。

第三条 下列案件可以提请专家咨询论证：

（一）拟对最高人民法院作出的民事、行政判决、裁定提出监督意见的案件；

（二）省级人民检察院提请抗诉的重大、疑难、复杂案件；

（三）具有重大社会影响的案件；

（四）新类型案件；

（五）具有类案指导意义的案件；

（六）需要提请专家咨询论证的其他案件。

第四条 提请专家咨询论证民事行政诉讼监督案件，可以采取向专家个别咨询和召开专家论证会两种方式。

第五条 承办案件的检察官在审查案件过程中，或者案件经检察官办案组讨论，认为案件符合本办法第三条规定，需要就法律适用或者专业技术等问题向专家个别咨询的，应当提出申请，列明需要咨询的具体问题、涉及专业领域与方向或者专家意向人选，并报部门负责人批准，可以向专家个别咨询。

分管副检察长可以在审批案件过程中决定向专家个别咨询。

向专家个别咨询应当通过书面方式进行，由案件承办部门负责组织实施。

第六条 承办案件的检察官对案件进行初步审查后，或者部门负责人审核案件过程中，认为拟提出抗诉的案件符合本办法第三条规定，需要召开专家论证会进行咨询论证的，应当提出申请，列明需要咨询论证的具体问题、涉及专业领域与方向，经民事行政检察部门检察官联席会议或者主任检察官联席会议讨论，并报分管副检察长批准，可以召开专家论证会。

分管副检察长可以在审批案件过程中决定召开专家论证会。

专家论证会由案件承办部门负责组织实施。最高人民检察院专家咨询委员会办事机构配合做好专家咨询委员邀请、服务等相关工作。参加专家论证会的专家人数不得少于五人。

第七条　召开专家论证会之前，承办案件的检察官应当向参加专家论证会的专家提交需要咨询论证的议题、研究意见、对当事人信息进行技术处理后的初步审查意见等案件材料，告知会议时间和地点，同时申明检察机关的保密规定、工作纪律及其他应当注意的事项。

第八条　专家论证会可以由分管副检察长或者部门负责人主持，也可以委托一位参会的专家主持。专家就咨询论证问题提出意见。承办案件的检察官应当列席专家论证会，及时回答专家问询。

案件承办部门负责整理专家论证会会议记录、制作会议纪要和会议材料归档等工作。

第九条　经专家咨询论证后拟提出抗诉的案件，承办案件的检察官应当根据办案程序的规定继续完成案件审查工作。

相关案件提请检察委员会审议的，案件审查报告应当全面反映专家咨询论证意见。未采纳专家咨询论证意见的，应当说明理由。

向人民法院提出抗诉的案件，专家论证会会议纪要或者专家的个别咨询意见应当复印随检察正卷移送。

第十条　民事行政检察部门应当认真研究专家的咨询论证意见。对于具有普遍指导意义的法律适用问题，应当及时研究制定办理同类案件或者处理同类问题的指导意见，并整理形成指导性案例或者典型案例备选材料。

第十一条　检察委员会审议相关案件，报经检察长同意，可以邀请有关专家到场发表咨询论证意见。

专家在承办案件的检察官汇报完毕后、检察委员会委员表决前发表咨询论证意见，并可以回答委员就有关问题的问询。

第十二条　专家委员会咨询论证案件实行回避制度，参照适用《中华人民共和国民事诉讼法》《中华人民共和国行政诉讼法》《中华人民共和国刑事诉讼法》等法律有关鉴定人回避的规定。

第十三条 专家委员会专家应当遵守法律、法规和检察机关有关规章制度，严格履行保密义务，廉洁自律。

第十四条 开展案件专家咨询论证活动所需经费，从检察机关办案业务经费中列支。

第十五条 地方各级人民检察院开展民事行政诉讼监督案件专家咨询论证工作，可以参照本办法执行。

第十六条 本办法由最高人民检察院负责解释，自发布之日起施行。

最高人民检察院召开全国检察长会议*

全国检察长会议 2019 年 1 月 17 日在北京召开。最高人民检察院党组书记、检察长张军强调，深入学习贯彻习近平新时代中国特色社会主义思想和党的十九大精神，全面贯彻习近平总书记重要讲话精神，紧密结合检察工作实际把中央政法工作会议精神落到实处，必须坚持党对检察工作的绝对领导，坚持以人民为中心的发展思想，坚持“讲政治、顾大局、谋发展、重自强”的总体要求，以落实、稳进、提升为检察工作总基调，推动各项法律监督工作全面协调充分发展，为经济持续健康发展和社会大局稳定提供有力司法保障，让人民群众共享实实在在的获得感幸福感安全感，以优异成绩迎接中华人民共和国成立 70 周年。

张军指出，在刚结束的中央政法工作会议上，习近平总书记发表重要讲话，深刻阐明了新时代政法工作的使命任务、历史方位、总体思路、

* 参见《全面贯彻习近平总书记重要讲话精神 推动各项法律监督工作全面协调充分发展》，载《检察日报》2019 年 1 月 18 日。

重点任务。这些重要指示，融汇于习近平新时代中国特色社会主义思想，是做好新一年检察工作的根本性指导思想。郭声琨同志在中央政法工作会议上的重要讲话，明确提出了2019年政法工作主要任务和重要举措。要认真学习领会，在检察具体工作中贯彻执行好。

张军说，2018年是改革开放和检察机关恢复重建40周年，也是贯彻党的十九大精神开局之年。中国特色社会主义进入新时代，社会主要矛盾转化，人民群众在民主、法治、公平、正义、安全、环境等方面的要求日益增长。检察机关经历国家监察体制改革、反贪转隶，检察职责发生重大变化。在这样一个改革力度不断加大、发展变化更加深刻的历史背景下，新一届最高人民检察院党组明确提出“讲政治、顾大局、谋发展、重自强”的总体要求，并将其具体细化为一系列思路举措。一年来，检察机关思想理念持续更新，检察队伍精气神提升，检察制度自信进一步增强，人民检察事业在新的历史起点上有力向前推进。

张军指出，2019年是中华人民共和国成立70周年，大事喜事多，也有诸多难事，对做好检察工作提出新的更高要求。去年底以来，中央接续召开经济工作会议、农村工作会议、政法工作会议、十九届中央纪委三次全会，深入分析国际国内形势，明确提出了党和国家各项工作的主要目标、重要任务。要把思想统一到党中央的分析判断和决策部署上来，更深刻、更清醒地把握经济社会发展利与弊诸方面，充分运用检察职能，切实提高司法保障能力和水平。要对标“四个意识”、对标党的十九大精神，认真思考检察工作总体还有哪些不适应，找到差距和不足，努力跟上、做得更好。

张军强调，要主动适应形势发展变化，深化内设机构改革，推动“四大检察”全面协调充分发展。通过检察机关内设机构系统性、整体性、重塑性改革，检察机关法律监督总体布局将实现刑事、民事、行政、公益诉讼检察并行，检察机关法律监督职能行使将进一步优化。一要做优刑事检察工作，突出专业化。一类刑事检察业务，由一个机构、一个办案组、一个主办检察官办到底；同一案件的批捕、起诉，由同一名检察官负责到底。通过完善办案机制，把捕诉一体在办案质量和效率方面的优势发挥出来。二要做强民事检察工作，在“深”字上做文章。要以贯彻落实全国人大常委会审议意见为契机，进一步拓宽思路、积极作为，将民事检察工作做得更实更富成效。三要做实行政检察工作。行政检察要围绕行政诉讼监督展开，做到精准，抓好典型性、引领性案件的监督，做一件成一件、成一件影响一片。多与审判机关、行政机关沟通，争取双赢多赢共赢的效果。四要做好公益诉讼检察工作，加大工作力度。最高人民检察院和省级院要认真总结，把握规律、发现问题、加强指导，与法院和有关行政执法部门进一步加强衔接，完善顶层设计。

张军要求，要聚焦党和国家工作大局，努力提供更优更实更好的法治产品、检察产品。强化斗争精神、提高斗争本领，坚决维护国家政治安全。坚持不懈深化扫黑除恶专项斗争，坚持“有黑扫黑、有恶除恶、有乱治乱”，突出查办“保护伞”。继续服务打好三大攻坚战，深化打击非法集资犯罪专项行动；破解生态环境案件确定管辖难、调查取证难、司法鉴定难、法律适用难等问题；促进精准扶贫落地落实。依法平等保护民营经济合法权益，落实“平等”二字，坚决杜绝差异性、选择性司法。依法办理职务犯罪案件，严把案件质量关，逐步建立起更为明确、严格的办案规范和程序。立足司法办案参与社会治理，当好党委政府的法治参谋，努力“办理一案、治理一片”，认真贯彻新时代“枫桥经验”，积极、妥善化解检察环节的矛盾纠纷。

张军要求，要坚持更高标准更严要求，抓紧抓实检察机关自身建设。要认真学习贯彻习近平总书记在十九届中央纪委三次全会和中央政法工作会议上的重要讲话精神，落实全面从严治党要求，把自身建设抓紧、抓实、抓到位。要把政治建设紧密结合检察工作、检察队伍实际抓紧、落实。要以空前力度推进政治性很强的业务建设，下大气力抓紧抓实抓好，下大气力把政治和业务培训高质量高标准力推到位。要抓“关键少数”，加强各级院领导班子建设。要做到严管厚爱，坚持严字当头、全面从严、一严到底。要加大攻坚克难力度，确保各项改革任务落地见效。要加强检察宣传，提高司法公信力。

张军强调，一分部署，九分落实。要更加紧密地团结在以习近平同志为核心的党中央周围，始终保持永不懈怠的精神状态和一往无前的奋斗姿态，以“功成不必在我”的精神境界和“功成必定有我”的历史担当，做好各项检察工作，向党和人民交上一份更加满意的检察答卷。

最高人民检察院党组副书记、副检察长邱学强主持会议。院领导孙谦、苏德良、童建明、张雪樵、陈国庆；各省、自治区、直辖市检察院，解放军军事检察院，新疆生产建设兵团检察院检察长，部分省级院党组书记出席会议。最高人民检察院机关各内设机构、直属事业单位主要负责人，解放军各战区、总直属军事检察院检察长，部分最高人民检察院专家咨询委员、特约监督员等参加会议。

最高人民检察院举办大检察官研讨班*

大检察官研讨班2019年7月20日在成都开班。最高人民检察院党组书记、检察长张军强调，全国各级检察机关要深入学习贯彻习近平新时代中国特色社会主义思想和党的十九大精神，全面贯彻以习近平同志为核心的党中央关于全面深化改革的决策部署，贯彻落实政法领域全面深化改革推进会精神，不忘初心、牢记使命，把“稳进、落实、提升”的

* 参见《学习贯彻政法领域全面深化改革推进会精神 坚持改革中深化、深化中落实、落实中提升》，载《检察日报》2019年7月21日。

要求更好地体现在各项检察工作中。

张军指出，今年以来，全国检察机关以习近平新时代中国特色社会主义思想为指导，讲政治、顾大局、谋发展、重自强，以党的建设为统领抓重点、补短板、强弱项，各项检察工作稳进、落实、提升，取得新进展。郭声琨同志在政法领域全面深化改革推进会上的重要讲话，对政法领域改革和下半年政法工作作出全面部署。要认真学习贯彻，确保检察环节各项任务落地落实。

张军要求，要坚守客观公正立场，持续更新检察监督理念。新时代检察工作开局良好，但还只是“破题”，必须持之以恒“解新题”“答难题”。要以习近平新时代中国特色社会主义思想为根本遵循，更加积极主动适应人民群众在民主、法治、公平、正义、安全、环境等方面内涵更丰富、标准更高的需求，与时俱进更新检察监督理念，秉持客观公正立场，切实履行好新时代检察监督职责。坚守客观公正立场，“要”在转变观念，检察官履职立场必须与时俱进，切实做到不偏不倚、不枉不纵、既无过度也无不及；“重”在提升能力，全体检察官必须践行公平正义要求，不断提高客观公正办案能力，追求最佳办案质量、效率、效果；“旨”在维护权益，真正当好公共利益的代表、公平正义的守护者。

张军要求，要优化创新检察监督方式，促进提升执法司法公信。一要正确把握检察监督与检察办案的关系。“办案中监督、监督中办案”，重在监督要精准、办案要优质，把监督做实、把案件办好。要充分发挥“捕诉一体”优势，优质高效办理捕诉案件。各地要加强督导，年内“捕诉一体”要全面落实、上下贯通。二要切实履行检察官在刑事诉讼中的主导责任。修改后刑事诉讼法确立的认罪认罚从宽制度，更是十分典型的以检察官主导责任为基础的诉讼制度设计，要把这一制度落到实处。三是深化案例推选、运用、指导工作，通过典型案例规范、指导各级检察机关办案，同时以案释法，促进法治社会建设。四是创新智慧借助补足业务发展建设短板。

张军强调，要充分发挥检察职能，更加主动服务大局。一要持续深入推进扫黑除恶专项斗争。在确保办案质量前提下，提高办案效率。始终把“破网打伞”放在头等重要位置。二要精准服务打好三大攻坚战。要按照中央部署要求，积极参与深化打击非法集资犯罪专项行动，通过办案积极参与金融违法犯罪综合治理。要善于把服务精准脱贫与乡村治理结合起来，深度分析有关犯罪特点和原因，提出治理建议。在服务打好污染防治攻坚战方面，针对各地反映的生态环境案件确定管辖难、调查取证难、司法鉴定难等问题，最高人民检察院会同生态环境部等 9 部门出台了规范性文件，协调司法部建立环境公益诉讼先鉴定后收费机制等，要抓好落实。三要通过检察办案加强民营经济平等保护。要落实好习近平总书记“三个没有变”要求，在法律适用上切实做到对民营企业平等保护。四要继续在反腐败斗争中发挥检察作用。要落实好与监察委既互相配合又互相制约的原则。要认真履行好法律赋予的职责，进一步加大查办司法工作人员相关职务犯罪工作力度。

张军要求，开展“不忘初心、牢记使命”主题教育，守初心、担使命，找差距、抓落实，关键是结合检察实际，突出检察特色，把检察为民实事抓实做好。一是扎实做到 7 日内程序性回复、3 个月内办理过程或结果答复，将心比心把群众信访办好。优化、完善信访案件受理和初步审查机制，做好繁简分流。二是常态化开展公益诉讼“回头看”，推动解决损害国家和社会公共利益问题。保证数量是基础，提升质量是关键，优化结构是重点。三是持续把检察建议做成刚性、做到刚性。要提高检察建议质量，盯住不放，确保落实。最高人民检察院下一步还要会同教育部“没完没了”抓好“一号检察建议”督促落实。四是科学构建以人民群众获得感为评判标准的案件质量评价体系。要遵循“案 – 件比”指标，下大力气降低办案中的“环节”“件”数，树立“整体质量意识”。五是坚持领导干部带头办案，在守初心、担使命中发挥好表率作用。要通过办理疑难、复杂、影响性案件，总结办案经验，发现深层次问题，预防、解决检察管理、司法办案中的问题，带动整个队伍提升能力水平。办案就要阅卷。要坚持检察长列席审委会、领导干部兼任法治副校长制度。

张军强调，要坚持严管就是厚爱，锻造“四个铁一般”队伍。一要紧密结合深化司法体制改革加强思想政治建设。随着分类管理、内设机构改革的推进，各类检察人员的思想政治建设要跟上。要始终压实压紧员额检察官责任，把司法检察改革成果落实好、巩固好、发展好。二要持续提升专业能力。要敏感于自身能力的短板、弱项、不足，下大气力抓紧抓实能力提升。大规模业务培训是提高业务能力的有效抓手，要分层分类，更精准地解决问题。在业务能力建设中，要持续建好、用好“检答网”。三要加强领导班子和领导干部队伍建设。要对领导班子的年龄、学历、专业等结构进行全面梳理分析，按照新修订的检察官法提前开展工作，提出意见建议。要想方设法解决边远和相对贫困落后地区检察机关存在的人才断档、人员流失等问题。

张军强调，要高度重视整治形式主义、官僚主义问题。反形式主义、官僚主义，既要做减法，也要做加法，开会、发文要精简，有效调研、解剖麻雀、面对面指导要增加。反形式主义、官僚主义，既要为基层减负，更要为基层服务，对下级院反映的实际困难和问题，要想方设法帮助解决，决不能只调查、不研究，多年来“涛声依旧”。

最高人民检察院党组副书记、副检察长邱学强主持会议。院领导孙谦、苏德良、童建明、张雪樵、陈国庆，检委会专职委员万春出席。各省、自治区、直辖市检察院，军事检察院，新疆生产建设兵团检察院检察长；最高人民检察院各内设机构、直属事业单位负责人参加。部分中央国家机关有关内设机构负责人、最高人民检察院特约监督员、全国政协委员、法学专家学者应邀参加。

最高人民检察院召开第二十届全国检察理论研究年会暨中国法学会检察学研究会年会*

第二十届全国检察理论研究年会暨中国法学会检察学研究会年会2019年7月21日在成都举行。最高人民检察院党组书记、检察长张军强调，要始终坚持以习近平新时代中国特色社会主义思想为指导，勇担时代使命，凝聚广泛共识，共同开创新时代检察理论研究工作新局面，为推进中国特色社会主义法治国家建设贡献力量。中国法学会党组书记、常务副会长陈训秋出席并致辞。

张军要求，要牢牢把握检察理论研究的时代使命。实现新时代检察工作全面协调充分发展，对检察理论的需求从未如此迫切。要正视检察理论供给上的不足和差距，从最高人民检察院做起，采取扎实有效的举措，持续抓好推进、落实。面对生机勃勃的检察实务沃土、富矿，检察理论研究潜力巨大、前景可期。新时代检察事业的丰富实践，必能给检察理论创新、学术研究繁荣提供源头活水、无尽动力。

张军要求，要牢牢把握检察理论研究的基本要求。始终坚持以习近平新时代中国特色社会主义思想为指引，与时代同步，与人民同向，紧扣伟大斗争、伟大工程、伟大事业、伟大梦想，解放思想，实事求是，与时俱进，不断增强理论自信和战略定力。要坚持正确政治方向，坚守人民立场，坚持实践和问题导向，做到兼收并蓄。

张军强调，要牢牢把握检察理论研究的重点内容。检察理论工作者

---

* 参见《勇担时代使命　凝聚广泛共识　共同开创新时代检察理论研究工作新局面》，载《检察日报》2019年7月22日。

要在习近平新时代中国特色社会主义思想指引下，全力拓展检察理论研究范围和深度，更好服务国家经济社会发展，服务全面依法治国实践。要加强司法检察理念研究，加强检察基础理论研究，加强检察改革和发展研究，加强检察实务和应用研究。“四大检察”“十大业务”并行的检察监督办案总体格局，每一项检察业务都有很多需要研究的问题。

张军要求，要牢牢把握检察理论研究的整体性工作格局。构建全员参与的调查研究工作机制，建立与科研院校无缝衔接战略合作机制，领导班子和领导干部要发挥表率作用带头研究，重视专家型检察官、检察理论研究人才培养，营造更好的检察理论研究氛围。

陈训秋致辞指出，检察学研究会要把政治建设摆在首位，始终坚持正确的政治方向，毫不动摇地坚持党的领导，树牢“四个意识”，坚定“四个自信”，坚决做到“两个维护”。要围绕中心、服务大局，积极投身依法治国的伟大实践，为检察机关更好地履行检察职责提供理论支持和智力服务。要坚持从严要求，加强自身建设，坚持以党的政治建设为统领，紧密结合“不忘初心、牢记使命”主题教育，全面加强研究会党的建设。

最高人民检察院党组副书记、副检察长邱学强，党组成员、副检察长陈国庆分别主持上午和下午的大会。最高人民检察院党组成员、副检察长孙谦作总结讲话。大会表彰了在 2018 年度检察基础理论研究中有代表性的优秀成果和先进组织。最高人民检察院领导苏德良、童建明、张雪樵，检委会专职委员万春出席大会。

与会检察系统代表和张明楷、周光权、龙宗智、陈卫东、汤维建、张新宝、王锡锌、秦前红等专家学者围绕“新时代检察理论的创新发展”主题，就“四大检察”理论体系构建、新时代检察工作创新发展等内容进行主题演讲、自由发言、交流互动。

最高人民检察院召开
全国检察机关行政检察工作座谈会

2019年9月17日，最高人民检察院在福建省福州市召开了全国检察机关行政检察工作座谈会。这次会议的主要任务是：深入学习贯彻习近平总书记全面依法治国新理念新思想新战略，深入学习贯彻中央政法工作会议、全国检察长会议和大检察官研讨班精神，尤其是最高人民检察院党组和张军检察长关于做实行政检察工作的系列指示要求，分析当前形势，总结交流经验，研究和部署当前和今后一个时期做实行政检察工作的思路和措施，为“四大检察”全面协调充分发展贡献力量。

为贯彻落实中央八项规定精神，压缩会议时间，这次会议会期一天，并与首届“做实行政检察”高级研修班接续召开。9月17日上午，张雪樵副检察长以“坚持司法为民做实行政检察”为题作了讲话。福建、北京、浙江、山东、广东等5个省级院和泉州、郑州市院、上海市检三分院等3个市级院行政检察部门负责同志作了大会发言，山西、吉林等8个省级院行政检察部门作了书面发言，交流了行政诉讼监督、行政非诉执行监督、行政审判违法行为监督、推动行政争议实质性化解、增强智慧借助、护航民营经济发展等方面的经验和做法。9月17日下午，第七检察厅厅长张相军以“做实新时代行政检察为‘四大检察’全面协调充分发展贡献力量”为题作了授课，这次授课同时作为最高人民检察院领导干部业务讲座的第十三讲，通过电视电话会议系统对全国四级检察院行政检察人员视频直播。授课结束后，张相军厅长对会议进行了简要总结，并对抓好会议精神传达贯彻和抓实当前行政检察几项重点工作作了强调。

这次会议的精神主要体现在张雪樵副检察长的讲话中。会议的主要成果体现在以下方面：

一、强调了行政检察与刑事检察、民事检察、公益诉讼全面协调充分发展的重要意义

会议指出，党的十九大对新时代推进全面依法治国提出了新目标，习近平总书记在中央全面依法治国委员会第一次会议上的重要指示，对检察机关充分发挥包括行政检察在内的法律监督职能作用提出了新要求。检察机关作为国家的法律监督机关，要发挥“一手托两家”的作用，在推进法治政府建设，促进依法行政方面发挥更大的作用。检察机关办理行政申诉案件，开展行政诉讼监督应当担负起监督行政机关违法行为的重要职责，同时对于未向检察机关申诉的诉讼案件，检察机关也可以依职权审查行政行为是否违法，采取抗诉或相应的跟进监督措施，还要了解当事人不到检察机关申诉的原因，直面人民群众对民主、法治、公平、正义、环境、安全等新需求的难点、堵点和痛点，让人民群众在每一起案件中感受到公平正义。

会议强调，要坚信习近平总书记在十八届四中全会上关于对行政乱作为、不作为进行检察监督是高屋建瓴的顶层设计，要充分认识行政检察与刑事检察、民事检察、公益诉讼全面协调充分发展的重要意义，立足行政诉讼监督的法定职能，把行政诉讼的制度性问题作为行政检察的改革出路，把行政诉讼在法治建设中的疲弱、缺位、滞后问题的解决作为行政检察发展的广阔舞台，把人民群众对依法维权之路的信赖作为行政检察健康发展的重要动力。

二、阐述了行政检察工作的新格局

会议指出，做实行政检察工作要以行政诉讼监督为基石。当前，行

政诉讼程序空转、案结事不了、申诉上访率高、服判息诉率低等问题长期存在的原因除了程序制度的缺陷，归根结底在于司法制约对行政违法的失之于宽，行政诉讼的法治任务远未完成。在检察权能配置方面，诉讼监督具有稳定性、权威性、公开性和群众参与性，行政诉讼监督的程序制度、责任设置相对比较成熟，既可以受理当事人申诉，也可以依职权主动介入；既可以主动调查核实，也可以引入专业判断，发挥好检察监督的制度优势，全面把握行政诉讼监督在对象和目的上的双重性，既可以保证司法公正，也能够促进依法行政。另外，伴随地方立法制度改革，对地方性法规等规范性文件监督的必要性越来越强，行政诉讼已经成为我国公民或社会主体针对违法行为进行维权的主要方式。要以行政诉讼监督为基石，立足生效行政裁判监督、行政审判人员违法行为监督、行政裁判执行监督的责任田，优化检察产品品质，提高产品数量，提高监督质量，做实行政检察工作。

会议指出，做实行政检察工作要以化解行政争议为“牛鼻子”。化解行政争议是“保护权利”和“监督权力”两个目标的结合点和落脚点，是诉讼监督任务的应有之义，是以定分止争的司法效果来弥补行政诉讼制度的短板，也是以节约司法资源提高解决效率来补强司法的公正公信。检察机关要顺应新时代人民群众的新需求，以问题为导向，积极探索在办理生效裁判的监督案件中化解行政争议。要立足行政检察监督定位和法律监督机关的职权优势，充分运用调查核实手段。要处理好抗诉与调处和解的衔接关系，坚持有权必维原则，处理好维稳与维权的关系，认真做好释法说理工作。要明确办案责任，并善于与地方相关部门在创新诉源治理中加强协作，发挥协同合力，为民解忧解困，让人民群众有实实在在的获得感。

会议指出，做实行政检察工作要以行政非诉执行监督为延伸。行政非诉执行监督，是对诉讼裁判执行监督的延伸。行政非诉执行监督的范围，主要是人民法院对行政非诉执行申请的受理、审查、裁决和实施行为。行政非诉执行监督重点为人民法院对行政非诉执行申请是否依照行政诉讼法及其他相关行政法律法规进行立案审查；以及人民法院对行政非诉法律文书的执行中是否存在违法情形。行政非诉执行监督要善于运用好双赢多赢共赢理念下的政治智慧、法律智慧和监督智慧，要遵循职权法定与效率价值原则，把握好行政非诉执行监督边界。

三、明确了如何处理行政检察与其他监督职能的关系

会议指出，行政检察与监察委员会职务违法监督既有密切联系，又有很大差异，做实行政检察工作可以主动与监察委加强配合、做好衔接。检察机关在办理行政诉讼监督案件包括调处行政争议时，发现公职人员违法乱纪，要用好线索及时移送监察委的机制或工作方式。对行政机关无正当理由不配合调查、不采纳建议、不出庭应诉或者不履行判决的，检察机关可将情况通报至监察委。

会议指出，应从公正与效率的原则把握行政检察监督和行政公益诉讼监督的界限。对于公益诉讼的审判活动、裁判结果的监督，可以按照行政诉讼监督程序办理，并由专门的行政检察部门负责，行政检察与公益诉讼为同一个部门的，应由其他行政检察人员负责，不宜再由公益诉讼部门或承担公益诉讼任务的人员负责监督。对于公益诉讼裁判结果执行的监督，按同一件事由同一个办案组负责的原则，应当由公益诉讼办案组负责协调和监督执行。对于需要行政机关进一步作出新的行政行为或纠正违法行为，如果在公益诉讼的法定领域，应当属于公益诉讼范畴；如果超出法定领域的，则属于职务违法，不宜由行政检察部门管辖。对于需要向行政机关提出改进工作检察建议的，因不符合行政违法的立案条件，不属于公益诉讼办案范围，应当依照治理类建议的相关规定来办理。

四、部署了近期行政检察工作的重点任务

会议指出，做实行政检察工作要坚定信心以理念变革引领行政检察工作创新发展；要在办案中监督、在监督中办案，全面履行行政检察职能；要发挥“一手托两家”作用，积极参与社会治理，促进实质性化解行政争议；要着力研究破解基层行政检察作用发挥难；要把政治性很强的业务工作与业务性很强的政治工作结合起来，强化专业能力建设。

会议强调，要按照“稳进、落实、提高”的总基调，在全面谋划今后一个时期行政检察工作的同时，抓好当前重点工作，确保行政检察开好局、起好步，向全国人民交上合格答卷。一是抓实服务保障“三大攻坚战”和民营经济发展的工作。坚持将防范化解社会稳定风险贯穿办案始终，做好稳定风险评估、预警。会同有关方面解决一批涉及政府为主要当事人的产权纠纷问题。清理涉民营企业积案。二是抓实申诉案件“3个月内办理过程或者结果答复”。既要在思想上高度重视，又要有针对性地采取繁简分流措施。同时要强化内部监督，加强质量把控。通过组织听证，以案释法，促成和解和化解行政争议，彰显检察办案良好效果。三是抓实典型性、引领性案件的培养、总结、提炼和学习培训。要敏于发现可能性案件，加强精细化审查和调查工作，从案件中总结规律，提炼规则，形成典型性案例和指导性案例，并加强学习培训。四是抓实行政非诉执行监督。要巩固专项活动成果，围绕中心服务大局做实深化工作，结合各地特点适时开展“小专项”监督活动，促进解决一些地方非诉执行难、执行乱的问题。五是抓实检答网的运用，加快建设民事行政检察案件互联网咨询平台。六是抓实“三个规定”的落实。深入查找廉政风险点，健全制度机制，树立行政检察队伍的良好形象。

最高人民检察院发布第十五批指导性案例和行政检察典型案例*

2019 年 9 月 25 日上午，最高人民检察院举行以“加强案例指导，做实行政检察”为主题的新闻发布会，通报行政检察工作情况，并发布最高人民检察院第十五批指导性案例和 6 件行政检察典型案例。

据悉，这是负责行政检察职能的第七检察厅首次亮相最高人民检察院新闻发布会，也是最高人民检察院首次发布行政检察指导性案例。截至目前，最高人民检察院指导性案例已涵盖“四大检察”。

最高人民检察院副检察长张雪樵在发布会上介绍，行政检察的核心是行政诉讼监督，主要包括生效裁判结果监督、审判人员违法行为监督、执行活动监督三项业务。今年前 8 个月，各项业务的案件受理数和提出监督意见数均呈现上升态势。全国检察机关共受理各类行政诉讼监督案件 1.5 万余件，同比上升 70%。其中，受理裁判结果监督案件 8000 余件，同比上升 35%；提出抗诉和再审检察建议 90 余件，同比上升 2%。受理审判人员违法行为监督案件 700 余件，同比上升 60%；提出检察建议 490 余件，同比上升 71%。受理执行活动监督案件 6900 余件，同比上升 148%；提出检察建议 5400 余件，同比上升 206%。

张雪樵说，各级检察机关在依法监督错误裁判和违法行为的同时，对事实认定正确、法律适用准确、程序合法的案件，依法作出不支持监督申请决定 6000 余件，并积极做好释法说理、公开听证、促进和解、息

---

* 参见《以强化案例指导 提升行政检察监督能力》，载《检察日报》2019 年 9 月 26 日。第十五批指导性案例和行政检察典型案例见本书第三编。——编者注

诉服判等工作，维护司法权威和政府公信力，维护人民群众的合法权益。

张雪樵表示，做实行政检察，检察机关要用好用足指导性案例和典型案例，进一步提升办案质效和行政检察监督能力。要践行精准监督，着力培育精品案例；强化案例指导，提升监督能力；加强以案释法，促进社会治理。

本次发布的指导性案例均为违法占地、违法建设领域案件，其中生效裁判监督类案例1件，非诉执行监督类案例2件。分别是：某公司诉某市住建局征收补偿认定纠纷抗诉案、某市国土局申请强制执行杜某非法占地处罚决定监督案和某县水利局申请强制执行肖某河道违法建设处罚决定监督案。

发布会上还发布了5件违法占地非诉执行监督典型案例和1件公开听证的行政检察典型案例，加强对行政检察工作的指导。

地方检察机关行政检察制度建设情况

江西省人民检察院 关于坚持司法为民 加强行政检察工作的指导意见

（2019 年 10 月 31 日印发施行 赣检办发〔2019〕31 号）

为深入学习贯彻习近平总书记关于“坚持以人民为中心的发展思想”的重要指示，在行政检察工作中坚持司法为民，密切联系群众，依法维护群众权益，为人民群众提供更优质、更高效的法治产品、检察产品，结合我省检察机关行政检察工作实际，制定本指导意见。

1. 提高思想认识。全体行政检察人员要深入学习习近平新时代中国特色社会主义思想，始终把以人民为中心的发展思想列为政治理论教育必修课开展专题学习，深刻理解把人民放在心中最高位置、坚持人民主体地位、坚持群众路线、永葆司法为民初心的核心要义、基本要求，提高群众工作本领，增进群众感情，密切同人民群众的血肉联系，以高度的政治自觉和强烈的使命担当，充分发挥行政检察职能，做好新时代群众工作。

2. 强化职责要求。全省各级检察机关要将在行政检察工作中全面贯彻落实以人民为中心的发展思想作为政治纪律、工作纪律，采取绩效考核、案件评查评选、法律文书评比、典型案例编发等措施，完善正面激励引导、反面警示教育双向评价体系。对出现的损害群众利益、漠视群众诉求和在群众工作中慵懒散冷硬推等行为，严肃批评坚决纠正；对上述不当行为引发重大信访事件或重大负面舆情的，依规依纪严肃处理。

3. 明确职能目标。全体行政检察人员要始终把维护人民群众合法权益作为行政检察出发点和落脚点，紧紧围绕人民群众在民主、法治、公平、正义、安全、环境等方面更高层次、更丰富内涵的需求，高标准、严要求办好每一起行政诉讼监督案件，监督人民法院公正司法、促进行政机关依法行政，积极发挥化解行政争议、依法对行政相对人权益进行法律救济的职能作用。

4. 主动了解需求。全省行政检察职能部门应当每年开展一次走访基层组织、群众、律协、律所、律师和工商联、非公企业维权服务中心的活动，广泛了解群众的行政检察需求；不定期走访行政机关、人民法院，深入收集意见建议，摸清与群众利益密切相关的行政执法、行政诉讼中的问题、环节。

5. 突出办案重点。全省行政检察职能部门要抓住人民群众最关心最直接最现实的利益问题，重点依法办理涉及扶贫救助、社会保障、土地林地管理、教育医疗卫生等领域和涉及治安处罚、强制拆除类的行政生效裁判监督案件，重点依法办理涉及社会劳动保障、食品药品安全、环境资源保护类的行政非诉执行监督案件。

6. 加强宣传引导。注重以案说法，广泛宣传行政检察职责、工作成效、典型案例，展现行政检察监督人民法院公正司法、促进行政机关依法行政的“一手托两家”功能，增进人民群众对行政检察的认识和检察机关的信任，推动形成行政相对人积极支持行政检察监督、依法申请监督的良性监督环境。

7. 强化监督理念。坚持在办案中监督、在监督中办案理念，始终把维护群众合法权益摆在首位，坚守客观公正立场，对办案中发现人民法院审判结果存在错误和行政审判、执行中存在违法情形的，积极监督、精准监督、依法监督。坚持能动监督理念，在维护社会公共利益方面更加主动开展工作，强化依职权启动监督程序。坚持穿透式监督理念，既做好行政诉讼的监督，也要透过监督行政诉讼活动对行政行为进行监督，加大对行政行为合法性、合理性的审查，依法提出检察建议。

8. 加强调查核实。积极运用调查核实权，调查不局限于申请人提出的事项，凡是对通过阅卷及审查现有材料难以认定，涉及行政诉讼可能存在违法情形或是涉诉行政行为可能存在违法情形的，均可以向当事人或者案外人调查核实，或者向相关审判、执行人员了解有关情况，听取意见；上述情形可能涉及侵害行政相对人实体权益的，应当进行调查核实。

9. 严格办案程序。办理行政生效裁判监督案件，应当在案件承办人确定后七日内发送通知书，告知当事人案件承办人的姓名、法律职务、联系方式等信息，在案件审查处理结果决定后十日内将法律文书发送当事人。案件办理过程中，应当耐心接听当事人来电，能电话说清的问题要主动进行电话沟通，让群众少跑路。当事人提出当面补充新材料、发表新意见的，案件承办人应当及时安排会见。

10. 提高办案效率。严格遵守《人民检察院行政诉讼监督规则（试行）》规定的办案期限，从严掌握中止审查情形，从严审批办案期限延长，严禁办理第二次延长；认真落实《江西省人民检察院关于进一步加强群众来信来访工作的意见》，通过繁简分流、简案快办，加快办案节奏，按时做好群众来信来访办理结果回复工作。

11. 完善化解机制。建立健全公开听证制度，对争议分歧较大、涉及群众众多、案情重大复杂的案件，可以公开听证，组织申请人、行政机关和邀请人大代表、政协委员、人民监督员、特约检察员、专家咨询委员、社会人士等参加听证，充分听取各方意见、借助外部智慧，力争以更为公平、公正、公开的办案程序，促使双方当事人在更多问题上达成一致意见，把维护合法权益、化解矛盾纠纷落到实处。建立健全宣告送达制度，对于具有较大社会影响的，或是通过组织双方当事人、邀请第三方人员共同参与送达有助于进一步化解矛盾、解决实体权益问题的，可以采用检察宣告方式送达审查决定法律文书。

12. 积极推进行政和解工作。要与抗诉手段互补，把促成当事人和解作为行政诉讼监督案件审查的重要程序，凡是符合法律规定可以调解的案件，一律征求当事人意愿，对同意进行和解的，案件承办人应当积极引导自行和解或组织双方协商，解决好实体问题，化解行政争议，有效实现案结事了。作出被诉行政行为的行政机关对应的检察院及上一级检察院，应当按照承办案件检察院开展和解工作的需要，积极配合做好各项工作，不得推诿。对可以调解的案件，是否开展和解、和解开展情况，应当在审查终结报告中“其他需说明的情况”部分进行说明。

13. 切实帮助解决群众实际问题。对虽不符合监督条件，但申请人权益确有受损，特别是因已过起诉期限未能进入实体审理致使实体权益无法维护的群众，案件承办人应当根据案情和申请人实际情况，在法律政策允许的范围内，积极与相关部门沟通协调，运用司法救助、社会救助等措施，妥善帮助解决其实际问题。

14. 扎实做好释法息诉工作。将释法说理贯穿办案始终，在与当事人通话、会见、询问等工作中，注重围绕案件事实证据、法律适用和申请监督理由，有针对性地开展法理分析等说理工作。特别是在《不支持监督申请决定书》中，应当重点围绕申请监督理由进行阐述、分析，做到情、理、法的有机结合，切实增进申请人对处理结果的认同。对不服处理结果的来访申请人，案件承办人应做好接访工作；对不服处理结果反复来访的，案件承办人应商控告申诉检察部门积极引入值班律师等第三方力量共同做好息诉工作。

15. 做好社会治理检察建议工作。对办案中发现的相关行政机关不依法及时履行职责，致使个人或者组织合法权益受到损害或者存在损害危险，需要及时整改消除的，应当依法向有关单位提出改进工作、完善治理的检察建议，积极从源头上促进依法行政，减少侵害群众合法权益的违法行政行为发生。

16. 适时开展行政诉讼监督年度报告工作。对年度行政诉讼监督情况进行梳理分析，重点围绕党和国家中心工作，围绕人民群众利益，深入查找剖析审判机关、行政机关存在的问题，有针对性地提出促进依法行政、公正司法，推进法治建设的意见建议，向法院和行政机关通报，向党委、人大报告。

呼和浩特市中级人民法院
呼和浩特市人民检察院
关于加强行政争议实质性化解工作的意见

（2019 年 12 月 16 日印发施行　呼中法〔2019〕129 号）

为加强行政争议实质化解工作，避免“诉讼程序空转”，切实维护人民群众合法权益和社会稳定，充分发挥人民法院、人民检察院在国家治理体系和治理能力现代化建设中的职能作用，促进职责明确、依法行政的政府治理体系建设，根据《中华人民共和国行政诉讼法》《最高人民法院关于〈适用中华人民共和国行政诉讼法〉的解释》《人民检察院行政诉讼监督规则（试行）》等法律和司法解释的规定，结合我市工作实际，制定本意见。

一、总则

第一条　人民法院、人民检察院要始终以人民为中心，坚持程序公正和实体公正并重，紧抓行政争议的源头和要害，协同联动、压实责任，不断完善化解行政争议长效机制，依法推进行政诉讼实质性解决行政争议，全力维护人民群众合法权益和社会和谐稳定。

人民法院要将实质性化解行政争议贯穿于行政诉讼全过程，立足协调化解与依法裁判有机结合，促进行政争议稳妥解决。

人民检察院要充分发挥行政检察监督职能，坚持精准化导向，加强精细化审查，强化调查核实和智慧借助，推动对行政案件"诉讼程序空转"问题的系统治理。

二、人民法院职责

第二条　对于存在下列情形的行政案件，人民法院应当对行政争议进行实质性化解：

（一）行政行为违法，但判决撤销或确认行政行为违法，行政相对人的合法权益仍无法保障的；

（二）行政机关未履行法定职责或给付义务，行政相对人的诉讼请求依法应当支持或部分支持的；

（三）行政相对人提出行政赔偿或行政补偿的诉讼请求依法应当支持或部分支持的；

（四）行政案件的审理需要以其他基础法律关系解决为前提的；

（五）行政行为依法可以自由裁量，但自由裁量权行使明显不合理的；

（六）行政行为所依据的规范性文件存在合理性问题的；

（七）其他具备实质性解决争议条件的行政案件。

第三条　对于下列案件，经起诉人同意，人民法院可以在立案前进行调解、协调：

（一）事实清楚、法律依据明确、争议不大的；

（二）涉及款额二千元以下的；

（三）被诉行政行为是当场作出的；

（四）属于行政不作为案件的；

（五）属于政府信息公开案件的。

人民法院要充分发挥协调程序在化解争议方面的积极作用，切实保证当事人行使诉权。协调化解要杜绝久拖不决，对于具备诉前协调解决条件的行政案件，应当在收到当事人起诉状 30 日内进行协调化解。

第四条 人民法院要积极探索行政争议多元解决机制。在行政争议实质性解决过程中可以采取人民调解、律师调解等各种方式，也可以与职能机构、行业协会、群团组织等形成机制共建、信息互通，多元化解纠纷。

第五条 对于复议机关为共同被告的案件，人民法院要推动复议机关参与行政争议调解、和解，发挥复议机关在实质性解决行政争议中的积极作用。

对于复议机关为单独被告的案件，原行政行为具备实质性解决条件的，人民法院也可以建议原行政行为作出机关参与化解。

第六条 行政争议涉及多个行政机关的，人民法院可以组织各行政机关开展联动化解工作。

对于涉及多个行政争议的，人民法院可以把握归纳主要行政争议，促进主要矛盾化解。

第七条 对于下列案件人民法院应当建议行政机关负责人出庭：

（一）行政争议实质性解决方案需要行政机关负责人决策的；

（二）案件具备协调、化解条件，行政相对人需与行政机关负责人协商化解方案的；

（三）行政机关负责人出庭应诉，有助于行政案件实质性解决的。

第八条 行政案件审理过程中查明行政争议需以民事基础法律关系解决为基础的，人民法院应当释明当事人先行解决民事争议。对符合行政、民事一并审理条件的，当事人提出申请的，人民法院应当予以受理。

第九条 当事人提出规范性文件附带审查的诉讼请求，诉争规范性文件合法但存在合理性问题的，人民法院可以对行政争议进行协调化解。

第十条 行政案件审理过程中或裁判后，当事人生活确有困难的，人民法院可以根据司法救助的有关规定，给予当事人必要的司法救助。

第十一条　对于判决确认违法的案件，人民法院可以结合具体案情，依法判决行政机关采取补救措施，承担赔偿责任。

对于履行法定职责案件、行政给付案件，基本事实清楚、适用法律明确、行政机关没有裁量余地的，人民法院可以作出具有明确执行内容的履行判决和给付判决。

第十二条　对于请求支付抚恤金、最低生活保障金和工伤、医疗社会保险金的案件，行政相对人符合先予执行条件的，人民法院可以裁定先予执行。

三、人民检察院职责

第十三条　人民检察院要加大行政检察监督力度，促进集中解决具有人民法院驳回起诉，但当事人诉求合理合法、有矛盾化解可能或者人民法院行政裁判确有错误致使行政诉讼争议未能得到实质性化解情形的下列行政争议案件：

（一）行政检察部门正在办理的行政诉讼监督案件；

（二）控告申诉检察部门受理的行政申诉案件；

（三）作出不支持监督申请决定后当事人仍在向检察机关申诉的案件。

第十四条　有下列情形之一的重点案件，人民检察院应当建立台账，加强跟踪督导。

（一）严重损害公民、组织实体权益的案件；

（二）严重损害民营企业合法权益的案件；

（三）严重损害国家利益、社会公共利益的案件；

（四）涉及多名行政相对人的群体性案件；

（五）严重影响法律正确实施、需要附带审查规范性文件的案件；

（六）其他严重影响社会稳定的案件。

第十五条　人民检察院应当通过公开听证、检察宣告、专家咨询、心理疏导等途径，做好释法说理、息诉服判、动员撤回监督申请等工作。

第十六条　根据案件具体情况，人民检察院可以分别采取以下一种或者多种方式，促进行政争议的实质性化解。

（一）对办理的行政诉讼监督案件，主持或参与促进行政机关与行政相对人化解行政争议。因双方未达成和解而申诉人不撤回申请，人民法院裁判确有错误的，依法提出抗诉或再审检察建议。对于人民法院没有采纳检察机关监督意见，检察机关认为法院裁判仍有错误的，上级检察院跟进监督，促调行政争议。

（二）对人民法院以超过起诉期限或主体不适格等为由驳回起诉，已经作出不支持监督申请决定的案件，但当事人的诉求合理合法、有矛盾化解可能的，可启动复查程序，并促调行政争议。

（三）对人民法院裁判符合法律规定，但行政行为违法并损害行政相对人合法权益的，依法提出检察建议，督促行政机关依法给予纠正或救济。

（四）对行政诉讼法规定可以调解的案件，可以邀请人民监督员、律师、专家学者、人大代表、政协委员等社会第三方参与争议化解，也可以与人民调解、行政调解、审判调解、律师调解等对接，促成当事人双方和解。

（五）对人民法院裁判符合法律规定，行政行为违法或存在瑕疵，但与行政相对人主张的损害没有因果关系的，可以向行政机关提出改进工作的检察建议，并本着客观公正立场，做好申诉人的息诉工作。

（六）对行政裁判和行政行为并无明显不当，但当事人因多年诉讼确有生活困难的，积极协调司法救助。司法救助后仍存在实际困难的，可以商请有关部门通过民政救济、社会救助等方式帮助解决。

第十七条 人民检察院要积极探索在行政检察工作中坚持和发扬新时代“枫桥经验”的有效方法，完善检察机关参与化解行政争议的有效机制。

四、附则

第十八条 本意见由呼和浩特市中级人民法院、呼和浩特市人民检察院负责解释。

第十九条 本意见的内容若与颁布实施的法律、司法解释、指导意见等规定不一致的，适用相关规定。

第二十条　本意见自印发之日起施行。

上海市人民检察院第七检察部《检察建议调查终结报告》范式

（2019年9月15日印发）

上海市××人民检察院

检察建议调查终结报告

首部：案件受理情况

写明检察建议事项的来源及经过。表述为：××年××月××日，××区院在办理××案件中发现……（提纲挈领写明发现行政机关在行政管理中存在的问题）。如涉及案件移送，表述为：因本案制发检察建议涉及对××级行政机关的监督，××区院遂于××年××月××日移送××检察院第×检察部。××检察院××年××月××日受理本案，并开展相关工作，现已调查核实完毕。

第一部分：检察建议调查过程及发现的问题

主要说明围绕检察建议的调查核实所做的走访、相关案件的收集梳理、就有关情况与主管机关的座谈等工作过程，阐明调查发现的问题，着重反映所发现问题及其调研论证。

第二部分：制发检察建议的必要性与可行性

根据最高人民检察院《人民检察院检察建议工作规定》，从相关检察职能定位出发论证制发检察建议的必要性与可行性。

第三部分：拟制发检察建议的对象及内容

列明检察建议的主要内容，说明对检察建议制发对象、管辖等争议问题的处理意见及依据。

第四部分：研究室审核意见

主要反映报研究室审核这一工作过程，同时说明研究室审核意见。

第五部分：被建议单位意见

写明按照最高人民检察院《人民检察院检察建议工作规定》听取被建议单位意见的情况，被建议单位提出不同意见的，要进行分析。

第六部分：其他需要说明的问题

说明全国和本市相关检察建议、案件情况和与案件有关的其他问题。

承办人：××、××

××年××月××日

（附件：检察建议书稿件、有关法律规定和相关的典型案件等）

山东省检察机关行政非诉执行监督工作指南（试行）

（2019 年 9 月 5 日山东省人民检察院第十三届检察委员会第二十九次会议通过　2019 年 9 月 27 日公布施行）

行政非诉执行监督是行政检察制度的重要内容，是强化法律监督的重要抓手，具有“一手托两家”的功能作用。加强行政非诉执行监督，有利于推动检察机关全面贯彻落实习近平新时代中国特色社会主义思想，深入贯彻落实党的十八大和十九大精神，积极回应社会公众对“执行难”问题的关切，促进依法行政，维护行政权威和司法公正，维护国家利益、社会公共利益和行政相对人的合法权益。行政非诉执行监督也是当前解决基层检察院行政检察发挥作用难的重要突破口。加强行政非诉执行监督，有利于检察机关补齐行政检察短板，推动完善省、市、县三级检察院各有侧重、全面履职的多元化行政检察工作格局，实现检察工作全面协调充分发展。为落实“做实行政检察工作”要求，深化和规范行政非诉执行监督，结合全省行政检察工作实际，制定本工作指南。

一、行政非诉执行的基本内涵和特点

（一）行政非诉执行的基本内涵

行政非诉执行是我国执行制度的重要组成部分，既涉及法院的司法行为，又涉及行政机关（或者法律、法规、规章授权的组织，下同）的行政行为。目前我国已颁布的法律中未出现行政非诉执行这一术语。对行政非诉执行的内涵，可以从两个方面去把握。1. 从法院视角审视，作为行政执行下位概念的行政非诉执行。行政机关作出行政行为后，一种情况是行政相对人不服，向法院提起行政诉讼，法院作出裁判，其涉及的即为行政裁判结果的执行。另一种情况是行政相对人对行政机关作出的行政行为在法定期限内既不履行确定的义务又不提起行政复议或者行政诉讼，没有强制执行权的行政机关需要向法院申请强制执行（具有强制执行权的行政机关可以自行强制执行）。行政非诉执行指后一种情况，即行政机关向法院申请强制执行，法院对行政机关申请强制执行的行政行为，进行受理、审查、裁定和实施，从而使行政机关的行政行为得以实现的制度。2. 从行政机关视角审视，作为行政强制执行下位概念的行政非诉执行。其与行政机关自行强制执行一起构成行政强制执行的两种形式。根据现有法律规定，行政机关自行拥有强制执行权的情况主要有两种：涉及即时执行或现场执行较多的执法行为，如交通管制、治安管理、海关管理、税务征收等方面的强制执行；对于限制人身自由的行政处罚，原则上其强制执行由公安机关或者国家安全机关进行。在行政机关不具有强制执行权的情况下，行政机关需要申请法院强制执行，即因行政相对人对行政机关的行政决定在法定期限内不履行又不提起行政复议或者行政诉讼，行政机关为了实现行政管理的目的，向法院申请强制执行的制度。

设立行政非诉执行制度，旨在兼顾保障人权和保证行政效率，保障没有强制执行权的行政机关所作出的行政行为得以实现。采用非诉讼的方式，程序相对简单，可以在较短时间内结束行政行为的执行。同时对行政非诉执行实施司法审查，可以阻止违法行政行为进入执行程序，避免行政相对人的合法权益在没有提起诉讼的情况下受到严重侵害。

（二）行政非诉执行的特点

行政非诉执行具有以下特点：1. 行政非诉执行，通俗地说就是“官告民”，申请强制执行人一般为作出行政行为的行政机关，特殊情况下可以是行政行为所确定的权利人，被执行人为公民、法人或者其他组织等行政相对人。2. 行政非诉执行的主体通常为法院，“裁执分离”情况除外。3. 行政非诉执行的依据是行政机关作出的生效行政决定，而非法院的裁判文书。4. 行政非诉执行的对象，可以分为财产类和行为类两大类型。财产类行政决定，表现为罚款、没收违法所得、没收违法财物、没收违法用具或者物品等。行为类行政决定，表现为强制履行相应的义务，如责令停产停业、责令恢复原状、暂扣或者吊销许可证、执照，以及代履行等。5. 进入执行程序的前提是行政行为所指向的行政相对人在规定期限内或者行政机关催告期限内不履行该行政行为确定的义务，又不提出行政复议或者提起行政诉讼。

行政非诉执行案件通常具有以下特点：较之行政诉讼案件，特别是在基层法院，行政非诉执行案件数量大，内容庞杂，涉及范围广泛；常涉及行政执法未能严格遵循程序规定，部分案件行政相对人对抗性较强；法院执行力薄弱，通常需要多个部门协调配合方能解决执行难的问题。

注意事项：1. 行政机关根据法律的授权对平等主体之间民事争议作出裁决后，当事人在法定期限内不起诉又不履行，作出裁决的行政机关在申请执行的期限内未申请人民法院强制执行的，生效行政裁决确定的权利人或者其继承人、权利承受人在6个月内可以申请人民法院强制执行。这类行政非诉执行非常少见。本工作指南主要是指以行政机关申请法院强制执行为内容的行政非诉执行。2.《中华人民共和国行政强制法》第五章规定了没有强制执行权的行政机关"申请人民法院强制执行"。《最高人民法院关于适用〈中华人民共和国行政诉讼法〉的解释》（2018年2月8日，法释〔2018〕1号）第155条规定，行政机关根据行政诉讼法第97条的规定申请执行其行政行为，应当具备以下条件：（1）行政行为依法可以由法院执行；（2）行政行为已经生效并具有可执行内容；（3）申请人是作出该行政行为的行政机关或者法律、法规、规章授权的组织；（4）被申请人是该行政行为所确定的义务人；（5）被申请人在行政行为确定的期限内或者行政机关催告期限内未履行义务；（6）申请人在法定期限内提出申请；（7）被申请执行的行政案件属于受理执行申请的法院管辖。

二、行政非诉执行监督的法律政策依据

（一）宪法及人民检察院组织法依据

《中华人民共和国宪法》（2018年修正）第134条规定："中华人民共和国人民检察院是国家的法律监督机关。"

《中华人民共和国人民检察院组织法》（2018年修订）第2条规定，"人民检察院是国家的法律监督机关"。第20条规定："人民检察院行使下列职权：……（五）对诉讼活动实行法律监督；（六）对判决、裁定

等生效法律文书的执行工作实行法律监督”。

（二）行政诉讼法、民事诉讼法及相关司法解释依据

《中华人民共和国行政诉讼法》（2017年修正）第11条规定：“人民检察院有权对行政诉讼实行法律监督。”第97条规定：“公民、法人或者其他组织对行政行为在法定期限内不提起诉讼又不履行的，行政机关可以申请人民法院强制执行，或者依法强制执行。”第101条规定：“人民法院审理行政案件，关于期间、送达、财产保全、开庭审理、调解、中止诉讼、终结诉讼、简易程序、执行等，以及人民检察院对行政案件受理、审理、裁判、执行的监督，本法没有规定的，适用《中华人民共和国民事诉讼法》的相关规定。”

《中华人民共和国民事诉讼法》（2017年修正）第235条规定：“人民检察院有权对民事执行活动实行法律监督。”第237条规定：“对依法设立的仲裁机构的裁决，一方当事人不履行的，对方当事人可以向有管辖权的人民法院申请执行。受申请的人民法院应当执行。”第238条规定：“对公证机关依法赋予强制执行效力的债权文书，一方当事人不履行的，对方当事人可以向有管辖权的人民法院申请执行，受申请的人民法院应当执行。”

2016年11月2日，最高人民法院、最高人民检察院印发《关于民事执行活动法律监督若干问题的规定》的通知（法发〔2016〕30号）第21条规定：“人民检察院对人民法院行政执行活动实施法律监督，行政诉讼法及有关司法解释没有规定的，参照本规定执行。”

《人民检察院行政诉讼监督规则（试行）》（2016年3月22日）第3条规定：“人民检察院通过抗诉、检察建议等方式，对行政诉讼实行法律监督。”第5条规定：“有下列情形之一的，当事人可以向人民检察院申请监督：……（四）认为人民法院执行活动存在违法情形的。”第5章规定了“对审判程序中审判人员违法行为的监督与对执行活动的监督”。

（三）政策依据

《中共中央关于全面推进依法治国若干重大问题的决定》提出明确要求。2014年10月23日中国共产党第十八届中央委员会第四次全体会议通过了《中共中央关于全面推进依法治国若干重大问题的决定》，其第四部分“保证公正司法，提高司法公信力”“（二）优化司法职权配置”中提出，“完善行政诉讼体制机制，合理调整行政诉讼案件管辖制度，切实解决行政诉讼立案难、审理难、执行难等突出问题”……“完善对涉及公民人身、财产权益的行政强制措施实行司法监督制度。检察机关在履行职责中发现行政机关违法行使职权或者不行使职权的行为，应该督促其纠正。”“（六）加强对司法活动的监督”中提出，“完善检察机关行使监督权的法律制度，加强对刑事诉讼、民事诉讼、行政诉讼的法律监督。”

中央全面依法治国委员会《关于加强综合治理从源头切实解决执行难问题的意见》提出明确要求。2019年7月14日，中央全面依法治国委员会印发《关于加强综合治理从源头切实解决执行难问题的意见》（中法委发〔2019〕1号），指出其目的在于“深入贯彻落实党的十八届四中全会提出的‘切实解决执行难’‘依法保障胜诉当事人及时实现权益’等重大决策部署”，其第五部分“全面加强组织保障和工作保障”“（二）健全执行工作部门协作联动机制”中明确提出，“检察机关要加强对民事、行政执行包括非诉执行活动的法律监督，推动依法执行、规范执行”。

注意事项：开展行政非诉执行监督，既有法律依据也有政策依据，既有直接依据也有间接依据，既有原则宏观依据也有具体规范依据，开展监督和理论研究中应当根据情况予以适用。

三、行政非诉执行监督的原则和理念

行政非诉执行监督涉及法院、行政机关等多个部门，一些案件涉及的法律、政策问题和利益关系复杂，争议问题解决难度大。为了增强监督的质量和效果，办案中应当坚守正确的监督原则和监督理念。

（一）注重“三个效果”有机统一

坚持讲政治顾大局，围绕服务保障中央、省委和省检察院党组关于经济社会发展的重大决策部署，特别是服务打好“三大攻坚战”、服务乡村振兴等措施意见，充分发挥行政非诉执行监督职能，实现法律效果、政治效果和社会效果最大化，为经济文化强省建设提供优质检察产品。对于类案或者具有典型、引领意义的行政非诉执行监督案件，审慎妥善办理，实现监督一案（类）、带动一片的效果。

（二）坚守客观公正立场

开展行政非诉执行监督，应当秉持客观公正立场，以事实为根据，以法律为准绳，不偏不倚，平等对待、平等保护。应当坚持实体公正与程序公正、实质正义与形式正义并重，既注重维护行政权威、司法权威，又注重促进依法行政、公正司法，维护行政相对人的合法权益，不断提升法律监督的公信力。

（三）坚持双赢多赢共赢

行政非诉执行监督是通过启动法院、行政机关等的纠错纠偏程序，提醒、促进其重新审视并自我纠错纠偏。工作中，应当充分运用政治智慧、法律智慧、监督智慧，与其他司法执法部门建立良性、互动、积极的工作关系，推动法院公正及时审理案件，维护行政权威和促进依法行政，共同维护国家利益、社会利益和行政相对人的合法权益。

（四）依法精准监督

对于行政非诉执行案件的司法审查标准，《最高人民法院关于适用〈中华人民共和国行政诉讼法〉的解释》（2018年2月8日，法释〔2018〕1号）第161条规定了法院应当裁定不予执行的四种情形：实施主体不具有行政主体资格的；明显缺乏事实根据的；明显缺乏法律、法规依据的；

其他明显违法并损害被执行人合法权益的情形。《中华人民共和国行政强制法》第58条“三个明显”的规定与上述规定基本一致。结合《最高人民法院关于办理行政机关申请强制执行案件有关问题的通知》（1998年8月18日，法〔1998〕77号）、《最高人民法院关于办理申请人民法院强制执行国有土地上房屋征收补偿决定案件若干问题的规定》（2012年4月10日，法释〔2012〕4号）等相关规定，可以看出法院在审查行政非诉执行案件中确立了“合法性审查”标准。《最高人民法院关于办理申请人民法院强制执行国有土地上房屋征收补偿决定案件若干问题的规定》（2012年4月10日，法释〔2012〕4号）第6条在“合法性审查”基础上，又提出了“明显不符合公平补偿原则”应当裁定不准予执行的合理性审查标准、“使被执行人基本生活、生产经营条件没有保障”应当裁定不准予执行的可执行性审查问题。开展监督工作中，应当注重加强对相关法律法规、司法解释等的研究分析，实行关联案件和类案强制检索，准确适用法律规则和法律原则，根据案件实际情况精准审查、精准监督。需要开展调查、组织听证的，及时组织开展；需要组织专家咨询论证或者请示报告的，及时启动程序。具体措施程序按照《中华人民共和国行政诉讼法》《最高人民法院关于适用〈中华人民共和国行政诉讼法〉的解释》、最高人民检察院《人民检察院行政诉讼监督规则（试行）》、省检察院《民事行政检察监督案件专家咨询论证工作办法》等执行。

四、监督案源和受理渠道

行政非诉执行监督案件的案源渠道一般有以下几种情形：

（一）行政机关认为法院对行政非诉执行申请的受理、审查、裁定或者实施违反法律或者确有错误，或者行政审判程序违法，向检察机关反映情况、申请监督。

（二）公民、法人和其他组织等认为行政机关应当申请行政强制执行而不申请，法院在受理、审查、裁定或者实施中违反法律或者确有错误，损害国家利益、社会公共利益或行政相对人的合法权益，向检察机关反映情况、申请监督或者举报、控告。

（三）有关国家机关移送属于检察机关管辖的案件线索。

（四）检察机关在履行刑事检察、民事检察、行政检察、公益诉讼检察中发现法院、行政机关等存在上述应当监督的情形，依职权进行监督。

（五）其他来源。

可以重点从以下方面作出努力，拓展案件来源：

（一）建立健全刑事检察部门、民事检察部门、公益诉讼检察部门与行政检察部门的工作对接机制，发现行政非诉执行监督案件线索，及时移送。

（二）完善行政检察与控告申诉检察、案件管理部门等之间的工作衔接机制，畅通行政申诉案件受理，提高申诉的便利性、经济性、实效性。

（三）利用报纸刊物“两微一端”、研发智能小程序、举办宣传周、召开新闻发布会等方式，与行政机关、司法机关、律协律所等相关单位建立沟通联系机制，广泛宣传、深入解读检察机关在行政非诉执行中的职能定位、监督方式，宣传解读行政非诉执行监督成效和典型案例。

（四）推进检察与审判、行政执法信息共享平台建设，实现监督信息互联互通。

（五）根据新闻媒体报道和舆情动态，对社会各界高度关注、人民群众反映强烈的重点和热点问题，需要依法行使调查核实权的，依职权进行监督。

五、行政非诉执行监督的领域

检察机关应当忠实履行行政检察职能，依法全面监督。同时，应当注重结合本地行政审判和行政执法的特点，结合本地经济社会发展状况以及制约依法行政和社会治理的突出问题，研究确定本地监督方向和重点领域。附件《我国行政管理领域中行政执行条款汇总表》包含40个行政管理领域约300部行政法律、法规和规章有关行政强制执行包括条文规范、强制执行主体分配等情况，供工作中参考。

根据最高人民检察院2018年2月印发的《全国检察机关民事行政非诉执行监督专项活动实施方案》和全省行政非诉执行情况，可以对以下行政管理领域非诉执行工作中的突出问题开展重点监督：

（一）资源保护领域

在非法占用的土地上新建建筑物和其他设施；在临时使用的土地上修建永久性建筑物、构筑物；对在土地利用总体规划制定前已建的不符合土地利用总体规划确定的用途的建筑物、构筑物进行重建、扩建；违反规定占用基本农田建窑、建房、建坟、挖砂、采矿等，破坏基本农田，毁坏种植条件；违反林业法规毁林采种等，致使森林、林木受到毁坏；生产经营单位存在重大事故隐患等。

（二）生态环境保护领域

违反水污染防治法，在饮用水水源保护区内设置排污口；城镇污水集中处理设施的运营单位，处理处置后的污泥不符合国家标准；海洋油气矿产资源勘探开发单位违反规定向海洋排放油污水等。

（三）城乡建设管理领域

在乡、村庄规划区内未依法取得乡村建设规划许可证或者未按照乡村建设规划许可证进行建设；在风景名胜区内违法建设的；被征收人违反规定拒不搬迁等。

（四）质量监督领域

生产者、销售者违反产品质量法规定进行生产、销售；企业未依法公开其执行标准；疫苗接种单位接收或者购进疫苗时未依照规定索要温度监测记录，接收、购进不符合要求的疫苗，或者未依照规定报告；疾病预防控制机构、接种单位违反规定，未通过省级公共资源交易平台采购疫苗等。

（五）交通运输管理领域

违反规定在公路用地范围内设置公路标志以外的其他标志；违反规定，擅自在公路上设立收费站（卡）收取车辆通行费或者应当终止收费而不终止；收费公路终止收费后，收费公路经营管理者不及时拆除收费设施等。

（六）税务财政管理领域

当事人对税务机关的处罚决定不申请复议不诉讼又不履行；税务机关责令限期缴纳税款，逾期未缴纳；当事人违反注册会计师法规定，逾期不申请复议不起诉又不履行处罚决定等。

注意事项：1. 注重加强与行政执法部门的沟通联系，建立信息共享、线索移送等机制，明确重点监督领域。针对重点领域问题，可以适时开展“小专项”监督，或者开展类案监督，促进解决一些地方行政非诉执行难的问题，促进解决党委政府关注、人民群众关心的突出问题。2. 最高人民法院通过司法解释、地方政府和司法机关通过规范性文件等形式，对行政非诉执行案件的“裁执”作出规定、规范，有的甚至与相关法律中的规定不一致，办案时一定全面进行研判。

六、对法院行政非诉执行的受理、审查、裁定和实施的监督

坚持以办案为中心，在办案中监督，在监督中办案，通过具体办案监督纠正行政非诉执行中的违法受理、审查、裁定和实施问题。

（一）依法监督法院对行政非诉执行申请的受理

监督的对象和内容。行政机关申请法院强制执行后，法院是否存在：1. “客观不作为”，即应当受理而不受理、应当立案而不立案或者拖延立案等问题；2. “怠于作为”，如因执行力量不足、担心矛盾转移等，逾期不受理行政非诉执行申请；3. “越界作为”，即不应当受理而受理甚至作出裁定，如属于行政机关自行强制执行案件、无正当理由逾期申请案件；4. 其他不依法受理情形。

监督方式：1. 通过发出检察建议，督促法院依法受理，维护行政执法活动的权威性和公信力；2. 解决个案受理问题的同时，注重通过个案或者类案监督，促进解决普遍性问题，促进法院统一案件受理标准，规范案件材料交接手续，使符合立案条件的案件能够进入司法审查范围。

注意事项：1. 应当注重研究法院行政非诉执行案件的受理标准；2. 实践中一些地方反映法院对行政机关的非诉执行申请既不受理也不出具不予受理裁定问题比较突出，应当探索加强监督。

（二）依法监督法院对行政非诉执行申请的审查、裁定

监督的对象和内容。法院审查行政机关的强制执行申请，是否存在：1. 应当裁定予以执行而裁定不准予执行，或者不应裁定准予执行而裁定准予执行；2. 不属于"裁执分离"案件而作"裁执分离"处理，或者属于"裁执分离"案件而不作"裁执分离"处理，或者对符合"裁执分离"原则的案件在裁定中应当明确具体组织实施主体而未明确等，导致执行不能、执行困难；3. 裁定认定事实或者适用法律错误，或者合法性、合理性标准运用错误或者明显不当；4. 违法和解；5. 审查裁定程序违反法律或者有关规定，如应当听证而未听证等；6. 其他不依法作出执行裁定的情形。

监督方式：针对审查裁定中的程序违法和裁定错误问题，发出检察建议。

注意事项：1. 应当注重研究法院审查行政执行的合法性标准和合理性标准的适用，避免违法行政行为进入执行程序；2. 启动监督或者作出监督决定时，应当注意预判裁定实施时的可行性等因素。

（三）依法监督法院对行政非诉执行裁定的实施

坚持程序监督和实体监督并重，注重查清事实证据，准确适用法律依据，加强说理论证，有理有据有节开展监督。

监督对象和内容。法院对行政机关的强制执行申请作出准予执行的裁定后，是否存在：1. 怠于执行或不执行，如无正当理由未在法定期限

内采取执行措施或者执行结案，或者依法应当变更、解除执行措施而不变更、解除。2. 违法执行，如法院中止执行、终结执行、终结本次执行、恢复执行等违反法律规定；变更、追加执行主体错误；执行裁定违反法定程序；财产查控措施或者财产处置措施违法，违反规定采取调查、查封、扣押、冻结等执行实施措施；违法执行和解；财产分配和交付措施违法；罚款、拘留等强制措施违法；对行为请求权的执行活动违法。3. 执行不到位，如执行案件查控手段、强制执行措施运用不足等，不能有效查控被执行人的财产；不能按照行政处罚决定书或行政征收决定书内容全面足额执行，或者在执行中遇到障碍未穷尽法定执行措施就裁定终结执行等。4. 其他不依法执行情形。

监督方式：发出检察建议，督促依法执行。对执行案件查控手段、强制执行措施运用不足等问题，建议法院在查询银行账户等过程中化静态查询为动态跟踪，及时有效地查控被执行人的财产。对于法院没有按照行政处罚决定书等内容全面足额执行，或在执行中遇到障碍未穷尽法定执行措施就裁定终结执行的问题，加强审查把关，依法监督予以纠正，并跟踪实际执行效果。对于一些长期难以解决的类案，同时向行政机关和法院发出检察建议，督促开展集中清理活动，促进案件得以执行。

注意事项：1. 注重区分财产类执行和非财产类（行为类）执行的特点，财产类执行相对容易实施，非财产类执行相对实施难度大，应当及时对非财产类执行的实施难度、解决方案作出预判；2. 对申请强制执行的案件，注重审查法院是否对行政行为的合法性、正当性进行了审查，避免具有实体和程序错误或者重大瑕疵的行政行为进入执行程序。

七、对行政机关行政非诉执行申请和实施的监督

对法院行政非诉执行的监督必然涉及行政机关，必然涉及审查行政机关申请法院执行的行政行为的合法性，以督促其规范申请、移送和执行相关案件，促进依法行政和规范执法。

监督对象和内容。行政机关是否存在：1. 应当催告而不催告，应当申请法院强制执行而不及时申请，或者不应当申请而申请；2. 法院裁定由行政机关强制执行而行政机关不执行；3. （检察机关履职中发现行政机关）具有强制执行权而怠于执行、违法执行等；4. 其他不依法履职情形。

监督方式：发出检察建议，督促其依法执行。结合个案办理，可以跟踪监督行政机关行政行为实施情况，如是否存在该处罚不处罚、该催告不催告等情形，督促其改进工作。如果发现行政机关存在其他共性问题，如行政机关对同类问题适用法律不一致、多次执法中适用法律存在同类错误或有相同违法行为，以及制度规范、管理方法、工作程序违法或者不当，应当提出改进工作的检察建议，引起有关部门重视、研究解决对策。在审查行政机关申请法院执行的行政行为的合法性时，如果发现相应行为的实施主体不具有行政主体资格，或者相应行为明显缺乏事实根据或法律、法规依据，或者相应行为具有其他明显违法并损害被执行人合法权益的情形，法院却对其作出了予以执行的裁定，检察机关应向法院发出检察建议，制止对违法行政行为的实施，审查发现相应行政公职人员有违法乱纪、滥用职权、贪污腐败行为的，或者司法人员涉嫌犯罪的，及时将有关线索移送纪检监察机关或者检察机关职务犯罪侦查部门。

八、“裁执分离”案件行政非诉执行监督应注意的问题

（一）“裁执分离”概念及相关规定

《中共中央关于全面推进依法治国若干重大问题的决定》在“深化行政执法体制改革”中提出“理顺行政强制执行体制”的改革要求。从最高法院的相关司法政策演变看，裁判与执行分离分为两种情形：内部“裁执分离”和外部“裁执分离”。本工作指南指的是外部“裁执分离”，即行政机关向法院申请强制执行后，法院负责审查裁定，（裁定准予执行的）行政机关或者人民政府负责组织实施。

《最高人民法院关于办理申请人民法院强制执行国有土地上房屋征收

补偿决定案件若干问题的规定》（2012 年 3 月 26 日，法释〔2012〕4 号）第 9 条确立了国有土地房屋征迁非诉行政案件的“裁执分离”模式，即法院裁定准予执行的，一般由作出征收补偿决定的市、县级人民政府组织实施。《最高人民法院关于认真贯彻执行〈关于办理申请人民法院强制执行国有土地上房屋征收补偿决定案件若干问题的规定〉的通知》（2012 年 4 月 5 日，法〔2012〕97 号）指出“人民法院在作出准予执行的裁定时，可以同时载明由相关政府组织实施”。《最高人民法院关于严格执行法律法规和司法解释妥善办理征收拆迁案件的通知》（2012 年 6 月 13 日，法〔2012〕148 号）要求“严把立案、审查、执行关，切实体现‘裁执分离’的原则，不得与地方政府搞联合执行、委托执行。”《最高人民法院关于在征收拆迁案件中进一步严格规范司法行为积极推进“裁执分离”的通知》（2014 年 7 月 22 日，法〔2014〕191 号）第 3 条要求：积极推进“裁执分离”，逐步拓宽适用范围，严格落实“由政府组织实施为总原则、由人民法院执行属个别例外情形”的基本要求，以践行立法机关提出给相关改革探索“留有空间”的意见和中央有关部门对法院工作的相关建议。

（二）“裁执分离”案件行政非诉执行监督应注意的问题

开展“裁执分离”案件行政非诉执行监督，应当注意以下问题：

1. 行政机关申请强制执行强制拆除决定是有条件的。《山东省高级人民法院关于依法推进不动产非诉行政执行案件“裁执分离”的意见》（2014 年 12 月 17 日，鲁高法办〔2014〕97 号，以下简称《意见》）第 4 条规定行政机关申请强制执行强制拆除决定应当符合下列条件：（1）行政决定已经生效并具有可执行性；（2）被申请人在法定期限内不申请行政复议或者提起行政诉讼，又未在行政决定所确定的期限内或行政机关指定的期限内履行行政决定；（3）申请机关自被申请人法定申请复议或提起诉讼期限届满 3 个月内向法院提出申请；（4）申请机关已经按照《中华人民共和国行政强制法》的规定进行了催告且催告期限届满；（5）法律、法规和司法解释规定的其他条件。《意见》第5条规定土地管理部门根据《中华人民共和国土地管理法实施条例》第45条规定向法院申请执行其作出的责令交出土地决定的，还应当符合其他相关条件。2. 关于“裁执分离”的依据，目前主要体现在最高法院的司法解释、通知和地方规范性文件，缺乏明确的法律规定。3. 监督的方式。“裁执分离”案件是行政非诉执行监督案件的一种“特殊情形”案件，因此本工作指南第五、第六部分中的监督方式均可能在此类案件监督中适用。4. “行为类”强制执行特别是强制拆除决定的实施通常涉及诸多方面或者部门，涉及诸多复杂问题，实施难度大，办理这类监督案件需要较高的政治智慧、法律智慧和监督智慧，需要注意监督方式方法，注意“三个效果”有机统一。

九、检察监督的刚性和实效

坚持正确的行政非诉执行监督原则和理念，做到精准监督，是增强检察监督刚性和实效的基础。开展行政非诉执行监督，提出检察建议或者其他监督意见，应当符合《中华人民共和国行政诉讼法》《人民检察院行政诉讼监督规则（试行）》《山东省检察机关检察建议工作细则》等规定要求。

工作中，注重从以下方面进行把握：

（一）坚持办案模式与办事模式相结合

检察建议是行政非诉执行监督的主要方式，应当立足办案积极探索行之有效的形式和方法，个案审查、类案监督、制发社会治理检察建议坚持实行“案件化”办理，也可以根据实际情况，着眼促进类案问题解决，从个案办理入手，形成有原因分析、有对策建议的调研报告，推动相关问题从体制机制上得以破解。

（二）坚持事后监督与事中介入相结合

在对行政相对人人身、财产权益或者国家利益、社会公共利益很大可能造成不可逆损害的情形下，可以通过中止执行检察建议进行“事中介入”。如准予拆除的“违法建筑”包含合法建筑的，可以发出纠正违法的检察建议，同时建议中止执行。

（三）坚持非诉方式与诉讼方式相结合

行政非诉执行监督属于执行活动监督范畴，可通过联合督办、跟进监督等多种途径增强检察建议的刚性，也可以对接行政公益诉讼实现监督。

（四）坚持行政路径与民事路径相结合

除特殊规定外，行政非诉执行适用民事诉讼法及相关司法解释、规范性文件等规定。如案外人对执行标的物主张所有权或者其他合法权益以排除行政执行的，应当允许其依法提出执行异议、提起案外人异议之诉。个体工商户的字号为被执行人的，法院可以直接执行该字号经营者的财产，法院违反上述规定的，可依法监督解决。同级监督难以达到预期效果的，应当提请上一级检察院跟进监督。

（五）坚持非刑事路径与刑事路径相结合

开展监督中，注重借助或者督促法院运用法律手段，运用信用联合惩戒、限制高消费、限制或禁止行业准入等失信联合惩戒措施，促使被执行人自觉履行确定的法律义务。对于有能力履行而拒不履行的，督促法院依法采取强制措施，情节严重构成犯罪的，依法追究刑事责任。对国家机关工作人员涉嫌执行判决、裁定失职或者滥用职权，或者其他职务犯罪，按照管辖权限立案侦查或者移送案件线索。行政相对人涉嫌拒不执行判决、裁定罪或其他犯罪的，依法移送公安机关。

十、工作机制

（一）组织领导机制

行政非诉执行监督涉及部门多、领域广，市、县检察院党组特别是基层检察院党组应当高度重视，认真研究深化和规范监督的措施和途径，及时协调解决工作中的重大问题。必要时，及时向党委、人大、政法委报告，加强与行政执法部门的沟通，推动健全执行联动工作机制，形成共同解决非诉行政案件执行问题的合力。

（二）上下级院一体化工作机制

行政非诉执行监督案件主要在基层检察院，涉及基层法院和行政机关，个别案件办案压力和阻力大。对监督工作中的重大问题包括法律适用、办案程序、工作机制、困难阻力等，基层检察院应当及时向上级检察院汇报请示。对于行政争议在本地、基层，但监督解决问题需要跨区域、跨层级的，应当认真研究监督工作方案，必要时及时请示报告。上级检察院应当加强工作指导，及时为下级检察院解决实际问题，帮助基层检察院明确工作重点、排除干扰阻力。特别是市级检察院应当积极发挥领导协调作用，通过案件移交、移送机制领办、交办案件，确保案件的实效。

（三）与法院沟通协调机制

通过与法院调研座谈、会签文件等方式，加强沟通，增进共识，研究解决行政非诉执行中的问题。有基础的基层检察院可以与法院会签行政非诉执行监督规范性文件，就监督范围、监督方式、监督程序、保障措施等作出具体规定。借助法院系统开展执行案款集中清理、解决执行难系列活动的契机，开展行政非诉执行案件联合评查等，推动法院解决行政非诉执行中存在的深层次问题。

（四）与行政机关沟通协调机制

积极探索建立与行政机关间的常态化沟通协调机制，有条件的地方与行政机关建立信息共享平台，及时了解掌握本地行政强制执行情况、行政执行焦点问题，以及行政非诉执行案件所在地区、所属类型、所涉部门等信息，做好案件对比，对应当予以监督的执行案件可以建立台账，有序开展工作。全面了解政府制定或者政府与司法机关联合制定的不动产行政非诉执行案件“裁执分离”的规范性文件，了解确定行政机关向法院申请强制执行房屋、建筑物、设施等实行“裁执分离”的执行方式。对于法院裁定由基层政府实施，基层政府以缺乏法律依据不予强制执行的情形，与法院、相关行政执法部门加强沟通，研究症结所在，支持法院、政府部门解决具体案件中遇到的困难和问题。

十一、理论成果、实践成果和制度成果

在办理行政非诉执行监督案件中，应当注重总结归纳重点问题，强化讨论，形成讨论成果并注重运用讨论成果。针对行政非诉执行监督的重点难点问题，开展调查研究，多出理论成果。注重发挥咨询研究机制的作用，借助“外脑”智慧，提高监督精准度，并善于发现、培育典型性案件，多出实践成果。对办案经验、典型个案、调研成果等可以深度利用、形成制度规范的，及时出台制度规范，推进行政非诉执行监督制度化规范化。

福建省高级人民法院　福建省人民检察院
关于加强行政执行活动法律监督的若干意见（试行）

（2019年11月4日印发施行　闽检会〔2019〕3号）

为规范行政执行法律监督活动，支持和促进人民法院依法执行，根

据《中华人民共和国行政诉讼法》《中华人民共和国民事诉讼法》《中华人民共和国人民检察院组织法》《最高人民法院、最高人民检察院关于民事执行活动法律监督若干问题的规定》《人民检察院检察建议工作规定》和其他有关法律规定，结合我省工作实际，制定本意见。

第一条 人民检察院依法对人民法院执行生效行政判决、裁定、行政赔偿调解和行政决定等行政执行活动实施法律监督。

第二条 人民检察院对行政执行活动实施法律监督，应当遵循以事实为依据，以法律为准绳和严格依法、准确及时、必要审慎、注重实效等原则。

人民检察院履行法律监督职责要坚持监督和支持并重，既对人民法院、行政机关行使职权进行监督，又要尊重和支持人民法院、行政机关依法行使执行权，依法保护国家和社会公共利益，依法保护当事人的合法权益，保障国家法律的统一正确实施。

第三条 人民检察院对行政执行活动实施法律监督应当通过书面检察建议方式进行。人民检察院提出检察建议应当经检察长批准或检察委员会决定，检察建议书应当载明检察机关查明的事实、监督的理由、依据以及建议内容等。

第四条 人民检察院对行政执行活动监督，由执行法院所在地同级人民检察院管辖。

对人民法院行政执行异议、复议程序的监督，由作出异议、复议决定的同级人民检察院管辖。

对人民法院按照“裁执分离”有关规定，由行政机关负责组织实施的案件，由实施该执行行为的行政机关所在地的基层人民检察院管辖。

第五条 当事人、利害关系人认为人民法院行政执行活动存在违法行为的，可以向人民检察院提出监督申请。

第六条 人民检察院因履行职责需要，可以进行调查核实，有关单位应当予以配合。

人民检察院因办理监督案件需要，可以摘录、复制人民法院网络执行查控系统和执行案件信息管理系统中的相关信息，人民法院应当予以配合。

第七条 人民检察院经审查认为人民法院在行政执行中可能存在违法执行、不执行等行为，或者其他重大隐患的，可以向人民法院发出《说明执行情况通知书》，人民法院应当说明案件的执行情况及理由，并在十五日内书面回复人民检察院。人民检察院应在十五日内作出审查意见并告知人民法院，经审查后认为存在违法执行、不执行等行为的，应当向人民法院发出检察建议。

第八条 人民检察院经审查认为当事人、利害关系人申请监督的人民法院行政执行活动不存在违法情形的，应当作出不支持监督申请的决定，并在决定之日起十五日内制作《不支持监督申请决定书》发送申请监督人，并抄送同级人民法院，同时应向申请监督人阐明不支持申请的理由，并做好释法说理工作。

第九条 人民法院收到检察建议后应当在三个月内将审查处理情况以回复意见函的形式回复人民检察院，有特殊情况需要延长的，经本院院长批准可以延长一个月。逾期未回复或者处理结果不当的，提出检察建议的人民检察院可以依职权提请上一级人民检察院向其同级人民法院提出检察建议。上一级人民检察院认为应当跟进监督的，应当向其同级人民法院提出检察建议。

第十条 人民法院对检察建议提出异议的，人民检察院应当进行复核。经复核，异议成立的，应当对检察建议书作出修改或者撤回检察建议书；异议不成立的，向人民法院说明理由。

第十一条 人民检察院在履行职责中发现涉嫌构成拒不执行判决、裁定罪、妨害作证罪、帮助毁灭、伪造证据罪等刑事犯罪的案件线索，应当移送公安机关立案侦查。

公安机关对人民法院移送的涉嫌拒不执行判决、裁定罪、妨害作证罪、帮助毁灭、伪造证据罪等刑事犯罪的案件线索，应当依法立案而不立案的，人民法院可以向人民检察院控告检察部门移送相关材料，由人民检察院进行立案监督。人民检察院应当在作出决定后五个工作日内书面告知人民法院立案监督情况。

人民法院移送公安机关涉嫌拒不执行判决、裁定罪、妨害作证罪、帮助毁灭、伪造证据罪等刑事犯罪案件，经公安机关侦查后移送起诉的，人民检察院认为可不起诉或变更强制措施的，应事先与人民法院沟通后再作出决定，并将相关决定书送达人民法院和公安机关。

第十二条　人民检察院对行政执行活动实施法律监督，应当依法履行职责，不得滥用监督权力。司法人员违法行使职权的，应当依法追究相关人员的法律责任。

第十三条　上级人民检察院发现下级人民检察院发出的检察建议书确有不当的，应当指令下级人民检察院变更或者撤回，并及时通知有关单位。

第十四条　人民法院和人民检察院在履行职责中，应当加强沟通联系，密切配合，互相支持，建立信息通报和联席会议制度，并确定联系人，每半年相互通报行政执行工作和行政执行监督工作有关情况，协调解决工作中的重大问题和重要事项。

第十五条　有条件的人民法院和人民检察院可以加强教育培训方面的协作，共享课程资源，互相邀请师资授课，互相派员学习等。同时，也可以加强调研协作，对实践中出现的普遍性问题联合开展调研，促进行政执行法律监督工作依法有序稳妥开展。

第十六条　本意见自印发之日实施。

广东省人民检察院　广东省自然资源厅 关于加强行政检察与自然资源行政执法衔接工作的若干意见

（2019年11月15日印发施行　粤检会字〔2019〕6号）

第一条　为推进落实《中共中央办公厅、国务院办公厅印发〈关于统筹推进自然资源资产产权制度改革的指导意见〉的通知》（中办发〔2019〕25号，以下简称《意见》），健全自然资源资产监管体系，为我省推进粤港澳大湾区建设国家战略，加快形成全面开放新格局提供有力保障，按照《意见》的有关要求，建立行政检察与自然资源行政执法衔接机制，通过法律监督促进依法行政、严格执法。

第二条　检察机关和自然资源部门开展自然资源资产监管工作应坚持各负其责、相互配合，形成监管保护合力。

检察机关履行自然资源资产监管法律监督，坚持依法监督、事后监督、有限监督原则，不得干预自然资源部门正常的行政执法活动。

第三条　各级检察机关和自然资源部门在履行自然资源资产监管保护职责过程中，应加强部门联动，建立年度会商沟通和常态信息共享机制，定期相互通报检察和执法办案情况、重大工作部署，实现信息共享、案情通报、案件移送渠道畅通、规范有序。

检察机关和自然资源部门可以联合制定自然资源资产监管保护工作计划，对自然保护地、永久基本农田、稀土等重点领域，有针对性地执法监督检查。

第四条　自然资源部门对行政相对人作出行政处罚决定，依法应当申请人民法院强制执行的，应依法及时提出申请并将申请执行法律文书同时抄送同级检察机关行政检察部门。检察机关在收到自然资源部门抄送的申请法院强制执行法律文书后，应当及时向人民法院跟踪了解案件办理情况，监督人民法院及时作出裁定、执行。

第五条　自然资源部门申请人民法院强制执行行政处罚决定案件，人民法院未在法定期限内做出裁定、执行决定的，检察机关应当依法予以监督纠正。

对人民法院裁定不予受理、不予执行、中止执行、终结本次执行或终结执行的，检察机关应依法对全案进行审查、听取自然资源部门意见，对人民法院裁定、决定确有错误的，或发现审判人员、执行人员行为涉嫌违法的，依法予以监督并将相关情况通报自然资源部门；对行政处罚决定实体或程序确有错误的，应当依法向自然资源部门提出纠正意见；对确因客观原因不具备执行条件的，应当与自然资源部门、人民法院共同研究，依法妥善处理。

在执行过程中，自然资源部门认为法院的执行活动违法或发现审判人员、执行人员行为涉嫌违法的，可以将相关线索移送检察机关。

第六条　检察机关办理申请监督和提请抗诉的自然资源行政诉讼监督案件，应当在受理案件七日内告知相关自然资源部门，听取自然资源部门意见，在三个月内告知办理过程或结果，将相关法律文书抄送自然资源部门。自然资源部门认为检察机关对案件处理的实体结果或程序确有错误的，可以书面向办理案件的检察机关提出异议，也可以向其上一级检察机关申请予以监督纠正。

第七条　检察机关履行自然资源资产监管法律监督职责，可以依法调阅自然资源部门的执法案卷，开展调查核实工作，调取相关证据等，自然资源部门及其相关人员应当予以配合。

第八条　检察机关在履行自然资源资产监管法律监督职责过程中，针对自然资源部门及其工作人员不履行或不正确履行法定职责的违法行为，可以商请自然资源部门予以监督纠正，也可以依法提出检察建议。检察建议应当同时抄送上级检察机关和自然资源部门。

检察机关向自然资源部门提出检察建议的，自然资源部门应当在二个月内予以书面回复。检察机关提出检察建议后，自然资源部门无正当理由拒不纠正违法行为或不履行法定职责，情节严重的，检察机关可将相关线索移送派驻该自然资源部门的纪检监察机关，并同时抄送上级检察机关。

第九条 被建议的自然资源部门认为检察机关的检察建议错误或明显不当的，可以书面提出异议；也可以通过上一级自然资源部门向上一级检察机关提出异议。

第十条 检察机关与自然资源部门应当加强在自然资源资产监管领域的工作交流，在人员培训、法律政策咨询、复杂案件研究、重点问题研讨方面相互支持帮助，探索建立地方性法规等规范性文件审查、互派业务骨干挂职锻炼等工作协作机制，提升监管能力和水平。

第十一条 本意见由广东省人民检察院、广东省自然资源厅负责解释。

第十二条 本意见自发布之日起实施。

郑州市检察机关行政诉讼监督案件公开听证暂行规定

（2019 年 7 月 16 日印发施行　郑检办发〔2019〕21 号）

第一章　总　则

第一条 为了规范行政诉讼监督案件公开听证工作，做好释法说理，化解矛盾纠纷，深化检务公开，以公开促公正、赢公信，根据《中华人民共和国行政诉讼法》《人民检察院行政诉讼监督规则（试行）》的有关规定，结合郑州市行政检察工作实际，制定本规定。

第二条　行政诉讼监督案件公开听证，是指人民检察院审查行政诉讼监督案件过程中，对于符合条件的案件，按照一定程序组织当事人和有关人员，就案件中的事实认定、法律适用以及相关证据等公开听取意见的活动。

第三条　公开听证应当遵循依法、公开、公正、自愿原则。

第四条　人民检察院行政检察部门负责行政诉讼监督案件听证会的组织，司法警察部门负责听证会的警卫，确保听证会安全、有序进行。

第五条　对于符合下列情形的行政诉讼监督案件，人民检察院认为确有必要的，可以组织公开听证：

（一）当事人申请公开听证的；

（二）案情复杂或影响重大、争议较大的；

（三）经书面审查，可能存在事实不清、程序违法等问题的；

（四）当事人提交新的证据材料或者人民检察院发现的证据材料需要听取当事人意见的；

（五）案件已经办结，当事人不服人民检察院的处理决定，仍然申诉或缠访缠诉的；

（六）其他确有必要公开听证的案件。

第六条　案件涉及国家秘密、商业秘密、个人隐私或者有其他不宜公开听证情形的，不适用公开听证。

第二章　听证会参加人员

第七条　参加听证会的人员包括听证员、检察官、检察官助理、书记员、申请人、其他当事人，申请人、其他当事人的法定代理人或者其他符合法定条件的诉讼代理人。

第八条 根据办案需要，听证会可以邀请各级纪委监委驻人民检察院纪检监察组、人民检察院检务督察部门、控告申诉检察部门有关负责人参加。

第九条 进行公开听证的案件，可以邀请与案件没有利害关系的下列人员作为听证员：人大代表、政协委员、人民监督员、特约检察员、专家咨询委员、人民调解员、律师或者当事人所在单位、居住地的居民委员会、村民委员会委员以及专家、学者等其他社会人士。

听证员一般不少于三人。

第十条 根据听证场所和听证人数等情况，其他人员要求旁听的，经批准后可以旁听听证会。

下列人员不得旁听：

（一）未成年人（经批准的除外）；

（二）精神病人和醉酒的人；

（三）其他不宜旁听的人。

第十一条 听证会主持人可由行政检察部门负责人或者案件承办检察官担任。案件承办检察官或者检察官助理负责介绍案情，书记员负责听证会的记录工作。

第三章 会前程序

第十二条 案件承办人认为有必要进行公开听证的，需经行政检察部门负责人批准，必要时报分管院领导决定。对于符合条件的案件，行政检察部门负责人报经分管院领导同意后，可以直接决定组织听证。

对于当事人申请公开听证的，经审查决定不组织听证的，应告知申请人，并说明理由。

第十三条 对决定公开听证的案件，案件承办人应当提前查阅案件卷宗，详细了解案情，制定听证方案和提纲。

第十四条 案件承办人应当在听证会召开三日前将听证会召开的时

间、地点等内容通知参加听证会的当事人和相关人员。同时通知本院法警部门。

第十五条 对于申请人递交申请监督材料时提出原审庭审结束后新发现的证据，应当要求其按其他当事人人数提供证据材料副本。承办该案的检察人员应当在举行听证前将证据副本送达其他当事人，并要求其在合理期限内对新的证据提出意见或举证。

第十六条 听证员、检察官、检察官助理、书记员与本案有利害关系或者其他关系可能影响公正处理的，应当自行回避。当事人有权以书面方式申请上述人员回避，并说明理由。

听证员的回避由组织公开听证的人民检察院决定。

第十七条 申请人、其他当事人有正当理由临时不能参加听证会的，应当提出书面申请，经批准可以延期举行。

申请人、其他当事人无正当理由缺席或中途退场的，人民检察院可以视情况决定继续、延期或者终止公开听证。

第十八条 公开听证一般在承办案件人民检察院的专门场所进行。为了方便申请人及其他参加人，也可以在承办案件检察院指定的场所进行。根据需要可以进行录音录像。

听证会一般以方桌会议形式进行，主持人和检察官、检察官助理、书记员等检察人员在会场居中就坐，申请人和对方当事人分别在检察人员两侧就坐，听证员位于检察人员对面就坐。

第四章 听证程序

第十九条 听证会开始前，书记员应当核对参加听证会人员的身份，并向主持人报告。

第二十条 主持人宣布听证会开始；介绍参加听证会的人员；宣布听证会纪律；告知申请人、其他当事人在听证会上享有的权利和承担的义务；询问申请人和其他当事人是否对听证员和检察人员申请回避。

第二十一条 听证会应当按照下列顺序进行：

（一）承办人介绍基本案情和议题；

（二）申请人陈述申请监督请求、事实和理由；

（三）其他当事人发表辩驳意见；

（四）申请人和其他当事人提交新证据的，应当公开出示，并且说明证据的来源及证明的内容；

（五）出示人民检察院依职权调查取得的证据；

（六）案件各方当事人就听证中所出示证据的合法性、真实性和关联性进行质证并发表意见；

（七）听证员对案件事实和证据进行提问；

（八）申请人和其他当事人发表最后意见；

（九）听证员发表听证意见；

（十）主持人对公开听证活动进行归纳总结。

第二十二条 听证应当重点围绕案件中有争议的事实认定和法律适用等问题进行。

第二十三条 对参加听证会的人员与案件无关、不当的言行，主持人应当予以制止。

第二十四条 听证会进行过程中，如果发生致使听证会无法进行的情形，主持人应当宣布中止听证会。中止听证会的原因消失后，听证会应当恢复进行。

第二十五条 听证员发表听证意见时，可以视情况安排申请人和其他当事人暂时回避，以确保听证员独立、公正发表意见，不受干扰，复查的信访案件除外。

第二十六条 听证结束前，主持人可以询问各方当事人是否同意和解。在各方当事人均自愿同意和解的情况下，可以当场或者在听证会结束后组织当事人和解。

第二十七条 参加公开听证的人员应当服从主持人指挥，配合司法警察的警卫工作。

对违反听证秩序的，人民检察院可以予以训诫，责令退出听证场所；对哄闹、冲击听证场所，侮辱、诽谤、威胁、殴打检察人员、听证员等严重扰乱听证秩序的，依法追究相关责任。

第二十八条　听证笔录应当经参加听证会的听证员、当事人及其代理人阅读后分别签名或者盖章。拒绝签名盖章的，书记员应当载明情况。

听证笔录应当附卷。

第二十九条　人民检察院根据查明的案件事实和证据，结合听证意见，依法作出处理决定。

第五章　附　则

第三十条　本办法由郑州市人民检察院负责解释。

第三十一条　本办法自印发之日起施行。

新乡市检察机关行政诉讼监督案件公开听证实施办法（试行）

（2019年8月15日印发施行　新市检文〔2019〕89号）

第一章　总　则

第一条　为了扎实做好“群众来信件件有回复”工作，深入贯彻《关于实行检察官以案释法制度的规定》，规范公开听证办案程序，精准办理行政诉讼监督案件，结合办案进行普法教育和释法说理，充分保障当事人和其他诉讼参与人的合法权利，多元化解矛盾纠纷，提高行政检察监督的透明度和公信力，进一步推动法治国家、法治政府和法治社会建设，根据《中华人民共和国行政诉讼法》《人民检察院行政诉讼监督规则（试行）》等的有关规定，结合新乡市行政检察办案工作实际，制定本办法。

第二条 本办法所称的行政诉讼监督案件公开听证，是指人民检察院对属于听证范围内的行政诉讼监督案件在审查终结之前，按照一定程序组织案件当事人和有关人员，就行政判决、裁定和调解书中认定的事实、适用的法律、采信的证据、审理、裁定或调解的程序等，依法公开听取听证参加人的陈述、申辩和质证的程序。

第三条 人民检察院行政检察部门负责具体组织行政诉讼监督案件的听证，根据情况可以邀请司法警察部门负责安全警卫。

第四条 听证应当遵循以下原则：

（一）公开原则；

（二）公正原则；

（三）自愿原则；

（四）不重复听证原则。

第五条 对于符合下列情形的行政诉讼监督案件，经人民检察院审查，认为确有必要的，可以组织公开听证：

（一）群众来信来访的；

（二）案件具有重要普法意义和示范作用的；

（三）案情复杂、社会关注度高或争议较大的；

（四）可能存在认定事实不清、适用法律错误或违反法定程序等问题的；

（五）当事人提交或者人民检察院发现新的证据材料需要听取当事人意见的；

（六）当事人申请公开听证的；

（七）其他确有必要公开听证的。

第六条　案件涉及国家秘密、商业秘密、个人隐私或者有其他不宜公开听证情形的，不适用本办法。

第二章　听证申请和受理

第七条　当事人申请对案件进行听证，应当以书面形式提出，可以直接向行政检察部门申请，也可以通过控告申诉部门向行政检察部门转交申请，由行政检察部门决定是否予以受理。

第八条　行政检察部门认为案件适宜通过听证方式办理的，在征得当事人同意后，可以主动组织听证。

第九条　对于当事人申请公开听证的案件，行政检察部门经审查决定不组织听证的，不再组织听证，不适用复议、复核等救济程序，但应告知申请人，并说明理由。

第十条　行政检察部门决定启动听证程序的，应当提前 3 天通知当事人，当事人有特殊事由不能按时参加的，可以申请延迟听证日期。

第三章　听证主持人和参加人

第十一条　听证主持人一般由行政检察部门负责人或者案件承办检察官担任，主管检察长也可以担任听证主持人。二人以上共同主持听证的，应当指定一人担任首席听证主持人。

第十二条　听证参加人包括案件承办检察官或者检察官助理、书记员、听证员、申请人及其法定代理人或诉讼代理人、其他当事人及其法定代理人或者诉讼代理人、第三人。

第十三条　进行公开听证的案件，可以邀请与案件没有利害关系的下列人员作为听证员：人大代表、政协委员、人民监督员、特约检察员、专家咨询委员、人民调解员、律师或者当事人所在单位、居住地的居民委员会、村民委员会委员以及法律专家、学者等。

听证员一般为三人、五人、七人或九人，其中至少有两人需具有相关领域法律专业知识。

第十四条 听证主持人、听证员、检察官、检察官助理、书记员与本案有利害关系或者其他关系可能影响公正处理的，应当自行回避。

当事人有权在听证开始前或听证开始时以书面方式申请上述人员回避。听证主持人的回避，由行政检察工作主管检察长决定；主管检察长担任听证主持人的，由检察长决定是否回避；其他人员的回避由听证主持人决定。

第十五条 根据办案需要，可以邀请案涉行政机关的上级机关，申请人所在单位、行业协会、所在商会、行业主管部门等派员旁听听证。当事人申请案外人员旁听听证的，应经批准，且参加人员原则上控制在3人以内。

第十六条 下列人员不得旁听：

（一）未成年人（经批准的除外）；

（二）精神病人和醉酒的人；

（三）本案诉讼前后因本案曾有过暴力行为的人；

（四）其他不宜旁听的人。

第四章 听证准备

第十七条 案件承办人认为有必要进行公开听证的，需经行政检察部门负责人审核，并报主管检察长决定。对于符合条件的案件，行政检察部门负责人报经主管检察长同意后，可以直接决定组织听证。

第十八条 对决定公开听证的案件，案件承办人应当提前审查案件卷宗，详细了解案情，制定听证方案和提纲，确定听证主持人，同时报部门负责人和主管检察长审定。

第十九条 案件承办人应当提前三日将举行听证的时间、地点等内容通知参加听证会的当事人和相关人员。必要时通知本院法警部门派员参加。

第二十条 对于申请人递交申请监督材料时提出原审庭审结束后发现的新证据，应当要求其按其他当事人人数提供证据材料副本。承办该案的检察人员应当在举行听证前将证据副本送达其他当事人。

第二十一条 申请人、其他当事人无正当理由缺席或中途退场的，人民检察院可以视情况决定继续、延期或者终止听证。

第二十二条 听证一般在承办案件人民检察院的专门场所进行。为了方便申请人及其他参加人，也可以在承办案件检察院指定的场所进行。同时，根据需要可以进行录音录像。

第二十三条 举行听证前，根据申请人具备的法律知识情况，可以安排具有法律专门知识的人员对申请人进行法律辅导，以便申请人掌握必备的法律知识，正确行使诉讼权利，确保听证顺利进行。

第二十四条 听证开始前，申请人可以自愿选择与被申请人进行和解；在检察机关见证下达成和解协议的，可以终止听证。

第五章 听证程序

第二十五条 听证开始前，书记员应当查明参加听证人员是否到场，宣布听证纪律，并向听证主持人报告听证准备就绪。

第二十六条 听证主持人核对听证参加人，宣布案由，宣布听证主持人、书记员名单，介绍听证员情况，告知听证当事人在听证中的权利义务，询问是否提出回避申请。

第二十七条 公开听证按照下列顺序进行：

（一）案件承办检察官或检察官助理介绍案件事实、诉讼过程和法院历次判决情况，如有新的证据，可以予以出示；

（二）申请人及其委托代理人陈述申请监督请求、事实和理由，如有新的证据，可以予以出示；

（三）被申请人及其委托代理人进行陈述和申辩；

（四）第三人及其委托代理人进行陈述；

（五）当事人互相质证、辩论；

（六）听证员结合案情和证据对申请人、被申请人及第三人进行提问；

（七）按照申请人、被申请人、第三人顺序分别进行最后陈述；

（八）听证员公开发表听证意见；

（九）申请人、被申请人、第三人核对听证笔录；

（十）听证主持人进行归纳总结，宣布听证结束。

第二十八条 听证应当重点围绕案件中有争议的事实认定、证据采信和法律适用等问题进行。

第二十九条 听证主持人负责维护听证秩序，对参加听证会的人员与案件无关、不当的言行，应当予以制止。必要时由司法警察予以协助。

第三十条 听证进行过程中，如果发生致使听证无法进行的情形，听证主持人应当宣布中止听证。中止听证的原因消失后，听证应当恢复进行。

第三十一条 听证员一般应当公开发表听证意见，必要时经主管检察长批准，可以安排申请人和其他当事人暂时回避，以确保听证员独立、公正发表意见，不受干扰。

第三十二条 听证结束前，听证主持人可以询问各方当事人是否同意和解。各方当事人在自愿同意和解的情况下，可以当场或者在听证结束后进行和解。

第三十三条 书记员负责听证的记录工作，制作听证笔录。听证笔录应当经听证参加人当场签名或盖章。拒绝签名或盖章的，在听证笔录中予以载明。

听证笔录应当附卷。

第三十四条 听证结束后，听证主持人应依据听证情况，制作《听证意见书》，连同听证材料一并报主管检察长审核。

《听证意见书》应当附卷。

第三十五条　参加听证的人员应当服从听证主持人指挥，配合司法警察的警卫工作。对违反听证秩序的，可以予以训诫，责令退出听证场所；对哄闹、冲击听证场所，侮辱、诽谤、威胁、殴打检察人员、听证员等严重扰乱听证秩序的，依法追究相关责任。

第六章　听证结果的适用

第三十六条　听证后，案件承办人采用下列方式分别适用听证结果：

（一）拟采纳《听证意见书》处理意见的，结合《听证意见书》制作审查终结报告，按照办案程序、区分情况对案件作出再审检察建议、提请抗诉、抗诉、检察建议、不支持监督申请和终结审查决定；

（二）拟不采纳《听证意见书》处理意见的，应当召开检察官联席会议，对《听证意见书》处理意见进行研究，根据研究意见制作审查终结报告，报主管检察长审核同意后，按照办案程序、区分情况对案件作出再审检察建议、提请抗诉、抗诉、检察建议、不支持监督申请和终结审查决定；

（三）听证开始前，经法律辅导，申请人撤回监督申请或者申请人与被申请人达成和解协议的，经审查撤回监督申请、达成的和解协议不损害国家利益、公共利益和他人利益的，可以作出终结审查决定；

（四）举行听证后，申请人撤回监督申请或者申请人与被申请人达成和解协议的，经审查和解协议不损害国家利益、公共利益和他人利益的，可以作出终结审查决定。

第三十七条　申请人、被申请人以及第三人对《听证意见书》处理意见不服的，不影响检察机关对案件的办理。

第七章　附　则

第三十八条　本办法由新乡市人民检察院负责解释。

第三十九条　本办法自印发之日起施行。

上海市人民检察院第三分院建立行政诉讼监督年度报告制度

上海市人民检察院第三分院（以下简称三分院）是 2014 年 12 月 28 日挂牌成立的全国第一家跨行政区划检察院。三分院党组高度重视行政检察工作，成立了上海第一个行政检察处。几年来，三分院行政检察工作在个案监督的基础上，每年对办理的行政诉讼监督案件进行量化分析，对监督中发现的行政审判和行政执法存在的问题，以及衍生出的政策、法规和学理问题进行研究解读，形成年度报告，积极向党委、政府报告，从检察监督视角检视上海行政审判和法治政府建设的成效和不足，当好党委的法治参谋，为依法行政助力检察动能。2019 年，三分院检察委员会专门制定《关于建立行政诉讼监督年度报告制度的规定（试行）》，进一步推进年度报告工作的制度化和规范化，探索把年度报告工作作为抗诉和检察建议之外又一项行政检察监督的新方式。

一、突出监督意识和问题意识，在年度报告中切实反映行政审判和行政执法中的症结和痛点

当好党委政府的法治参谋，前提和基础就是要能够发现问题，能在检察监督中发现那些人民群众反映强烈，与法治政府建设格格不入的司法不公、违法行政的苗头性、倾向性问题。问题找得出、找得准，是反映年度报告质量的基础性指标。为此，三分院在行政检察办案中牢固树立问题意识和监督意识，把发现行政审判和行政执法中的问题，作为监督办案的第一指标，落实在检察官办案的绩效考评中，落实在办案流程

的各个环节中，有效地保证了年度报告以问题为导向。

1. 聚焦监督抓办案。行政检察的核心是办案。“发现问题提出监督意见”是三分院行政检察的主要指标。检察官的绩效考核、教育培训和工作机制建设都围绕这个主要指标展开，服务于这个指标的达成。特别在检察官的业绩考核中，三分院采取减“量”提“质”的方法，提升了监督质量的比重，把发现了多少问题、提出了多少监督意见作为检察官业绩的主要指标。主要指示的聚焦，有效地调动了办案人员的积极性和能动性。以2018年为例，三分院办理的行政案件152件，占全市行政办案总数的22.1%，但是提请抗诉数占全市监督总数的60%。

2. 规范流程抓落实。把监督意识和问题意识落实在办案流程的各个环节。一是宽受理。对于符合受理条件的案件一律受理，不设置人为障碍。近年来，三分院行政案件受理数不断攀升，去年受理数比前年上升1.7倍。今年案件数量继续保持增长势头。二是精审查。坚持办精品案，精细化审查，多维度审查。在审查程序上做到“三个必须”，申请人必须接待，原审法官必须沟通，行政机关必须联系。对一些不熟悉的行政领域，主动上门向行政机关求教咨询。对生效裁判的审查，不仅审查法院审判程序和审判结果，而且审查行政机关的程序和实体问题，对行政依据的合法性、合理性也纳入考量的范围，做到案件全方位审视，全面查找公正司法和依法行政中存在的问题和不足。三是重监督。针对不同的对象、不同类型的问题，以及问题的严重程度，综合运用各种监督手段进行监督。根据案件问题的特点和类型，采取能抗诉的坚决抗诉、提抗，该提检察建议的积极提出检察建议，类型化问题收集汇总，作为年度报告或类案监督的基础性材料。

二、树立双赢多赢共赢的监督理念，在年度报告中着力提供监督和促进并重的建设性意见

检察监督不是你输我赢的零和游戏，行政检察“一手托两家”，更不

能做“一赢两输”的负值游戏。树立双赢多赢共赢的理念是行政检察可持续发展和扩大影响力的基本原则。当好党委和政府的法治参谋，发现问题只是工作的第一步，接下来是与存在问题的单位和部门一起研究问题的成因，查找问题症结，提出解决问题的方法。行政诉讼监督年度报告不仅能指出问题，更要能提出解决问题的法治化方案，这样才能体现行政检察的水平，守住行政检察的初心和使命。

1. 加强与政府、法院协调沟通。三分院监督的行政案件有：上海市人民政府为被告的一审生效裁判，上海市市级机关为被告的二审生效裁判，上海市各区政府为被告的信息公开二审案件，以及虹口、徐汇、长宁、普陀四个区行政上诉案件的裁判。因此，监督对象的层级高，案件可能影响的范围广、人数多。不论是改变原裁判还是改变原行政行为，都可能在全市层面产生影响。为此，在监督中加强了与法院和市政府及其下属市级机关的沟通联系，先后与三中院、铁路上海法院和铁路上海检察院建立了“跨行政区划检察院、法院行政诉讼联席会议制度”，定期分析行政审判和行政检察中的疑难复杂问题，互通工作信息。与社保、规土、国资、房管、发改委、城管、公安等案件多发的市级机关，建立专门联系人制度，保持个案沟通、政策咨询的畅通。对于类型化、倾向性问题，召开行政、法院、检察院和法学专家共同参加的研讨会，共同商研解决方案。通过监督者与被监督者的面对面交流，不仅消除误解，增进理解，而且对案件背后被监督者把握裁量基准和利益平衡的尺度都有了更深的了解，有利于提升监督的精准性和质量，有利于促进监督者和被监督者共同解决问题，体现了监督就是促进、监督也是支持的理念。

2. 把实质性解决争议作为监督的目的。行政检察与行政执法、行政审判的目标一致，监督才能得到理解和支持，才能形成法治建设的合力。新的行政诉讼法把实质性解决行政争议作为行政审判的目的，同时，实质性解决争议也是政府机关依法行政的目的和追求。因此，只有在检察监督中坚持实质性化解行政争议的目标，才能实现与审判机关、行政机关的同频共振。三分院探索开展了公开听证、协调和解、行政调处等与政府、法院借力合作的方式，在检察环节实质性化解行政争议。如，某公司房地产登记纠纷申请监督案，检察官审查本案房地产登记行为并无不当，纠纷的实质是涉案房屋拆迁补偿未落实。为此，检察官通过公开听证，引导各方聚焦纠纷实质性问题——落实拆迁补偿。然后协调双方在补偿数额、做账项目和税收等多方面达成一致。最后在检察机关的见证下，促进双方自愿达成和解协议，最终使该公司的 2900 多万元的拆迁利益一次性补偿到位，化解了 7 年未决的纠纷。近年来，三分院先后举行公开听证 4 次，促成当事人和解撤回申请 2 件；通过行政协调解决当事人实际问题后，当事人撤回申诉 1 件；还有 2 件经过抗诉，再审中检法共同努力，促使行政机关实质性改变原行政行为，当事人自愿撤回再审申请。实质性化解行政争议的做法，不仅平息了矛盾纠纷，而且通过检、法和政府的配合协作，打通了解决行政纠纷的通道，合作出经验、出创新，极大地丰富了发现问题、解决问题的手段。

三、确保客观性、准确性和权威性，严把年度报告的质量关

监督的权威来源于监督的正确性和有效性。为了提高年度监督报告的客观性、权威性和有效性，三分院采取多项措施切实提升报告质量。

1. 狠抓检察办案人员的业务能力。检察办案人员的能力水平是年度报告的质量基础。没有专业化高素质的检察官，就出不了高质量的监督报告。因此，三分院采取多种方式狠抓行政检察人员的业务素质建设。一是与高等院校、社科院等理论研究机构合作，让检察官在大学选修专业课程跟班学习；二是积极参与行政法学术交流和研讨；三是开展研究式、案例式岗位技能实训活动，由检察官根据办理的案件进行演讲示教；四是派行政检察官到市规土局等行政机关挂职。通过自身的学习和对外交流，三分院的行政检察的影响力和权威性，在学术和实务界都有了一

定的提升，也促进了年度报告撰写能力和水平的稳步提升。

2. 引入科学分析方法，规范报告内容和结构。行政诉讼监督年度报告主要包含三个方面的内容：一是对办理的案件进行指标数据的量化分析，全面反映行政诉讼监督的特点；二是监督中发现的行政审判、行政执法存在的问题；三是检察机关行政诉讼监督的做法和促进依法行政、公正司法的意见和建议。附件是典型监督案例。为了提升年度报告的客观性，三分院采取数据＋实证分析的方式，将所有案件通过设定量化数据指标、标准化录入，建立行政诉讼监督的数据库。然后用SPSS分析软件对相关指标的累积、比例、频率等数据进行交叉比较和相关性分析。对数据统计分析的结果，再由检察官进行实证解读和理论性研究，最终得出以量化统计为基础，并经相关理论分析解读的结论意见。

3. 广泛征求意见。年度报告形成初稿后，邀请相关法学专家和法院、行政机关的实务专家进行评议，提出修改完善的意见。针对报告中的问题向相应的行政机关、法院进行反馈，交换意见，完善方案。经过修改完善的报告，最后由院检委会会议讨论定稿。

四、增强大局意识、参谋意识，把年度报告作为行政检察融入大局的新手段

行政检察是检察机关的一项重要职能，发挥着维护司法公正促进依法行政的双重功能，应当在服务大局促进法治政府建设中发挥更大的作用。

三分院党委和业务部门高度重视年度报告工作，将其作为行政检察融入大局、服务大局的重要途径。当前随着全面依法治国的深入推进，人民群众对公平正义的需求越来越多地反映在行政诉讼中。近年来检察机关受理的行政申诉案件大幅度上升。然而，由于观念和机制上的原因，行政检察还只是在个案救济上发挥作用，对于法治建设宏观层面的推动作用还不明显，手段还不丰富。行政检察年度报告工作在个案监督的基

础上，通过系统地分析、归纳和总结梳理，把行政监督中发现的问题、总结的经验、提出的方案，向党委政府汇报当好法治参谋，向法院、行政机关通报反馈促进共同发展。做好行政诉讼监督年度报告，就是提升行政检察监督的全面性、综合性和系统性，更好地发挥检察服务大局的一条新路径。同时，年度报告也是对抗诉、检察建议等个案监督手段的有效补充，对于各级检察机关特别是基层检察机关做实行政检察，丰富监督手段，提升监督实效有着积极的意义。

三分院成立四年，已先后形成《2015—2017 年行政诉讼监督报告》和《2018 年行政诉讼监督报告》两份年度报告，以专报形式向市委、市人大和市政府汇报，并向第三中级人民法院和相关市级行政机关作了通报。年度报告中提出的行政审判对原告方程序性权利保障不足的问题，行政机关对自身复议职权不明对当事人的复议申请相互推诿等问题，得到了相关单位和政府的高度重视，并进行相应的整改。同时，三分院反映的本市商业银行对客户身份审查不统一、不规范的问题，也得到上海银监局的重视，并下文在全市统一了客户身份审查的规范化做法，有效地提升了银行的风险防控能力，也避免了不必要的诉讼纠纷。

为了进一步扩大年度报告的效果和作用，三分院与上海社科院法学所合作，把行政诉讼监督年度报告作为上海法治建设评价体系的一部分，由社科院政府智库编入《上海法治蓝皮书》，成为上海市委、市政府法治建设重要参考。

上海行政检察部门服务保障优化营商环境二十条措施

（2019年4月28日印发施行）

党中央高度重视营商环境建设，习近平总书记多次作出指示，明确指出“法治是最好的营商环境”。作为法治化营商环境建设的重要组成部分，行政检察工作如何充分发挥行政检察职能，服务保障优化营商环境，是一项重要课题。根据《上海市检察机关服务保障优化营商环境的意见》《上海市检察机关2019年底进一步服务保障优化营商环境“检察专项活动”方案》，现制发上海行政检察服务保障优化上海营商环境20条措施。

一、积极发挥行政诉讼监督作用，保障市场主体合法权益，营造良好的营商环境

1. 依法保障当事人合法诉讼权利，积极保障民营企业的合法权益。

2. 依法规范行政检察官行使职权，细化行政检察监督相关流程。

3. 依法提高行政检察质效，建立行政诉讼监督案件简案快审、难案精审机制，对重大、有影响案件细审严查，对双方当事人对案件事实没有争议的案件，尽量缩短办案期限，提高行政检察监督效率同时，也提高监督精准性。

4. 对于市场主体申请对行政审判程序中审判人员违法行为进行监督案件，加强监督力度，应当逐案上报市院第七检察部备案审查，并由市院第七检察部专门检察官指导监督。

5. 对于市场主体申请对行政执行申请监督案件，加强监督力度，应当逐案上报市院第七检察部备案审查，并由市院第七检察部专门检察官指导监督。

6. 行政检察官在审查行政诉讼和非诉执行监督案件过程中，积极开展释法说理，做好社会风险防范和矛盾化解工作。

7. 在履行行政诉讼监督职责过程中，依法规范行政机关执法行为。

8. 建立行政检察专家咨询委员会，对重大、疑难、有争议诉讼监督案件邀请专家精准把脉、精准研判、精准监督。

二、积极开展非诉执行专项活动，增强支持政府依法行政工作力度

9. 对于行政机关对行政非诉执行申请监督案件，加强监督力度，应当逐案上报市院第七检察部备案审查，并由市院第七检察部专门检察官指导监督。

10. 积极开展行政非诉执行专项监督，增强支持政府依法行政工作力度。

三、深入推进规范性文件审查衔接工作，为政府优化营商环境提供制度供给

11. 深入推进规范性文件审查工作，与法院、政府协力开展共同努力，为政府优化营商环境提供制度供给。

四、加强行政检察数据归集和研究，为政府优化营商环境提供智力支持和法律保障

12. 加强金融行政检察和自贸区辖区行政检察数据归集和研究，积极发挥行政检察在金融中心建设、自贸区管理和建设中的作用，研究推动

自贸区相关法律法规的修改完善。

13. 加强知识产权行政检察数据归集和研究，促进行政机关在保护产权、激励创新、维护市场公平秩序、保护交易主体合法权益等方面进一步完善行政职能。

14. 加强涉及市场主体的行政检察数据归集和研究，围绕涉企行政审批事项取消调整，证照分离、减税降费等改革要求，不断完善地方法规体系。

五、加强内协外联，为政府优化营商环境提供检察服务

15. 依托“一网通办”提供“检察窗口服务”、12309检察服务中心等平台，畅通行政检察服务营商环境的渠道。

16. 与行政机关、律师协会相关专业委员会建立常态化的交流机制，多渠道发挥行政检察在服务营商环境方面的作用。

17. 依托上海检察及各区检察等微信公众号、平面媒体等，加强对行政检察工作的宣传，提高企业通过行政检察进行权利救济的意识。

18. 围绕简政放权、放管结合，优化服务等政府开展优化营商环境政策，依托上海优化营商环境法治保障共同体平台、上海市工商业联合会等，对民营企业营商情况开展调研，推动上海行政检察为全面深化营商环境优化的改革创新提供建设性意见或者建议。

六、加强行政检察队伍建设，为政府优化营商环境提供人才保障

19. 建立专业化团队，成立专门审查企业申请行政检察监督的办案团队，建立三级院行政检察监督一体化工作机制，最大限度发挥行政检察监督效能。

20. 加强知识产权、金融等专业化培训、开展典型案例及精品案例研讨及讲评，积极开展业务竞赛等岗位练兵活动，培养选拔专业领域的领军人物。

福建省人民检察院
关于充分发挥行政检察职能作用为民营经济创新创业创造营造公平透明法治发展环境的意见

（2019年5月7日印发施行　闽检七部〔2019〕1号）

为深入贯彻党的十九大和十九届二中、三中全会精神，落实好习近平总书记在民营企业座谈会上的重要讲话精神和在参加十三届全国人大二次会议福建代表团审议时的重要讲话精神，根据福建省人民检察院《关于充分发挥检察职能服务和保障非公有制经济发展的意见》《关于充分履行检察职能加强产权司法保护的意见》《关于落实“马上就办、真抓实干”的实施意见》等有关规定，充分履行行政检察职能，依法平等保护民营企业合法权益，为民营经济创新创业创造营造公平透明法治发展环境，提出如下意见：

一、提升政治站位，强化思想引领，准确把握依法保障民营经济创新创业创造的目标任务

1. 贯彻新思想，牢固树立平等保护理念。深入学习贯彻习近平总书记的重要讲话精神，落实鼓励引导支持民营经济发展的各项政策措施，全面贯彻平等保护不同所有制主体、不同地区市场主体、不同行业利益主体的工作要求，坚持各类市场主体法律地位平等、权利保护平等和发展机会平等的原则，为民营企业实实在在、心无旁骛地创新创业创造提

供法治保障。

2. 聚焦新情况，不断完善服务保障举措。主动适应民营经济发展的司法需求，注重研究创新发展中出现的新兴产业、新兴业态、新型商业模式、新型投资模式和新型经营管理模式等新变化，依法保护民营企业产权和合法权益。充分发挥行政检察职能作用，促进法治政府和政务诚信建设，推动形成亲清政商关系，营造鼓励创新创业创造的社会氛围，让民营经济创新源泉充分涌流，让民营经济创造活动充分迸发。

3. 践行新要求，营造公平透明法治环境。深入研究行政检察的内涵与外延，发挥好“一手托两家”的履职新要求，既维护和保障司法公正，又监督和促进依法行政。着力加强对涉及民营企业产权保护、财产征收、市场准入、自主经营、减税降费、行政协议等行政诉讼案件审判、执行活动的法律监督。充分运用调查核实措施，加大对行政机关不作为、不依法履行法定职责和当事人恶意诉讼案件的监督力度，促进和优化民营经济发展环境。

二、聚焦权益维护，强化法律监督，为民营经济创新创业创造提供坚实的法治保障

4. 依法监督涉民营企业自主经营权行政诉讼案件。依法监督和处理破坏市场竞争规则的案件，规制各类垄断和不正当竞争行为，监督纠正行政机关滥用行政权力排除或者限制竞争。准确把握商事制度改革精神，进一步规范行政机关的行政许可和审批行为，在市场准入、经营运行、招标投标、军民融合、政府采购等方面，打破各种各样的“卷帘门”“玻璃门”“旋转门”，为民营企业打造公平竞争环境。依法监督纠正违法违规向民营企业收费、集资、摊派，或者以各种监督检查名义非法干预民营企业自主经营权，维护公平有序的市场竞争环境。

5. 依法监督涉民营企业知识产权行政诉讼案件。加大民营企业知识产权保护力度，依法监督和支持行政机关制裁侵权行为，维护知识产权

行政管理秩序。特别是要加大对知名品牌、发明专利以及高端制造、智能制造、互联网产业等新兴领域知识产权保护力度，为建立高技术企业加速成长机制提供司法保障。加强对知识产权行政授权争议案件的法律监督，在事实认定和法律适用上对行政行为进行全面的合法性审查。要善于借助“外脑”，注重发挥专家咨询、技术鉴定在解决知识产权诉讼专业技术事实认定难题中的作用。

6. 依法监督涉民营企业财产权利行政诉讼案件。对民营企业申请监督行政诉讼中的保全、先予执行、停止执行或者不停止执行行政行为等程序性审判行为时，应不以“先向法院申请再审”为前置条件，积极受理、迅速审查，对确实违反法律规定的，应及时向人民法院提出检察建议。要注意考量民营企业规模相对较小、抗风险能力相对较低的客观实际，严格把握诉讼中临时措施的适用条件，防止滥用影响民营企业正常生产经营。

7. 依法监督涉民营企业征收征用行政诉讼案件。准确把握立法精神，合理把握征收征用适用的公共利益范围，坚决防止公共利益扩大化。遵循及时合理补偿原则，对土地征收和房屋拆迁补偿标准明显偏低的，要综合运用多种方式进行公平合理补偿，充分保护被征收民营企业的合法权益，尽量减少对民营企业正常生产经营可能造成的影响，维持民营企业的经营稳定。

8. 依法监督涉民营企业行政协议行政诉讼案件。妥善审查政府招商引资合同纠纷案件，监督行政机关诚实守信，履行政府文件和合同约定的义务。妥善认定政府与民营企业签订的合同效力，配合政府开展“政府部门和国有大企业不履约拖欠民营企业账款专项清欠行动”，对有关政府违反承诺，特别是仅因政府换届、领导人员更替等原因违约、毁约的，依法支持民营企业的合理诉求。妥善审查因政府规划调整、政策变化引发的行政纠纷案件，对于确因政府规划调整、政策变化导致民营企业签订的合同不能履行的，依法支持民营企业的合理诉求。

9. 依法监督涉民营企业平等保护行政诉讼案件。妥善审查民营企业提起的涉及市场监管、质量监督、项目规划、税收征管、海关监管等方面的行政诉讼申请监督案件，保障民营企业在公共领域受到平等对待。认真研究国家减税降费政策，依法监督纠正行政机关在执行减轻企业税收负担、降低社保缴费比率、清理精简涉企收费等方面违法行使职权或者不行使职权案件，让民营企业从政策中增强获得感。对民营企业实施的行政强制措施和行政处罚，显失公正的，要依法监督撤销或者变更，特别是在安监、环保等领域微观执法中避免简单化、"一刀切"。

10. 依法监督涉民营企业行政执行案件。加强对行政诉讼执行活动的监督，重点监督因不依法履行执行职责及错误采取执行措施、错误处置执行标的物、错误追加被执行人，致使当事人或者利害关系人、案外人等财产权受到侵害的案件。深入开展民事行政非诉执行监督专项活动，重点监督人民法院是否存在违法立案审查和违法执行和解、滥用终结本次执行程序等违法执行情形，同时延伸对具有强制执行权的行政机关自行强制执行活动的监督，重点关注行政机关是否存在应当执行而不及时执行，以及选择性执行、滥用执行措施或扩大执行范围等违法情形。依法监督人民法院依法慎用强制措施和查封、扣押、冻结措施，最大限度降低对企业正常生产经营活动的不利影响。

三、完善工作机制，强化改革创新，持续提升服务保障水平

11. 健全完善权利救济机制。充分发挥检察机关视频接访系统、12309举报网络平台等诉求表达渠道的作用，为涉民营企业、涉民营企业家寻求法律咨询、司法救济等提供更加便捷高效的服务。对涉及涉民营企业、涉民营企业家维护自身合法权益的控告、申诉和举报，依法及时审查，严格按照法律的管辖规定、诉求性质和相应的法律程序办理。

12. 健全完善司法保障机制。进一步深入调研了解民营企业司法需求，分析研判企业经营治理突出问题，认真研究检察环节司法保障新举

措，健全企业家权益依法保护机制，切实降低民营企业维权成本。要慎重发布涉及民营企业案件的新闻，对报道失实的应当及时采取适当方式澄清，在法律允许的范围内合理顾及民营企业关切，最大限度地维护民营企业的声誉。

13. 健全完善检察建议机制。结合办案深入剖析典型案件，及时提出检察建议，帮助民营企业完善内部监督制约和管理机制，有效防控重大法律风险，提高经营管理的法治化水平。深入分析和把握影响民营经济发展的深层次问题，对于办案工作中发现的体制性、政策性等重大问题，要及时向党委报告；对于政策执行中的问题，要及时向政府通报，提出解决的检察建议。

14. 健全完善普法宣传机制。认真落实“谁执法谁普法”的普法责任制，深入推进检察官以案释法和法律文书说理工作，让司法办案成为生动的普法课堂。依托门户网站、官方微博、微信、新闻客户端等媒体，及时发布检察信息，宣传人民检察院依法平等保护民营企业和企业家合法权益的政策措施、经验做法、典型案例，推动形成依法保障民营企业合法权益的良好社会氛围。

15. 健全完善协作保障机制。进一步完善行政执法与刑事司法衔接工作机制，健全与行政执法部门、公安、法院信息共享、案情通报、案件移送制度，积极参与优化营商环境的地方性立法研究工作，深入推进行政规范性文件审查衔接工作。落实省检察院与省工商业联合会依法服务和保障非公有制经济健康发展的协作机制，定期组织召开联席会、座谈会、研讨会，有针对性地改进完善服务保障措施，及时协调解决民营企业反映的合法权益受到侵害等问题，推动完善法治化营商环境制度体系。

第二编

实践探索概述

- 2019年行政检察工作概述
- 2019年地方行政检察实践探索

2019年行政检察工作概述

最高人民检察院第七检察厅

2019年是中华人民共和国成立70周年，也是最高人民检察院行政检察部门分设后的开局之年。一年来，全国检察机关行政检察部门坚持以习近平新时代中国特色社会主义思想为指导，全面贯彻中央政法工作会议、全国检察长会议精神，按照“讲政治、顾大局、谋发展、重自强”总要求和“稳进、落实、提升”总基调，紧紧围绕做实行政检察工作，坚持以理念变革为引领，以办案为中心，以改革为动力，突出抓重点、强弱项、补短板，着力完善多元化行政诉讼监督格局，着力强化专业化建设，各项行政检察工作取得新进展新成效。

一、更新理念，明确工作方向

针对行政检察历经30年发展仍然薄弱的原因，最高人民检察院第七检察厅坚持从更新理念入手，在整个条线组织开展“理念变革引领与做实行政检察”讨论和调研活动，切实把思想和认识统一到最高人民检察院党组关于“四大检察”“十大业务”全面协调充分发展的决策部署上来，统一到张军检察长关于做实行政检察的系列指示要求上来。在深入基层调研和广泛征求意见的基础上，2019年2月印发《2019年行政检察工作要点》，明确了全年工作的思路和重点。

为确保党中央决策部署以及最高人民检察院党组和张军检察长的系列指示要求落地落实，2019年9月17日，在福建福州召开全国检察机关行政检察工作座谈会，深入贯彻习近平总书记全面依法治国新理念新思想新战略，适应新时代人民群众新要求新期待，落实最高人民检察院党组提出的一系列检察监督理念，深刻阐明了以行政诉讼监督为基石、以化解行政争议为“牛鼻子”、以非诉执行监督为延伸的行政检察工作新格局。这次会议是在“四大检察”法律监督战略布局后，行政检察条线召开的第一次全国性会议，张雪樵副检察长出席会议并讲话，为当前和今后一个时期做实行政检察工作提供了基本遵循。

二、坚持围绕中心，服务大局，为民司法

（一）主动服务打好三大攻坚战

高度重视防范化解社会稳定风险，针对一些行政诉讼监督案件服判息诉难、易引发社会稳定风险的实际，坚持将防范化解风险贯穿办案始终，做好稳定风险评估、预警，会同有关部门共同做好防范和化解工作。针对一些重大疑难案件，悉心释法说理，与地方党委政府和有关部门主动沟通，依法办案，有效防范化解风险隐患。

（二）护航民营经济发展

认真贯彻落实习近平总书记在民营企业座谈会上的重要讲话精神，立足行政检察职能服务保障民营经济发展、优化营商环境，着力加强对涉及民营企业产权保护。福建、上海等地检察机关出台行政检察服务民营经济发展的意见。深入河南、上海等地民营企业，实地调研行政检察服务保障减税降费重大政策在民营企业落实情况，提出意见建议。

（三）部署开展“加强行政检察监督促进行政争议实质性化解”专项活动

以问题为导向，聚焦群众反映强烈的行政诉讼“程序空转”问题，把行政争议实质性化解工作作为行政检察的核心任务。在全国检察机关开展为期一年的“加强行政检察监督促进行政争议实质性化解”专项活动，努力解决一批影响群众获得感的烦心事、操心事、揪心事，维护社

会和谐稳定，助推国家治理体系和治理能力现代化。第七检察厅直接挂牌督办45起重大案件，推动专项活动落实。

三、坚持以办案为中心，提升监督质效

（一）坚持以办案为中心

2019年，全国检察机关受理对行政生效判决、裁定、调解书的监督案件共12711件，同比上升36%，审查后提出抗诉156件，同比上升33.3%，法院同期审结101件，再审后改判、调解、发回重审、和解撤诉45件，占审结数的44.6%，同比增加10.3个百分点；提出再审检察建议83件，同比下降7.8%，法院已裁定再审39件，占提出数的47%，同比增加21.4个百分点。受理对行政审判活动监督案件3316件，同比上升172.9%，同期审结3126件，提出检察建议2816件，同比上升110.2%，占审结数的90.1%，同比增加3.2个百分点；法院同期采纳2671件，占提出建议数的94.9%，同比减少0.1个百分点。受理对行政执行活动监督案件15570件，同比上升116.2%，审结14565件，提出检察建议13113件，同比上升110.2%，占审结数的89.6%，同比减少1.5个百分点；法院同期采纳12463件，占提出建议数的95%，同比增加5.9个百分点。

（二）举办第一起行政诉讼监督案件公开听证会

公开听证对于以公开促公正赢公信，具有重要意义。2019年10月31日，第七检察厅在河南省郑州市召开了第一起行政诉讼监督案件公开听证会，这是贯彻落实张军检察长关于“抓紧推进申诉案件听证工作”的要求，经精心筹备举行的。由厅长张相军和副厅长张步洪、二级高级检察官罗箭组成临时办案组，3名人民监督员和2名专家学者组成的听证员参加听证，3名全国人大代表旁听指导。在行政检察中采取公开听证，这在行政检察历史上还是第一次。在第七检察厅带动下，不少地方检察机关行政检察部门也都在办理行政诉讼监督案件中积极尝试公开听证，促

进实质性化解行政争议，取得了很好效果。

（三）深化行政非诉执行监督专项活动

这个专项活动是第七检察厅成立后接续开展的第一个专项活动。一年来，第七检察厅坚持把行政非诉执行监督作为加强基层行政检察工作的重要抓手，推动有效破解基层行政检察工作尤为薄弱的难题。先后下发2018年行政非诉执行监督专项活动情况通报，在检答网发布关于行政非诉执行监督的解答，加强对云南、福建等地请示具体问题的研究答复，开展国土资源领域行政非诉执行专题调研，发布5起“违法占地行政非诉执行监督典型案例”。各地加强对人民法院非诉执行立案、审查、执行实施活动的监督，办理了一批案件；同时，依照人民检察院检察建议工作规定，依法向行政机关提出改进工作、完善治理的检察建议。

四、苦练内功，努力补齐短板，着力提升行政检察监督能力

（一）着力加强专业化建设

一方面从内部强化专业能力建设。坚持把加强行政检察队伍专业化建设放在优先位置来抓，苦练内功重自强。探索“三统一”和“共建共享”实训模式课程模式，针对各级检察院行政检察经验人员少、专业化程度不高的现状，统一选配师资，统一设置课程，统一审核讲义课件，集中全国行政检察力量，研发19门行政检察实务课程，在加强分级分类分层培训中发挥积极作用。2019年9月18日至22日，第七检察厅在福建举办了首届做实行政检察研修班，坚持学员即教员，共培训115名行政检察业务骨干。另一方面发挥好“外脑”作用。建立和依托民事行政检察专家委员会制度，邀请法学专家、专家型法官、律师以及有法律背景的人大代表、政协委员参加评议、咨询和研判；对金融、知识产权等专业性较强的案件，探索行业专业人员辅助办案机制，借助外脑提高办案质量和效果。同时，利用民事行政检察案件互联网咨询平台，办理行

政诉讼监督案件遇到法律适用、证据理解等难题，上网寻求指导和帮助，促进提升监督水平。

（二）第一次发布行政检察指导性案例，实现零的突破

行政检察工作虽然历经30年的发展，但在指导性案例方面还是空白。第七检察厅践行精准监督等理念，加强案例指导，注重对典型性、引领性案件的培养、总结和提炼，全年共编发3批9件指导性案例和典型案例。编发的某实业公司诉某市住房和城乡建设局征收补偿认定纠纷抗诉案、浙江省某市国土资源局申请强制执行杜某非法占地处罚决定监督案、湖北省某县水利局申请强制执行肖某河道违法建设处罚决定监督案，作为第十五批指导性案例，在最高人民检察院召开的“加强案例指导，做实行政检察”为主题的新闻发布会上对外发布，行政检察指导性案例在历史上实现零的突破。

（三）第一次修订人民检察院行政诉讼监督规则

监督规则是检察机关履行行政诉讼职责的总章程。这次修订，积极顺应人民群众对行政诉讼监督工作的新期待，适应国家治理能力和治理体系现代化的新要求，围绕发挥行政检察“一手托两家”作用、强化依职权监督、加强调查核实、促进实质性化解行政争议、参与社会治理、加强对规范性文件的监督、落实检察监督新理念，进行了第一次大规模修改，规则条文由原来的30多条增加到100多条，独立的行政检察工作体系正在形成。

（四）成立第一个知识产权行政检察研究和实践基地

围绕服务创新驱动发展战略，加强和改进知识产权行政检察工作，针对商标专利授权确权行政诉讼监督案件均在北京检察机关和最高人民检察院办理的实际情况，在北京市人民检察院支持下，在第四分院设立首个知识产权行政检察研究和实践基地，完善一体化办案机制，加强与知识产权行政部门和人民法院知识产权审判庭的沟通交流，着力提升办理知识产权行政案件的专业化水平。

五、争取各方面支持，为做实行政检察营造良好环境

（一）争取专家学者支持，加强行政检察理论的引领和支撑

围绕行政检察的理念、定位和使命，如何以行政诉讼监督为基石，如何破解基层行政检察作用发挥难题，如何深化行政非诉执行监督，探索穿透式行政检察监督，促进实质性化解行政争议等，第七检察厅加强与行政法学界专家学者的联系交流，与检察理论研究所、国家检察官学院《中国检察官》、检察日报社理论版、《人民检察》等加强合作，组织和刊载行政检察理论研究文章，并会同检察日报社开展做实新时代行政检察征文活动。最高人民检察院还在武汉大学设立行政检察研究基地，共同开展行政检察理论研究。

（二）积极争取代表委员的支持

第七检察厅高度重视加强同全国人大代表联络工作，加强走访对口联系的福建代表团、青海代表团代表，认真听取代表意见建议。组织内蒙古、吉林、江苏、福建、青海五个代表团的全国人大代表赴重庆、贵州遵义进行视察。认真办理全国人大代表建议和政协委员会提案，召开全国性会议、组织公开听证等积极邀请代表委员参加，紧紧依靠他们的支持做实行政检察工作。

（三）争取社会各界的支持

针对行政检察社会知晓度低、认知度低的问题，积极争取新闻媒体的支持，统筹调动系统资源，讲好行政检察故事。今年全国两会期间，组织运用 H5 设计的《知否知否，一个叫“行政”的检察官来了》《揭秘隐藏任务——行政非诉执行专项监督》在最高人民检察院官微上发布，受到好评；建立与检察日报社记者经常性交流机制，全年会同检察日报社、工人日报社发布行政检察宣传稿件 10 余篇；会同最高人民检察院影视中心制作《送不出的棉鞋》，会同邯郸市检察院拍摄《依法“超生”》微电影，加强行政检察职能和工作成效宣传。

2019年地方行政检察实践探索

福建检察机关以“一手托两家”理念为指导 积极履行行政检察职能 着力实现双赢多赢共赢

近年来，福建省检察机关认真贯彻最高人民检察院和省委的部署要求，在省院党组的领导下，坚持以理念变革为引领，牢牢把握“一手托两家”的履职根本，以办案为中心，以改革为动力，不断拓展行政检察工作的内涵外延，努力提升维护司法公正和政府公信的能力水平，着力实现双赢多赢共赢的监督成效。

一、聚焦司法公正，着力构建多元化行政诉讼监督格局

持续抓好行政诉讼法和诉讼监督规则的落实和实施，坚持把诉讼监督工作作为行政检察工作的重心，正确运用法律赋予的监督方式，立体式多元化开展行政诉讼监督。

（一）坚持以正确理念引领创新发展

坚持以新理念、新方法推动行政检察工作健康发展。一是树立精准监督理念。围绕“精”和“细”做文章，强化监督，省市两级院均建立备案审查机制，灵活采取“百案评析”、案件评查、交叉互查等形式，构建多层

次、常态化的案件质量保障机制。省院及时编发《行政检察业务工作手册》，持续抓好精品案件评选、优秀文书汇编和典型案例发布工作，强化办案工作指引。抓好典型性、引领性案件的监督，2015 年以来，全省共有 10 个案件获评全国优秀案例、典型案例。二是树立一体监督理念。从整体上认识和把握行政检察职能，针对行政检察工作“倒三角”的结构问题，建立健全整合资源、上下联动的办案一体化机制，切实帮助基层院打开工作局面。厦门市院针对基层法院存在怠于受理国土、环保、海洋、渔业领域行政处罚非诉执行案件的问题，主动走访相关行政执法部门，协助基层院摸清情况、排查问题、核实证据，两级院统一步调、协同发力，共督促法院受理相关领域非诉执行案件 50 余件。三是树立借力借智监督理念。2015 年开始建立“检察官与律师联席会”机制，构建良性互动的新型检律关系，通过信息交流、律师代理、法律援助及时有效地把需要检察机关监督的行政案件导入诉讼监督程序。2019 年省院又聘请专家学者、人大代表、政协委员等 24 人为民事行政诉讼监督案件专家委员，借助他们的实践经验、法律和政治智慧，帮助提升行政检察监督能力。泉州市院结合当地实际首创检察监督指挥中心，并建立“网格化 + 社区检察官”模式，联合街道、社区聘请专职网格员 377 名，拓展案件来源渠道，延伸行政检察服务。

（二）全面强化审判活动监督

一是注重生效裁判的公正性监督。着眼精准抗诉，严格把握抗诉标准，落实抗诉书说理制度，充分发挥抗诉直接启动再审程序的功能；同时运用再审检察建议强化同级监督，降低监督成本，提高监督效率。2015 年以来，共办理生效行政裁判监督案件 900 余件，对认为确有错误的行政判决、裁定，提请、提出抗诉和提出再审检察建议 40 余件。以个案的公平正义促进法治进步，省院办理的全国首例抗诉获改判的市民状告“政府信息不公开”行政诉讼案，推动完善政府信息公开中商业秘密的把握原则，被最高人民检察院评为行政抗诉优秀案例。二是注重诉讼程序的合法性监督。充分认识程序公正对保障司法公正的作用，认真核实法院立案环节和审判过程中的违法情形，重点关注应当受理不受理、应当立案不立案以及审判组织不合法、违反审限规定等侵害当事人诉讼权利的案件，共发出纠正诉讼程序违法检察建议近30件，以程序公正确保实体公正。漳州市某县院针对县法院在办理郑某与镇政府履行法定职责纠纷案时，存在超期审理又未经批准擅自作出延期审理决定的程序违法行为，向法院发出检察建议，得到采纳并纠正。三是注重跟进监督的有效性。强化再审情况的反馈、备案、审查责任，重点加强再审维持原判案件的质量评查，对于法院有错不改的，依法跟进监督，纠正到底。福州市院在办理林某不服某区国土局行政行为一案中，发现市中级法院可能维持原裁定后，列席审委会发表意见，认为法院维持原裁定错误，又及时提请省院跟进监督，获省院抗诉支持。

（三）稳步推进行政非诉执行监督

一是先行先试、一体推动。省院于2012年单设行政检察部门之初，就在全国率先探索开展行政非诉执行监督工作。我省行政非诉执行监督工作经验及典型案例被最高人民检察院全文刊发。2018年按照最高人民检察院统一部署，继续加大非诉执行专项监督力度，指导各地选择问题比较集中的国土、林业、环保等处罚领域作为突破口，形成监督规模效应。2015年以来全省各级检察机关共向法院发出行政非诉执行检察建议600余件。二是聚焦问题、精准发力。重点围绕法院怠于受理、消极执行、执行错误、执行不到位、执行措施不当等问题，有针对性开展监督工作。会同法院建立执行案件定期通报、复查、备案审查等机制，联合开展“行政非诉执行案件质量评查活动”和“执行案款集中清理活动”，促进解决普遍性问题。莆田市某区院办理的“区水务局非诉执行检察建议案”，入选2016年“最高检发布十件行政诉讼监督典型案例”。三是延伸监督、强化刚性。针对执法部门作出行政决定后未及时申请法院强制执行，及时督促其向法院申请强制执行，避免行政决定“白条化”，共发出督促申请强制执行检察建议600余份。宁德某县级院通过林业执法巡回检察工作室，调阅林业执法卷宗61卷，发现30余件行政执法案件未向法院申请行政非诉执行，遂向林业部门发出检察建议并获采纳。在开展行政非诉执行监督中，同时注意审查行政行为合法性问题。泉州某县级院在审查市国土局申请非诉执行案件中，发现案涉地籍调查不规范导致错误办证问题，立即发出检察建议监督国土局撤销了错误颁发的土地使用权证。厦门市院建立检察建议向人大报备制度，促成市人大常委会对法院无理由拒不采纳6件非诉执行检察建议情况予以通报，切实增强了检察建议的刚性。

二、聚焦权益保障，着力以法治的力量助推经济社会发展

全省检察机关充分发挥行政检察职能作用，促进法治政府和政务诚信建设，依法保障人民群众对民主、法治、公平、正义、安全、环境的新需求。

（一）主动服务打好三大攻坚战

立足福建省情和生态资源优势，主动将行政检察职能融入“专业化法律监督+恢复性司法实践+社会化综合治理”的生态检察大格局，助推“机制活、产业优、百姓富、生态美”新福建建设。在全国检察机关行政检察工作座谈会上专题介绍发挥行政检察职能服务生态省建设的经验。启动福建省武夷山国家公园区域生态环境和资源保护检察监督专项行动，积极探索区域性生态环境司法保护新模式。着力以“检察蓝”守护“海洋蓝”，突出办理海洋污染、非法捕捞、海洋垃圾、非法采砂等重点领域行政执行监督案件。莆田市某区院在非法采砂采矿专项监督中深挖细查，将调查发现的涉黑涉恶线索及时移送公安机关立案5件15人。开展扶贫领域专项监督活动，选取精准扶贫、土地整治、集体资产保护作为监督重点，摸排造福工程扶贫搬迁对象、土地整理整治、集体资产使用等基本情况，全省先后办理扶贫领域行政违法行为监督案件50余件，挽回经济损失900余万元。

（二）依法保障食品药品安全

助力“实施健康中国战略”，省院加强与食药监部门的沟通联系，与海关联合部署开展打击洋垃圾和进口食品药品走私专项监督行动，公布10起食品安全领域典型案例，努力构建行政与刑事、民事、公益诉讼协调发力的综合治理体系。注重发挥检察建议作用，增强行政机关履职纠错的主动性。省院向省食药监局发出检察建议，规范药品经营许可证管理制度；福州某县级院及时介入央视报道食用油虚假标识事件，以检察建议规范转基因食品标识；泉州某县级院针对当地“黑诊所”较为普遍的问题，及时向职能部门发出检察建议督促取缔“黑诊所”120余家；平潭综合实验区院针对校园周边无证经营食品摊贩问题，以检察建议推动区食安委出台制度规范食品摊贩登记和监管。

（三）突出维护弱势群体利益

持续开展协助解决农民工讨薪问题专项监督活动，积极维护农民工合法权益。2016年以来，共办理涉及农民工欠薪的非诉执行监督案件8件，涉及农民工120名，追讨欠薪167.9万元。注重结合办案推动从源头解决问题，莆田市院根据三年办理涉及工伤保险的申请监督案件分析，发现莆田市《工伤保险管理暂行规定》与《工伤保险条例》及有关司法解释相冲突，向莆田市政府提出修改规定的检察建议得到采纳。

（四）平等保护民营企业合法权益

认真学习贯彻习近平总书记在民营企业座谈会上和在参加十三届全国人大二次会议福建代表团审议时的重要讲话精神，充分发挥行政检察职能作用，主动服务和保障民营经济健康发展。在全国第一家出台《关于充分发挥行政检察职能作用为民营经济创新创业创造营造公平透明法治发展环境的意见》，着力加强对涉及民营企业产权保护、财产征收、市场准入、自主经营、减税降费、行政协议等行政诉讼案件审判、执行活动的法律监督。泉州某县级院针对某食品公司已履行完行政处罚，法院仍将其列为失信被执行人，监督法院及时纠正执结案件，维护了企业商业信誉。及时指导福州、泉州等民营经济较发达地区，从落实“减税降费”政策和服务“放管服”改革入手，率先探索服务民营经济的机制。泉州市院积极探索“理念先行、服务靠前、履职延伸”的“亲清护企”模式，被写入最高人民检察院人大工作报告，被中政委列入向改革开放40周年献礼四个重点宣传事例之一。福州市院积极跟进民营经济发展新需求，在鼓楼区院设立“知识产权法律服务中心”。

三、聚焦协作共赢，着力提供更优更实更好的检察产品

检察监督不是零和博弈，监督与被监督目标一致，都是践行以人民为中心的理念。全省检察机关始终秉持双赢多赢共赢理念开展行政检察工作，努力让人民群众在每一个案件中感受到公平正义。

（一）与法院建立良性、互动、积极的工作关系

省院与省高法联合召开“行政审判与行政诉讼监督工作座谈会”，会签《关于加强行政审判与行政诉讼监督工作座谈会纪要》，在全国率先下发《关于进一步加强行政审判与行政诉讼监督良性互动形成司法合力的通知》，共同建立疑案探讨、联席会议、信息共享、联合调研等协作配合机制。各地检察机关以会签协作文件、召开联席会议、组织案例研讨等方式，与法院建立常态化沟通协调机制，不断增进互信。牢固树立“在监督中支持，在支持中监督”理念，对法院裁判确有错误的，依法进行监督，促进法院重新审查并自我纠错；对案件中存在瑕疵的行政行为，监督行政机关改进；对于法院判决裁定确无错误的，坚决作出不予监督决定，依法维护司法公正和审判权威。南平市院组织对长期上访的余某行政民事诉讼系列案件进行评查，在对这起历时15年涉及民事纠纷、行政处罚、行政赔偿等6起案件的39卷案卷进行认真复查评议后，坚决支持法院的正确裁判，并及时报告市委政法委，与法院共同做好释法说理工作，取得了较好的法律、政治和社会效果。

（二）探索建立依法行政与检察监督良性互动机制

2012年省院和省政府法制办在全国率先建立“行政检察与行政执法监督相衔接工作机制”，在此基础上，2015年与省政府召开联席会，研究建立“加强依法行政与检察监督工作协作配合五项机制”，共同推进法治政府建设。各级院与当地政府、相关行政机关会签协作协议、办法217项，在林业、国税、消防等行政执法部门设立检察官工作室23个，实现行政检察与行政执法的良性互动。各级院受邀参加政法委、政府法制办、行政机关联合开展执法检查、案件评查400余次，共同促进依法规范执法。充分运用政治智慧、法律智慧、监督智慧履行职责，主动当好党委政府的法治参谋。省院结合办案总结分析形成《行政违法情况分析报告》呈报省委省政府，得到省政府主要领导批示肯定，要求“各级政府各部门高度重视，对提出的对策和建议要认真吸纳落实；坚持全面依法治国基本方针，尊崇法治、依法行政，加快建设法治政府”。

（三）强化行政检察环节矛盾化解工作

省院制定《民事行政诉讼监督案件息诉与和解工作指导意见》，对群体性、涉众性案件加大风险防控，全省办理的行政诉讼监督案件没有出现一起越级上访情况。2015年以来全省检察机关对不符合受理条件终结审查、审查后不支持监督的700余件案件，耐心释疑解惑，加强心理疏导，落实“谁执法谁普法”，促使当事人服判息诉。同时，践行新时代“枫桥经验”，重在化解矛盾、案结事了，不止于程序结案。省院在办理某县一村民小组诉该县政府林权确权登记的3起涉及300多名村民系列案中，不简单“一抗了之”，而是认真开展实地调查，加强案情评估，针对该案时间跨度长达20多年，争议山场经营管护情况发生复杂变化以及村级单位主体多次改变等特殊情况，与省高院以及当地政府加强沟通协调，并通过向县政府发检察建议，最终促成当事人达成协议，将讼争的1054亩山场林权的重新确权及经济补偿问题一并解决，真正实现案结事了。

北京检察机关坚持“三首”标准
落实精准监督　全面提升行政诉讼监督质效

近年来，司法体制、诉讼制度、内设机构等项改革叠加推进，行政诉讼监督和公益诉讼职能聚合，案件受理量持续攀升，面对这一系列新形势新任务新要求，北京市人民检察院牢固树立首都意识，坚持首善标准，体现首都特色，始终把行政诉讼监督作为检察机关全面推进依法治国、促进社会治理现代化的重要环节，坚持精准监督，全面提升质效，努力为建设法治中国首善之区和国际一流的和谐宜居之都提供有力保证。

一、树立首都意识，坚持在法治格局中全面发挥职能作用，积极促进社会治理现代化

张军检察长指出，检察工作是政治性极强的业务工作，也是业务性极强的政治工作。首都检察机关牢记总书记提出的“看北京首先从政治上看”的要求，坚持从党和国家工作全局以及首都发展大局出发，完整理解、准确把握行政诉讼监督工作的内容和要求，紧紧抓住“办案”这个核心，坚持把办好案件、努力让人民群众在每一起案件中感受到公平正义，作为体现首都检察机关政治站位、为民情怀和履职担当的重要抓手，全面发挥职能作用，积极推进法治国家、法治政府、法治社会建设，促进社会治理现代化。

一是全面开展生效裁判、审判行为和执行活动违法监督，监督法院公正司法。全市三级院紧紧围绕“三大攻坚战”“疏解整治促提升”等全局性、战略性工作，紧盯扶贫救助、教育医疗、产权保护等重点领域，

以办理典型性、引领性案件为依托，坚持个案监督与类案监督并重，着力监督纠正裁判尺度不统一、审判程序不规范、保障诉权不到位等问题。2017 年至 2019 年 6 月底，全市三级院共受理生效裁判监督案件 1700 余件，办结 1400 余件，依法提出抗诉 18 件，法院再审改判 11 件；共受理审判行为和执行活动违法监督案件 140 余件，办结 100 余件。依法提出纠正违法类检察建议 40 余件；提出改进工作类检察建议 40 余件。

二是认真审查行政行为的合法性、合理性，积极提出社会治理类检察建议，促进依法行政。三级院立足行政诉讼监督“一手托两家”的特点，全面审查案件，在依法监督法院公正司法的同时，针对发现的行政机关执法不严格、不规范、不到位现象，积极提出检察建议。2017 年至 2019 年 6 月底，共向政府、规划、公安、城管、社保等单位提出社会治理类检察建议 20 余件，均获回函。如通州区院结合办理的 6 件行政非诉执行监督案件，调研形成《城市副中心“两违”拆除面临执行难题》的专题报告，得到市长、副市长和通州区委书记的批示肯定，市政府督查室专门向市规划国土委下发了《督查通知单》，要求该委认真落实。

三是积极开展释法说理和息诉工作，依法规制当事人和第三人的恶意诉讼、不诚信诉讼等行为，促进尊法守法。在全市探索试行听取当事人意见、听证等机制，打开沟通之门，更好地了解和回应人民群众的司法需求，把释法说理、教育引导贯穿办案全过程，增强当事人对检察机关的信任度和满意感。一分院建立受理和结案“双见面”工作机制，逐案听取当事人意见，保障当事人的诉讼权利，基本实现了不支持监督案件的息诉服判。

四是结合审查具体行政行为，认真研究相关抽象行政行为，针对发现的问题积极提出立法建议，促进科学立法。如市院在开展行政非诉执行专项监督活动中，认真总结国土资源领域行政非诉执行专项监督工作情况，围绕执行难以落地、违法占用土地现象严重等问题，全面分析了立法、司法、执法等层面的原因，针对《土地管理法》《国土资源行政处罚办法》等法律法规中存在的问题，认真研究提出意见建议，相关报告被最高人民检察院《行政检察工作情况》全文刊发。

二、坚持首善标准，完善制度机制，全面提升监督质效

长期以来，包括行政诉讼监督在内的检察监督，面临“线索发现难、调查核实难、监督纠正难”等共性问题，北京市院全面推进检察监督制度化、规范化、程序化、体系化、信息化“五化”建设，制定监督线索管理办法、监督规程等规范性文件，对线索受理、审查立案、调查核实、纠正处理、跟踪反馈等进行全流程规范，促进提升监督质效。

一是坚持多措并举，探索破解基层院同级监督线索发现难的问题。依照监督案件管辖规定和最高人民检察院提出的监督工作格局要求，市、分院以办理裁判结果监督案件为主，基层院以办理审判行为违法和执行活动监督案件为主，三级检察院各有侧重、相辅相成、全面履职。实践中面临的问题是，基层院同级监督案件，由当事人提出申请的极为有限，迫切需要拓宽渠道，解决监督案件来源问题。市检察院制定《监督工作规程》，建立了“群众控告、上级交办、其他单位移送、自行发现”等多元化线索来源渠道，引导检察人员广开“门”路，多方受理监督线索。各院着力健全线索发现机制，积极解决同级监督案源少、来源不稳定的问题。在检察系统内部，各院行政诉讼监督部门加强与其他业务部门的协作，在各部门建立联络员，方便线索移送和联系沟通；定期召开部门联席会议，就案件信息收集、信息核查评估等进行磋商，确保线索及时发现并成案；充分发挥基层院行政与公益诉讼检察职能聚合的优势，实现双方线索共享；部分分院探索与基层院建立线索移送、信息共享机制，如二分院与大兴院共享其办理生效裁判监督案件的一审卷宗，向西城院及时移送其发现的一审程序违法线索等。在检察系统外部，各院开拓创新，有的积极协调调取法院案卷、走访辖区内国土局、住建委等重点行政单位，摸排线索，发掘监督点；有的依托裁判文书网、“两法衔接”平

台收集线索，拓展案源。通过上述机制建设，同级监督工作有所突破，如2018年全市共受理78件，发出检察建议18件，受理数比2016年同级监督开展之初增长近4倍。

二是坚持细化标准规范程序，着力解决调查核实难的问题。市院就审查、调查的适用情形、方式手段、权力边界、后续处理等作出规定，形成一套完整、规范的工作细则。要求检察人员不仅要“坐堂审卷”，更要依法用好丰富多样的调查核实手段，坚持查深查透案件事实，准确适用法律，实现精准监督。同时要求，调查核实必须由两名以上检察人员共同进行，不得采取限制人身自由等强制措施，确保将权力“关进制度的笼子”。各院综合采取咨询专业人员，委托鉴定、评估、审计，勘验、查询等调查核实措施，全面查明诉讼监督案件事实。如某分院2018年共听取申请人意见70案75人次，占结案总数的109.4%，约谈行政机关33案36次，占结案总数的51.6%，现场调查11案15次，占案件总数的17.2%。某区院在办案中发现，因法院执行卷宗信息不足，难以判断是否符合终结执行程序的条件，承办检察官通过多次走访村民和银行等相关单位，发现被执行人另有账户可供执行，最终向法院制发检察建议，促使法院再次启动执行程序，帮助挽回国家损失15.57万元。

三是探索监督决定宣告、跟踪、反馈“三步法”，着力解决监督纠正难的问题。首创法律监督决定公开宣告制度，对重大复杂监督案件，当面宣读监督决定，讲清事实，讲明理由，变“文来文往”“隔空喊话”为“零距离”“面对面”，积极争取被监督单位的认同和支持，增强法律监督仪式感和权威性。同步健全跟踪督促、定期回访、工作通报等机制，确保监督意见得到有效落实。某分院就办案中发现的原北京市规划委员会某分局在政府信息公开及违法建设处理等方面存在的问题，探索公开宣告检察建议书，该分局主管领导亲自到检察院接受宣告，并在回复期内及时反馈了《检察建议书落实情况的报告》，检察机关所提监督意见全部得到落实。

三、体现首都特色，推出“北京模式”，不断提高监督水平

北京市院立足首都特点和区域实际，努力打造“北京模式”，创造“北京经验”，力争走出一条具有北京特色的行政诉讼监督之路。

一是探索繁简分流。2018年，全市检察机关收案量达到600余件，是2013年民行部门分设之初收案量的5倍。2019年上半年，全市受理生效裁判监督案件656件，同比增加107.59%，位居全国第一。同时，近几年又是公益诉讼职能从改革试点到立法施行的关键时期。在部门同一、职能聚合、人员数量变化不大的情况下，如何解决案多人少的矛盾，是我们面临的现实而紧要的问题。市检察院试行繁简分流，繁案精办，简案快办，使案件各入其道。首先，建立甄别标准。明确“繁案”主要包括集团诉讼案件、群体性诉讼案件，重大涉外或涉港、澳、台案件，以及具有较大社会影响或引发媒体高度关注的敏感案件等。除此之外的案件，则认定为简案。其次，明确各节点办案规则。在审查环节，强调全面查清案件事实，不能因“简案”而简化审查调查工作。在决定环节，对于“繁案”，要求充分发挥检察官联席会、专家咨询委员会等的作用，广泛听取意见；对于“简案”，则简化程序，由检察官依授权独立作出决定。最后，完善保障措施。对于“简案”，简化案件审查报告内容，采取邮寄等方式送达文书等，确保办案效率。通过繁简分流机制，改变了以往不区分案件具体情况、花同等气力办案的方式，实现了检察官用70%的精力打磨30%的精品案件，用30%的精力完成70%的简单案件，形成了“简案有效率、繁案有质效、结案有保证”的有序格局。

二是推进法律监督情况通报工作。检察机关的监督处于社会治理末端，容易从反向审视的视角，发现前端治理中的带有普遍性、趋势性的问题。我们加强总结研究，及时将这些问题向社会治理前端反馈，推动完善政策机制、落实风险源头防范化解责任。市院由分管检察长带队，连续八年向市高法通报上一年度全市民事、行政诉讼监督工作情况，

2018年9月，敬大力检察长列席市高级人民法院审判委员会，首次对全市法院审判和执行活动实施法律监督工作情况进行通报。市检察院与市高法联合制定了检察长列席法院审委会工作办法，将全市三级院检察长列席同级法院审委会通报法律监督情况确立为一项制度，每年一次，全面铺开，进而为法检双方共同研究解决司法突出问题，深化双赢多赢共赢共识，构建良性互动积极的监督关系提供了制度保证。在此基础上，我们紧紧围绕办案发现的问题，主动与市政府法制办进行座谈，积极推动问题解决。

三是大力加强专业能力建设。多年来，由于案件量相对较少、历练不足等原因，检察人员专业能力相对薄弱。市院坚持将锤炼队伍作为一项基础工程，长抓不懈。针对基层院案源少、实战锻炼不够的问题，探索从分院、基层院抽调人员，与市院检察官组成办案组共同办理案件，实现以案带训。针对新人多，专业能力不足的问题，坚持每月组织一期“行政诉讼监督实务讲坛”，组织开展全员统考和业务竞赛，派员到法院、行政机关进行交流锻炼等，有针对性地“补短板、强弱项”。同时，依托北京高端人才聚集、专家学者众多的区位优势，建立包括18名行政法学专家、4名知识产权专家的三级院共享共用的咨询专家库，起草实施细则，借助“外脑”智慧，促进补强检察人员专业知识相对欠缺的短板，提升办理行政诉讼监督案件的精准度和影响力。截至2019年6月底，全市累计召开专家咨询论证会议12次、专题研讨会议8次、书面咨询论证会议34次。

2019年3月，首都检察机关内设机构改革全面落地，市院和三个分院均组建了专门的行政诉讼监督职能部门，第四分院和16个基层院实行行政和公益诉讼检察“合一”，为在新起点上全面推进行政诉讼监督工作提供了有力组织保证。当前，发展蓝图已经绘就，我们将紧抓机遇，主动作为，认真落实高检、市院党组系列决策部署，充分学习借鉴兄弟省院先进经验，努力画出新美画卷，推动首都行政诉讼监督工作再上新台阶！

山东检察机关打造上下协调各有侧重的监督格局努力推进行政检察工作创新发展

近年来，特别是2018年新一届党组履职以来，山东检察机关以改革的精神，认真落实最高人民检察院决策部署，围绕做实做强行政检察工作要求，研究探索行政检察规律和运行机制，倾力打造上下协调、各有侧重、密切配合、全面履职的行政检察监督格局，切实强化了司法办案，提升了监督质效，促进了行政检察工作全面深入发展。

一、以重点培育试点为抓手，探索建立行政检察工作新格局

为了把最高人民检察院“做实行政检察工作”“四大检察全面协调充分发展”等要求落实落细落地，把行政检察这一“弱项中的弱项”“短板中的短板”补强补齐，省院党组会、检委会多次深入研究，积极寻求解决问题的突破口。

（一）认真研究分析把握行政检察工作的特点和规律

深入开展“做实新时代行政检察工作”调研活动，广泛开展“理念变革引领与做实行政检察工作”学习讨论，认真分析省市县三级院行政检察工作特点和状况：总体办案规模小，面临几近于无的问题；三级院裁判结果监督“倒三角”结构，省院裁判结果监督任务重，有限人力忙于公益诉讼而无暇顾及行政检察，忙于办案而无暇顾及业务指导；市级院裁判结果监督质效参差不齐，不少地方诉讼监督案源少，对基层业务指导不够有力；基层院行政检察人员少，执行监督、审判程序监督运用检察建议刚性不足；三级院“各自为战”，整体效能发挥不

够。这种状况，很不适应新时代人民群众对公平正义的期待要求，行政检察工作格局亟待完善。

（二）推行重点培育试点

在深入调研基础上，坚持问题导向和目标导向，省院党组提出开展行政检察重点培育试点，选择 4 个市级院、13 个基层院作为重点培育试点院，成立领导小组，出台工作方案，召开视频会议进行动员部署。选择 5 个有工作基础的基层院把非诉执行监督作为课题，加强研究和实践探索，研发培训课程。三级院共同发力，树立“检察一盘棋”理念，探索建立不同层级院分工负责、上下联动、各有侧重、全面履职的行政检察监督格局。省院先后召开现场会、组织座谈研讨、试点验收，总结交流重点培育工作，取得明显成效。

（三）以办案统率贯穿三级院监督格局

在建立完善三级院行政检察监督格局中，贯彻“总要求”“总基调”，突出监督办案中心任务，坚持在办案中监督、在监督中办案。省院充分发挥宏观业务指导作用，重点开展裁判结果监督；市级院充分发挥桥梁纽带作用和对下业务指导作用，重点加强对裁判结果监督案件的审查；基层院充分发挥服务群众前沿阵地作用，重点开展审判程序违法和执行监督，确保行政检察工作的正确发展方向。

二、充分发挥省院的宏观指导作用，统筹推进全省行政检察工作

省院作为全省检察机关的领导机关，紧紧围绕最高人民检察院和省委决策部署，高点定位，高位统筹，既加强对全省行政检察工作的顶层设计、统筹协调，又带头办理好典型行政检察监督案件，为全省作出表率。

（一）在事关全省行政检察发展全局的重大问题上加强统筹规划

抓住内设机构改革契机，与省编办加强沟通，设置第七检察部承担行政检察职能，建立裁判结果、执行监督团队和综合业务团队，加强对

全省行政检察工作的指导。召开全省行政检察工作调研座谈会，发布全省行政检察工作指导意见，重点围绕推进理念变革、拓展监督渠道、优化监督方式、健全监督格局、提升专业化能力等，研究提出做实新时代行政检察工作的思路举措。认真落实张军检察长“借助外脑”指示要求，制定《民事行政检察监督案件专家咨询论证工作办法》，聘请47名教授学者、行业专家、资深律师等组成专家委员会，为精准监督提供有力智力支持。选派省院七部高级检察官到省法院行政庭交流学习。出台《检察建议工作实施细则》，提出了增强检察建议刚性的具体办法措施。建立业务数据定期分析机制，及时下发办案工作通报，推动全省办案工作健康发展。修订完善省院对市级院行政检察评价体系，建立健全业务数据定期分析通报机制，引领推动全省办案工作健康发展。

（二）加强全省性行政检察制度建设

省院新设立行政检察部门后，把建章立制作为基础性工作来抓。制定行政检察监督工作规则，完善行政诉讼监督案件发现和审查机制，规范办案流程，明确行政诉讼监督标准。出台《关于办理行政检察重大复杂疑难案件的若干意见》，健全重大法律适用问题请示研究答复制度，探索运用交办、转办、督办、集中办理等方式，有效解决办案实践难题。出台《山东省检察机关行政非诉执行监督工作指南（试行）》，推动行政非诉执行检察监督深化、规范开展，着力破解行政检察发展难题。七部牵头制定《关于及时总结和报送民事行政检察和公益诉讼典型案事例的若干意见》，引导围绕重点领域和重点环节，突出办理具有社会意义和指导价值的典型性、引领性案件。出台《行政检察论坛实施办法》，探索上下协作深度钻研业务、研讨案例、攻坚难题的有效机制，提升专业化水平。

（三）着重在裁判结果精准监督上下功夫

深入践行精准监督理念，坚持“走出去”调查核实与书面审查并重，注重与行政执法机关、行业主管部门等沟通，及时解决办案中的专业性问题，努力把案件办成样板案。省院在办理某县杨某等30户村民与该县环保局不履行法定职责纠纷系列案件中，及时调阅审判卷宗，组织7名检察官分头审查，多次奔赴该县涉案现场开展调查核实，经审查认为法院判决确实存在认定的事实缺乏证据证明、主要证据未经质证、适用法律确有错误等问题，依法向省法院提出抗诉。再审过程中，法院、检察机关与相关单位、排污企业和涉案村民进行沟通协调，最终促进双方达成和解，30户依法获得了共计19万的赔偿款。村民代表专程到省院赠送“检察监督保公正，伸张正义解民忧”的锦旗表示感谢。

三、充分发挥市级院的协调带动作用，推进各项部署落实落地

市级院在三级院中承上启下，既是办案裁判结果监督案件的主力军，又是对基层指导的主要实施者，发挥好其协调带动作用，对于健全三级院各有侧重全面履职的监督格局非常重要。

（一）夯实提请抗诉工作的基础

我省17个市级院承担全省约3/4的裁判结果监督案件的审查工作。在办理提请抗诉案件中，市级院注重强化审查工作，依托基层院加强调查核实。同时，积极探索基层院参办、协办案件机制，既解决市级院人手不足的困难，又为基层院行政检察人员提供了实践锻炼的机会。枣庄市某区董某合法房屋被区城管局非法强拆后未获赔偿，枣庄市院受理后，深入开展调查核实，查清了被误拆的事实，以法院判决认定事实主要证据不足为由提请省院抗诉。2018年4月，省法院依法作出判决撤销原判，确认区城管局强制拆除行为违法。济宁市某县贾某、乔某、李某三人的不属于拆迁改造范围内的房屋在拆迁过程中受到损害，法院未对应拆范围与不应拆范围进行区分，驳回了三人的诉讼请求，济宁市院受理后提请省院抗诉并获支持。省法院经审理查清了事实，判决一、二审认定事

实不清、发回重审后，三人的诉讼请求均得到法院支持。

（二）协调有序开展行政检察专项监督

在主动参与破解“执行难”、知识产权保护等专项工作中，市级院在整合市县院资源、统筹市县院力量、推进重点领域突破等方面，充分发挥“一线指挥部”的作用，确保了专项工作的实效。2017年，威海市院发现国土、环保等部门的大量行政非诉执行案件被搁置，执行不到位问题较为突出，严重损害了行政行为的公信力。市院党组高度重视，开展全面研判分析，与党委政府有关部门有效对接，推动市综治委出台《关于解决非诉行政案件执行问题的工作方案》，部署利用一年时间在全市开展专项治理，市院派员参加全市法院系统开展的“集中清理活动”，跟进检察监督，使法院积压的340余件金钱给付类案件依法执结，新申请强制执行案件95件，裁定行政机关、不动产所在地人民政府组织实施案件41件。最高人民检察院2018年部署非诉执行监督专项活动后，全省检察机关借鉴威海检察机关的有益经验，加强非诉执行监督常态化工作机制建设，至2019年6月办理行政非诉执行监督案件600余件，检察建议被采纳400余件。

（三）发挥好三级院行政检察监督格局的“中转站”作用

针对基层院落实最高人民检察院和省院党组决策部署过程中的困难和问题，市级院及时开展调研评估，协调解决基层办案、队建等问题，重大问题及时向省院请示报告。各市级院普遍重视与法院、自然资源、食药监管、司法行政等部门的联系，建立了联席会议制度，推动情况通报、线索发现、案件移送等工作常态化制度化，为上级院在更高层面实现制度创新提供了条件。济宁市院与市法院加强沟通，推动法院出台了《关于对检察机关执行检察建议案件办理暂行办法》，细化了法院办理执行检察建议的程序，一些基层法院和检察院在此基础上进一步细化，使检察建议的刚性要求落实落地。

四、充分发挥基层院的前沿基础作用，破解基层履职难题

从2018年我省法院统计败诉行政机关数据看，县级政府部门和乡镇政府占57%，基层仍是依法行政的薄弱环节。针对这一客观情况，积极推进基层院在行政检察监督中发挥更大作为。

（一）注重发挥基层院在行政检察职能宣传方面的优势

基层院直接面对基层群众，在行政检察职能宣传方面具有天然优势。要求各基层院充分利用报刊、"两微一端"等媒介，通过举办职能宣传周、与行政执法人员和律师开展座谈等形式，广泛宣传行政检察职能。滕州市院研发了"民行检察一键通"微信小程序，可以输入文字、语言留言、上传图片视频，为当事人提供监督线索移交的便利平台。嘉祥县院在相关行政执法单位设立行政检察工作室，便于收集案件相关线索。通过多渠道宣传，提升了行政检察的社会影响力，拓展了基层行政检察监督案源，也为省市院开展诉讼监督奠定了基础。2019年1—6月全省共受理行政裁判结果申请监督案件200余件，同比上升131%。

（二）常态化开展行政执行监督

针对基层法院受理行政执行案件总量远远超过行政诉讼案件总量的实际，切实把办理行政执行特别是非诉执行监督作为基层行政检察工作的重中之重。各基层院积极争取县委、人大、政府支持，有的地方党委专门出台意见，激活党委、政府、法院"三方力量"，有效破解执行特别是行政非诉执行检察监督工作难题。同时，各基层院对基层法院应当立案而不立案、严重超审限、限制或剥夺当事人诉讼权利等问题，有效开展监督，促进了相关问题的解决。

（三）协助上级院有效化解矛盾纠纷

行政检察监督案件中，不支持监督申请决定居于多数，而且大多数行政申诉案件当事人身处基层。针对这种情况，省市院在办案过程中，

对需要释法说理、促进和解的案件，通常依托案件发生地的下级院办案人员开展调查核实，与当事人联系沟通。在作出不支持监督申请决定后，对有信访隐患的，及时将相关情况通知基层院，利用基层院了解当地情况、与当事人联系便捷方便等优势，上下级院共同开展矛盾化解工作。特别是对于一些社会关注度高、直接影响法律监督权威的案件，充分运用检察宣告、公开听证等方式，加强公开释法说理，实现息诉罢访、案结事了。

（四）充分尊重和发扬基层的创新智慧

2018年以来，我省章丘、周村、任城等区县院作为试点院，与驻地强制医疗戒毒所建立工作机制，积极探索对强制医疗戒毒的检察监督。拟于近期在全省全面推开。平原县院与县政府、县监察委加强沟通协商，县委出台了《关于支持县人民检察院依法深入开展行政检察监督暨公益诉讼工作推进法治平原建设的实施方案》，并召开推进会议进行部署，积极稳妥探索行政行为的检察监督方式。还有一些基层院深入推进行政检察与信息化深度融合，如青岛、威海市两级院建成覆盖全市两级行政执法机关的检察监督信息工作平台，实现了对全市行政主体执法案件信息的全覆盖、行政处罚权的网上监督；诸城、微山等县级院与法院达成协议，行政检察人员可以登录法院的行政审判系统和执行系统。省市院对这些探索创新给予大力支持，并跟踪评估，拟在适当时机进行总结推广，努力提升行政检察监督的针对性和实效性。

广东检察机关以行政非诉执行监督为突破口加强行政执行监督

最高人民检察院2018年2月部署开展全国检察机关民事行政非诉执行监督专项活动以来，广东省院针对行政非诉执行案件是人民法院行政执行活动主要案件类型的实际情况，提出了“以行政非诉执行监督为突破口，强化行政执行监督，做实行政检察”的工作思路，以监督办案为抓手，采取切实可行的措施，大力推进行政非诉执行监督，切实维护司法公正、促进依法行政。2018年1月至2019年6月，全省检察机关共受理行政非诉执行监督案件540余件，发出检察建议300余件，回复采纳200余件，受理案件数、检察建议数和采纳数均连续四个季度持续增长，检察建议采纳率达70.2%，确保专项活动在广东取得了阶段性成果。主要做法是：

一、建立沟通协作机制，优化监督环境

广东检察机关秉持“在监督中支持，在支持中监督”的理念，注重与人民法院和行政机关就行政非诉执行监督工作充分沟通协调，积极建立协作机制，优化外部监督环境，夯实监督工作基础。专项活动开展伊始，我们就主动向广东高院执行局、行政庭通报了专项活动的目标任务、监督重点和时间安排，高院专门下发通知要求全省法院配合检察机关开展好非诉执行监督专项活动。同时，在广东省院的统一要求和大力推动下，全省各级检察机关以联签工作文件、座谈、走访、函询等各种方式，主动向同级法院了解本地区行政非诉执行工作情况，主动向行政机关了解生效行政决定申请执行情况和在受理、审查、执行实施等环节遇到的

困难问题，积极宣传介绍行政非诉执行监督职能。深圳市坪山区院专门制定了《坪山区人民检察院行政非诉执行活动监督业务工作规范》，与坪山区人民法院负责行政非诉执行审查活动的执行裁决庭建立了联系协作机制，各自指定一名联络人通报办案情况。广州、云浮检察机关邀请环保、国土、食药监、林业等行政机关召开行政非诉执行监督专题座谈会，深入互通情况。广州市海珠区院与区环保局联签了《关于在办理行政非诉执行监督案件工作中加强协作的实施办法》，建立起信息共享、非诉执行案件备案等长效工作机制，文件联签后已受理海珠区环保局移送的行政非诉执行监督案件 9 件。江门市江海区院与区法制局联签了《江海区行政执法监督工作规定》和《关于建立江海区行政复议、行政诉讼监督工作联动机制的通知》，把对行政非诉执行活动的监督作为该院探索建立行政检察工作机制的重点。梅州、清远、惠州、佛山等地检察机关实地走访多家行政机关，以各种方式向行政机关介绍检察机关行政非诉执行监督职能，了解行政机关执行工作实际情况。

二、借力“两法衔接”平台，畅通案源渠道

针对行政非诉执行监督案件来源不稳定、案源渠道狭窄的问题，广东省院总结部分检察机关通过“两法衔接”平台发现监督线索的经验做法，下发通知进行推广，把“两法衔接”平台作为查找行政非诉执行监督线索的重要途径，推动全省各地成功发现和办理了一批行政非诉执行监督案件。深圳市某区院利用“两法衔接”平台对该区行政处罚案件的非诉执行情况进行梳理后立案 56 件，发出检察建议 17 件，如向区环境保护和水务局发出检察建议，督促该局依法追缴未执行到位的 282 万元行政罚款，检察建议发出后，就迅速执行到位 37. 5 万元。江门市某县级院安排专门人员定期浏览“两法衔接”平台排查行政非诉执行监督线索，并根据排查情况要求相应行政机关将已申请执行但长期未执行到位的案件情况报送该院集中梳理，确保了监督线索的来源稳定。

三、采取主动出击方式，实现双赢共赢

为破解行政非诉执行监督申请匮乏的难题，广东检察机关主动向人民法院和行政机关调阅行政非诉执行案卷和行政执法台账、卷宗，积极拓展案件来源；发出检察建议后得不到回复反馈的，主动加强与人民法院和行政机关的沟通交流，消除歧见，寻求共识，争取理解配合，实现双赢共赢。深圳市某区院在2018年上半年受理行政非诉执行案件监督申请一直为零的情况下，调整工作方法，主动上门调阅法院近三年行政非诉执行案件材料，审查发现部分案件存在未穷尽财产调查措施、超期不立案、超期执行等问题，依职权立案受理80余件，发出检察建议70余件。发出检察建议后，该院检察长还带队主动到该区人民法院，与该院院长就行政非诉执行监督工作深入交换意见，有效推动法院快速回复并全部采纳检察建议。佛山市某区院通过主动对区国土局、区环境运输和城市管理局的行政执法台账进行排查，发现两家行政机关均存在超期未申请法院强制执行的问题，依职权立案受理25件，发出检察建议17件，获采纳15件。广州市某区院通过查阅部分行政机关的执法案卷，收集到行政非诉执行监督线索18条，成案18件，发出检察建议8件，全部获得采纳。河源市部分检察机关通过主动走访当地人社部门了解非诉执行案件申请执行情况，均发现当地法院存在怠于执行的问题线索，发出检察建议后均获法院采纳。

四、积极开展类案监督，提升监督层次

在推进专项活动过程中，广东检察机关不局限于就案办案，而是积极对行政非诉执行监督个案中发现的法院行政非诉执行工作中存在的普遍性、多发性问题进行系统梳理和归纳总结，有针对性发出类案监督工作检察建议，着力深化监督效果，提升监督层次。惠州市某区院对法院

行政非诉执行案件超期执行问题进行重点排查，查阅区人民法院2016年至2018年行政非诉执行案件250余件，针对其中51件超过执行期限长期执行不到位的案件进行类案监督，向区人民法院发出改进工作的类案检察建议。惠州市院进一步对辖区内各基层院在办案中发现的法院行政非诉执行活动存在的问题进行汇总梳理，向惠州市中级人民法院发出改进工作的类案检察建议，建议全市法院在行政非诉执行活动中规范财产查控、财产处置、执行期限等程序，提高行政非诉执行案件办案质量和执行效率。广州市某区院针对法院行政非诉执行过程中不依法向被执行人送达执行通知书、报告财产令、信用惩戒和限制消费决定、查封财产的执行裁定等执行法律文书的问题，向区人民法院发出改进工作的类案检察建议。广州市某区院在办理钟某等19名村民申请行政非诉执行监督案过程中，查明19名村民依据政府行政决定被确定为村集体经济组织成员，享有获得征地补偿款的权利，但区人民法院在村集体有财产可供执行的情况下违法终结本次执行程序，向区人民法院发出类案检察建议，督促该院在行政非诉执行中严格遵守终结本次执行的法定程序，保障行政行为所确定的权利人的合法权益。区法院采纳了检察建议，19名村民的征地补偿款全部执行到位。广东检察机关类案检察建议的发出，有力推动人民法院针对行政非诉执行重点环节和重点问题施策治本，起到了“发出一件、影响一片”的效应。

五、注重将行政公益诉讼与行政非诉执行监督相结合，突出公益保护

广东省院在制定全省非诉执行监督专项活动实施方案时，就要求全省检察机关对涉及生态环境和资源保护、食品药品安全、国有财产保护、国有土地使用权出让等公益诉讼领域的执行活动进行重点关注，强调将行政非诉执行监督与行政公益诉讼的诉前程序相结合，重点摸排行政公益诉讼所涉四个领域中行政机关怠于申请执行和申请执行后法院拖延立

案、违法审查以及怠于执行等情形。实践中，广东检察机关积极在公益诉讼工作中发现行政非诉执行监督线索，对具体行政行为和法院执行行为同等关注、同步审查，努力通过一案多查实现公益保护最大化，避免生效行政决定沦为一纸空文。梅州检察机关在开展国土资源保护领域行政公益诉讼案件线索摸排的同时，将国土资源领域行政非诉执行案件作为重点关注对象，聚焦拆除违建、退还土地的执行实施，对已进入执行程序但未按照法院裁定要求组织强制执行的多个乡镇人民政府发出检察建议，督促相关镇政府迅速确定执行方案，采取执行措施，恢复土地原状，检察建议均获采纳。江门市某县级院通过跟进行政公益诉讼诉前检察建议履行情况，对行政机关按照诉前检察建议作出行政处罚决定申请执行后法院非诉执行活动存在违法的案件，依职权跟进开展行政非诉执行监督。如该院发出诉前检察建议督促国土局对龙某等人非法占用基本农田作出行政处罚决定后，国土局向人民法院申请强制执行，在法院拖延执行的情况下，该院依职权启动行政非诉执行监督，确保行政处罚决定得到执行。

六、加大社会宣传力度，营造良好监督氛围

广东检察机关积极运用各种方式和平台宣传行政非诉执行监督工作，营造良好监督氛围和舆论环境，着力扩大行政非诉执行监督的公众认知度和社会影响力。广东省院于 2018 年 6 月召开了以执行监督为主题的新闻发布会，向新闻媒体宣传介绍行政非诉执行监督职能，明确提出把推进行政非诉执行专项监督作为全省行政检察工作的重点。广州市越秀区院通过制作行政非诉执行监督微动画、微信公众号推文等形式宣传报道行政非诉执行监督工作，获得广泛点阅。深圳市盐田区院里有该院检察官挂点社区服务基层平台，组织业务骨干到辖区内各社区工作站宣讲行政非诉执行监督工作，并在该院微信公众号开通“随手拍”举报平台，为群众提供监督线索开通便捷渠道。清远市清城区院派出业务骨干与清

城区人民法院行政庭法官一起为区国土局、区公安分局等行政机关工作人员上规范行政执法行为的专题课，宣讲行政非诉执行监督的职能和程序，获得良好反响。

浙江检察机关落实新时代“枫桥经验”推动行政争议实质性化解

近年来，我省检察机关按照“讲政治、顾大局、谋发展、重自强”的总体要求，围绕“深化法律监督、彰显司法权威、维护公平正义”的工作主线，切实加强行政诉讼监督，积极践行新时代“枫桥经验”，着力探索推动行政争议实质性化解，维护司法公正和人民群众的合法权益，促进依法行政和社会治理。

一、高度重视推进行政争议实质性化解工作

当前，我国正面临百年未有之大变局，利益格局调整、社会矛盾凸显，人民群众对民主、法治、公平、正义、安全、环境等各方面都有更高更新的需求，行政争议、行政诉讼不断增多。检察机关作为法律监督机关，应当深刻认识行政争议实质性化解工作的重要意义，积极履行职责，着力维护社会和谐稳定。

（一）推进行政争议实质性化解是践行“以人民为中心”发展思想的必然要求

行政诉讼对解决行政争议具有终局性、权威性、强制性等优势，但也存在周期长、成本高、对抗性强、实质性化解行政争议难等不足。实

践中，受行政诉讼案件受理范围及审查局限等限制，有时行政行为即便违法并损害当事人合法权益，法院也难以进行审查裁判；部分行政赔偿案件法定赔偿标准偏低，判决无法完全保障当事人合理赔偿请求；部分案件当事人实质利益诉请隐藏在被诉行政争议背后，即使案件胜诉当事人实质利益也难获保障，案结事不了，如何实质性化解行政争议、有效回应群众权益诉求，一直以来是困扰法院行政审判工作的难题。我省法院系统已于2017年初探索开展设立行政争议调解中心试点工作，2018年建立行政争议调解机制，在全省全面推开这项工作。全省检察机关立足检察职能积极回应群众需求，坚持在调解中监督，在监督中调解，着力推进行政争议实质性化解，切实保障人民群众的合法权益，促进社会和谐稳定。

（二）推进行政争议实质性化解是检察机关职责所在

行政诉讼法开宗明义："为保证人民法院公正、及时审理行政案件，解决行政争议，保护公民、法人和其他组织的合法权益，监督行政机关依法行使职权。"推动行政争议实质性化解是检察机关行政检察工作的职责所在，检察机关在监督公正司法和依法行政的同时，应当将行政争议实质性化解贯穿行政诉讼监督中，维护当事人的合法权益，维护正常的行政管理秩序，从根本上消除和缓解行政相对人与行政机关之间的对立情绪，修复社会关系、维护社会稳定、促进社会和谐，真正实现双赢多赢共赢。

（三）推进行政争议实质性化解是做实行政检察的重要抓手

在刑事、民事、行政、公益诉讼"四大检察"中，行政检察既是重要组成部分，又是亟须加强的薄弱环节。基于行政诉讼的特点，大量进入诉讼程序的行政纠纷，通过抗诉、检察建议等方式监督解决的相对较少。作为法律监督机关，检察机关通过介入调解、调处息诉等方式对行政争议开展实质性化解，有利于督促行政机关强化依法行政，消除行政执法人员思想顾虑，提高调解协商积极性，切实保障人民群众的合法权益。检察机关要做实行政检察，加强行政诉讼监督，全面充分履行裁判结果监督、审判违法行为监督和执行监督等职能，积极探索开展相关行政争议实质性化解工作，进一步拓展监督范围，深化行政检察工作实效。

二、检察机关推进行政争议实质性化解的途径

检察机关坚持监督和支持并重，探索从诉前到执行全过程、多元立体的行政争议化解，高效、便捷推动争议实质性解决。

（一）促进诉前行政争议化解

当前，我省各级法院正大力推进“行政争议调解中心”建设，法院收到起诉状后，通过向起诉人释明、征得同意暂缓立案，移交调解中心先行调解。据统计，全省中级、基层法院与当地政府或法制部门已挂牌成立70余家“行政争议调解中心”，挂牌地区由该中心化解的案件平均占结案总数的近20%。检察机关应积极适应新情况、新需求，关口前移，主动介入法院诉前调解，推进行政争议实质性化解。一是加强对法院诉前调解的监督。对起诉人不同意进行诉前调解的，监督法院依法立案审理，避免将诉前调解作为立案受理的前置程序和条件；对于起诉人要求中止调解或期限届满不能达成协议，监督法院及时依法审判；对于达成调解协议的，监督法院出具调解书或准予撤诉裁定书，固定化解成果，避免争议再起反复。通过监督确保诉前调解自愿、合法，避免强制、不当调解激化矛盾甚至引发新的矛盾，增强调解公信力，促进行政争议的有效化解。二是积极支持配合法院开展诉前调解工作。检察机关履职中发现相关行政纠纷，延伸检察职能，积极引导、促成当事人进入法院诉前调解；调解中根据当事人要求，做好职责范围内必要的服务工作；调解协议达成后法院依法出具调解书，当事人又向检察机关申请监督的，依法不予支持，防止司法资源浪费。

（二）加强诉讼中行政争议化解

已经进入诉讼程序的行政纠纷，检察机关要依法履职，确保程序和实体公正，并推动调解和解，促进行政争议有效化解。一是强化行政诉讼监督。加强审判程序监督，重点监督法院审理期限是否违反法律规定、送达是否合法、诉讼中止或者终结是否违反法律规定、是否存在剥夺当事人辩论权利、是否违法使用妨害行政诉讼的强制措施等，确保程序公正。加强审判人员违法行为监督，对于审判人员接受请客送礼、违规会见当事人、实施妨害行政诉讼行为等加大监督力度，确保廉洁司法。二是配合做好诉讼中的行政争议化解工作。对于行政赔偿、补偿以及行政机关行使法律、法规规定自由裁量权的案件，支持法院依法组织调解；对诉前调解不成进入诉讼程序的案件以及法院在审理中邀请检察院参与争议化解的案件，参与、跟进调解并进行监督；诉讼中达成调解、和解协议的，监督法院依法执行；对于达成协议后已撤诉，原告不履行协议再次起诉或行政机关不履行协议致原告起诉要求履行的，支持法院依法处理，确保行政争议化解成效。

（三）深化生效裁判监督中的行政争议化解

将生效裁判监督中的行政争议化解作为行政检察工作的重点，依法监督纠正错误裁判的同时，做好调处息诉工作。一是依法加强监督。当事人不服生效行政裁判提起申请的，检察机关应当及时受理审查，对于不符合受理条件的，告知申诉渠道，必要时应配合相关机关、法院共同做好化解工作。对确有错误的行政生效裁判，要依法运用抗诉、再审检察建议等方式提出监督，通过法院启动再审程序予以纠正，促进行政争议的解决。二是做好调处息诉。将实质性化解行政争议的理念贯穿在执法办案始终，把依法开展监督与促成当事人和解、调解相结合。案件审查阶段，全面掌握当事人双方实际情况，综合考虑各方面因素，积极促成和解协议，实现定分止争；案件提出抗诉或发出再审检察建议之后，积极配合法院组织双方调解，化解纠纷。对于涉及人数较多、敏感性强、社会关注度高的案件，要积极主动地促成和解或调解，从根本上化解纠纷。

（四）开展执行中行政争议化解

一是加强行政裁判执行监督。监督法院怠于执行、违法执行等，确保行政生效裁判顺利执行。对于因地方或部门保护主义造成的法院执行难问题，加强监督，排除阻力，支持法院依法执行；对行政机关不依法履行生效法律文书确定的执行义务或者协助执行义务，应当向有关机关提出检察建议，推动解决行政“执行难”问题；对于执行中当事人有和解意愿的，配合法院做好和解；对于法院正确的执行裁定和执行行为，做好对申诉人的释法说理。二是突出加强行政非诉执行监督。监督不应立案而立案、不应裁定执行而裁定准予执行等情形，避免因执行程序不当导致行政争议扩大化。重点关注国土等“裁执分离”领域，对于不属于“裁执分离”类型的，监督法院依法处理；对于法院裁定由行政机关强制执行的，监督行政机关及时有效执行。正确认识“裁执分离”中复杂情形，积极做好协调沟通，促成“罚”“裁”“执”部门之间的良性互动；对长期没有执行到位的要分析原因，分类施策，与法院、相关部门协商处置，真正化解矛盾纠纷。

（五）做好公益损害行政争议的化解

对于生态环境和资源保护、食品药品安全、国有财产保护、国有土地使用权出让、英雄烈士保护等领域涉及国家利益或者社会公共利益的行政争议，检察机关积极支持配合法院调解工作，充分发挥检察职能作用，共同促进行政争议化解，维护国家和社会公共利益。同时，聚焦行政机关的监督管理职责，主动发现行政机关违法行使职权或者不作为致使国家利益或者社会公共利益受到侵害的情况，需要由检察机关提起公益诉讼的，及时向公益诉讼部门移送相关线索。

三、我省检察机关推进行政争议实质性化解的初步探索

我省检察机关积极探索开展行政争议实质性化解工作，自2014年行政诉讼法修改以来，全省检察机关共调处息诉行政检察案件400余件，为开展行政争议实质性化解工作打下了良好的基础，取得了一定成效，积累了一些经验做法。

（一）息诉罢访，着力做好不支持监督案件的矛盾化解工作

行政诉讼法修改后，不符合监督条件的行政案件大幅度增加。我省各级院把维护稳定摆在更加突出的位置，在办理行政检察案件中，积极开展调处工作，对不符合监督条件的案件，认真做好释法说理和心理疏导，促成当事人和解，引导当事人服判息诉。对于涉及人数多、敏感性强、易引发群体性事件的城市拆迁、土地征收等案件，重点关注，做好风险预警防控，化解行政纠纷。如周某房屋行政征收纠纷申请监督案，涉及当事人20余人，省检察院在作出不支持监督申请决定后，耐心释法说理，着力化解矛盾，最终实现案结事了。

（二）以抗促调，共同化解行政争议

我省检察机关在对行政生效裁判提出抗诉或发出再审检察建议之后，注重后续跟进，加强与法院沟通、互通信息，共同做好行政争议的化解工作，确保案结事了，维护社会和谐稳定。如省检察院向省法院提出抗诉的徐某某与某市人力资源和社会保障局劳动行政审批一案，徐某某性格执拗，且经过长时间诉讼，对法院及行政机关存在严重对立情绪。经再审法院邀请，省检察院积极参与案件调解，充分利用徐某某对检察机关的信任，与其及家属沟通，动之以情、晓之以理，最终促成和解撤诉，历经十年之久的行政争议圆满解决。

（三）加强协作，监督与支持并重

我省法院系统开展“行政争议调解中心”试点工作后，省检察院及时跟进，提出加强与省法院沟通，就检察机关介入行政争议调解达成共识。2018年底，省检察院傅国云专委应邀参加全省法院行政争议调解中心推进工作现场会，会上提出检察机关“在调解中监督、在监督中调解”，检法两家形成共识，建立了共同推进行政争议实质性化解协作机制。

（四）建立机制，为化解争议提供规范依据

2009年，省检察院制定《关于民事行政申诉案件调处工作的若干意见（试行）》，对调处工作的原则、范围、程序、工作形式等内容均作了明确的规定。2011年，省检察院与省法院联合会签《关于民事行政申诉抗诉案件纠纷化解工作的若干意见》，进一步建立检法两家联合调处工作协作机制，将民行检察调处与司法调解相衔接，共同推动民行申诉案件调处。2018年12月，省检察院与省法院联合出台《关于共同推进行政争议实质性化解工作的纪要（试行）》，就检法共同加强行政争议实质性化解、建立健全相应的工作联络、信息共享以及协作机制等作出规定，并明确生态环境和资源保护、食品药品安全、国有财产保护、国有土地使用权出让、英雄烈士保护等领域涉及国家利益、社会公共利益的行政争议，法院可邀请检察院派员参与调解。

四、我省推进行政争议实质性化解工作的打算

下一步，我们将认真研究部署，积极探索实践，大力推进行政争议实质性化解工作开展，进一步做实行政检察工作。

（一）立足检察职能，树立共赢理念

要始终立足检察职能，并树立双赢多赢共赢的理念，坚持监督与支持并重，注重运用政治智慧、法律智慧、监督智慧，与法院共同开展行

政争议实质性化解，既保护行政相对人的合法权益，又促进依法行政，维护司法公正和检察公信，实现办案三个效果的有机统一。

（二）加强沟通协作，细化工作规范

积极与法院、有关行政机关沟通，建立相关协作机制。省检察院在认真贯彻落实《关于共同推进行政争议实质性化解工作的纪要（试行）》基础上，与省法院进一步沟通协调，正草拟《关于加强行政审判与行政检察衔接促进行政争议实质性化解的意见》，争取逐步建立行政争议实质性化解工作联络与信息共享机制，实现检法两家在行政争议化解工作内容、程序、方法、效力等方面充分衔接，建立在检察审查环节由检察机关牵头，法院和行政机关配合，三方合力化解矛盾的工作机制，为依法合规、高效便捷解决行政争议提供制度保障。省检察院还将积极向党委政府建言献策，推动将行政机关参与行政争议化解纳入对行政机关依法行政考核内容等工作，促进行政机关共同做好行政争议化解工作。鼓励各市级检察院和基层检察院在开展行政争议化解工作过程中，结合本地实际，与法院沟通交流，细化相关规定，争取党委政府支持，有效开展行政争议实质性化解工作。

（三）突出监督重点，务求工作实效

以生态环境和资源保护等五大法定领域涉及国家利益或者社会公共利益的行政争议为重点，加强行政争议化解与公益诉讼的衔接配合。高度关注行政非诉执行中的争议化解，以正在开展的行政非诉执行专项行动为抓手，结合法院“裁执分离”试点，监督裁定得到执行的同时，确保行政争议的有效化解。深入开展调研，探索符合行政检察规律的行政争议实质性化解工作路径，通过召开现场会、修订绩效评价办法等措施，大力推进行政争议实质性化解工作。及时总结推广好的经验做法，研究解决实践中遇到的新情况、新问题，推动行政争议实质性化解工作持续深入开展。

（四）借助司法救助，彻底化解矛盾

积极联系法院、政府，努力形成“检法搭台、政府唱戏”三方共同努力化解矛盾的格局。对无法通过诉讼或监督获得有效赔偿、生活又面临急迫困难的行政相对人，协同控告申诉检察部门及时与法院和相应的行政机关沟通协调，积极探索以国家司法救助化解行政争议的工作机制，促进案结事了、息诉罢访。

（五）强化队伍素质，提高履职能力

行政争议涉及的领域广、争议化解工作难度大，对检察人员素质和能力要求较高。全省检察机关将进一步加强对行政检察人员的业务培训，通过举办培训班、岗位练兵、案件研讨等形式加强实务技能培训。有效发挥民行检察专家委员会作用，借力“外脑”推进专业化建设。继续做好与法院的交流，选拔政治素质过硬、工作作风扎实、可塑性较强的年轻干部到法院行政庭、行政争议调解中心学习锻炼，有针对性的提升检察干部行政诉讼监督和调处能力。充分利用省检察院行政检察部门单设之机，通过内部调剂、专门招录等方式，选拔熟悉行政诉讼业务、又具有丰富调解经验同志充实到行政检察部门，强化人员力量配备，为行政检察工作开展提供人员保障。

福建泉州检察机关发挥行政检察职能护航民营经济发展

近年来，泉州市检察机关深入贯彻习近平总书记关于民营经济发展的重要指示精神和党中央、省市委的重大部署，认真落实最高人民检察院、省院相关文件要求，依法全面履行行政检察监督职能，促进公正司法、依法行政，平等保护民营企业合法权益，为促进非公经济高质量发展提供优质行政检察产品和法治保障。2017 年以来，共办理涉企行政生效裁判监督案件 3 件；发出涉企行政审判程序违法监督检察建议 24 件，采纳 24 件；发出涉企行政执行监督检察建议 51 件，采纳 47 件；发出涉企行政执法监督检察建议 154 件，采纳 154 件。

一、立足新时代行政检察工作的新变化，切实增强服务民营经济发展的担当精神

泉州市检察机关充分认识行政检察作为“四大检察”之一，在维护司法公正、促进依法行政、保障民营企业合法权益中的重要作用，坚持以执法办案为中心，以突出办案社会效果为导向，切实增强服务保障民营经济发展的责任感与使命感。

一是明确服务经济发展方向。泉州系金融改革试验区、民营经济综合改革试点，非公经济活跃，个别县区非公经济占比甚至超过 98%。十八大以来，我市检察机关把服务保障非公经济持续健康发展作为检察机关服务经济社会发展大局的着力点和切入点，强化产权司法保护和各类市场主体的平等保护，持续优化“亲清护企”。依法办理涉及民营企业的行政许可、行政审批、行政处罚、行政征用、减税降费等方面的诉讼监督案件，促进依法审判和依法行政，保护民营企业合法权益。

二是出台服务民营经济发展意见。我市检察机关把促进依法行政、维护政府公信、维护市场经济秩序作为检察机关开展行政检察工作的目标，践行精准监督、智慧借助、双赢多赢共赢理念，恪守检察定位，切实发挥监督职能，推进法治经济建设。市检察院以本院“亲清护企”泉州检察模式为依托，出台《关于发挥行政检察职能依法保障和促进民营经济高质量发展的意见》，增强企业家人身及财产安全感，稳定社会预期，使企业家安心经营、放心投资、专心创业，充分发挥企业家在建设

现代化经济体系、促进经济高质量发展中的作用。

三是深化调查研究，把握民企需求。全市两级民行检察部门通过走访、举办座谈会等方式，调研了解企业所需所求，开展“法律体检”“检企共建”“结对联系代表委员”等服务活动，明确服务重点，完善配套服务措施，防止出现“查办一起案件、垮掉一个企业、下岗一批职工”现象，保障经济健康发展。某县级院针对部分企业家反映企业相关账户可能存在被异地公安机关超范围冻结的情况，成立调研组走访公安机关经侦部门、工商银行、建设银行、农业银行等金融部门10余次，摸排异地公安机关线上线下冻结银行账户的情况，以调研所得数据为基础向上级相关部门反映并提出完善建议。某县级院在走访人大代表过程中得知，某自来水厂内有多个盛装液态氯的容器废弃多年未处理，存在重大安全隐患，但相关部门职责不清，导致容器长期未能报废处理。该院积极联系有关监管部门和有资质的公司回收报废，同时联系危险化工品运输单位，协调公安机关确保运输过程中交通安全，帮助企业解决了多年的生产安全隐患难题。

二、立足行政检察监督职能的充分发挥，切实为民营经济发展营造优质的法治环境

泉州市检察机关紧扣“一手托两家”的行政检察监督职能，对涉及民营企业的案件，在履职中切实做到敢于监督、善于监督、精准监督。

一是开展行政执法专项监督活动。2016年至2017年，开展为期两年的对人身权、财产权强制措施的专项监督活动。对涉及行政机关违法履职、怠于履职侵犯民营企业合法权益的案件，及时予以办理，依法保障民营企业的正常生产经营活动。如某区院办理的区工商局对某百货公司销售假冒“MER/RIGE”“瘦身公式”“美人计”注册商标的塑身衣行政处罚案中，存在行政机关强制措施超期、实施行政强制措施前未经行政机关负责人批准、行政机关负责人未对调查结果进行审查等不当情形，

经向该局发出检察建议后被采纳。某县院履职中发现县工商局对王某个体工商户销售的不合格化肥采取查封的行政强制措施超过法定期限，遂发出检察建议督促该局整改亦被采纳。

二是落实非诉行政执行专项监督活动。2018 年 4 月，按照最高人民检察院、省院统一部署，市检察院在全市检察机关部署开展为期一年半的非诉执行监督专项活动。截至目前，各基层院共向法院发出行政非诉执行监督检察建议 86 件，已采纳 83 件；向有关行政机关发出督促申请非诉强制执行检察建议 58 件，已采纳 58 件。如某食品科技有限公司向当地检察机关检察监督指导中心投诉称该公司被法院违法纳入失信被执行人名单，对企业商业信誉产生不良影响。经该地县检察院核实查明，该公司曾因环保手续不完整被市环保局作出行政处罚，该公司缴交罚款并重新办好环评手续后，因环保部门未及时向法院作结案说明，导致该公司至 2018 年 9 月仍被法院列入失信被执行人名单。该院及时向环保局提出纠正意见，有效推动法院执行结案，及时维护该公司的商业信誉。

三是审慎稳妥推进对涉企行政执法行为的监督。自 2012 年以来，我市检察机关就先行先试，积极探索行政执法监督工作，发出的行政执法监督检察建议数量连年位居全省首位。近年来，由于检察职能的变化，对在履行行政检察职能中发现的涉企行政执法行为，我市检察机关秉持审慎稳妥的态度坚持开展监督。如某区院履职中发现，区城市管理行政执法局对泉秀路某店外框架广告牌，以未经审批为由对该个体工商户作出行政处罚，但依照有关法律规定，涉案广告牌并不属于未经审批须处罚的广告牌，该院遂向区城市管理行政执法局发出检察建议，有效纠正行政机关的违法行为，保障民营企业正常生产经营活动。

三、立足多维度联动平台建设，切实为服务民营经济发展提供立体渠道

为了提升服务非公经济发展的整体效能，我市检察机关整合各方资

源，多维度构建服务非公经济发展的各类平台。

一是开拓知识产权保护案源渠道。2018 年，市检察院对“泉州市知名企业品牌保护联盟”进行优化升级，在原有“检察院、工商局、工商联”三方共建的品牌保护联盟基础上，引入公安、法院和阿里巴巴平台的力量，共同打造“六方合力”“四位一体”和三方共治的知识产权社会治理新格局，协同快速处理知识产权侵权投诉，努力解决“维权难、维权慢、维权成本高”的社会关切问题，现已有 17 个泉商品牌入盟阿里巴巴“可信唯一认证投诉渠道”名单。对知识产权受到侵害的企业，引导其通过平台进行有效投诉，促使市场监督管理局等有关单位依法处理。

二是创新“网格化 + 社区检察官”模式。通过联合街道、社区聘请网格员，借助网格化社区检察监督办公室和社区网格员收集案件线索，有效利用该网格平台的数据资源，利用“巡回检察”，更好地掌握民营企业需求，切实将检察机关服务非公经济发展工作下压前伸到基层和执法一线，方便检察机关主动对接民营企业，也便于民营企业向检察机关寻求帮助，助力服务非公经济发展工作的高效开展。自 2018 年 4 月 20 日启动该工作模式以来，共通过网格平台发现涉企行政执法监督案件线索 200 余条。

三是借助“两法衔接”平台寻找案源。充分借助行政执法与刑事司法相衔接执法信息共享平台，实现对本辖区行政执法单位的实时监督，及时了解行政执法案件信息，跟踪执法动态，结合行政执法监督中发现的问题，通过检察建议等方式，督促有关单位予以整改，强化管理，完善机制。如某县级院 2018 年来，共审查行政机关报备知识产权行政处罚案件 31 件，接受市场监督管理局来访 5 次，共同会商 2 起假冒注册商标疑难案件。2016 年来，我市检察机关利用这一平台，共发现行政执法监督线索 36 件。

四是延伸监督触角，设立派驻检察官工作室。市检察院与市国税局会签《关于加强协作服务泉州经济健康发展的意见》，由民行检察部门负责在国税机关设立检察官工作室，推进检税信息共享，对涉企税务行政执法活动强化检察监督。同时，市检察院还与市消防支队会签《关于开展“检消融合清风护泉”联建活动的意见》，在市消防支队设立检察官工作室，由民行检察部门对市消防支队行使涉企行政执法权依法进行监督。在市院民行部的带动与指导下，2017 年以来各基层院先后由民行检察部门牵头在当地林业局、国税局、市场监督管理局、消防大队等部门设立检察官工作室共 21 个；先后与本地相关行政执法机关会签加强行政检察与行政执法监督衔接工作的机制或意见共 33 份，为及时维护民营企业权益提供了支持。

四、立足密切检企“亲”“清”关系，切实为民营经济健康发展提供检察智慧

我市行政检察工作坚持“清”而不缺位、“亲”而不越位，做到既“亲”且“清”，正确处理好与企业、企业家的关系。

一是畅通渠道密切检企联系。在检察机关门户网站开辟服务民营企业专栏，开通联系企业家短信平台，定期发布检察工作动态和涉企典型案例，及时了解企业及企业投资管理人士的法律需求，共同研究解决企业转型升级和“走出去”遇到的法律难题、法律风险等问题。

二是坚持入企普法。2017 年 8 月至 12 月，两级民行检察部门参与的“进百家企业，设法治维权‘快车道’”项目，举行普法宣传活动 144 场次，活动期间共发放宣传资料 6127 份，接受咨询 672 次，活动对象参与人数 7052 人，促进企业自治和法治化营商。泉州（晋江）服务非公经济发展法治教育基地接待培训企业人员 8000 余人次。该基地作为全省特色检察展示平台，获评“福建十大信用典型案例”。在 2018 年的第 47 个世界环境日，惠安县院联合县环保局、法院、公安局开展以“美丽中国，我是行动者”为主题的普法宣传活动，共邀请了惠安县企业家、石雕石材公会代表等 20 余人参加环境保护法律法规座谈会，与会企业家们纷纷

表示，此次座谈会弥补了他们在环境保护法律知识上的短板，有助于他们正确处理好企业发展与环境保护的关系。

三是设立驻企服务站。洛江区院先后设立“百家企业服务站”“服务‘数控一代’企业检察工作室”，高效对接服务民营企业。石狮市院运用“一室七点”，即以服务企业办公室为基础、以在企业聚集园区成立的七个联络点为辐射，快速应对企业在生产经营中遇到的相关问题。2018 年来，该院对接石狮市电商协会、产业联盟等共计 16 余次，有效帮助企业解决相关问题。如泉州某服饰有限公司系福建省重点建设项目。2017 年该公司新厂建设时遭到周边群众阻挠、破坏，造成重大损失。该公司向当地某县级检察院来信反映相关情况，并恳请该院协调解决，该院民行检察部门迅速开展调查核实并多次走访企业，建议公安机关对相关人员给予行政处罚，该公司工程建设得以顺利进行。该院还多次联合当地党委政府、税务机关、公安机关走访该企业，帮助企业解决问题和困难，建议企业在当地设置招工联络点，解决当地村民就业 180 余人。

四是探索推进“智库”建设。市检察院民行部与福建师范大学法学院共建教学实践研究基地，对办理涉企行政检察监督案件过程中遇到的疑难法律问题征询法学专家意见。目前，我市检察机关正在探索推进建立行政检察专家咨询委员会制度，对于重大、疑难、复杂和涉及金融、知识产权等专业性较强领域的行政检察监督案件，邀请法学专家、专家型法官、专家型律师、人大代表、政协委员参与评议、咨询和研判；推动民事行政检察、金融与知识产权检察、控告申诉检察等产权保护职能和知识产权刑事司法保护专家咨询智库资源的整合优化，为民营企业提供一体化的专业服务，提升行政检察监督服务民营企业的科学化、专业化和民主化水平。

河南郑州检察机关凝智聚力争取外部支持 努力提升行政检察质量效果

近年来，郑州市检察机关积极应对多重改革给行政检察工作带来的机遇和挑战，进一步重视、支持行政检察工作，注重凝智聚力，争取外部支持，破解发展难题，积极构建行政检察工作发展大格局，较好地发挥了行政检察既维护司法公正、又促进依法行政的双重职能作用。

一、借助专家智慧，提升行政检察工作专业化水平

行政检察工作作为检察工作中的短板和弱项，一直以来存在办案总量小、业务骨干少、专题研究少的问题。近年来，随着经济社会的快速发展，涉及行政征收、行政处罚等行政诉讼案件和行政执法问题越来越多，迫切需要行政检察立足职能发挥更大作用。郑州市两级院党组积极适应形势发展需要，进一步重视支持行政检察工作，通过邀请专家参与，弥补专业短板，提升业务水平。

一是建立健全专家咨询制度。早在 1990 年，郑州市院就注重检察业务与法学理论的互动交流，探索建立了专家咨询委员会制度，经过近 30 年的运行，对提升办案质量、强化业务建设发挥了重要作用。近年来，随着行政检察案件的逐年增加，市院先后聘请 10 位行政法学教授和相关实务专家并纳入专家库，邀请担任咨询委员，他们既对检察办案提供专业指导和研究论证，又以公开透明的方式助力规范司法，为社会提供更多更优质的法治产品和检察产品。如办理的王某甲、王某乙不服规划许可一案，郑州市规划局于 2004 年和 2006 年先后两次作出建设工程规划许

可，批准某置业公司将两原告所在的小区楼层由原来规划的 26 层加盖至 30 层，提高了容积率，两原告认为侵犯业主权益，于 2011 年将规划局和某置业公司诉至法院，法院认为超过 2 年起诉期限，遂予以驳回。关于该案是否超过起诉期限，市院民行部门在集体讨论时引起争议，第一种意见认为，按照 2000 年最高人民法院《关于执行〈中华人民共和国行政诉讼法〉若干问题的解释》第 42 条规定，对于涉及不动产的具体行政行为从作出之日起超过 20 年、其他具体行政行为从作出之日起超过 5 年提起诉讼的，人民法院不予受理。该案涉及不动产，起诉期限不超期，原审判决适用法律错误。第二种意见认为，该案不是涉及不动产的具体行政行为，并且原告起诉时已超过 2 年，原审判决没有问题。将案件提请专家“把脉问诊”后，与会专家经研讨认为，最高法上述司法解释提到的因不动产提起诉讼，主要指因行政行为导致不动产物权变动的情形，建设工程规划许可虽不属于这种情况，但本案中规划局 2006 年第二次作出规划许可时未告知业主，王某甲、王某乙 2010 年提起仲裁时才知道此事，因此，起诉期限应当自 2010 年起算，其于 2011 年起诉既未超过 2 年的普通期限，也未超出 5 年的最长期限，该案可以抗诉，并且可以调查一下规划部门在开发商提高容积率后是否通知国土部门补交土地出让金。我们采纳了专家意见，一方面将该案提请省院抗诉，省院支持抗诉；另一方面，针对调查发现的规划局未依法告知国土部门补充征收土地出让金的违法行为，发出了检察建议，既维护了当事人合法权益，又促进了依法行政。

二是积极探索邀请专家参与公开听证制度。张军检察长强调指出，要探索民事行政诉讼监督案件听证制度，一些申诉多年、各方关注的典型案件，可以组织听证，既化解矛盾，又锻炼队伍，对社会也是以案释法，彰显检察办案的良好效果。郑州市院 2019 年 1 月至 6 月共受理行政诉讼监督案件 143 件，同比增加 7 倍，并且群访群诉案件多，信访隐患大。针对这些实际情况，为了认真贯彻最高人民检察院有关精神，在省院指导下我们制定实施了《行政诉讼监督案件公开听证暂行规定》，把借助专家“外脑”与探索听证制度相结合，邀请专家代表担任听证员，帮助检察机关做好释法说理，有效增强了听证工作的专业性和权威性。如，2019年郑州市院组织了全省首例38人不服物价部门经适房价格批复行政诉讼监督系列案件的公开听证，该系列案涉及人员众多，历经法院民事、行政5次裁判仍未息诉，信访隐患很大。郑州市院把听证员的选任作为开好听证会的重中之重，邀请郑州大学行政法教授和资深律师作为专家代表担任听证员，充分听取双方当事人意见。围绕起诉是否超期、政府对经适房价格批复是否属于可诉行政行为两个争议焦点进行论证，并由专家代表当场公布听证结论，开展释法说理。虽然听证会认为案件确实超过了5年最长起诉期限，但分析指出了正确的救济途径，也指出了物价部门在价格成本核算中存在的问题，申请人表示理解，未发生缠访缠诉现象，同时也增强了政府工作人员的依法行政意识。

三是邀请专家挂职。充分利用省会高校资源优势，金水、二七、惠济、荥阳等基层检察院分别邀请郑州大学等院校行政法和相关专业专家挂职担任副检察长或检察长助理，协助基层院领导班子指导行政检察工作开展，抓好业务培训，加强行政检察骨干人才培养，促进行政检察调研和重大、疑难案件的分析研讨等工作开展。如二七区院在挂职专家的指导推动下，在该区主要行政执法单位和办事处设立联系点，通过行政诉讼监督中发现的案件线索，以联系点为沟通平台加强对行政执法领域的检察监督。金水区院在挂职专家的指导下，一方面，在全市成立首家行政检察部门，培养业务骨干，为行政检察长远发展打好人才基础；另一方面，对办理的行政诉讼监督、非诉执行监督等案件进行指导把关，找准问题、精准监督，进一步提高案件质效。

四是注重与专家座谈交流。在行政检察转型发展的关键时期，我们十分重视加强实践探索与理论研讨相结合，先后多次召开专题座谈会、研讨会，结合办案实践开展理论探讨。2018年，郑州市院与省行政法学会联合举办“行政检察工作面临的机遇与挑战”研讨会，邀请省内外知名行政法教授和司法实务专家 100 余人，围绕行政诉讼监督、非诉执行监督等课题进行深入探讨，为加强行政检察工作的基层探索提供理论支撑。金水区院举办“从典型案例看行政行为的合法性”知识讲座，邀请资深专家授课、各行政执法单位参加，结合司法案例共同探讨交流促进依法行政问题。重视借助信息化手段用好“外脑”，郑州市院在内网电脑和手机分别开发设置网络学院客户端，引进较为先进的司法数据库，充分利用其中的专家讲座、行政法律法规、司法案例等海量数据资源辅助办案；同时，注重利用检答网与全国行政检察业务专家交流咨询、请教问题、答疑解惑，以信息化应用提升办案质效。

二、借助党委政府支持，在服务大局中构建检察监督新格局

不谋全局者不足以谋一域。针对行政检察工作肩负双重职能的特殊性，我们把这项工作放在经济社会发展大局和检察工作全局中谋划推进，积极践行双赢多赢共赢理念，努力争取党委政府支持、有关单位配合，为行政检察工作顺利开展营造良好环境。

一是站位全局抓办案，以监督实效赢得支持认可。充分发挥行政检察“一手托两家”，既维护司法公正、又促进依法行政的职能作用，突破就案办案的局限性，对于在行政诉讼监督过程中发现的行政执法问题，从加强和创新社会治理的角度向行政机关发出检察建议，同时与党委政府有关部门协调沟通，全方位、多举措解决存在问题。某区院以开展非诉执行监督专项活动为载体，发现该区法院近两年非诉执行案件同比大幅下降，通过调研继而发现了国土资源领域近三年有上百起行政处罚案件、700 余万元罚款未进入执行环节。通过与国土部门和法院的多次深入沟通，发现这其中既有法院存在畏难情绪不愿受理的问题，也有国土部门怠于履职的问题。找准症结后，该院一方面对国土资源部门提出社会综合治理检察建议，建议其依法严格落实行政处罚的

各项规定，积极向法院申请强制执行，同时针对其在执法工作中存在的问题和漏洞，建议其开展土地执法专项活动；另一方面向法院提出检察建议，建议法院依法立案并高效执行行政机关的非诉执行申请。国土资源部门和法院全面接受检察建议，该区积压的土地领域行政处罚案件全部执行到位。通过这个类案监督，该区 2018 年土地执法领域违法行为明显下降，我们的监督成效赢得了当地党委政府、国土资源部门的高度评价和一致认可。

二是争取党委政府支持出台文件，构建行政检察监督长效机制。管城区委、区政府出台了《关于支持检察机关全面履行法律监督职责深入开展行政检察和公益诉讼工作的意见》，明确要求各行政执法单位配合监督，在全区层面为行政检察工作开展构建监督格局。二七区委、区政府先后出台《关于加强和规范重点领域执法工作的若干规定》《关于在全区开展行政执法专项监督活动的通知》，均强调检察院的监督主体地位，明确规定检察院对行政执法的评价权，通过该区“智慧督察”系统，每年对各行政机关、乡镇街道办的行政工作进行评价打分，评价结果作为一项重要指标纳入区委对各单位综合考评，切实增强了行政检察的权威性。

三是建立行政检察监督大平台，系统解决存在问题。积极争取有关行政机关的支持配合，通过会签文件、联席会议等形式，建立行政执法与检察监督的衔接机制，使行政检察监督常态化、规范化。郑州航空港实验区是国务院批准的我国首个以航空经济为引领的试验区，近年来港区发展很快，但自 2018 年以来该区张庄、龙岗等多个办事处出现了非法取土、挖砂等违法行为，挖成大坑后再非法倾倒垃圾，造成土地和生态环境的严重破坏，修复费用巨大。由于港区管委会相关职能部门没有独立的执法权，需要由郑州市自然资源等部门授权委托，而对行政处罚的非诉执行，也需要由郑州市自然资源等部门向其所在地的中原区法院或市中院申请执行，港区法院无管辖权。由于程序繁琐、运行不畅导致很多行政处罚没有执行到位，加之刑事定性也存在争议，一些非法采砂行为仍在蔓延。为了解决这个重大问题，郑州市院、港区检察院在港区管委会的大力支持下召开联席会议，邀请行政、刑事、民事法律专家，港区管委会领导，省、市自然资源部门、港区公安、法院等单位负责同志参加，通过研讨交流、明确职责、准确定性，一并解决了对非法采砂行为的行政处罚、非诉执行、刑事定性、民事赔偿等法律问题，把对非法采砂行为的严厉处罚和打击落到了实处，这个做法得到了省检察院、省自然资源厅、港区管委会的高度评价。

三、借助人大监督和社会力量，进一步增强行政检察监督实效

一是注重依靠人大及其常委会的监督。一直以来，郑州市检察机关十分重视接受人大监督，同时也依靠人大监督和支持，进一步强化了检察机关的法律监督。2010 年，郑州市人大常委会审议通过《关于加强检察机关法律监督工作的决议》，明确提出全市审判机关、行政执法机关应当依法接受检察监督，并探索建立对本地司法、执法情况的评价机制。管城区人大常委会审议通过《关于加强民事、行政诉讼法律监督的决议》，建立了检察建议向人大常委会备案制度，检察院向法院、行政机关等发出的检察建议，有关单位如果不及时办理和回复，人大常委会将听取被建议单位说明情况，监督被建议单位认真办理，为深入推进包括行政检察在内的法律监督工作提供了有力的制度保障。2019 年，郑州市院积极推动市人大常委会出台《关于加强检察建议工作的决议》，借助人大监督，进一步增强检察建议的监督刚性。

二是充分利用新闻媒体的舆论监督。我们密切关注媒体报道的社会热点事件，结合刑事案件和民事行政诉讼监督案件办理，从中排查行政检察监督线索，办理了一批质量高、效果好的监督案件。如 2017 年 2 月郑州市某区发生了一起造成群众一死九伤的重大交通事故，经媒体报道后引起了社会广泛关注，市院和该区院对该事件高度重视，民行部门与

侦监部门进行沟通，从刑事案件办理中获悉犯罪嫌疑人系间歇性精神病患者，且持有驾照，违反了我国《道路交通安全法》《机动车驾驶证申领和使用规定》等法律法规；民行部门从这一起案件入手，将排查范围扩大至近年来检察机关办理的“醉驾”案件，发现部分案件被告人判刑后驾照仍未吊销。市院遂指导全市民行部门开展了为期一年的驾驶证管理专项监督活动，结合办案向公安机关和车管所发出检察建议，督促吊销违法持有的驾照70余个。市院民行处还针对“病驾”问题开展专题调研，材料上报后被最高人民检察院办公厅转发。

三是充分加强与专业律师的沟通。注重借助律师了解掌握民生动态、案件线索、熟悉业务、办案经验丰富等优势，注重加强检律协作，通过律师的规范执业、有效沟通，在检察机关与当事人之间架起依法申诉、规范办案的信任桥梁。郑州市院推行每周律师信访值班制度，与郑州市律协签订合作协议，由律协选派律师每周三到控申大厅接访，重点关注涉及征地拆迁、行政处罚、政府信息公开等容易引发群访、闹访的行政诉讼案件，帮助防范和化解信访风险；管城区院多次到辖区律所走访，围绕行政诉讼监督开展座谈交流，及时了解司法动态，摸排案件线索；中牟县院出台《关于民事行政申诉案件规范代理和加强协作的意见》，与司法行政、法援中心、律师代表两次召开座谈会，规范民事行政诉讼监督案件代理，保障律师执业权利，促进形成相互支持、相互监督、正当交往、良性互动的新型检律关系。

山西检察机关行政审判违法行为监督工作调研报告

一、全省开展行政审判违法行为监督工作的基本情况

2018年以来，全省检察机关受理审查行政审判违法行为监督案件236件，其中当事人申请7件，依职权发现227件，他院受理后转来2件；共审查办理230件，其中提出检察建议220件，终结审查8件，不支持监督申请2件。人民法院采纳检察建议219件（含2017年检察机关发出检察建议，人民法院于2018年采纳数）。

综合分析办案数据，主要呈现以下特征：

（一）监督案件主要集中在基层

对行政审判违法行为的监督是基层院行政检察工作的主要和重要业务之一。全省市级院受理行政审判活动违法监督案件9件，基层院受理227件，市级院和基层院各自办案数分别占全部案件数的3.8%和96.2%。全省12个市分院中，仅2个市院办理行政审判活动违法监督案件，占全部市院的16.7%。

（二）依职权启动监督是案件来源的主要方式

检察机关依职权启动监督案件数约占同期受理案件总数的96.2%，依当事人申请启动监督比例较低。

（三）监督类型区间较为狭窄

对行政审判违法行为的监督主要表现在审理案件适用审判程序错误、

违反法定审理期限、违反法律规定送达和其他违法情形四类。其中，对审理案件适用审判程序错误监督1件，对违反法定审理期限监督4件，对违反法律规定送达监督60件，对其他违法情形监督168件，违反法律规定送达和其他违法情形两类合计约占全部违法情形监督总数的97.9%。

(四) 监督方式以检察建议为主

全省检察机关共审查办结行政审判违法行为监督案件230件，其中提出检察建议220件，终结审查8件，不支持监督申请2件。检察建议监督是检察机关对人民法院行政审判违法行为的主要监督方式。

(五) 监督意见采纳率保持高位

全省检察机关对行政审判违法行为提出的检察建议，人民法院共采纳219件，采纳率较高。

二、主要做法

(一) 注重基层监督，充分发挥基层检察机关主体作用

一方面，引导基层院将行政审判违法行为监督作为工作重点，准确把握监督规则的规定，着力研究解决监督的对象、范围、标准、程序等问题，提高监督质效；另一方面，坚持对事监督与对人监督相结合，把监督审判违法与纠正审判人员违法行为结合起来，用足用好法律赋予的调查核实权。通过畅通受理渠道、协同法院开展案件质量评查、调取审判案卷等方式发现人民法院审判程序中的违法情形并依法监督，着力解决对审判人员违法行为监督发现难、调查难、监督难的问题。

(二) 坚持深入监督，提高检察机关监督质效

将行政审判违法行为监督作为推进全省行政检察工作“转型升级”的重要抓手，研究总结监督技巧，注重从生效裁判监督中发现案件线索，把监督纠正个案与监督纠正普遍性问题结合起来，深入挖掘司法不公背

后问题，着力解决监督范围过窄、监督力度不大、监督效果有限等严重影响监督权威的问题，破解制约行政审判监督的瓶颈。

（三）着力主动监督，完善检法协作制度机制

积极与人民法院沟通，强化监督协作关系，建立监督协作机制，汾阳市人民检察院与汾阳市人民法院会签《关于加强民事行政诉讼监督制约与协作配合的意见》，通过建立案件备查机制、信息通报机制、联席会议制度，对行政审判进行全面、及时、有效的法律监督，切实履行法律监督职能。

（四）注重全程监督，对人民法院审判活动的全过程开展监督

从当事人递交起诉状至行政审判裁判的执行，包括对案件受理、送达、庭审、宣判、执行等流程进行监督，努力克服以往只注重庭审笔录而忽视其余流程的监督的不足。特别是立案登记制实行后，对久拖不立案、无故不立案、既不立案也不给予书面答复等违法情形进行监督，共同推动相关制度落实。

三、存在的主要问题及原因分析

（一）存在的主要问题

一是线索发现渠道不畅。当前，基层检察院发现线索以当事人申请监督过程中明确提出审判违法行为为辅，以依职权调阅、审查人民法院审判案卷发现线索为主。有的基层检察院依职权启动监督的案件并不符合《人民检察院行政诉讼监督规则（试行）》第9条规定的情形。有的为解决案件数量少的问题，批量调取审查人民法院审判卷宗，导致人民法院认为检察机关涉嫌滥用检察监督权。

二是监督层次低范围窄效果弱。主要表现在办案成效不明显，绝大多数案件还处于对事监督的层面，而且较为粗浅，主要是针对庭审笔录里审判人员未签名、违法送达、审判超期、公告文书缺失或未注明原因

经过等一般性程序违法或工作瑕疵等问题发出检察建议，对深层次违法情形发现能力不够，对一些严重的违法行为监督不够有力；对个案提出检察建议比较多，对类案及带有普遍性、规律性和重点性问题提出检察建议较少。有的基层检察院在检察建议发出后人民法院未采纳或未按时回复且符合跟进监督条件的，没有及时跟进监督，监督效果大打折扣。

三是对人的监督严重缺位。监督视野和监督思路不宽，对事监督与对人监督原则落实不到位。在审查办理案件中，仅对个别违法事项进行监督，没有把行政审判程序中违法行为与审判人员在实施该行为时是否存在主观过错结合起来统一审查把握，特别是对大致相同时段集中于同一审判人员身上的多种频发性同类程序违法行为的客观规律性缺乏准确把握，没有深入调查其中的内在原因，并细致发现其中是否存在审判人员主观过错，进而开展对人的监督。

四是办案手段方式较为单一。一方面，习惯于传统的“坐堂办案”“纸面审查”。仅通过对人民法院审判卷宗的审查，一般难以发现隐藏在其中的重大违法行为，案件背后事实了解掌握不全面，加之监督滞后的问题突出，一些违法行为在发现线索时已经过一审、二审，即使提出相关检察建议，也只能对人民法院今后的审判活动有一定的督促作用，对已经发生的违法行为的纠正很难有所作为。另一方面，现有调查核实权运用不充分不到位，没有发挥出应有的效能。

（二）原因分析

一是做实做深行政审判违法行为监督工作的意识不强。实践中重刑轻民、重民轻行、重实体轻程序的固有思维依然影响着检察机关的总体工作部署，单纯追求办案数量和应付年终绩效考核的思维仍然存在，不注重从深层次对诉讼规律和监督方法进行思考和探究；追求表面的一般性程序违法事实的监督，忽略从众多违法行为中探究隐于其后的审判人员主观意识的因素，特别是将审判人员具体违法行为监督和类型性违法行为监督相结合不深入，精准监督意识不强，没有发挥检察建议的最大监督效能。

二是审判管辖及行政案件数量较少等客观因素制约基层检察院行政审判违法行为监督工作的开展。受行政案件集中管辖制度影响，部分基层检察院在行政审判违法行为监督工作中无米而炊。2016 年 5 月 1 日起，山西省高级人民法院决定在全省范围内实行行政案件跨行政区域集中管辖，基层法院实行相对集中管辖，即一审行政诉讼案件由各中院司法管辖范围内的 2—3 个集中管辖法院审理，导致非集中管辖法院地的同级检察院无法开展对审判程序的监督，加上行政诉讼案件数量较少，行政审判违法行为监督工作难以有效开展。

三是行政检察人员配置不合理。一些基层院民行检察部门只有 1 名员额检察官，同时承担着民事检察、行政检察、公益诉讼检察工作任务，有的基层检察院员额检察官参与全院大轮案，时间和精力上受到较多牵绊；且相对民事检察工作而言，行政检察更为薄弱，民行检察部门办理案件以民事抗诉案件为主，行政审判违法行为监督受到制约和影响。

四是行政案件比较复杂，承办人业务知识欠缺。如何准确把握行政主体资格的认定和审查，如何判断具体行政行为是否合法，都要求检察干警具备较强的行政法学理论和实务知识。但具有专业背景的行政检察干警不多，业务知识生疏，缺乏办案经验。加之现有法律法规对一些行政机关的行政职责缺乏明确的规定，在履行具体行政职责时，职能定位不十分明确，制约了行政审判监督。

四、改进行政审判违法行为监督工作的建议

（一）进一步强化行政审判违法行为监督工作理念，做实监督工作

坚持行政检察业务均衡整体发展理念，在监督中把生效裁判监督与审判违法监督结合起来，把违法行为监督和审判人员主观因素分析结合起来，把具体违法行为与类型性违法行为监督结合起来，将行政审判违法监督工作做实、做深、做出成效。

（二）进一步加大行政审判违法行为监督工作力度，增强监督实效

以拓展“案源”为切入点，强化审判监督。一是加大审判监督工作宣传力度，及时发现和受理群众申诉；加强与党委、人大、政府有关涉法涉诉信访案件办理情况的信息互通，加大与审判机关、司法部门、律师协会等的工作联系，从中发现有价值的线索，有效拓宽案源。二是通过庭审直播和阅卷等多种方式进行检察监督，广开思路，深挖“案源”，在拓宽监督视角的同时增强审判监督效果。

（三）进一步完善行政审判违法行为监督工作机制，着眼监督创新

以深化司法体制改革为契机，围绕解决制约行政审判违法行为监督工作开展的突出问题，健全工作机制，创新方式方法。坚持实体公正与程序公正并重，进一步规范行政审判违法行为监督工作，建立科学合理的考评机制，保证检察建议等法律制度的纠错功能得以正确有效发挥。

（四）进一步加强行政检察队伍建设，提升监督能力

抓住本轮检察机关内设机构调整改革机遇，提高行政检察人员和员额检察官所占比例，特别是针对基层检察院的现实困难问题，确保每一个基层院至少配备一个专门从事行政检察工作的员额检察官，打牢行政检察发展的人才基础。针对行政审判违法行为监督工作特点，加大业务培训力度，着力增强检察干警执行法律的能力、发现司法不公问题的能力、审查行政审判违法案件的能力、监督庭审活动的能力和做好群众工作的能力。

（五）进一步加强对下指导，找准监督切入点

上级院要进一步加强对下级院工作的指导和督促力度，积极开展专项活动，加大行政审判违法行为的检察监督力度，并对法院存在的普遍性问题深层次问题针对性的发出改进工作的检察建议。编发指导案例，汇编成册指导下级院办理案件。

吉林检察机关打造行政检察大数据应用平台 用科技的力量推进行政检察工作

近年来，按照最高人民检察院《关于深化智慧检务建设的意见》的有关要求，吉林省检察院积极适应行政检察发展的新机遇与新挑战，实施智慧检务“互联网+”工程，建设行政检察大数据应用平台，以现代科技助推行政检察工作向纵深发展。经过3年多的开发建设，该平台已经成为行政检察工作的有力助手，显著提升了行政检察工作水平。

一、向科技要检力，突破工作瓶颈

一是坚持问题导向。通过日常案件办理及调研，我们发现制约行政检察工作开展的瓶颈主要有四方面：第一，行政机关与检察机关分属不同系统，各自为政，协调配合渠道不畅，双方信息不对称。吉林省政务云平台建设刚刚启动，政府部门建立统一的业务运行系统尚需较长时间。第二，行政检察案件涉及的法律法规复杂多样，行政执法部门权责不明晰，案件精准办理的难度大、工作效率低。第三，人民群众对于行政诉讼公正审理的呼声日益高涨，检察机关不能及时掌握并回应群众诉求。第四，原有的行政执法与刑事司法衔接平台，因为被动、固定、滞后等问题，已经不适应检察工作的发展需要。2016年8月，为了破解这些问题，按照“科技兴检”的工作思路，我们创新性地提出了建设行政检察大数据应用平台的构想。

二是坚持聚焦检察业务。我们紧紧围绕行政检察业务需求，提出“一个中心、两个体系、十大平台”的整体架构，具体包括：一个中心，即行政检察大数据中心；两个体系，即安全保障体系、运维管理体系；十大平台，即数据采集平台、智能分类平台、分析研判平台、辅助决策平台、办案管理平台、应用集成平台、协同办案平台、知识资源平台、移动应用平台、公众服务平台。随着工作的不断深入，平台多元化辅助办案功能不断拓展，又根据行政检察工作实际，新增办案辅助平台、移动办案平台，挖掘案源线索和辅助办案功能逐步完善，实践应用效果进一步凸显。某市级院通过平台发现国土资源局征缴土地出让金不力，欠缴数额达数亿元，遂与该市国土资源局联合开展了“追缴国有土地出让金专项工作”，发出检察建议41件，并向欠缴公司发出检察监督告知函，共帮助国土部门收回土地出让金25亿余元。

三是充分运用前沿科技。应用平台主要有三方面的技术创新。第一，实现基于大数据、云计算拓展分析研判领域，同时在建设过程中充分借助自然语义分析、研判规则库等人工智能技术，进行案件的自动分类和关联，发现监督点和案源信息，实现信息化案件管理和智能辅助办案。第二，提供研判规则和成案指数的管理功能，总结检察官在行政检察办案过程中形成的办案经验，并将其提炼成计算机所能识别的描述语言，借助机器学习技术，主动推荐案源和预警，提升智能化水平。第三，提供灵活的多角度案源搜索推送功能，通过红黄蓝灯分级预警，高预警级别优先推送。特别是可实现对单个案源进行分析研判，推荐相关的行政执法单位权力清单以及相似案源，方便办案。上述三大技术突破有力保证了平台建设的前沿性和应用性，平台的多项数据挖掘算法、智能推荐算法已经申请国家发明专利，真正做到了全国首创、技术领先。在平台建设的过程中，最高人民检察院给予大力支持。作为全国唯一一个借助大数据和人工智能技术辅助行政检察工作的应用平台，参加了全国检察机关科技装备展、全国检察机关智慧检务工作会议，张雪樵副检察长等领导充分肯定，并对平台建设方向提出明确要求，为平台的不断更新完善指明了方向。

二、坚持步步为营，积极稳妥推进平台建设

一是试点先行。以长春市院为试点院，与软件公司合作正式开始研发大数据平台。平台 1.0 版研发完成后，我们邀请相关专家、召集 9 个市州院、部分基层院业务骨干召开评审会，对于平台 1.0 版进行了修改。在大家的共同努力之下，2017 年 9 月，衔接平台 2.0 版完成了部分平台建设，实现了数据采集、智能清洗、大数据挖掘智能分析研判、案件管理、知识资源、大屏信息展示等功能，并在长春市进行了试用。2018 年，我们在平台 2.0 版的基础上升级为平台 3.0 版，进一步拓展了平台的使用功能。

二是强化领导。平台开发完成后，首先在长春市及 14 个县区院进行了试用，实现了自动采集 119 个互联网政务公开网站，23 个微信、微博自媒体数据，以及裁判文书网、案件信息公开网等司法网站中行政诉讼的案例信息，辅助办案的效果显现。我们及时将情况向省院党组进行了汇报，并提出了在全省试应用的意见。省院党组高度重视，表示平台建设费用由省院统筹，集省院相关部门合力共同推进。按照省院党组的部署，行政检察大数据应用平台建设领导小组成立。领导小组组长由省院党组副书记、常务副检察长唐永军担任，副组长由长春市院检察长盛美军担任，行政检察、办公室、信息技术、计划财务等部门负责人全部加入推进小组。各市州分检察院也成立领导机构和推进小组，安排相关人员，制定工作规划，明确本地区各部门职责分工，按省检察院部署统一开展工作。

三是争取支持。为了把平台最主要的功能——行政执法与行政检察信息共享尽快落到实处，我们主动争取党委的领导和各方支持。省委全面深化改革领导小组审议《吉林省人民检察院关于支持法治政府建设营造良好经济发展软环境的实施意见》时，明确要求加强检察机关与行政执法部门的沟通联络，探索建立工作联动机制，加强信息互通和协作配合，进一步提高法律监督的效率和水平。为了落实好省委全面深化改革

领导小组的部署要求，省检察院与省环保厅、省国土厅、省水利厅、省城乡建设厅、省食品药品监督局等单位分别会签了“重大行政执法信息移送办法”“加强协作配合的工作意见”，对于推进行政执法电子数据与行政检察大数据应用平台进行数据对接，在省级层面进行了顶层设计，达成了一致意见。各市州分院及基层院分别与同级行政机关进行会商，实现信息互通。

四是加强培训。系统再好，关键还得人用。在推进这项工作的过程中，我们以递进式培训为思路，采用集中培训、远程培训和现场指导相结合的方式，逐步加深管理和使用人员对平台的掌握程度。第一，开展平台使用培训。采用集中授课的方式，对分析研判平台、办案管理平台、知识资源平台和指挥调度中心进行整体功能介绍。第二，开展深度应用培训。通过实时远程指导，培训移动办案平台、公共服务平台、分析研判平台、办案管理平台、知识资源平台应用技巧等。第三，进行具体操作培训。在对全省行政检察人员就平台应用的重点难点问题开展了问卷调查之后，我们与平台承建公司共同组成三个指导组，分别赴各市州院和基层院现场指导应用，全流程演示、手把手教平台使用方法，进一步提高了平台管理和使用人员运用平台的能力。

三、紧密结合工作实际，充分发挥平台作用

通过一段时间的应用，行政检察大数据应用平台已经成为我们推进行政检察工作的重要抓手，在工作中发挥越来越重要的作用。

一是畅通行政执法与行政检察沟通渠道。通过平台建设，实现了行政机关与检察机关互联互通、信息共享，加强了行政机关与检察机关的协调配合，为双方共同参与社会治理提供了重要载体。比如，长春市检察院已与42家行政执法机关实现了数据对接，并建立起数据实时获取和动态对接相结合的工作机制，为进一步的大数据分析和智能研判打下了良好的基础。

二是显著提升了办案的效率和效果。我们把平台应用与主责主业紧密结合，通过平台的应用，提高了办案效率，缓解了行政检察检力不足的问题，解放了检察生产力。平台全省试运行以来，全省行政检察人员共使用平台3万余次，累计查询市级行政单位权力清单25000余条，查询法规2万余条、案例2000余件，抓取案源信息3000余个，发现案件线索772个，发出检察建议共600余件，占全省检察建议总量的45%；发现非诉执行监督案件线索112件，占全省非诉执行监督案件总数27.1%。

三是实现了双赢多赢共赢。随着平台应用的不断深化，社会各界更加及时、有效、实时掌握检察机关的工作动态，加强对检察工作的监督、制约，从另一个层面也促进了行政检察规范、科学发展。同时，检察机关通过平台的应用，以法治方式促进行政执法领域问题的解决。和龙市院通过平台，发现有人在河道内违法修建鱼塘，行政机关按照检察建议把鱼塘拆除。3天后，当地突发洪水，因违章建筑拆除及时，避免了重大人身和财产损失。和龙市水利局专门致信检察院感谢检察监督。

四是有效提高了行政检察队伍素能。通过平台信息、数据抓取功能，行政检察人员可以随时了解最新的行政法规、最全的执法动态、最大的社会热点。与此功能相结合，我们建立了行政检察联络员机制，行政检察人员与一个行政机关建立对口联络关系，分别侧重掌握一个行政机关的工作动态，在较短时间内，行政检察人员纷纷成长成某一领域的行家里手。

五是推进了行政机关信息化建设。一个时期以来，吉林省政府信息化系统设计与集成方式兼容性不高，数据资源无法流通共享，形成了孤岛式的信息系统。我们紧密结合吉林省政务云平台建设，以行政检察大数据应用平台为媒介，通过分别与各行政机关实现信息对接，促进了行政执法业务系统和网络按照统一规划和标准进行建设改造，改变了不同政府部门、不同业务系统之间信息垄断封闭、分散孤立的状态，推动了行政执法信息管理平台一体化建设。

江苏检察机关强化跟进监督
努力提升行政检察建议的刚性

江苏省检察机关认真贯彻落实最高人民检察院党组和张军检察长关于把检察建议做到刚性做成刚性的要求，2018年1月至2019年6月共提出监督行政机关、审判人员违法行为检察建议260余件，监督人民法院行政非诉执行活动检察建议1250余件，合计采纳1170余件；其中通过强化跟进监督，督促被建议对象纠正相关违法行为占了相当一部分，较好地增强了行政检察建议的刚性。

一、严格依法精准制发检察建议书，夯实检察建议刚性的基础

检察建议的刚性首先来源于检察建议内容的科学性、可行性和解决方案的最优性。因此，提升检察建议的刚性，首要举措是提升检察建议的科学性和权威性。

（一）坚持检察建议案件化办理

实践中，检察机关如果只向人民法院移送一份检察建议书，没有移送包含证据材料的案卷，人民法院往往无法摸清建议纠正的具体违法情形。同时，缺乏检察建议案卷，也会导致检察机关内部审核把关流程虚化，不易提升检察建议工作的严肃性和科学性。对此，我们强调对检察建议进行案件化办理。一是找准问题根源，筑牢事实基础。检察建议的权威性来源于建议内容的精准性，即对事实的准确认定和对法律的精准适用。于法有据、于事有据是体现检察建议刚性、强化检察监督效果的重要保障。坚持以事实为依据，强化事实认定，必须注重事前调查，充

分运用调查核实权，采取询问证人、现场查验拍照等方式，收集固定证据；通过走访相关单位部门、座谈交流等方式，研究个案以及类案的发生特点，找准人民法院在行政审判和行政执行方面的问题根源，提出切实可行的建议方案。南京玄武区院针对媒体相继曝光的某服务中心虐童事件，经详细调查发现，区民政、卫计等部门在对民办非企业单位的监管中存在疏漏，分别向相关部门提出检察建议，督促加强专项监管和整治工作，取得较好的监督效果。二是加强释法说理，增强检察建议的权威和执行力。详细阐释检察建议的事实、法律依据，必须说理清楚、说理有据，既给被建议方施以压力，也对办案的检察官本身提出明确要求。需紧扣案件事实和法律依据，对人民法院存在的违法违规行为予以充分论述，做到法理情有机统一。

（二）坚持检察建议规范化办理

制发检察建议属于办案工作，自然需要遵守办案规范，以体现法制统一。一是规范制发程序。按照最高人民检察院的规范使用统一的编号、格式，确保检察建议文书格式规范统一。二是规范备案程序。下级院在向被建议单位送达检察建议书三日内应当将检察建议书上报至上级院备案，上级院应对下级院备案的检察建议进行审查。三是规范送达程序。检察建议书原则上要求由院领导亲自送达或公开送达，以体现检察机关对检察建议工作的慎重。四是发挥考核引导作用。将检察建议工作作为办案业绩考核的一个组成部分，直接纳入绩效考核体系。目前，江苏省检察官绩效考核软件，已将检察建议工作的开展情况纳入对员额检察官的考评体系，以发挥对检察干警规范工作方法的积极引导作用。

二、构建多方位沟通协作机制，营造检察建议双赢多赢共赢的监督氛围

检察监督不是零和游戏，而是与被监督对象一起共同促进社会主义

事业建设。只要基于这种价值观，检察监督都能获得被监督对象的理解，这也为跟进监督创造了良好氛围。

（一）构建上下级检察院一体化监督机制

针对法院集中管辖行政诉讼一审案件，上级检察院推动跨院组建检察监督办案组，统筹办理此类监督案件。如南通市检察机关积极应对开发区法院集中管辖全市的行政案件带来的变化，跨院组建了专业化检察监督办案组，由开发区院分管检察长担任组长。如果在较大区域都存在相同或相似的问题，县级检察院一般不单独制发检察建议，而是由区域内设区市院或省级院发一份检察建议，这样监督效果更好。这些都需要省市县三级联动，共享信息，统一指挥。

（二）强化与被监督机关之间的沟通协作

江苏省检察院和省高级法院十多年来始终坚持每年至少举办一次联合座谈会，集中协调解决检法之间存在的问题。除此之外，省级检法两院内设部门之间、省内各级检法之间均建立了日常联系机制，发出抗诉书、再审检察建议书、检察建议书等监督文书之前一般都先行沟通观点。同时，各级检察机关都积极与相关行政机关之间就监督事项开展经常性的沟通联络，努力实现双赢多赢共赢的监督氛围。东海县院建立行政执法长效监督机制，2018 年与县教育、卫生、戒毒所等多家行政机关多次举行联席会议，促进召开全县医疗机构依法执业专项整治工作会议。盐城东台市院联合市法院、市环保局出台了《关于进一步加强环保非诉执行工作的实施意见》，构建了常态化的协调、会办、督办等联动机制，2018 年依托该意见办理环保非诉执行监督案件 15 件，执行到位 11 件。

（三）建立问题线索移送机制

对行政机关、审判机关及其人员存在的违法情形，江苏检察机关坚持两条腿走路，即针对事实、法律和程序问题提出检察建议，针对公职人员违法违纪问题及时向监察委或负责的检察部门移送问题线索，不放纵履职中发现的违法违纪问题，并配合做好查办工作。

三、转变检察监督理念，落实督促整改责任

检察建议的刚性不仅仅取决于建议内容的科学性，更取决于检察机关对发出的检察建议跟踪监督情况。过去很长一段时间，包括抗诉在内的检察监督工作，往往是抗诉书或检察建议书发出之后监督工作就算结束。但如果抗诉书或检察建议书发出后，不闻不问，任凭被监督对象自行处理，实际监督效果大都不会很好。所以，现实中检察建议缺乏刚性重要原因之一，就是检察机关没有将检察监督工作做到底，没有持续跟踪监督。

（一）明确跟进监督是必不可少的办案环节

行政抗诉案件不是提出抗诉后就可以结束流程，检察建议也不是发出建议书后就算完成办案流程，而是要继续进行跟踪监督，发现问题紧咬不放。连云港市院针对在履职中发现的“问题食盐”流向百姓餐桌危害群众身体健康问题，及时向市政府报告，并向市食药监局发出检察建议，获市领导批示并推动开展全市食盐质量安全专项打假行动，市食药监局还派员专程到市检察院反馈检察建议落实情况。

（二）健全回访、评估等跟进监督机制

我们在工作中要求严格坚持“一建议一回访”，及时了解和掌握检察建议的采纳、落实情况，跟进检察建议落实、整改情况并开展实效评估，形成《检察建议效果评估报告》，促进检察建议成果化。但是检察建议本质上属于一种建议，不是上级对下级的命令，那么被建议对象有权根据自己的实际情况决定是否采纳或如何采纳。因此，对检察建议的跟进监督，同样需要根据实际需要灵活采用不同的方法，不能用强制或命令的方式开展回访检查。苏州昆山市院专门成立检察建议回访组，小组成员从各业务科室选派组成，便于回访不同类型的检察建议落实情况，适时

邀请行业权威人士、有关代表委员参与回访，加强检察建议的说服力，使柔性的检察建议产生刚性的监督成效。

（三）注重通过跟踪监督提升检察建议的社会效果

督促被建议单位落实检察建议，不仅仅是机械地督促被建议单位，而是与被建议单位一起共商如何整改问题，将督促整改过程作为共同推进问题解决的一部分，从而实现共赢的目的。泰州高港区院经排查发现区法院对土地行政处罚的行政非诉执行案件存在严重的“空挂”现象，即在行政机关申请执行后，仅裁定准予执行，但不采取任何执行措施。针对这一情况，高港区院进行仔细调查，提出确凿证据后向法院发出类案监督检察建议，同时提出根据违法单位的经济效益、社会贡献区别对待以及在1—5年内分批次全部执行到位的执行方案，取得了良好效果。

四、借助外力，努力推进检察建议落地见效

检察机关开展工作从来都不是单打独斗，而是要借助一切可以团结的力量，扩大获得支持的范围，以促进落地落实。

（一）积极向党委人大汇报工作，寻求党委与人大支持

党委人大的支持是推进行政检察工作的重要保证，更是开展跟进监督的重要手段。通过沟通协调难以解决的问题，往往需要向党委人大反映，以获得领导机关的支持。镇江市人大常委会在我省率先通过了《关于加强行政执法检察监督工作的决议》后，丹阳市委办、市政府办即转发《丹阳市检察机关督促行政执法机关履行职责工作办法（试行）》，使得行政执法检察监督工作在制度上获得了行政机关的积极配合。南通市通州区院向区委、区人大、区政府汇报行政执法检察监督工作后，通州区委、通州区人民政府出台《关于全面加强行政执法检察监督工作的实施意见》，通州区人大常委会通过《关于加强行政执法检察监督工作的决议》。随后，根据意见和决议精神，通州区院与区政府联合下发《通州区

行政执法检察监督工作实施办法（试行）》，为行政执法检察监督营造了良好的外部环境。

（二）选择适当时机公开或公布重要的检察建议书

比较重要的检察建议书，在发出之后可以对媒体开放、向社会公开。在此过程中，媒体的报道和公众的关注，将对接收检察建议的主体造成较大的压力，促使其不得不认真面对问题，积极寻求整改。同时，也对检察办案人员自加压力，要求办案精益求精，不能有丝毫的马虎与懈怠。当然公开前可以与被监督单位进行有效沟通，消除误解、达成共识；公开后持续跟进监督，把检察建议的内容落到实处。目前我省行政检察监督法律文书已经在省院检察内网公示。在检察建议书发出的同时抄报同级人大常委会，年底将发出的检察建议书及其反馈情况汇总整理后，向同级人大常委会报送，并供社会查阅。

江西检察机关围绕“四个三”积极破解难题 持续深化全省行政非诉执行监督活动

2016年下半年，江西省检察机关为贯彻落实党的十八届四中全会精神，履行好法律监督职责，延伸监督触角，率先在全省检察机关连续两年部署开展了行政非诉执行监督专项活动。2018年3月，按照最高人民检察院统一部署，在全省检察机关全面开展了民事行政非诉执行监督专项活动。专项活动开展以来，全省检察机关主动作为，积极探索，面对行政非诉执行监督难题，明确监督理念，强化监督重点，完善监督措施，改进监督方式，突出监督成效，行政非诉执行监督专项活动得到不断持续深化。据统计，2016 年至 2019 年 6 月，全省检察机关办理行政非诉执行监督案件 612 件，发出检察建议书 597 件。通过开展行政非诉执行监督，有效监督了人民法院公正司法，促进了行政机关依法行政、规范执法，切实维护了国家、社会公共利益和当事人的合法权益。

一、明确三个注重，推动监督均衡协调发展

自 2016 年开展行政非诉执行监督工作以来，全省检察机关高度注重办案实效，不唯办案数量论成绩，始终坚持针对行政非诉执行中存在的突出性、典型性问题进行监督，保证监督领域的充分覆盖、监督成效的全面体现。

一是注重采纳率，保证监督成效。把住检察建议书质量，注重建议的准确性、针对性、可操作性，三年来全省监督意见采纳率平均为 87.6%，其中，2018 年全省检察机关共办理行政非诉执行监督案件 151 件，向行政机关和人民法院提出检察建议 150 件，相关单位采纳 132 件，采纳率为 88%。

二是注重覆盖面，保证监督内容多元。开展各领域的全面监督，实现了对行政机关和人民法院非诉执行活动的各环节监督。从 2018 年监督的违法情形看，监督行政机关 72 件，占总数的 48%；监督人民法院作出执行裁定后行政机关怠于执行的案件 20 件，占总数的 13.3%；监督人民法院应立案而不立案、应予裁定执行而不裁定执行的案件 17 件，占总数的 11.33%；监督人民法院作出执行裁定后超期未执行的案件 32 件，占总数的 21.3%；监督人民法院违法采取财产处置措施、违法罚款以及违法中止执行程序的案件 8 件，占总数的 5.3%。

三是注重维护公益，强化国有财产保护。监督中突出了对损害国家利益和社会公共利益违法行为的监督，2018 年依职权办理该类案件 108 件，占总数的 72%。尤其是注重对环境资源、卫生计生、国有财产和国土出让等领域违法情形的监督，经调查核实后发出检察建议 74 件，占案

件总数的49.3%，2018年促成挽回国家财产损失5200余万元。

二、围绕三个层面，营造良好监督工作环境

全省检察机关积极加强与本级法院、行政机关的联系沟通，建立省、市、县三个层级较为广泛的配合协作机制，为监督活动营造良好外部环境。

一是省级层面，江西省院与省政府法制办联合印发《关于检察机关和政府法制机构加强行政执法监督工作协作配合的若干意见（试行）》，从制度上解决和规范行政机关支持配合行政非诉执行监督问题。2019年，经与省自然资源厅协商，在全省检察机关开展了自然资源领域行政非诉执行专项监督活动；围绕非诉执行监督，深入走访省法院、农业农村厅、水利厅、林业厅等单位。

二是市级层面，上饶市院、抚州市院等均联合中级法院制订行政非诉执行监督专项活动实施方案，由两家共同开展行政非诉执行监督专项活动；南昌市院、抚州市院等地分别与市法制办联合组织了行政执法调研检查活动；抚州市院与市政府法制办联合印发《关于开展行政执法联合督查活动的通知》，在全市范围内开展行政执法检查，发现非诉行政执行监督线索20件，成功监督2件。

三是县级层面，瑞金市院推动瑞金市委办公室、市政府办公室印发《关于实施行政执法检察监督的若干意见（试行）》；安义县院与县法制办会签《关于在行政执法监督工作中加强协作配合的若干意见（试行）》；永修县院、上饶市广丰区院等院与市场管理、国土资源局、卫计委、人社局等行政执法单位会签关于加强行政检察监督协作配合工作的意见；贵溪市院与市法制办一同对农业局、林业局、水利局、国土局、环保局开展了行政执法监督调研督导工作，成功监督3件。据不完全统计，全省检察机关与相关单位会签文件20余份，与政府法制机构开展联合执法检查10余次。

三、强化三项措施，提升监督工作力度水平

全省检察机关在专项活动中，围绕精准监督要求，积极结合本地实际，研究采取针对性措施推进工作。

一是突出执法重点领域专项监督。各地在调研基础上，因地制宜开展小专项活动，有针对性地围绕卫生计生、劳动保障等民众关注度高的问题开展各类小专项监督，形成规模效应。如浮梁县院、乐平市院、大余县院在卫生计生行政执法领域开展“督促行政处罚进入司法执行、强制执行”专项监督活动，促使收缴行政处罚罚款24件共56万余元；某县级院在劳动和社会保障领域针对该县某公司等5家单位欠缴200余名员工劳动工资情形，向县人社局发出检察建议5份，督促其向法院申请强制执行，法院均裁定受理，案涉30余万元款项均已执结。

二是紧盯法院关键环节重点监督。针对法律规定相对粗疏，法院行政非诉执行活动相对封闭，全面监督难度大效果很难保障的情况，我们重点围绕法院执行活动四个关键环节进行重点监督。监督法院纠正怠于受理情形，针对法院有案不立、拖延立案、人为控制立案、干扰依法立案等问题，通过发出检察建议，督促法院按照法定程序办理，2018年至2019年6月全省检察机关共对24件法院应立案而不立案进行监督。如上饶市院以集中监督形式，解决了上饶一些基层法院对行政非诉执行案件长期不予办理的违法状况，某县级院针对2件县卫计委依法移送县法院申请非诉执行未予受案进行了监督。监督法院纠正怠于执行行为，针对法院作出准予执行裁定后未采取适当甚至不采取任何执行措施、怠于行使财产调查权等问题，通过发出检察建议，及时督促法院采取执行措施，2018年至2019年6月全省检察机关共对36件法院无正当理由超期未执行情形进行监督。如婺源县院、德兴市院集中梳理发现多起历年来的缴纳社会抚养费、为职工缴纳养老保险费非诉执行法院怠于执行案件并进行监督；某县级院监督县法院及时将县人防办申请执行杨某某100余万

元防空地下室易地建设费缴纳到位。监督法院纠正执行不到位问题，针对法院无正当理由没有按照行政处罚决定书或行政征收决定书内容全面足额执行等问题，加强审查把关和调查核实，及时发送检察建议并跟踪执行情况，确保执行到位。如某县级院通过监督法院将某公司拖欠詹某某等80名员工的73万余元工资发放到位。监督法院纠正执行中的其他错误行为，针对法院执行程序不规范、执行措施不当、侵害行政相对人或者案外人合法利益的情形进行监督。如某市院针对法院2件案件存在的执行立案不及时、执行和解协议不附卷、送达回证未签名未标注日期，以及4件执行通知书未送达或延迟送达问题进行监督纠正；景德镇市某区院针对2件行政裁定书没有送达被执行人、1件案件立案后没有通知申请执行人、1件决定不予受理的行政裁定书由行政审判庭作出属程序违法等违法情形进行监督纠正；某县级院针对县法院违规向行政机关收取预交强制执行费、终结本次执行程序前未依法告知申请执行人相关信息、终结本次执行后不按期查询财产等违法情形进行监督纠正。

三是强化内部配合衔接合力监督。首先，完善组织领导。及时成立由分管院领导任组长，包括刑事检察、民事行政、公益诉讼、控告申诉等职能部门为成员的领导小组，南昌市7个基层院由检察长亲自担任领导小组组长；南昌市院将监督活动连续两年纳入目标管理考评。其次，加强部门配合，建立“一案双查一跟进”办案机制。破除各检察业务部门工作脱节的难题，形成工作合力，凡是办理审查逮捕案件和审查起诉案件，都要查明所办理的案件背后有无“两个问题”，即行政机关有无切实履职、法院在行政非诉执行中有无违法行为，并将情况即时通报给民行部门，由民行检察部门跟进监督。最后，结合公益诉讼开展工作。结合公益诉讼职能，延伸行政非诉执行监督触角，积极从公益诉讼案件中发现非诉执行案件线索。如南昌县院向南昌县国土资源局发出3件检察建议的线索均系办理公益诉讼案件过程中发现。

四、落实三项保障，推进工作健康长远发展

全省检察机关为切实深化行政非诉执行监督，积极开展督促指导，加强调研和信息交流，强化培训，不断夯实基层基础。

一是注重上下联动保障办案力度。基层院普遍人少任务重，人员力量薄弱，而行政非诉执行监督工作绝大部分在基层，要做好工作就必须做到上下联动，把办案力量用在基层。一方面，上下级院一体化办案。上级院发挥业务指导作用，派出业务骨干参与案件办理，构建省市县三级院联动一体化办案模式。如省院与新余市院一体化办理国土领域的裁执分离案件；赣州市院与于都县院一体化办理监督案件 10 件，其中疑难案件 3 件。另一方面，上级院积极摸排线索对下转交。南昌市院、新余市院通过与市法制办、有关行政机关联合开展行政执法调研检查等活动，深入梳理发现监督案件线索，及时交办基层院开展监督；近期，省院第七检察部分别将法检座谈中发现的 2 件法院立案受理超期线索、《文明江西》微信公众号曝光的拖欠农民工工资监督线索交相关院办理，从中发现犯罪线索 1 件，2019 年 8 月 16 日公安机关已立案侦查。

二是注重学习培训业务素质。行政非诉执行监督作为一项近年来开展的重点业务，既缺少理论指导，又缺乏实务经验，抓好业务学习培训十分紧迫、非常必要。首先，及时对全省 120 余名行政检察干警进行集中培训，开设《非诉执行实务探讨与交流》课程，围绕“对非诉执行的认识”“非诉执行领域开展检察监督之必要性”“检察机关开展非诉执行监督的重点领域和路径”“非诉执行监督的机制保障”四个方面做了深入浅出、有理论有实务的辅导。其次，认真组织开发检察“微课程”《行政非诉执行检察监督案件审查要点》，上传至省院工作平台《教培视窗》中供全省检察干警学习。最后，多次组织召开片区专题座谈会议，及时互通工作情况，分析问题困难，交流经验做法，以会代训提升监督能力。

三是注重督查指导保障工作强度。省院认真落实主体责任，积极担

负起督导指挥职责。首先，加强专题调研。于 2018 年底对全省检察机关近两年的行政非诉执行监督工作，深入多地专题调研，形成了《行政非诉执行检察监督存在的问题及完善路径》调研报告；2019 年 3 月，结合最高人民检察院部署开展的国土资源领域行政非诉执行监督专题调研活动，第七检察部又深入九江市、景德镇市的两级院进行实地调研指导。其次，加强总结推广。编发非诉执行工作动态专刊，发布典型案例；4 月 3 日，第七检察部在深入分析总结全省前期工作情况、问题不足后，印发《关于进一步深化行政非诉执行监督专项活动的通知》，对今后工作进行了再部署、再谋划；5 月，专刊编发《行政非诉执行案件主要违法情形及监督依据》。最后，加强业务解答。建立工作群，省院指定专人负责对下指导，即时解答下级院办案中遇到的难题，及时帮助解决复杂疑难案件。

河南检察机关提高政治站位主动担当作为扎实开展国土资源领域非诉执行监督工作

河南地处中原，是全国的农业大省、人口大省，是国家粮食生产核心区域。随着近些年国家发展战略在河南的贯彻实施，我省的经济社会发展正处在快速发展的关键时期。伴随着经济社会的发展，我省既是全国的用地大户，同时违法占地问题也比较突出。2019 年 3 月 8 日，习近平总书记在参加河南代表团审议时，要求河南要“扛稳粮食安全这个重任”，特别强调了耕地保护问题，要求“强化地方政府主体责任，完善土地执法监管体制机制，坚决遏制土地违法行为，牢牢守住耕地保护红线”。2018 年以来，我省检察机关深入开展行政非诉执行监督专项活动，着力监督纠正国土资源领域行政非诉执行中存在的突出问题，取得了显著成效。我们呈报的“国土资源领域行政非诉执行三个突出问题导致99.7%的违法占地状态难消除应引起重视”的“检察情况反映”，引起了最高人民检察院领导的高度关注，张军检察长、张雪樵副检察长以及河南省院顾雪飞检察长先后作出批示。我们的做法是：

一、加强调查研究，做到有的放矢

2018年以来，按照最高人民检察院的统一部署，我们在全省组织开展了行政非诉执行专项监督活动，要求各地深入开展调查研究，作为开展相关监督工作的前提和基础。从调研情况看，我省土地违法案件查处难，执行更难。以我省平顶山市为例，2016年至2017年期间，该市10个县（市、区）国土资源部门向当地基层法院申请非诉行政执行的违法占用土地案件共1400件，其中，国土资源部门撤回申请6件，法院不受理44件，裁定不准予执行166件，裁定准予执行1184件，5616.03亩违法占地未采取强制拆除措施，占违法占地总面积的99.7%。调查发现，法院在办理国土资源领域非诉行政执行案件时，存在三个方面突出问题。

一是不同法院受理、裁定、执行方式不一。全市10个基层法院在受理、审查、执行国土资源违法案件强制执行申请上，存在三种不同做法。（1）区分行政处罚决定书中金钱处罚与非金钱处罚的内容，对金钱处罚的内容依法受理并裁定执行，对非金钱行政处罚内容则“裁执分离”，在准予执行时裁定由国土资源部门或者相关人民政府组织实施执行。（2）不区分金钱行政处罚与非金钱行政处罚，符合规定的一律受理并裁定准予执行，但因执行部门无法实施强制执行，而拒不接收案件。（3）拒不受理非金钱行政处罚非诉执行案件。二是法院裁定、执行没有明确的法律依据。（1）“裁执分离”目前没有明确的法律依据，违反“公权力非经法律规定不得授予与转移”的原则。（2）裁定准予执行，但因无法实施强制执行，而拒不接收案件于法无据。（3）有的法院裁定书中关于行政机关实施的强制拆除，均未按照原《土地管理法》第83条的规定明确“费用由违法者承担”，影响了执行效果。三是同一法院受理、审查、执行方式也不统一。有的法院在某一案件中对国土资源部门作出的没收非法建筑物和罚款的行政处罚内容裁定准予执行，但在该院审理的另一起案件中，却裁定仅执行罚款部分，对没收非法建筑物的处罚内容在裁定书中未作任何处理。

二、深入分析原因，加大监督力度

调研发现，国土资源领域非诉执行难，违法占地状态长期难以消除的问题，既有国土资源部门自身存在的不足，也有人民法院不受理、不及时受理案件以及受理后执行不力的原因；既有现实层面的原因，也有一些深层次的原因。主要有以下几个方面：

一是立法上存在缺陷。《行政强制法》等法律规范出于对行政权的控制，没有授予国土资源部门行政强制执行权，设置了国土资源部门向人民法院申请强制执行的程序。从2004年起，最高人民法院已经开始要求地方法院不参与政府组织的强拆活动。2012年，最高人民法院发布《关于办理申请人民法院强制执行国有土地上房屋征收补偿决定案件若干问题的规定》，在国有土地上房屋征收案件中实行“裁执分离”，但目前实行“裁执分离”的仅限于国有土地上房屋征收案件，各地法院探索国土资源领域非诉行政执行“裁执分离”仍处于没有明确法律依据的局面。

二是国土资源部门不能有效查处违法行为。相关法律规定，国土资源部门有权查阅资料、要求被检查对象作出说明、现场勘测、责令停止违法行为；作出行政处罚决定后，对责令限期拆除新建建筑物但继续施工的有权予以制止。但法律没有规定国土资源部门可以采取哪些手段和措施来行使调查权、制止权。实践中，往往是违法当事人对《责令停止违法行为通知书》置之不理，一味抢建；拒不配合调查取证、问询笔录；往往作出行政处罚时，违法既成事实；当事人仍继续施工的，国土资源部门缺乏有效制止手段。现场执法过程中，执法人员经常遭遇暴力抗法。

三是人民法院和国土资源部门履职尽责不到位。有的地方国土资源部门和法院衔接不畅、相互推诿。有的国土资源部门履行监管职责不够到位，存在“以罚代法”选择性执法问题；调查不全面、程序不当、行政处罚内容含糊不清，致使法院难以执行；制止查处不及时、不到位，当既成事实、违法状态难以消除时，为避免被追责，才将案件申请法院强制执行等。有的法院对国土资源部门的强制执行申请不能依法处置，要么直接不予受理，要么不说明理由直接退回，暂时收下的，如果年底无说明一并打包退回；有的法院仅受理罚款的执行申请，对拆除、没收建筑物的申请不予受理，有的受理后又单方委托国土资源部门限期执行，否则即裁定驳回申请，或要求国土资源部门提供风险评估报告，否则即不予执行等。

在深入分析原因基础上，近年来，我们有针对性地开展对国土资源领域非诉行政执行监督工作，加强与人民法院和行政机关之间的沟通协调，统一思想认识，增强监督的主动性；要求各地增强监督意识，加大监督力度，同时，在发出检察建议等监督意见前，注意听取有关机关的意见，增强检察建议的实效性，争取双赢多赢共赢的效果；要求各地从人民法院和行政机关调取国土资源领域相关非诉执行及执法卷宗，认真进行审查比对，从中发现个案违法线索，增强监督的针对性。郑州二七区院针对国土资源领域长期存在的行政处罚落实不到位的问题，一方面，向国土资源部门发出检察建议，建议其依法严格落实行政处罚的各项规定，积极向法院申请强制执行。对监督中发现的国土部门执法中存在的漏洞，建议开展土地执法专项活动，国土局采纳该检察建议，立即组织开展了国土执法领域的专项清理活动；另一方面，向法院提出检察建议，建议其依法立案并高效执行行政机关的非诉执行申请。法院立案强制执行了 3 起非诉执行案件，并在法定期限内全部执结完毕。

三、主动担当作为，开展工作试点

检察机关作为法律监督机关，负有监督人民法院和行政机关执行的法定义务和责任。国土资源领域违法占地问题长期得不到有效解决，影响了法律权威和尊严，影响了司法公信力和政府公信力，制约了经济社会发展。为了尽快有效解决这一问题，我们不等不靠，积极协调，主动担当作为。

一是积极协调，促进达成共识。省院领导多次要求我们，解决违法占地及执行难问题，检察机关责无旁贷，一定要提高政治站位，增强大局意识、监督意识、服务意识，加强与有关机关的协调配合。2019 年初，我们主动联系省高级人民法院行政庭、原省国土厅执法处等相关部门，针对存在的违法占地执行难问题会商解决的办法。省法院和原省国土厅均将开展国土领域行政非诉执行“裁执分离”试点，作为 2019 年的重点工作，选择一部分地市先行先试。3 月 20 日，我们又协调省法院和省自然资源厅，召开了“国土资源领域行政非诉执行工作座谈会”，进一步统一思想，凝聚共识。自然资源部门表示，要进一步规范自身执法行为，提高土地执法水平和行政处罚质量，依法及时发现、制止和查处土地违法行为，减少申请强制执行案件。省高级人民法院表示，非诉执行是法院的职责所在，也是 2019 年省高法的一项重点工作任务，要加强与有关方面的协调配合，建立工作机制，加快推进这项工作。

二是开展试点，积累工作经验。近年来，最高人民法院倡导在国土资源领域推行行政非诉执行“裁执分离”的强制执行模式改革。实行“裁执分离”是大势所趋，也是解决问题的根本所在。作为检察机关，也需要同步进行相关监督工作试点。2019 年 2 月 21 日，省院顾雪飞检察长在平顶山市检察院的调研报告上批示“请平顶山试点”。3 月 18 日，平顶山市检察院按照省院领导的批示要求，专题向市委、市政府进行了书面请示，市委主要领导批示支持试点工作。目前，平顶山市检察院已经研究起草了《关于推进国土资源领域非诉行政执行“裁执分离”工作的若干意见》，正在分别征求有关机关的意见。

三是建立机制，巩固监督成果。从外省的经验看，浙江、吉林、山东等地均是在省级层面的统一组织与协调下推进“裁执分离”工作的。实践表明，在缺乏省级部门统一协调和组织的情况下，由各基层法院自行推行“裁执分离”，难以有效发挥作用。基于这一认识，省检察院在安排部署平顶山市进行“裁执分离”监督工作试点的同时，积极协调省法院和省自然资源厅向省委、省政府形成了“工作专报”。待条件成熟时，我们将协调省直有关部门，会签省级层面规范性文件，统一全省法院受理、裁定、执行的方式，明确执行主体，明确各自的职责，建立多方协作配合的共同责任机制，紧紧依靠党委、政府，将“裁执分离”落实到位。

湖北检察机关坚持双赢多赢共赢
为行政诉讼监督营造良好环境

近年来，我省检察机关深入贯彻中央、最高人民检察院、省委部署，坚持双赢多赢共赢的监督理念，以沟通协调优化监督效果，以精准监督推进依法治国，共同服务党和国家发展大局，营造良性、互动、积极的工作关系，有效推动行政诉讼监督工作全面发展。2012 年省、市两级院民事、行政诉讼监督机构分设以来，全省共受理行政诉讼监督案件 14900 余件，提出行政抗诉 120 余件，再审检察建议 190 余件，检察建议 12300

余件，办案规模同比大幅上升。抗诉案件再审改变率和检察建议采纳率分别为73.3%、92.4%，监督质量明显提升，实现了三个效果的有机统一。

一、坚持精准平等监督，共同维护司法公正

我省检察机关既坚持原则依法监督、精准监督，又坚决摒弃“监督就是高人一等”的错误观念，通过主动争取支持、充分沟通协调实现更好的法律效果、政治效果和社会效果，有效促进法院全面依法规范司法。

一是主动争取支持。各地主动向各级党委、人大、政府汇报行政诉讼监督工作60余次，积极参与相关单位对法院行政案件评查活动22次，评查案件169件，开创良好工作局面。主动借助“外脑”加强专业化审查，省院聘请12名行政法学专家、行政机关业务部门骨干作为民事行政诉讼监督案件专家委员会成员。全省邀请专家就工伤确认、机动车检验合格标志发放等疑难专业法律理论问题、监督的社会效果、案件对司法价值判断的引领作用等作深入论证20余次，有效弥补行政检察人员知识短板，提高监督意见的精准度。

二是主动沟通法院。落实省院与省高院加强监督制约与协调配合的规定，有效协调解决行政诉讼监督调卷难、跟踪监督难、纠正违法难、息诉难等问题。全省检察机关与同级法院建立常态化沟通协调机制，座谈交流200余次，研讨案例90余次，检察长列席审委会8次，不断增进互信，促使法院自我纠错。一批抗诉案件再审后改判。如省院以生效判决适用的地方规范性文件违反《反垄断法》为由成功办理安监行政处罚抗诉案，保障商品自由流通；以行政审判中应当对是否构成善意取得进行认定，再作出确认违法或撤销判决为由成功办理房屋登记抗诉案，平息了持续十余年的房屋权属争议；以行政处罚已被撤销，行政机关应当及时对处罚前扣留款物作处理为由成功办理工商行政强制抗诉案，督促行政机关及时返还50万元扣留货款。此外，武汉武昌区院，当阳市院，

南漳、建始、来凤、咸丰、鹤峰县院等在法院设立检察工作室，既强化对行政诉讼全过程监督，又帮助法院释法说理、化解矛盾。

三是主动维护司法权威。近年来不符合监督条件案件数量、比例剧增。我省一方面，坚持依法办案，严格监督条件，决不上交、转移矛盾；另一方面，高度重视风险防范和息诉罢访，严格实行一案一风险评估，积极争取各级政府、法院和行政机关的支持，息诉罢访1000余次，妥善化解社会矛盾。如在涉及拆迁户上千人，关联项目涉及近万人的武汉花楼街拆迁行政许可案息诉工作中，省院主动与省政法委、法院，地方党委、政府等沟通，接待群众来访13次，向某市政府提出检察建议，帮助生活困难的当事人协调解决实际问题，有效防止了矛盾激化。省院在制度允许范围内，协调解决申请人及其家属的社会保障问题；争取当地党委、政府支持，共同解决申请人家属重病、企业面临破产等实际困难；赴鄂州、崇阳、大冶等地与当地政府及有关单位座谈，协调解决申请人反映的征地安置补偿费过低等合法诉求，并移送相关公益诉讼线索。针对一起因一房二卖引发的房屋登记案件，武汉市院结合案情引导当事人和解并履行到位，促进案结事了人和，既维护司法权威又减轻当事人讼累。

四是主动推动类案办理。根据行政案件类案效应强的特点，我省总结梳理人民群众反映强烈和个案监督中发现的共性问题，先后对祖遗房产信息查询、土地房产征收补偿、工伤确认、机动车检验合格标志发放等类案，对违反行政诉讼证据规则、违反登记立案制度、审判组织不合法、不及时交付执行款物、送达违法、审理或执行严重超期等问题开展类案监督，类案监督比例达60%，促进行政机关、法院开展专项整治71次，有效强化了监督效果。省院以颁证缺乏权源资料、程序违法为由对一起林权行政登记案提出抗诉，法院再审改判后，还依职权启动了另外13件案件的再审程序，解决了持续30多年、涉及562亩林地、关乎两个组几十户村民切身利益的林权争议问题。

二、坚持监督支持并重，共同促进依法行政

在行政诉讼监督工作中既支持行政机关依法行政，主动听取其意见，又监督纠正错误行政裁判和行政违法行为，向行政机关提出改进工作、规范执法的建议，帮助解决问题、补齐短板，形成法治建设合力。

一是积极办理行政机关申请监督案件。积极与各级政府、行政机关沟通，依法办理行政机关不服法院生效裁判案件15件，提出、提请抗诉9件。

二是保障行政机关诉讼权利。在行政相对人不服法院生效裁判案件办理过程中，书面通知行政机关提交答辩意见，告知相关权利，开展听证等。如省院赴十堰某区组织听证，充分听取当地政府、村委会关于拆迁安置补偿政策、依据及具体执行情况的意见；赴某县，向当地经管局、村镇了解农村土地二轮延包具体情况。

三是促进行政机关依法行政。一方面，通过抗诉启动对错误行政裁判再审，间接纠正行政机关违法行为，促进依法行政。在全省抗诉改判案件中，90%的行政机关最终败诉。另一方面，开展行政非诉执行监督专项行动，推动法院依法执行，使行政决定落到实处，帮助解决行政机关感到为难和棘手的问题。如某市级院针对行政非诉执行工作中应受理而不受理、应执行而不执行情形提出检察建议，督促法院依法执结10件违法占地类非诉执行案件，执行罚款总额达100万余元，恢复被违法占用土地27亩。

四是推动解决深层问题。结合具体案件，认真分析行政违法行为背后的根源，有针对性提出意见建议，为行政机关提供法治参谋。如针对行政非诉执行监督中发现非法占地建筑物拆除、没收相关规定不完善的问题，武汉、黄石市院支持两地国土部门，争取市政府出台了有操作性的处置办法，作出了有益探索。某县级院通过检察建议，督促县政府切实规范征地程序，依法补偿安置，妥善处理遗留问题。

三、坚持服从服务大局，共同保障高质量发展

我省紧紧围绕发展稳定大局谋划和开展行政诉讼监督工作，关注人民群众日益增长的行政检察监督需求，为人民群众、为社会提供更好更优更实在的行政检察产品。

一是着力防范化解金融风险。省院在办理一起涉及非法集资行政案件时，发现当地政府存在查处与善后不力导致金融风险放大的线索，交由某县院向当地政府提出检察建议，督促其依法履职，做好涉及245人1100余万元非法集资案件善后工作。

二是着力服务脱贫攻坚战。积极参与防范解决农民工讨薪讨债问题，就农村承包地流转、征地拆迁、不动产登记等案件提出抗诉和再审检察建议20余件，提出检察建议45件，防止因案致贫、因案返贫现象。如省院成功办理一起不履行养老保险职责抗诉案，最终相关部门为失地农民办理了社会养老保险，全面落实了国家征地补偿安置政策。某县级院督促县法院依法受理人社局关于责令支付80余万元农民工工资的强制执行申请。某市级院督促市法院执结一起超期达半年的责令支付农民工工资案，被拖欠的30余万元工资款全部支付到位。

三是着力服务创新驱动发展。开展服务创新驱动发展专项行动，重点在保护创新主体产权特别是知识产权、促进公平竞争方面加强监督，办理行政诉讼监督案件30余件，最大限度地保护和激发创新活力。如省院成功办理一起工商行政处罚抗诉案，支持了某市工商局对“丁桂”注册商标专用权的行政保护。在一起安监局不服生效裁判案件中，鉴于被处罚对象系高新技术企业且违法情节轻微，行政处罚虽在法定幅度内但明显偏重，省院作出不支持监督申请并建议安监局在合理幅度内重新处罚。

四、坚持“人”“事”监督并重，共同强化正风肃纪

既坚持从行政裁判结果监督向行政审判、执行全过程监督延伸，又坚持从对“事”监督为主向对“人”和对“事”监督并重拓展，监督移送在行政诉讼监督案件中发现的行政执法人员违法违纪犯罪线索，营造良好法治环境。

一是督促纠正行政审判和执行违法行为。充分认识行政审判对于保障行政裁判结果公正、行政非诉执行对于维护行政决定权威的特殊作用，依法加大对行政审判、执行全过程中违法情形的监督力度。在办案中深入调查核实，充分听取争议双方，法院办案人员特别是承办法官意见，全面掌握案件情况。提出监督意见后，全程跟踪了解意见落实情况，与法院一起想办法、找对策，帮助其纠正问题、攻克难题，有效提升检察建议采纳率。如某县级检察院发现县法院违法受理水利局关于强制拆除水库库区范围内违法建筑的申请，遂向法院提出检察建议，并与法院一同与县水务局沟通，推动其向党委政府报告，依法拆除 500 余平方米违法建筑，解决了持续五年的“顽疾痼症”。某市级院针对市法院为帮助市国土局应付督察问责，套用其他案件文号作出 10 份准予执行裁定的违法情形提出检察建议，法院收回、销毁 10 份虚假文书，并开展全面清查、整改。

二是强化对行政执法人员违法行为的监督。坚持对行政裁判、行政审判、执行案件进行全面审查，发现并移送行政机关人员违法违纪犯罪线索50 余件，其中 30 余人被立案。荆门市某区院在办理一起房屋行政登记案过程中，发现并移送拆迁工作人员违规办证、侵吞拆迁款职务犯罪线索，最终法院对 6 名行政机关工作人员作有罪判决，其中张某被判处有期徒刑 11 年，廖某被判处有期徒刑 5 年 6 个月。

广西检察机关多措并举依法妥善办理“三大纠纷”行政诉讼监督案件着力防范化解社会矛盾风险

广西山林、土地、水利“三大纠纷”多为历史遗留权属纠纷，关系群众切身利益，涉及面广、涉及人数多，往往还伴有宗族矛盾、民族矛盾，因此，办理“三大纠纷”案件不仅涉及法律问题，还涉及社会问题、历史问题，政治性、政策性、专业性很强，需要充分考量各方面的因素，办案难度和息诉维稳压力大，是广西检察机关开展行政诉讼监督工作的重点难点。近年来，广西检察机关坚持把依法妥善办理“三大纠纷”行政诉讼监督工作放在改革发展稳定大局中去思考和推进，作为贯彻“三大攻坚战”、践行新时代“枫桥经验”等党中央重大决策部署，以及落实最高人民检察院和自治区检察院党组关于做实行政检察工作要求的重要抓手，着力在形成工作合力、更新监督理念、完善办案机制、加强释法说理、提升监督能力等方面下功夫，确保取得良好办案效果。

一、紧紧依靠党委领导，形成调处纠纷工作合力

根据“三大纠纷”案件的特点，我们深刻认识到必须把“三大纠纷”案件办理工作摆在社会矛盾大调解格局中，坚持党委领导，积极主动会同有关部门开展工作，才能保证办案法律效果、政治效果和社会效果的统一。办案实践中，全区三级检察院注重及时主动向当地党委、党委政法委汇报办理“三大纠纷”行政诉讼监督案件中遇到的问题，在党委的领导下，强化对办案工作的组织协调，充分调动行政机关、法院、

村委会、司法所、人民调解组织等各方面力量，及时畅通信息渠道，共同研究解决办案中遇到的突出问题，对排查出来的不稳定因素联合制订预案，把调解和解工作贯穿办案全过程，形成化解“三大纠纷”的工作合力。如钦州市检察院在市委的大力支持下，与市政府、市中级法院建立了“三大纠纷”案件依法导入诉讼监督程序的协作机制，对不服法院生效裁判、执行的案件，由政府、法院告知诉讼当事人向检察机关申请监督，将影响地方稳定大局的信访、闹访案件及时导入诉讼监督程序，引导群众依法理性反映诉求、解决诉求，检察机关在依法审查案件的同时，联合相关部门共同做好调解工作，发挥检察机关在维护社会稳定中的职能作用，赢得地方党委、政府、法院和社会各界的肯定与支持。

二、践行双赢多赢共赢理念，着力统一法律政策适用标准

坚持把双赢多赢共赢理念贯彻到办案工作中，借助联席会议制度等平台，主动加强与行政机关、法院沟通联系，形成良性、互动、积极的工作关系，推动“三大纠纷”案件执法司法理念和法律政策适用的统一，进一步规范执法司法程序，努力确保当事人诉求及时得到实际解决，防止案件积压激发矛盾纠纷。2017 年 12 月，自治区检察院与自治区法制办、自治区高级法院联合印发《依法行政联席会议制度》《关于建立推进依法行政联动机制的工作规则》，建立依法行政联席会议机制，及时沟通情况，共同研究解决办案实践发现的问题。2018 年，自治区法制办联合自治区检察院、自治区高级法院共同研究制定行政复议案件的评审标准及细则，共同评定 2018 年度全区行政复议典型案例和优秀行政复议决定书，通过制定评审标准及细则，促进两院与政府部门进一步统一了办案标准和法律政策适用尺度。针对再审检察建议和抗诉采纳率不高的情况，自治区检察院组织全区三级行政检察部门定期对“三大纠纷”抗诉案件法院裁判情况开展“回头看”，深入查找原因，对集中出现的分歧问题，及时与行政机关、法院交流研讨，及时解决分歧、统一认识。2018 年，

自治区高级法院在充分征求自治区法制办、自治区检察院意见建议的基础上，出台了《土地山林水利权属纠纷行政案件裁判指引》，细化“三大纠纷”案件需要查明的事实以及证据认定、法律适用等审查重点，统一裁判标准。

三、完善办案工作机制，不断提升办案质量和效果

健全执行监督工作机制。针对“三大纠纷”案件执行难问题，主动加强与法院和政府调处、法制部门的沟通协调，就划界执行时该如何处置争议地上附着物达成共识（即在执行划界时一并清表，还是告知申请执行人另行提起民事侵权诉讼，待民事判决生效后再另行执行清表），同时加强对诉讼各方当事人的调解和解力度，进一步推动土地附着物处置达成调解。充分发挥检察建议的作用，推动怠于重新作出处理决定的政府的上级政府监督履行，同时加强与政府的沟通交流，推动将政府履行相关行政裁判的情况纳入依法治国绩效考评体系，提高政府履行生效行政裁判的主动性，推动“三大纠纷”的及时有效处理。2017 年，自治区法制办联合自治区高级法院、自治区检察院制定 2018 年法治政府年度考评指标，明确对全区各地政府部门无正当理由未依法在规定时限内落实并反馈检察院检察建议、法院司法建议的，在法治政府建设考评中予以扣分，有效增强了检察建议、司法建议的刚性。如桂林市某县政府与该县某乡某界组土地确权纠纷一案，县法院早在 1993 年就作出了生效裁判，撤销县政府的错误决定，判决重新作出行政行为，但县政府长达十多年时间里一直没有重新作出决定，导致当事人之间矛盾纠纷长期得不到解决。当事人无奈以民事诉讼重新起诉，法院受理后进行了判决。本案经桂林市检察院提请抗诉，认为已经生效的行政判决应予以执行，而不是以民事诉讼重复起诉，自治区检察院抗诉后，自治区高级法院于 2019 年依法改判撤销了原判决。但自治区高级法院判决生效后，县政府仍旧没有作出任何行为，经桂林市检察院核实，指令该县检察院开展调

查，并对县政府发出检察建议，尽快对涉案土地进行确权，执行已经生效的法院行政判决。现该案已经进入检察建议回复期，待进一步跟进监督，桂林市检察院和该县检察院将视情况采取下一步监督行动。

建立案件线索移送机制。一是建立与纪委监察委的案件线索双向移送机制，对政府调处人员或法院审判人员在“三大纠纷”案件中的违法犯罪线索及时移送纪委监察委，纪委监察委也支持检察机关开展调查取证工作。如钦州市钦北区检察院与当地纪委监察委联合出台《关于建立案件线索双向移送反馈机制的意见》，建立公益诉讼及行政检察案件线索移送、日常联络、共同督办等机制，明确纪委监察委做好向检察机关移送线索和支持取证工作；负有提交资料或作证义务的机关组织或人员不予配合的，依规予以党纪、政纪处分。二是建立检察机关内部协作机制，明确刑事检察、控告申诉等部门与行政检察部门在政府调处人员或法院审判人员犯罪信息共享、线索移送、案件协查等方面的职责定位，形成内部合力。2018 年，钦州市检察院公诉部门在对吴某某受贿一案审查起诉中，将线索移送行政检察部门。钦州市检察院行政检察部门审查发现，吴某某在担任钦州市某城区调处办副主任期间，在调处多起山岭权属纠纷中，收取好处费 29.35 万元。2018 年法院依法判处吴某某犯受贿罪。钦州市检察院依职权启动监督程序，对吴某某调处的案件跟进审查后，对存在问题的案件择机向政府有关部门及法院提出检察建议。

四、加强释法说理，努力化解矛盾风险

全区检察机关在办理“三大纠纷”行政诉讼监督案件中，注重把释法说理、教育疏导、矛盾化解贯穿办案工作各个环节，主动深入群众宣讲政策法律法规，努力实现案结事了人和。针对证据大多涉及各个历史阶段的处理决定、权属凭证、各集体组织互换、调解协议、政府文书、法律文书、证人证言等，案件事实查清难、证据认定难的实际情况，在做好现场勘验等调查工作，核实地界、地标，了解争议地现状和历史管

业事实的同时，注重加强对勘验工作各方当事人代表的疏导工作，强化政策法律法规咨询解答工作，减少群众对立情绪。如钦州市某区某村民小组等诉该区人民政府林地行政确权纠纷一案中，当事人反映该案在政府调处、法院审判过程中存在程序违法、未核实虚假证据的情形，钦州市检察院依法行使调查核实权进行全面细致的调查，加强与法院、政府调处部门的沟通、研讨，经审查依法作出不支持监督申请决定后，实时跟进掌握案件各方当事人的动向，及时形成涉检涉诉案件风险评估及应对工作方案，启动“带案下访”工作机制，主动向市委政法委汇报，同时区分案件当事人、案件利益相关人员等不同群体，有针对性地开展情绪疏导、劝解及释法说理工作。在市委政法委组织协调下，由检察院作为牵头单位，联合市中级法院、市司法局、市信访局等单位，先后三次开展息诉罢访工作，有效维护了当地社会稳定大局和当事人的合法权益。

另外，全区检察机关注重结合办案落实“谁普法谁执法”责任制，利用深入争议地现场勘察、走访知情群众调查取证等环节，加强职能宣传、普法宣传，提高行政检察工作的社会认知度和影响力，提升群众知法、守法、用法的意识。

五、强化业务能力建设，提升办案专业化水平

加强业务培训。“三大纠纷”案件大多历经不同历史阶段的土地政策调整，政策性强，须系统深入了解特定历史时期的国家政策、民族风俗习惯等。为加强队伍业务建设，全区各级检察机关加强业务培训，邀请一线政府调处工作人员、法院行政审判法官授课，了解政府调处程序、法院审判思路，进一步增强办理“三大纠纷”案件的能力。2015 年至 2018 年，自治区检察院先后组织涉及“三大纠纷”业务培训，共计 11 班次 2600 多人次，先后邀请自治区高级法院、南宁市中级法院、自治区法制办、南宁市法制办、桂林市法制办、自治区林业局等法院行政审判一线专家、政府调处部门一线业务骨干进行授课。2018 年自治区检察院筹

备民事行政诉讼监督及公益诉讼专家委员会，并于 2019 年 6 月聘请第一批次专家共计 70 名，其中有行政检察业务方面的区内外大学知名教授学者 9 名、行政机关专业领域人才 13 名、专业律师 6 名、退休行政审判业务专家 3 名。通过组织专家参与典型案例、司法实务难题的咨询与论证、重大行政检察课题的共同研究等，破解包括“三大纠纷”案件在内的重大疑难典型案件办理的重点难点。

实行分片指导、一体化办案模式。2018 年 8 月，自治区检察院民事行政检察处下发《自治区人民检察院民事行政检察处公益诉讼和抗诉案件审批、指导的规定》，自治区检察院民事行政检察处分成六个指导组，对全区拟提请抗诉的民事行政诉讼监督案件进行分片指导，加强对下指导，统一上下两级院的办案理念。2015 年至 2018 年，自治区检察院先后抽调南宁市、来宾市、钦州市、柳州市、桂林市检察院等 8 名行政检察业务骨干，与自治区检察院民事行政检察处行政检察业务骨干组建专门的行政诉讼监督案件办案团队，实现类案专审，以专业化办案团队确保职责更加明确、配合更加高效，在审查、研究、解决“三大纠纷”案件方面更为专业化、精准化。加强上下级检察机关的协作配合，推行新老检察官一对一指导、上下级检察官共同研讨或交换意见等方式，充分发挥检察一体化工作优势，切实提升“三大纠纷”办案质量和效率。

建立检察机关与行政审判机关、政府调处部门的挂职锻炼机制。推动形成检察办案人员到人民法院行政审判庭室、政府调处部门的双向挂职锻炼，相互学习、相互理解、相互支持的工作格局，推动形成处理“三大纠纷”具体问题的共识，形成各方合力。目前，自治区检察院、百色市检察院、横县检察院等与法院、行政机关形成双向挂职并相互委派业务骨干挂职锻炼的机制。

云南检察机关转变理念
以农民工讨薪小专项为抓手做实行政检察工作

云南省检察机关全面贯彻落实习近平新时代中国特色社会主义思想，在最高人民检察院和云南省委的坚强领导下，以开展农民工讨薪背后的行政监管调研为契机，聚焦法律监督主责主业，选取以往民事检察监督支持起诉办案量相对集中、条件相对成熟的红河、玉溪、普洱、昆明西山区检察院先行先试，之后下发了云南省检察机关《关于充分发挥民事行政检察监督职能深入开展协助解决拖欠农民工工资问题专项监督的实施方案》和云南省人民检察院、云南省人力资源和社会保障厅《关于整治拖欠农民工工资问题加强工作协作的意见》，开展农民工讨薪专项活动。

一、统一部署、摸清底数，精心组织开展专题调研活动

云南省检察机关坚持以人民为中心的司法理念，以开展专题调研为抓手，深挖农民工讨薪案件背后的行政监管问题，努力推进行政检察工作向纵深发展。坚持“服务大局是检察机关首要政治责任”，自觉增强工作的使命感和责任感，把农民工讨薪行政监管专题调研放到全省经济社会发展和脱贫攻坚大局中去谋划和推进。调研发现，2018 年至 2019 年 6 月，云南省辖区检察机关运用民事检察监督方式支持农民工起诉 1313 件，同比件数上升 163%，帮助农民工追讨被拖欠的薪资 5068 万余元，成效显著；运用刑事检察监督方式以拒不支付劳动报酬罪决定起诉 43 件 52 人，同比件数上升 53.6%、同比人数上升 40%，严惩拖欠农民工工资

的犯罪行为；同时，从行政检察角度在全省就农民工讨薪问题进行调研，发现部分潜在的行政检察监督案源，可与行政非诉执行监督专项结合起来，打开监督局面。

从地区分布看，农民工讨薪案件主要集中在经济相对发达的滇中经济圈，这些地区建设工程项目居多，城市化进程快，办案数量与经济发展程度成正比。从频发行业看，农民工讨薪案件主要集中在建设工程行业，如建筑、交通、铁路、水利、电力等建设工程新建、扩建、改建等行业；少数集中在非建设领域，如制造、加工、采掘、环卫、家政、餐饮等行业。

二、认真梳理、深度思考，汇总剖析折射出的行政监管问题

红河、玉溪、普洱、昆明西山区检察院发挥试点作用，在前期民事支持起诉的案件中开展回头看，认真梳理农民工讨薪案件背后的行政监管问题，为全省提供了可借鉴样本。

（一）劳动合同备案制度缺乏强制性

《中华人民共和国劳动合同法》第 16 条第 1 款规定，“劳动合同由用人单位与劳动者协商一致，并经用人单位与劳动者在劳动合同文本上签字或者盖章生效。”由此可见，劳动合同并非必须备案，劳动合同经用人单位和劳动者签字或盖章即生效，备案与否并不影响劳动合同的效力。虽然部分地方规范性文件规定了劳动合同备案制度，但并不是强制性要求，如无特殊必要，企业一般不会主动送交备案，劳动行政监管部门在备案制度上比较被动。

（二）劳务保证金监管不严格

一般情况下，建筑工程行业在招投标阶段都会严格要求承包人缴纳保证金，此类保证金除行业习惯中的工程质量保证金外，还有劳务保证金。一些资质良好的企业能够严格执行，但部分通过权力寻租取得承包

权的企业信用丧失，不按规定缴纳或者不足额缴纳；还有部分企业涉及与地方政府的“三角债”（政府在其他工程项目上欠企业的债），在劳务保证金的缴纳方面有所“赦免”。如果对作为唯一保障的劳务保证金制度不严格监管，无疑让农民工群体丧失了最后的保障。

（三）行政惩戒措施不到位

以云南省为例，《云南省劳动监察条例》（以下简称《条例》）第22条第1款规定，“用人单位招用人员未按规定订立劳动合同或者订立法定条款不完备劳动合同的，责令限期改正，逾期不改的，对用人单位按每招用一人处以50元的罚款，并对法定代表人处以200元的罚款”。该《条例》自1999年1月1日实施，迄今仍具有效力。从《条例》规定可以看出，在责令整改不到位的情况下，行政处罚作为较为严厉的惩戒措施，处罚标的额较小，手段显得疲软。在经济高速发展的今天，《条例》已经不适应时代的发展，却未及时进行修订，企业在保障劳动者权益方面违法成本太低。另外，劳动监察主要采取巡视检查、举报专查、专项检查和劳动执法年审等方式进行，均为事后监督。由于企业、包工头的建设主体工程施工地点经常处于流动状态，农民工就业场所流动性大，劳动监管部门监管对象难以锁定。久而久之，低廉的违法成本造成行政惩戒措施达不到应有威慑力。

（四）劳动监察执法不规范

基层劳动监察部门人员并非全为法律专业科班出身，部分劳动监察人员身兼数职，工作任务与人员数量严重不匹配，无法集中精力查处案件。在问题初发阶段未能及时解决，只是简单地打电话到相关企业进行告知，或者告诉农民工寻求法律援助进行司法救济，往往直到领导批示、集体上访、闹访才开始进行监察；在日常劳动监察过程中，未全面按照法律、法规的规定，规范执法行为、严格遵守执法程序；对守法诚信较差的用人单位，未及时依法实施行政处罚；涉嫌犯罪的，也未及时移送司法机关。

三、厘清思路、突出重点，努力助推行政检察监督新发展

按照省院的部署，全省各级检察机关积极作为，多措并举，努力协助农民工讨薪。

（一）加强行政检察队伍建设

云南省院成立行政检察机构并试运行已有两年，经过不断研究探索，行政检察工作基本厘清了思路。2019 年 2 月，新一届党组尤为重视行政检察工作，配齐配强了第七检察部人员。全省 16 个州市院已有 12 个州市院单设了行政检察部，除 1 个市院人员尚未配置到位外，其他 11 个州市院人员和机构均配置到位，3 个州市院行政与公益诉讼检察部门合署办公。行政检察机构的成立与人员的保障，充实了行政检察的团队力量。

（二）建立检察机关内外协作机制

对外强力借助专家“外脑”，云南省院已经聘请 13 名高校及专业研究机构的学者、专家、人大代表、政协委员、优秀律师、资深法官，成立了首批专家咨询委员会，为行政检察工作出谋划策、提质增效。近期，云南省院拟启动第二批专家的聘请工作，增补专家人员，充实专家库。在 2019 年 7 月全省年度行政检察培训中，邀请云南省人力资源和社会保障厅劳动监察局专家专门就《劳动保障监察的职责和使命》向基层行政检察干警授课，了解劳动监察的执法原则、程序、职责，为开展专项活动提供实务操作基础；对内加强与刑事、民事检察部门内部配合，建立案件协调机制，从刑事、民事案件中深挖线索进行研判。同时，充分发挥基层检察院民事、行政、公益诉讼合署办公优势，调动基层检察院主观能动性，培养基层院双向思维，从办理的民事支持起诉案件中剖析农民工讨薪行政检察监督案源。

（三）督促加强行政监管力度

2019年2月17日，住房和城乡建设部、人力资源和社会保障部制定了《建筑工人实名制管理办法（试行）》（以下简称《办法》），从一定程度上解决了农民工提供劳务后劳动关系无法认定及部分讨薪难的问题，但在行政监管方面，各项长效机制的建立还有待于加强与完善。

1. 督促行政机关落实劳务保障制度。建设单位在办理施工许可前，必须按照施工合同约定工程款年度预算的3%向农民工工资保证金账户存入劳务保证金，建设工程主管部门才能颁发施工许可证或批准开工报告。对已存入劳务保证金的，严格对资金进行监管，专款专用，严禁抽逃或先存后取的情况发生。未按《办法》进行建筑工人实名制管理的施工企业，要监督行政机关严格进行查处，绝不姑息。违反上述规定应当查处而未查处的，检察机关要敢于向行政机关亮剑，进行监督。

2. 配合行政机关完善不良信用制度。各级检察机关行政检察部门发挥内部优势，整合刑事、民事检察部门力量，梳理近年来招投标案件中涉嫌拒不支付劳动报酬罪或拖欠农民工薪资等行为的企业，与住房和城乡建设、人力资源和社会保障部门形成信息共享，对辖区内各企业的不良信用情况，利用中国裁判网分级列为不良信用单位，记入信用档案，向全国建筑市场监管公共服务平台公布，后果严重的，督促招投标行政管理部门，实行限制性招标或取缔竞标资格，从源头上督促解决企业拖欠农民工薪酬问题。

3. 督促行政机关落实“谁主管谁负责”原则。进一步明确行政监管各部门的职责，严格监督农民工工资支付及实名制的落实，一旦发生拖欠农民工工资情况，即按各自职责组织力量清欠，避免互相推诿。检察机关与相关行政机关之间形成合力，避免单打独斗。2019年8月，云南省人民检察院、云南省人力资源和社会保障厅《关于整治拖欠农民工工资问题加强工作协作的意见》印发全省，双方在调查取证、线索移送、监督手段、检察建议回复和专业咨询等问题上达成共识，共同为开展好农民工工资问题的整治保驾护航。

（四）转变行政检察监督思路

突出重点，以点带面，推进农民工讨薪行政检察监督专项活动开展。依据《云南省劳动监察条例》《人民检察院检察建议工作规定》《人民检察院行政诉讼监督规则（试行）》等规定，充分发挥行政检察“一手托两家”的职能。针对行政机关执法活动中违反法律法规，该处罚未处罚、不该处罚乱处罚的案件进行监督，向同级行政机关提出社会综合治理类案检察建议，建议其依法行政；针对行政机关作出行政处罚后，怠于申请人民法院强制执行的案件，向同级行政机关提出改进工作综合治理类案检察建议，建议其向人民法院申请强制执行；针对行政机关已经申请人民法院强制执行的案件，重点关注人民法院受理行政非诉案件程序是否合法、裁定准予执行或裁定不准予执行是否合法，以及人民法院在执行中是否存在执行裁定错误、执行程序不规范、执行措施不当、侵害行政相对人或者农民工合法权益的情形，违反法律规定的，向同级人民法院提出检察建议。如陈某等38人向A市B区检察院控告，当地企业某公司拖欠其工资及各项保险共计30余万元，控告人多次向人社部门反映，但未引起重视，也未追回劳动报酬。B区检察院调查核实后，向人社局提出检察建议，建议其加大劳动执法工作力度，督促该公司及时支付陈某等38名农民工工资23万元，补缴38名农民工2016年、2017年被拖欠的工伤、生育、医保等部分社会保险7万元。提出检察建议后，检察机关与人社部门共同形成合力，督促该公司将政府对企业的其他补贴先行用于支付农民工工资，保障了农民工群体的合法权益；C自治州D市人社局对某汽车销售公司下达《劳动保障监察行政决定书》，要求该公司于2017年10月16日前支付拖欠33名劳动者2017年5—8月的工资195570.16元。该公司未支付，人社局向人民法院申请行政非诉执行，但在执行过程中，人社局违反法律规定撤回执行申请，损害劳动者合法权益。D市检察院提出检察建议后，人社局重新向人民法院申请强制执行，劳动者的薪资如数兑现。

（五）加强行政检察监督宣传

一是发挥传统宣传直观性强、影响力大、有利于法制宣传植入性等优势，公开12309检察举报电话、制作行政检察职能宣传册，在农民工相对集中的劳务市场、施工场所加挂宣传栏，或者在“建筑工人维权告示牌”上加入行政检察维权渠道信息，让农民工群体知晓在遭遇欠薪情况时，寻求行政检察监督的救济途径。二是采取面对面宣传方式，行政检察部门与住建、人社等部门组建劳动保障宣传团队，共同强化对农民工政治思想、科学文化、生产技能和维权意识的培训，定期组织农民工接受职业技术教育，重点就提供劳务、签订劳动合同中应注意的事项，以及在发生欠薪情况下应通过何种程序救济进行全面辅导，在农民工群体中开展普法宣传，增强其法制观念和运用法律武器维护自身权益的能力。同时送法进企业，引导企业在经营过程中，自觉遵守法律法规，建立工会制度、规范用工行为、规范财务管理制度、规范农民工实名制度、提升抗风险能力，推进各项制度完善。三是借助新媒体宣传传播范围广、速度快、时效性强等优点，通过检察门户网站、微信公众号、官方微博以及当地电视台专访等形式，加大行政检察职能的宣传，尽快补齐短板，发挥四大检察“四轮驱动”的作用。

第三编

典型案例评析

- 行政检察指导性案例分析
- 行政检察典型案例分析

行政检察指导性案例分析

以下案例一至案例三选自《关于印发最高人民检察院第十五批指导性案例的通知》。

关于印发最高人民检察院第十五批指导性案例的通知

各省、自治区、直辖市人民检察院，解放军军事检察院，新疆生产建设兵团人民检察院：

经2019年7月29日最高人民检察院第十三届检察委员会第二十二次会议决定，现将某实业公司诉某市住房和城乡建设局征收补偿认定纠纷抗诉案等三件指导性案例（检例第57—59号）作为第十五批指导性案例发布，供参照适用。

最高人民检察院

2019年9月9日

案例一：某实业公司诉某市住房和城乡建设局征收补偿认定纠纷抗诉案

（检例第57号）

【关键词】

行政抗诉　征收补偿　依职权监督　调查核实

【要旨】

人民检察院办理行政诉讼监督案件，应当秉持客观公正立场，既保护行政相对人的合法权益，又支持合法的行政行为。依职权启动监督程序，不以当事人向人民法院申请再审为前提。认为行政判决、裁定可能存在错误，通过书面审查难以认定的，应当进行调查核实。

【基本案情】

2015年9月，某市政府决定对某片区实施棚户区改造项目房屋征收，市住房和城乡建设局（以下简称市住建局）依据土地房屋登记卡、测绘报告及房屋分户面积明细表，向某实业公司作出房屋征收补偿面积的复函，认定案涉大厦第四层存在自行加建面积为203.78平方米，第五层存在自行加建面积为929.93平方米，对自行加建部分按照建安成本给予某实业公司补偿。实业公司不服，认为第四层的203.78平方米和第五层的187.26平方米是规划许可允许建造且在案涉大厦建成时一并建造完成，并系经过法院裁定、判决而合法受让，遂向该市某区人民法院起诉，请求：确认复函违法并撤销；确认争议部分建筑合法并按非住宅房屋价值给予补偿。

2016年8月1日，区人民法院作出行政判决，认为：案涉大厦目前尚未取得房屋所有权证，应当以规划许可的建筑面积来认定是否属于自行加建面积。土地房屋登记卡记载的面积，连同第四层和第五层的争议面积，共计5560.55平方米，未超过规划许可证件载明的面积5674.62平方米，应当认定争议建筑具有合法效力。某测绘公司2011年11月13日受法院委托，对案涉大厦进行测绘后出具了测绘报告，2015年12月25日该测绘公司受市政府委托对该大厦测绘后出具测绘报告及房屋分户面积明细表，二者相互矛盾，2011年测绘报告被市中级人民法院另案判决采信在先，其证明效力应当优于2015年出具的房屋分户面积明细表，因此对市住建局复函依据的房屋分户面积明细表不予采信。该判决还认为：该市中级人民法院另案民事判决将争议建筑作为合法财产分割归某实业公司所有，是发生法律效力的物权设立决定，应当认定争议的面积不是自行加建的面积。遂判决确认市住建局复函违法，责令其对争议部分建筑按非住宅房屋的补偿标准给予安置补偿或者货币补偿。

一审判决后，双方当事人均未提起上诉，也未申请再审。

【检察机关监督情况】

线索发现。2018年4月，该市人民检察院在处理当事人来函信件中发现该案判决可能存在错误，非住宅补偿标准（每平方米约3万元）与建安成本（每平方米约2000元）差距巨大，如果按照判决进行补偿，不仅放纵违法建设行为，而且政府将多支付补偿款1000余万元，严重损害国家利益，根据《人民检察院行政诉讼监督规则（试行）》第九条第一项之规定，决定依职权启动监督程序。

调查核实。市人民检察院在审查案件过程中，发现一审期间实业公司提供的案涉大厦规划许可证件复印件是判决的关键证据之一，与其他证据存在矛盾，遂开展了以下调查核实工作：一是向法院调取案件卷宗材料；二是向市规划委员会、市不动产登记中心等单位调取规划许可证件及相关文件；三是向市不动产登记中心等单位及工作人员询问了解规划许可证件等文件复印件的来源和审核情况。经对以上材料进行审查和比对，发现法院卷宗中的规划许可证件等文件复印件记载的面积与市规划委员会保存的规划许可证件等文件原件记载的面积不一致。最终查明：实业公司向法院提供的规划许可证件等三份文件复印件，是从市不动产登记中心查询复印的，而该中心保存的这三份材料又是实业公司在申请办理房证时提供的复印件。市规划委员会于 2018 年 7 月 19 日向人民检察院出具的《关于协助说明规划许可相关内容的复函》证明：案涉大厦建筑规划许可总建筑面积为 5074.62 平方米。据此认定，实业公司提供的规划许可证件等 3 份文件复印件中 5674.62 平方米的面积系经涂改，规划许可的建筑面积应为 5074.62 平方米，二者相差 600 平方米。

监督意见。市人民检察院审查后，认为区人民法院行政判决认定事实的主要证据系变造，且事实认定和法律适用存在错误。第一，2015 年测绘报告的房屋分户面积明细表是受市人民政府委托，为了征收某片区棚户区改造项目房屋，对整个大厦建筑面积包括合法、非法加建面积而进行的测绘，应当作为认定争议面积是否属于合法建筑面积的依据。而 2011 年测绘报告则是另案为了处理有关当事人关于某酒店共有产权民事纠纷而进行的测绘，未就争议建筑部分是否合法予以认定或区分，不应作为认定建筑是否合法的依据。第二，根据检察机关调查核实情况，判决认定规划许可面积错误，以此为标准认定实际建筑面积未超过规划许可面积也存在错误。第三，根据市国土局土地房屋登记卡及附件、2015 年测绘报告的房屋分户面积明细表等证据，应当认定第四层、第五层存在擅自加建。第四，另案民事判决是对房屋权属进行的分割和划分，不应当作为认定建筑是否合法的依据。判决认定争议建筑不是自行加建，存在错误。市人民检察院遂于 2018 年 11 月 22 日依法向市中级人民法院提出抗诉。

监督结果。市中级人民法院经过审查，于 2018 年 12 月 3 日作出行政裁定书，指令某区人民法院再审。2019 年 1 月 8 日，实业公司向某区人民法院提交撤诉申请。某区人民法院依照《中华人民共和国行政诉讼法》第六十二条之规定，裁定：（1）撤销本院原行政判决书；（2）准许实业公司撤回对市住建局的起诉。

2019 年 3 月 6 日，市中级人民法院对实业公司另案起诉的市住建局强制拆除行为违法及赔偿纠纷案作出终审行政判决，认定实业公司提交的案涉大厦规划许可证件等文件中 5674.62 平方米是经涂改后的面积，规划许可建筑面积应为 5074.62 平方米。实业公司对法院认定的上述事实无异议。该案最终判决驳回实业公司的诉讼请求。对变造证据行为的责任追究，另案处理。

【指导意义】

1. 人民检察院办理行政诉讼监督案件，应当秉持客观公正立场，既注重保护公民、法人和其他组织的合法权益，也注重支持合法的行政行为，保护国家利益和社会公共利益。人民检察院行政诉讼监督的重要任务是维护社会公平正义，监督人民法院依法审判和执行，促进行政机关依法行政。人民检察院是国家的法律监督机关，应当居中监督，不偏不倚，依法审查人民法院判决、裁定所基于的事实根据和法律依据，发现行政判决、裁定确有错误，符合法定监督条件的，依法提出抗诉或再审检察建议。本案中，人民检察院通过抗诉，监督人民法院纠正了错误判决，保护了国家利益，维护了社会公平正义。

2. 人民检察院依职权对行政裁判结果进行监督，不以当事人申请法院再审为前提。按照案件来源划分，对行政裁判结果进行监督分为当事人申请监督和依职权监督两类。法律规定当事人在申请检察建议或抗诉之前应当向法院提出再审申请，目的是防止当事人就同一案件重复申请、司法机关多头审查。人民检察院是国家的法律监督机关，是公共利益的代表，担负着维护司法公正、保证法律统一正确实施、维护国家利益和社会公共利益的重要任务，对于符合《人民检察院行政诉讼监督规则（试行）》第九条规定的行政诉讼案件，应当从监督人民法院依法审判、促进行政机关依法行政的目的出发，充分发挥检察监督职能作用，依职权主动进行监督，不受当事人是否申请再审的限制。本案中，虽然当事人未上诉也未向法院申请再审，但人民检察院发现存在损害国家利益的情形，遂按照《人民检察院行政诉讼监督规则（试行）》第九条第一项的规定，依职权启动了监督程序。

3. 人民检察院进行行政诉讼监督，通过书面审查卷宗、当事人提供的材料等对有关案件事实难以认定的，应当进行调查核实。《人民检察院组织法》规定，人民检察院行使法律监督权，可以进行调查核实。办理行政诉讼监督案件，通过对卷宗、当事人提供的材料等进行书面审查后，对有关事实仍然难以认定的，为查清案件事实，确保精准监督，应当进行调查核实。根据《人民检察院行政诉讼监督规则（试行）》等相关规定，调查核实可以采取以下措施：（1）查询、调取、复制相关证据材料；（2）询问当事人或者案外人；（3）咨询专业人员、相关部门或者行业协会等对专门问题的意见；（4）委托鉴定、评估、审计；（5）勘验物证、现场；（6）查明案件事实所需要采取的其他措施。调查核实的目的在于查明人民法院的行政判决、裁定是否存在错误，审判和执行活动是否符合法律规定，为决定是否监督提供依据和参考。本案中，市住建局作出复函时已有事实根据和法律依据，并在诉讼中及时向法庭提交，但法院因采信原告提供的虚假证据作出了错误判决。检察机关通过调查核实，向原审人民法院调取案件卷宗，向规划部门调取规划许可证件等文件原件，向出具书证的不动产登记中心及工作人员了解询问规划许可证件等文件复印件的形成过程，进而查明原审判决采信的关键证据存在涂改，为检察机关依法提出抗诉提供了根据。

【相关规定】

《中华人民共和国人民检察院组织法》第六条、第二十一条

《中华人民共和国行政诉讼法》第九十一条、第九十三条、第一百零一条

《中华人民共和国民事诉讼法》第二百一十条

《人民检察院行政诉讼监督规则（试行）》第九条、第十三条、第三十六条

《人民检察院民事诉讼监督规则（试行）》第六十六条

案例二：浙江省某市国土资源局申请强制执行杜某非法占地处罚决定监督案

（检例第 58 号）

【关键词】

行政非诉执行监督　违法占地遗漏请求事项　专项监督

【要旨】

人民检察院行政非诉执行监督要发挥监督法院公正司法、促进行政机关依法行政的双重监督功能。发现人民法院对行政非诉执行申请裁定遗漏请求事项的，应当依法监督。对于行政非诉执行中的普遍性问题，可以以个案为切入点开展专项监督活动。

【基本案情】

2014 年 5 月，浙江省某市某区某镇村民杜某未经批准，擅自在该村占用土地 681.46 平方米，其中建造活动板房 112.07 平方米，硬化水泥地面 569.39 平方米。市国土资源局认为杜某的行为违反了《中华人民共和国土地管理法》和《基本农田保护条例》规定，根据《中华人民共和国土地管理法》第七十六条、《中华人民共和国土地管理法实施条例》第四十二条及《浙江省国土资源行政处罚裁量权执行标准》规定，作出行政

处罚决定：（1）责令退还非法占用土地681.46平方米；（2）对其中符合土地利用总体规划的45.46平方米土地上的建筑物和设施，予以没收；（3）对不符合土地利用总体规划的636平方米土地（基本农田）上的建筑物和设施，予以拆除；（4）对非法占用规划内土地45.46平方米的行为处以每平方米11元的罚款，非法占用规划外土地636平方米的行为处以每平方米21元的罚款，共计人民币13856.06元。杜某在规定的期限内未履行该处罚决定第3项和第4项内容，亦未申请行政复议或提起行政诉讼，经催告仍未履行。市国土资源局遂于2017年7月21日向某市某区人民法院申请强制执行杜某违法占地行政处罚决定第3项和第4项内容。区人民法院立案受理后，于2017年7月25日作出行政裁定书，裁定准予执行市国土资源局行政处罚决定第3项内容，并由某镇政府组织实施。某镇政府未在法定期限内执行法院裁定。

【检察机关监督情况】

线索发现。区人民检察院在办理其他案件过程中发现该案线索。经初步调查了解，某镇政府未根据法院裁定书内容组织实施拆除，土地未恢复至复耕条件，杜某也未履行缴纳罚款的义务，遂依职权启动监督程序。

调查核实。根据案件线索，检察机关重点开展了以下调查核实工作：一是向法院调阅了案件卷宗材料；二是向当地国土管理部门工作人员了解案涉行政处罚决定执行情况和申请法院强制执行的情况；三是检察人员到违法占地现场进行实地查看。最终查明：市国土资源局的行政处罚决定有充分的事实根据，申请法院强制执行符合法律规定，目前行政处罚决定中罚款仍未缴纳，法院裁定拆除的地上建筑物和设施亦未被拆除。

监督意见。2018年5月，区人民检察院分别向区人民法院和某镇政府提出检察建议，建议区人民法院查明该案未就行政处罚决定第4项罚款作出裁定的原因，并依法处理，建议某镇政府查明违法建筑物和设施未拆除的原因，并依法处置。

监督结果。区人民法院收到检察建议后于2018年5月30日作出补充裁定，准予强制执行市国土资源局作出的13856.06元罚款决定，7月该款执行到位。某镇政府收到检察建议后，迅速行动，案涉违法建筑物和设施于2018年7月被拆除。

专项监督。区人民检察院在办理该案过程中，发现农村违法占地行政处罚未执行到位问题突出，遂决定就国土资源领域行政非诉执行开展专项监督活动，共监督法院裁定遗漏强制执行请求事项等案件17件，乡镇街道未执行法院裁判文书确定的义务案件18件。市人民检察院通过认真研究后发现辖区内类似问题较多，遂于2018年5月在全市检察机关开展专项监督活动。截至2019年2月专项活动结束时，通过检察机关监督，全市共整治拆除各类违法建筑物及设施45.5万平方米，恢复土地原状23万平方米，退还非法占用土地21.7万平方米。市中级人民法院针对检察机关专项监督活动中发现的问题，在全市法院系统开展专项评查，有效规范了行政非诉执行的受理、审查和实施等活动。

【指导意义】

1. 人民检察院履行行政非诉执行监督职能，应当发挥既监督人民法院公正司法又促进行政机关依法行政的双重功能，实现双赢多赢共赢。行政非诉执行监督对于促进人民法院依法、公正、高效履行行政非诉执行职能，促进行政机关依法履行职责，维护公共利益和社会秩序，保护公民、法人和其他组织的合法权益，具有重要作用。人民检察院对人民法院行政非诉执行的受理、审查和实施等各个环节开展监督，针对存在的违法情形提出检察建议，有利于促进人民法院依法审查行政决定、正确作出裁定并实施，防止对违法的行政决定予以强制执行，保护行政相对人的合法权益。开展行政非诉执行监督，应当注意审查行政行为的合法性，包括是否具备行政主体资格、是否明显缺乏事实根据、是否明显缺乏法律法规依据、是否损害被执行人合法权益等。对于行政行为明显违法，人民法院仍裁定准予执行的，应当向人民法院和行政机关提出检察建议予以纠正，防止被执行人合法权益受损。对于行政行为符合法律规定的，应当引导行政相对人依法履行法定义务，支持行政机关依法行政。

2. 人民法院对行政非诉执行申请裁定遗漏请求事项的，人民检察院应当依法提出检察建议予以监督。根据《中华人民共和国行政强制法》第五十七条和第五十八条的规定，人民法院受理行政机关强制执行申请后进行书面审查，应当对行政机关提出的强制执行申请请求事项作出是否准予执行的裁定。本案中，市国土资源局向区人民法院申请强制执行的项目中包括强制执行 13856.06 元罚款，但区人民法院却未对该请求事项予以裁定，致使罚款无法通过强制执行方式收缴，影响了行政决定的公信力。人民检察院应当对人民法院遗漏申请事项的裁定依法提出检察建议予以纠正。

3. 人民检察院应当坚持在办案中监督、在监督中办案的理念，在办理行政非诉执行监督案件过程中，注重以个案为突破口，积极开展专项活动，促进一个区域内一类问题的解决。人民检察院履行行政非诉执行监督职责，要注重举一反三，深挖细查，以小见大，以点带面，针对人民法院行政非诉执行受理、审查和实施等各个环节存在的普遍性问题开展专项活动，实现办理一案、影响一片的监督效果。某市两级检察机关在成功办理本案的基础上，开展专项监督活动，有力推进了全市国土资源领域“执行难”等问题的解决，促进了行政管理目标的实现。市中级人民法院针对检察机关专项监督活动中发现的问题，在全市法院系统开展专项评查，规范了行政非诉执行活动。

【相关规定】

《中华人民共和国行政诉讼法》第十一条、第九十七条、第一百零一条

《中华人民共和国民事诉讼法》第二百三十五条

《中华人民共和国行政强制法》第五十三条、第五十七条、第五十八条

《人民检察院行政诉讼监督规则（试行）》第二十九条

《最高人民法院　最高人民检察院关于民事执行活动法律监督若干问题的规定》第一条、第二十一条

《人民检察院检察建议工作规定》第十一条

案例三：湖北省某县水利局申请强制执行肖某河道违法建设处罚决定监督案

（检例第59号）

【关键词】

行政非诉执行监督　河道违法建设　强制拆除

【要旨】

办理行政非诉执行监督案件，应当查明行政机关对相关事项是否具有直接强制执行权，对具有直接强制执行权的行政机关向人民法院申请强制执行，人民法院不应当受理而受理的，应当依法进行监督。人民检察院在履行行政非诉执行监督职责中，发现行政机关的行政行为存在违法或不当履职情形的，可以向行政机关提出检察建议。

【基本案情】

2011年9月，湖北省某县村民肖某未经许可，擅自在某水库库区（河道）管理范围内316国道某大桥下建房（房基）5间，占地面积289.8平方米。2011年11月3日，某县水利局根据《中华人民共和国水法》第六十五条作出《行政处罚决定书》，要求肖某立即停止在桥下建房的违法行为，限7日内拆除所建房屋，恢复原貌；罚款5万元；并告知

肖某不服处罚决定申请复议和提起诉讼的期限，注明期满不申请复议、不起诉又不履行处罚决定，将依法申请人民法院强制执行。肖某在规定的期限内未履行该处罚决定，亦未申请复议或提起行政诉讼。2012 年 3 月 29 日，县水利局向法院申请强制执行。2012 年 4 月 23 日，县人民法院作出行政裁定书，裁定准予执行行政处罚决定，责令肖某履行处罚决定书确定的义务。但肖某未停止违法建设，截至 2017 年 4 月，肖某已在河道区域违法建成四层房屋，建筑面积约 520 平方米。

【检察机关监督情况】

线索发现。县人民检察院于 2017 年 4 月通过某日报《“踢皮球”执法现象何时休?》的报道发现案件线索，依职权启动监督程序。检察机关经调查发现，肖某在河道内违法建设的行为持续多年，违反了国家河道管理规定，违法建筑物严重影响行洪、防洪安全。水利局和法院对违法建筑物未被强制拆除的原因则各执一词。法院认为，对违反水法的建筑物，水利局是法律明确授予强制执行权的行政机关，法院不能作为该案强制执行主体。但水利局认为，其没有强制执行手段，应当由法院强制执行。

监督意见。检察机关审查认为：法律没有赋予水利局采取查封、扣押、冻结、划拨财产等强制执行措施的权力，对于不缴纳罚款的，水利局可以向法院申请强制执行；但根据行政强制法和水法等相关规定，水利局对于河道违法建筑物具有强行拆除的权力，不应当向法院申请强制执行。因此，水利局向法院申请执行行政处罚决定中的拆除违法建筑物部分，法院不应当受理而受理并裁定准予执行，违反法律规定。县人民检察院于 2017 年 5 月向县水利局提出检察建议，建议其依法强制拆除违法建筑物；同年 8 月向县人民法院提出检察建议，建议其依法履职、规范行政非诉执行案件受理等工作。

监督结果。县水利局收到检察建议后，立即向当地党委政府报告。在县委、县政府的大力支持下，河道违法建筑物被依法拆除。县人民法院收到检察建议后，回复表示今后要加强案件审查，对行政机关具有强制执行权而向法院申请强制执行的案件裁定不予受理。

【指导意义】

1. 人民检察院办理行政非诉执行监督案件，应当依法查明行政机关对相关事项是否具有直接强制执行权。我国行政强制法规定的行政强制执行，包括行政机关直接强制执行和行政机关申请人民法院强制执行两种类型。法律赋予某些行政机关以直接强制执行权的主要目的是提高行政效率，及时执行行政决定。如果行政机关有直接强制执行权，又向人民法院申请执行，不但浪费司法资源，而且容易引起相互推诿，降低行政效率。人民检察院办理行政非诉执行监督案件，应当查明行政机关是否具有直接强制执行权，对具有直接强制执行权的行政机关向人民法院申请强制执行，人民法院不应当受理而受理的，应当依法进行监督。《中华人民共和国水法》第六十五条第一款规定，“在河道管理范围内建设妨碍行洪的建筑物、构筑物，或者从事影响河势稳定、危害河岸堤防安全和其他妨碍河道行洪的活动的，由县级以上人民政府水行政主管部门或者流域管理机构依据职权，责令停止违法行为，限期拆除违法建筑物、构筑物，恢复原状；逾期不拆除、不恢复原状的，强行拆除……”根据上述规定，对河道管理范围内妨碍行洪的建筑物、构筑物，水行政主管部门具有直接强行拆除的权力。但在本案中，水利局本应直接强制执行，却向人民法院申请执行，人民法院不应当受理而受理、不应当裁定准予执行而裁定准予执行，致使两个单位相互推诿，河道安全隐患长期得不到消除，人民检察院依法提出检察建议，促进了问题的解决。

2. 人民检察院在履行行政非诉执行监督职责中，发现行政机关的行政行为存在违法或不当履职情形的，可以向行政机关提出检察建议。《人民检察院检察建议工作规定》第十一条规定，“人民检察院在办理案件中发现社会治理工作存在下列情形之一的，可以向有关单位和部门提出改进工作、完善治理的检察建议：……（四）相关单位或者部门不依法及时履行职责，致使个人或者组织合法权益受到损害或者存在损害危险，需要及时整改消除的；……”根据上述规定，检察机关发现行政机关向人民法院提出强制执行申请存在不当，怠于履行法定职责的，应当向行政机关提出检察建议。对由于行政机关违法行为致使损害持续存在甚至继续扩大的，应当更加重视，优先快速办理，促进行政执行效率提高，及时消除损害、减少损失，维护人民群众的合法权益。本案中，检察机关针对水利局怠于履职行为，依法提出检察建议，促使河道违法建筑物被拆除，保障了行洪、泄洪安全，保护了当地人民群众的生命财产安全。

【相关规定】

《中华人民共和国行政诉讼法》第二十五条、第九十七条、第一百零一条

《中华人民共和国民事诉讼法》第二百三十五条

《中华人民共和国行政强制法》第四条、第十三条、第三十四条、第四十四条、第五十三条

《中华人民共和国水法》第三十七条、第六十五条

《人民检察院行政诉讼监督规则（试行）》第二十九条

《人民检察院检察建议工作规定》第十一条

行政检察典型案例分析

以下案例一至案例五选自最高人民检察院第七检察厅《关于印发〈五起违法占地行政非诉执行监督典型案例〉的通知》（2019 年 7 月 31 日），案例六选自最高人民检察院第七检察厅《关于印发〈行政诉讼监督公开听证典型案例〉的通知》（2019 年 9 月 27 日）。

案例一：河南省甲县违法占地非诉执行监督系列案

——监督行政非诉执行依法受理，共同守住耕地保护红线

【基本案情】

2017 年 8 月份以来，河南省甲县国土资源局在巡查中发现一些驾校、砂场等未经批准擅自占用耕地，经依法立案后作出相应行政处罚。行政相对人在法定期限内不提起诉讼又不履行，甲县国土资源局依照法律规定，将到期需要申请强制执行的国土资源违法案件申请甲县人民法院强制执行。截至 2018 年 4 月 12 日，甲县国土资源局共向甲县人民法院申请强制执行行政非诉案件 96 件，涉及驾校、采砂、旅游开发、农业开发、

农户违建等非法占用耕地154.8亩、基本农田66.8亩，其他土地2.76亩，行政罚款总额300余万元。

甲县人民法院对县国土资源局行政非诉案件强制执行申请均不予受理，也未作出不予受理裁定和说明不予受理理由。

【检察机关监督情况】

2018年4月12日，甲县人民检察院对其中严重损害国家利益和社会公共利益的21起行政非诉执行监督案件依法予以受理。同时，将最高人民检察院在全国检察机关开展民事行政非诉执行监督专项活动情况向甲县人民法院作了通报。

甲县人民检察院认为，甲县人民法院对县国土资源局强制执行申请不予受理又不依法作出不予受理裁定，违反了《中华人民共和国行政强制法》第五十六条第一款"人民法院接到行政机关强制执行的申请，应当在五日内受理"的规定，违反了《最高人民法院关于适用〈中华人民共和国行政诉讼法〉的解释》第一百五十五条第三款"人民法院对符合条件的申请，应当在五日内立案受理，并通知申请人；对不符合条件的申请，应当裁定不予受理"的规定，以及《最高人民法院关于人民法院登记立案若干问题的规定》第二条、第八条、第九条的规定，致使生效的行政处罚决定无法进入法定程序。4月26日，甲县人民检察院向甲县人民法院发出检察建议：1. 依法办理甲县国土资源局申请的行政非诉执行案件；2. 完善行政非诉案件受理机制，以保障行政处罚权的正确行使。

2018年5月3日，甲县人民法院回复，支持检察机关开展民事行政非诉执行监督专项活动，采纳检察建议，对建议的21起及其他75起行政非诉案件全部予以受理。同时，完善非诉行政案件受理程序，对涉及国家利益和社会公共利益的，快立快审。

自发出检察建议至2019年1月15日，甲县国土资源局陆续向甲县人民法院申请强制执行286件，法院均予以立案，目前已准予执行244件，大部分已经执行；同时，检察机关针对行政机关是否存在行政处罚后怠于执行或怠于申请执行等问题加强与行政机关沟通，争取理解、配合进而主动纠正，并加强与人民法院的协作配合，共同维护国家利益和社会公共利益。

【警示与指导意义】

保护耕地，关系到中国十几亿人口的粮食问题，关系到我国的粮食安全、生态安全问题。对于耕地，国家坚持实行最严格的保护制度。守住耕地保护红线，不仅是各级政府的责任，也是司法机关共同的责任。违法占用、破坏耕地特别是基本农田的违法行为，必须坚决制止和惩处。本案涉及非法占用耕地154.8亩、基本农田66.8亩，人民法院对行政机关依法申请行政非诉执行的案件，应当受理而不予受理，使国家利益和社会公共利益处于持续受侵害状态，检察机关应依法予以监督。本案中，通过对21起行政非诉执行案件进行监督，促使人民法院对后续案件依法立案、准予执行，并依法执行，进入良性循环，不仅促进了规范执法、依法行政，还有力地促进了对国家耕地、基本农田的保护，达到双赢多赢共赢。

案例二：吉林省某有限公司违法占地非诉执行监督案

——监督行政非诉执行依法审查，维护国家、社会公共利益和公民合法权益

【基本案情】

2016年6月17日，吉林省甲市国土资源局对某有限公司作出行政处罚决定书，内容为：（1）责令退还非法占用的土地，拆除非法占用的土地上新建的建筑物和其他设施，恢复原貌；（2）对非法占用林地1000平

方米处以罚款5000元；（3）移送当地司法机关。某有限公司在法定履行期限内缴纳了罚款，但未退还非法占用的土地，未拆除非法占用土地上新建的建筑物和其他设施，未恢复土地原状。

2017年4月19日，甲市国土资源局向甲市乙区人民法院申请强制执行上述行政处罚决定书中“退还非法占用的土地，拆除非法建筑物，恢复原貌”的行政处罚。

乙区人民法院受理后，依法组成合议庭进行了合法性审查，并于2017年5月11日作出行政裁定书，裁定：（1）准予强制执行甲市国土资源局行政处罚决定书；（2）行政处罚决定书中的罚款部分即林地1000平方米×5元/平方米=5000元，由乙区法院强制执行；（3）责令退还非法占用的土地，没收非法占用的土地上新建的建筑物和其他设施，恢复土地原状，由甲市国土资源局组织实施。

【检察机关监督情况】

乙区人民检察院审查认为，乙区人民法院作出的（2017）吉0602行审××号行政裁定书的裁定内容超出了甲市国土资源局申请强制执行的范围，且与行政处罚决定书的内容不符。甲市国土资源局行政处罚决定作出后，某有限公司在法定履行期限届满之时，已履行缴纳罚款的义务，未履行“退还非法占用的土地，拆除非法建筑物，恢复原貌”的行政处罚，甲市国土资源局也仅就未履行的该项行政处罚申请乙区人民法院强制执行。乙区人民法院作出的裁定内容既包括未履行的行政处罚也包括已经履行的罚款，这超出了申请执行人申请强制执行的范围，不符合案件的真实情况，且裁定准予执行“没收非法建筑物，恢复原貌”的内容与行政处罚“拆除非法建筑物，恢复原貌”不符。

乙区人民检察院根据《中华人民共和国行政诉讼法》第九十三条的规定，提出检察建议，建议乙区人民法院依法纠正，并在今后办理非诉执行案件过程中严格进行审查，依法作出裁定，裁定准予执行的内容应与行政处罚的内容相符。乙区人民法院收到检察建议后，书面回复表示，依照《中华人民共和国行政强制法》的相关规定进行审查，认真整改，在今后的工作中杜绝类似情况的发生。

【警示与指导意义】

对于违法占地行为，行政机关应当及时查处，作出相应行政处罚，并依法申请行政非诉执行。行政机关的行政处罚决定，必须准确、全面、及时执行，否则不仅损害国家和社会公共利益，损害公民、法人或其他组织的合法权益，还可能破坏行政管理秩序，减损执法的公正性和权威性。本案中，人民检察院针对法院作出的强制执行裁定内容与实际情况不符、与行政机关作出的行政处罚决定内容和申请执行内容不一致等违法情形及时发出检察建议，促使法院对行政非诉执行工作中存在的突出问题进行整改，既维护了国家和社会公共利益，又保护了当事人的合法权益，规范了执行行为，增强了监督效果。

案例三：北京某村委会等六起违法占地非诉执行监督案

——监督终结本次执行程序依法适用，推动破解“两违”拆除难题

【基本案情】

原北京市国土资源局针对北京市甲区A镇某村村委会、某动力科技公司、某文化传播公司、某生物工程技术公司、某农业发展公司非法占地进行建设的行为，依据土地管理法对上述单位分别作出共计6份“拆除违法建设、恢复土地原状”的行政处罚决定，但上述单位既未履行处

罚决定，又没有申请复议和提起行政诉讼，原北京市国土资源局遂按照法定程序将上述6起行政处罚决定向北京市甲区人民法院申请强制执行。

甲区人民法院针对上述非诉执行申请分别作出准予执行的行政裁定书，但在随后的强制执行阶段又在未实际执行的情况下以“本案执行标的违法建筑物占地规模较大，强制拆除有一定难度，需具备足够的人力和物力。现本院无强制拆除所必需的资金、设备和人员，申请执行人北京市国土资源局亦无法提供强制拆除必备的条件，故本院暂无法采取强制执行措施对本案执行标的予以拆除”为由，作出终结本次执行程序的裁定。

【检察机关监督情况】

甲区人民检察院依职权启动了对上述6起非诉执行案件的监督程序。经审查，根据最高人民法院有关规定，终结本次执行程序的适用范围，是执行标的以财产为内容，且无财产可供执行或有财产但不足以全部清偿的，上述6起案件均不应适用终结本次执行程序。同时，北京市为深入推进京津冀协同发展、着力疏解非首都功能、优化提升首都功能，正在开展“疏解整治促提升”专项行动，拆除违法建设是“疏解整治促提升”的重要任务之一。本案系典型的非法占地行为引发的违法建设活动，依法应予严格查处。对此，甲区人民检察院于2018年1月2日向甲区人民法院送达检察建议书，建议：（1）进一步严格规范终结本次执行程序，杜绝因片面追求高结案率而滥用“终结本次执行程序”；（2）及时恢复案件执行程序，促使案件早日执行完毕。

2018年3月21日，甲区人民检察院收到甲区人民法院针对6份检察建议的回复。甲区人民法院表示该案的执行问题不是简单的法律问题，此类案件利益关系错综复杂，当事人对立情绪极端严重，盲目强制执行必然引发不稳定事件，需要在尊重历史、正视现实的前提下，统筹协调各方力量协力解决。

针对法院在回复中提到的执行风险和现实难题，甲区人民检察院结合上述6起非诉执行监督案件的办理，经深入调研，撰写了调研报告，详细分析了该区因非法占地形成违法建设难以强制拆除的现状、原因，并从多角度提出解决问题的对策建议，报告市、区两级政府并得到关注。北京市人民政府督查室向市规划国土委下发督查通知单，要求该委认真落实。目前，该6起案件已部分执行到位，其他后续相关工作正在逐步推进。

【警示与指导意义】

违法占地是国土资源违法行为中最常见的一种类型，违法建设项目侵占有限的土地资源，损害国家和社会公共利益，破坏广大人民群众赖以生存的生态环境。未经批准违法占用土地进行违法建设，是违法占地中常见的表现形式。拆除违法占地上的违法建设，因群众关注度高、矛盾多发易发，强制执行难度很大。对于这类案件，不仅要制发检察建议监督法院依法执行，还要加强跟进监督，从根本上推动解决这一执行难题。本案中，人民检察院通过对法院适用终结本次执行存在违法情形的监督，依托典型个案，促进类案问题解决，在以检察建议形式督促法院依法执行的同时，以调研报告的形式分析原因、提出对策建议，推动从体制、机制上破解“两违”拆除难题，引起政府的关注和重视，彰显了行政检察维护司法公正、促进依法行政、服务社会治理的积极意义。

案例四：浙江省徐某违法占地非诉执行监督案

——监督“裁执分离”模式下法院和行政机关依法执行，保护基本农田不被侵占

【基本案情】

徐某非法占用2253平方米基本农田和3753平方米农用地，在浙江省

甲市 A 镇某村违法建造房屋及其他建筑设施。2015 年，甲市国土资源局作出行政处罚决定书，责令徐某退还非法占用的土地 6006 平方米；拆除在非法占用土地上新建的房屋及其他建筑设施；对非法占用的基本农田按每平方米 30 元处以罚款计人民币 67590 元，对非法占用农用地（林地、园地、水域）按每平方米 20 元处以罚款计人民币 75060 元，两项合计人民币 142650 元。

2016 年 7 月 22 日，甲市国土资源局以被执行人徐某拒不履行行政处罚决定书为由，向甲市人民法院申请强制执行。

由法院作出裁判、由行政机关组织实施的“裁执分离”改革，浙江省是推进改革和试点地区之一。2016 年 8 月 1 日，甲市人民法院采取“裁执分离”模式，作出行政裁定书，裁定准予对徐某在甲市 A 镇某村非法占用的 6006 平方米土地上违法建造的房屋及其他建筑设施予以强制拆除，由甲市 A 镇人民政府、甲市国土资源局组织实施；准予对徐某欠缴的罚款人民币 142650 元强制收缴，由甲市人民法院执行。

2016 年 12 月 19 日，甲市人民法院作出执行裁定书：因在执行过程中，未发现被执行人徐某有实际可供执行的财产，申请执行人亦未提供可供执行的财产线索，故暂不能得到执行，依照民事诉讼法第二百五十七条第六项之规定，裁定终结本案本次执行程序。

【检察机关监督情况】

2017 年 8 月 23 日，甲市人民检察院受理该案并展开调查。经调查，徐某在甲市农村商业银行有两个账户。其中一个账户从 2016 年 1 月至 2017 年 10 月与其他账户有大量大额汇入、转入记录，且对账单反映徐某在其他银行还有多个账号。另一个账户在 2017 年 6 月获得柜面放款，而此时徐某已被甲市人民法院纳入失信被执行人名单。调查还发现徐某名下有小型汽车一辆，登记于 2011 年。

此外，经甲市人民检察院实地勘察，发现被执行人徐某在甲市 A 镇某村非法占用的 6006 平方米土地上违法建造的房屋及其他建筑设施未被拆除。

甲市人民检察院认为，被执行人徐某有实际可供执行的财产，甲市人民法院在执行过程中未穷尽财产调查措施，以未发现被执行人徐某有实际可供执行的财产等为由裁定终结本案本次执行程序不当；且徐某虽被纳入失信被执行人名单，但因录入的身份证号码有误，导致其仍从甲市农村商业银行获取银行贷款。

针对以上情况，甲市人民检察院根据《中华人民共和国行政诉讼法》第十一条、第一百零一条和《中华人民共和国民事诉讼法》第二百三十五条之规定，分别于2017年11月10日、11月23日向甲市人民法院、甲市国土资源局和甲市A镇人民政府发出检察建议。建议甲市人民法院：(1) 对本案依法立案，恢复执行，穷尽财产调查措施，对被执行人徐某的财产情况及时予以核实并采取执行实施措施，执行尚未缴纳的罚款；(2) 对失信被执行人名单中徐某的错误信息予以改正；(3) 关注法院相关查询系统存在的问题。建议甲市国土资源局和甲市A镇人民政府：对徐某在甲市A镇某村非法占用的6006平方米土地上违法建造的房屋及其他建筑设施予以强制拆除。

检察建议发出后，甲市人民法院、甲市国土资源局和甲市A镇人民政府均予以采纳，并书面回复。2017年11月27日，甲市国土资源局派员到违法现场进行实地核查，并与A镇人民政府相关负责人进行对接，由A镇人民政府牵头做好拆除工作，该局监察大队、国土所积极配合。2017年12月20日，A镇人民政府集中组织人员和力量，对被执行人徐某在甲市A镇某村非法占用的6006平方米土地上违法建造的房屋及其他建筑设施全部强制拆除。2018年2月1日，甲市人民法院恢复执行该案，对失信被执行人名单中徐某的错误信息已报上级法院修改，并已对统一查询系统存在的问题进行了反映。2018年5月9日，甲市人民法院第二次书面回复，表示该案全部罚款142650元已执行到位。

【警示与指导意义】

十分珍惜、合理利用土地和切实保护耕地是我国的基本国策。而基本农田是耕地的精华，是粮食安全的保障，国家对基本农田实行严格的特殊保护，任何单位和个人不得改变其性质用途。非法占用基本农田应依法退还，拆除在非法占用的土地上新建的建筑物和其他设施，恢复土地原状；构成犯罪的，依法追究刑事责任。行政非诉执行监督，是对行政非诉执行立案、审查和执行活动的全过程监督。行政机关申请强制执行，人民法院作出裁定后，无论是交由本院执行机构执行，还是采取“裁执分离”模式交由行政机关组织实施，或部分交由本院执行机构执行、部分交由行政机关组织实施，都属于行政非诉执行监督范围。人民法院、行政机关违法实施执行行为，或怠于履行职责的，检察机关有权予以监督。本案中，徐某非法占用2253 平方米基本农田和3753 平方米农用地，违法建造房屋及其他建筑设施的违法行为应当予以纠正。检察机关通过行政非诉执行监督，不仅推动法院追回了全部罚款 142650 元，而且促使行政机关强制拆除非法占用的 6006 平方米土地上的全部违章建筑，被占用基本农田得以恢复，取得了良好的效果。

案例五：广西壮族自治区某矿业公司违法占地非诉执行监督案

——依申请监督行政非诉执行“裁而不执”，保护国土资源不被侵害

【基本案情】

2008 年 6 月，广西壮族自治区甲县某矿业公司未经甲县国土资源行政主管部门批准，非法占用土地，擅自在甲县 A 镇某村违法建厂，面积

达 10829.44 平方米。2013 年 3 月 6 日，甲县国土资源局依法作出行政处罚决定，要求某矿业公司拆除在非法占用土地上新建建筑物和构筑物并退还非法占用的土地，对非法占用的土地处以每平方米 10 元的罚款共计 108294.4 元。由于某矿业公司拒不执行处罚决定，甲县国土资源局于 2013 年 7 月 8 日向甲县人民法院申请强制执行，要求某矿业公司拆除在非法占用土地上新建建筑物和构筑物并退还非法占用的土地。2013 年 8 月 28 日，甲县人民法院作出行政裁定，准予执行。

2016 年 10 月 14 日，因甲县国土资源局与某矿业公司达成执行和解书，甲县人民法院裁定终结本次执行程序。其后，甲县人民法院一直没有执行。

此外，对某矿业公司的罚款 108294.4 元，甲县国土资源局没有向甲县人民法院申请强制执行。

【检察机关监督情况】

2018 年 3 月 19 日，甲县国土资源局向甲县人民检察院提出申请，请求监督甲县人民法院执行上述行政裁定。

甲县人民检察院经审查认为，甲县人民法院没有对双方当事人达成的执行和解书进行合法性审查，即裁定终结本次执行程序，确有错误；甲县国土资源局没有严格按照行政处罚决定全部内容向甲县人民法院申请强制执行，确有错误。因此，先后向法院和国土资源局发出检察建议：建议法院对违法行为依法予以纠正，拆除某矿业公司在非法占用的土地上新建的建筑物和其他设施；建议县国土资源局向甲县人民法院申请强制执行对非法占用土地的罚款共计 108294.4 元。

甲县人民法院收到检察建议后，多次做某矿业公司法定代表人的思想工作。2018 年 9 月，某矿业公司自动拆除了其在非法占用的土地上新建的建筑物和其他设施。

县国土资源局收到检察建议后，及时向甲县人民法院提出申请，强制执行对非法占用的土地处以每平方米 10 元的罚款共计 108294.4 元。

【警示与指导意义】

违法占地如不能得到及时、有效、全面查处，必将造成严重的负面影响，损害法律的严肃性和权威性，影响政府的执行力和公信力。本案中，甲县人民法院裁定准予执行后，甲县国土资源局与某矿业公司达成执行和解书，法院未对该和解书是否存在违法情形进行审查，即以此为由裁定终结本次执行程序，且在之后长达四年多的时间内，未采取有效措施执结案件，导致国有土地长期处于受侵害状态；行政机关未严格按照行政处罚决定确定的全部内容申请法院强制执行，属于不完全履行职责。检察机关通过行政非诉执行监督，既促进规范、公正司法，又促进依法行政，实现了双赢多赢共赢。

案例六：姬某诉某乡政府确认行政行为违法监督公开听证案

——检察机关以听证赢公信，加强行政违法行为调查核实，积极引导当事人和解，有效化解行政争议

【基本案情】

姬某与河南省某村委会因一土地承包合同引发系列纠纷，双方先后提起行政诉讼案件5件和民事诉讼案件2件。其中，2016年10月2日，乡政府应村委会要求，指派数十名工作人员强行丈量案涉土地，后因姬某及家人阻止，量地未果。2017年3月23日，姬某向县人民法院提起本案行政诉讼，请求确认乡政府强行丈量其承包土地的行为违法。县人民法院经审理认为，乡政府丈量土地的行为是调解双方纠纷过程中调查取

证行为，属于处理双方纠纷的阶段性行为，且该行为并未侵害原告的合法权益，遂判决驳回原告姬某的诉讼请求。

姬某不服一审判决，提出上诉。市中级人民法院于2018年3月28日作出二审行政裁定，认为乡政府丈量土地的行为未对上诉人权利义务产生影响，不属于行政诉讼受案范围，裁定撤销一审判决，驳回姬某起诉。

姬某不服二审裁定，申请再审。省高级人民法院于2019年4月16日作出再审行政裁定，驳回姬某的再审申请。

2019年6月26日，姬某向市人民检察院申请监督。

【公开听证情况】

为深入了解案件情况，全面听取相关单位和人士意见，确保监督精准，某市人民检察院决定对该案进行公开听证。

听证准备。一是开展听证前法律辅导。听证前，向当事人详细解读听证程序和听证结论的效力，保障当事人全面了解听证的程序和作用，依法充分行使申辩、质证等权利。二是确定9名听证员。包括政府法制部门干部和高校行政法学教授各2名、行政诉讼领域律师3名、原行政审判法官和地产领域企业家各1名。三是邀请相关人员参加。邀请人大代表、政协委员、人民监督员和省检察院、省司法厅、市司法局等有关职能部门人员参加听证会，安排全市行政检察干警代表20余人进行旁听。

听证过程。2019年8月8日，听证会在某市人民检察院召开。本次听证经过事实调查、质证辩论、听证员提问、听证评议、总结讲评等5个环节，并按照下列顺序进行：（1）承办人介绍基本案情和议题；（2）申请人陈述申请监督请求、事实和理由；（3）被申请人发表辩驳意见；（4）申请人和被申请人出示新证据，并说明证据的来源及证明内容；（5）检察院出示依职权调查核实取得的证据；（6）案件各方当事人就听证中所出示证据的合法性、真实性和关联性进行质证并发表意见；（7）听证员对案件事实和证据进行提问；（8）当事人发表最后意见；

（9）听证员当场公开发表听证意见；（10）主持人进行归纳总结。

听证结果。通过听证，包括通过多媒体示证，现场播放姬某拍摄的乡政府丈量土地当天的视频，结合当事人陈述，查清了双方纠纷的来龙去脉，查明了相关案件事实：（1）乡政府没有当事人同意采取调解方式解决纠纷的证据，其丈量土地的行为不能定性为行政调解中的调查取证行为。（2）未经双方当事人同意，乡政府介入民事纠纷并强行丈量土地没有法律依据。（3）乡政府未就案涉纠纷及土地作出任何行政决定，其丈量土地的行为亦没有引起行政法律关系的设立、变更或消灭，不属于具体行政行为。根据听证查明的事实，9名听证员从不同角度进行分析，形成一致意见：该案不属于法院行政诉讼的受案范围，二审法院裁定驳回起诉并无不当，检察机关应作不支持监督申请决定；同时，乡政府介入本案的民事纠纷没有法律依据，不但没有解决问题，反而激化了矛盾，检察机关应向乡政府提出检察建议。

【监督意见】

市人民检察院综合审查案卷和听证情况，在征求双方当事人同意后，促成对案件进行和解，姬某表示不再追究乡政府，乡政府表示会尽快依法协助解决案涉相关问题。检察机关采纳了听证意见，于2019年8月26日依法作出不支持监督申请决定。8月22日，市人民检察院向乡政府现场送达检察建议，指出乡政府在处理本案纠纷中存在依法行政意识不够强、行政行为程序不合法、化解社会矛盾不彻底等问题，并分析了原因和后果，从强化法律意识、规范行政行为、提升执法质效等三个方面向乡政府提出了改进工作的具体建议。

【警示与指导意义】

听证是实现检察机关办理法律监督案件公开、公正、公平的一项重要举措，也是检察机关推进开放、透明、阳光司法的一种新尝试。行政诉讼监督案件直接涉及人民群众切身利益，一些案件当事人诉求强烈，服判息诉难，检察机关采取公开听证方式，有利于实现精准监督，推动行政争议的实质性化解。

1. 以公开促进公正，赢取公信。办理行政诉讼监督案件时进行听证，将案件事实公开，充分听取相关人士的意见，有利于提高案件审查透明度、提升司法公信力。本案针对案涉法律关系专业性强的特点，在兼顾广泛代表性的同时，突出法律专业性，从不同行业选取 9 名听证员，并广泛邀请社会人士、上级单位、相关职能部门及检察干警参与旁听，提高了听证结果的可信度。通过办案人员介绍案情、当事人充分发表意见、对相关证据进行质证、听证员提问等，使案件情况公开透明。9 名听证员当场公开发表听证意见，从不同角度阐释自己对案件的看法，当事人原汁原味听取听证员的意见，进一步增强了听证的公正性和说服力。

2. 加强调查核实，确保精准监督。对于行政行为是否违法等尚未查清的事实，在听证中，应当充分利用双方当事人当面质证辩论的优势，进行调查核实。本案听证过程中，通过双方当事人发表意见、出示相关证据、质证及论辩、听证员对案件事实和证据进行提问等，查明乡政府丈量争议土地的行为并不产生行政法律效果，不属于行政诉讼受案范围，但其强行介入申请人与村委会之间的民事纠纷，缺乏法律依据，为检察机关实现精准监督提供了事实根据。

3. 促成现场和解，实质性化解行政争议。解决行政争议、促进社会治理、维护社会和谐稳定是行政诉讼监督的重要任务，通过公开听证与行政和解程序的有机衔接，有利于推动矛盾化解，实现案结事了。本案因乡政府强行介入民事纠纷，导致申请人对国家机关不满，一再提起诉讼，陷入诉累。检察机关通过公开听证，取得双方当事人的信任，当场和解，消除积怨，促进行政争议的实质性化解，体现了以人民为中心的办案理念。

第四编

研究成果扫描

- 2019年行政检察基础理论研究成果
- 2019年行政检察应用理论研究成果
- 行政检察理论研究进展评述与展望

2019年行政检察基础理论研究成果

坚持司法为民　做实行政检察*

张雪樵**

2018年7月，张军检察长在全国大检察官研讨班上首次提出包含行政检察的“四大检察”全面发展新格局，经新一轮全国检察机关内设机构改革，多数地方成立了专门负责行政检察工作的内设机构或者办案组。但是，基于行政诉讼监督抗诉案件成案少、监督范围窄的现状，必须解答一些绕不过去的现实问题：行政检察有没有必要加强到“独树一帜”？做实行政检察的着力点、突破口在哪里？基层检察院行政检察与公益诉讼“合灶吃饭”，怎么理顺两者的关系？基于此，结合“不忘初心、牢记使命”主题教育，围绕落实“讲政治、顾大局、谋发展、重自强”总要求和“稳进、落实、提升”总基调，就相关问题分析与思路对策作一探讨。

---

* 本文系作者2019年9月17日在全国检察机关行政检察工作座谈会上的讲话，有删节，原文载《人民检察》2019年第19—20期。

** 张雪樵，最高人民检察院副检察长。

一、为什么行政检察要与刑事检察、民事检察、公益诉讼全面协调充分发展

最高人民检察院新一届党组提出了刑事检察、民事检察、行政检察、公益诉讼检察全面协调充分发展的新时代检察发展愿景。有些同志不免质疑：如果不考虑公益诉讼，也不考虑立法专门赋权行政违法监督，仅仅就传统的行政诉讼监督，面对目前行政诉讼监督案件占比极小、成效有限的现状，行政检察还有多大的舞台？换言之，行政诉讼监督有没有必要做大、有没有可能做实？

为什么行政检察不能去考虑公益诉讼和行政违法监督？行政检察是新一届党组基于现有的检察职权提出的工作定位，张军检察长提出行政检察“一手托两家”，意思是指行政诉讼监督的双重监督任务，既监督行政审判是否公正，又监督行政行为是否合法。那么，首先要研究的问题是：对已经办理的行政诉讼监督案件，我们是否完成了监督任务？特别是最常规的生效裁判监督是否已经合乎了要求？

党的十九大对新时代推进全面依法治国提出了新目标，到 2035 年基本建成法治国家、法治政府、法治社会。2018 年 8 月，习近平总书记在中央全面依法治国委员会第一次会议上明确指出：“党的根基在人民、力量在人民。现在，人民群众对美好生活的向往更多向民主、法治、公平、正义、安全、环境等方面延展。人民群众对执法乱作为、不作为以及司法不公的意见，要成为我们厉行法治的聚焦点和发力点。”习近平总书记的重要指示，也是对检察机关充分发挥包括行政检察在内的法律监督职能作用提出了新要求。毫无疑问，检察机关办理行政申诉案件，开展行政诉讼监督理所应当担起监督行政机关违法行为的重要职责。但是，检察机关在审查申诉案件时，往往只关注法院裁判是否站得住脚，而不审查行政机关的过错有多少；只关注抗诉能否改判，而不在乎行政违法是否纠正；往往只计较办结了多少案件，而不大关心了却申诉人的具体诉

求。受理案件时面对的是申诉人的求助与希望，办结案件时却看到申诉人的无奈与失望。既然是监督“民告官”却做不到解决当事人的实际问题，这不就是行政检察的严重缺位吗？

申诉案件如此，尚未向检察机关申诉的诉讼案件呢？2018 年全国各级法院审理行政诉讼 25.1 万件，检察机关受理申诉案件 9350 件，占比不到总数的 4%。那么，除了 10% 左右的案件判决行政机关败诉，还有一部分案件得以和解外，剩下相当一部分行政诉讼案件的当事人为什么不到检察机关申诉呢？不申诉绝不等于当事人口服心服。是不是因为当事人敬畏于行政机关而不敢申诉？是不是因为行政诉讼案结事不了、司法防线“站岗不设防”而不信申诉？是不是因为检察监督讳莫如深而不会申诉？无论如何，当事人不敢申诉、不信申诉、不会申诉，不仅是人民群众对民主、法治、公平、正义、环境、安全等新需求的难点、堵点和痛点，也恰恰是行政检察监督“一手托两家”的薄弱点、空白点和发力点。那么，检察机关能不能依职权主动介入非申诉的行政诉讼案件呢？

众所周知，对于民事申诉案件，基于当事人意思自治原则，不申诉的案件只要不损害国家利益和社会公共利益，检察机关则不告不理。而行政诉讼明显不同于民事诉讼：对被诉行政行为的违法性质，当事人没有处分权。即使行政相对人不申诉或者放弃诉求，也不能改变已经发生的行政违法事实，因为行政违法不可逆。从这一逻辑出发，对于行政诉讼，即使当事人不向检察机关申请监督，检察机关也可以依职权审查行政行为是否违法。如果被诉行政行为构成违法，法院又作出了错误裁判，则可抗诉；不必要抗诉的，也可以采取相应的跟进监督措施。实践中，可以通过回访生效裁判案件当事人的方式，了解核实行政相对人对被诉行政行为和行政审判的评价结果，进而作出是否需要介入监督的判断。

总之，我们要坚信党的十八届四中全会审议通过的《中共中央关于全面推进依法治国若干重大问题的决定》中关于对行政乱作为、不作为进行检察监督是高屋建瓴的顶层设计，要充分认识行政检察与刑事检察、民事检察、公益诉讼检察全面协调充分发展的重要意义，立足行政诉讼监督的法定职能，把行政诉讼的制度性问题作为行政检察的改革出路，把行政诉讼在法治建设中的疲弱、缺位、滞后问题的解决作为行政检察发展的广阔舞台，把人民群众对依法维权之路的信赖作为行政检察健康发展的重要动力。

二、如何把握行政检察工作的新格局

（一）要以行政诉讼监督为基石

诉讼是检察业务的基石，无论是提起刑事诉讼和公益诉讼，还是以启动再审或者参与诉讼等方式进行诉讼监督，包括执行监督，都离不开诉讼。那么，行政诉讼监督是否是行政检察工作的基石？众所周知，行政检察工作的法律授权目前只限于行政诉讼范围。从近三十年的检察工作实践看，也主要集中于对生效行政裁判的抗诉监督。因为历史原因，行政抗诉工作一直薄弱，属于“短板中的短板”。但诉讼监督的疲弱现状不等于监督发展空间受限。行政诉讼监督能不能发展，关键要看行政诉讼本身存在的问题以及治理是否需要诉讼监督来发挥独特的功能、作用价值。

首先，从行政诉讼的问题看，行政诉讼的法治任务远未完成。法治的本质有两点：对公权力的制约和对公民权利的保障。作为法治建设的标志性制度，行政诉讼的制度价值就是制约行政权力和保护行政相对人的合法权益。当行政相对人与行政机关之间发生利益冲突之后，可以通过与行政机关平等地对簿公堂，补救行政行为所致的权利损害。应当说，行政诉讼制度的实施近三十年砥砺前行，对促进依法行政功不可没，但是行政诉讼的程序空转问题十分突出，案结事不了成为行政诉讼的“顽瘴痼疾”。有多少案子是以超过起诉期限为由驳回起诉的？有一个城市搞大片征用拆迁，一位下岗工人赖以谋生的唯一的小面馆被地方政府强制拆迁了，最后，法院是以超过起诉期限为由驳回了这位业主的起诉。试想，养家糊口的小面馆被拆了，他能不去找政府讨赔偿吗？谁信他竟然糊涂到半年多里把这么重要的事都忘得一干二净？即使业主忘了，政府的责任人员也可以忘掉吗？驳回起诉的后面，能不让人质疑公职人员的诚信与人格吗？能不让人质疑法官检察官的专业问题及对人民的情怀问题？司法审查应该客观公正，但有多少案子只顾审查行政行为是否凑得上合法的界限。行政相对人好不容易提起行政诉讼，审理的重点却不是他的诉求是否合法、哪些权益应该保护。就检察抗诉案件来说，其中多半是反复纠缠于法院是否应当受理、立案的争执当中，经过一审二审再审，有的不断发回重审，几年甚至几十年都未进行实体审理，当事人拿着多份裁定，诉求却始终得不到解决，对政府的怨气与戾气越来越大，矛盾随时激化，极易引发社会稳定风险。当下，行政诉讼的申诉上访率高、服判息诉率低的问题长期存在，其公正性受到的质疑在三大诉讼中最为突出。

那么，权利得不到救济的原因在哪里？除了程序制度的缺陷，归根结底在于司法制约对行政违法失之于宽。行政诉讼制度的权力运行原则是司法权对行政权的制约，但是在不少行政诉讼案件中，审判人员不愿触及行政机关的实质性利益。有些案件中，对明显的行政违法行为竟想方设法运用诉讼技巧、巧立法律名目捂盖子、留面子。即使行政机关败诉了，撤销了违法的行政行为，却仍放任行政机关不履行职责承担赔偿责任，以致在“司法权不干预行政权”的理论模式下，让行政违法者逍遥法外，让权益受损的行政相对人对法治寒心。所以，空转的不只是诉讼程序，落空的应该是法治的精神；错位的不只是行政诉讼，缺位的应该是行政诉讼监督。

其次，从检察权能配置看，行政诉讼监督具有独到价值。在法治监督体系中，检察监督属于为数不多的公权力监督。与其他监督相比较，诉讼监督不仅具有稳定性、权威性，还具有公开性和群众的参与性。诉讼是检察权的基石，诉讼监督则是法律监督的重心。离开了诉讼监督，将面临检察监督的刚性问题，而刚性在于法律责任的落实，如果不能追究被监督者的法律责任，那检察建议就相当于善意的劝诫或者温馨的提示。若无震慑，则不足以触动监督对象，不足以调整利益、实现矫正正义。依据现行法律，行政诉讼监督的程序制度、责任设置相对比较成熟，既可以受理当事人申诉，也可以依职权主动介入；既可以主动调查核实，也可以引入专业判断。发挥好检察监督的制度优势，全面把握行政诉讼监督在对象和目的上的双重性，既保证司法公正，也促进依法行政。

最后，从发展趋势看，行政诉讼监督越来越重要。一是伴随地方立法制度的改革，需要加强对地方性法规等规范性文件的监督，在维护社会主义法制的统一方面发挥作用。二是行政诉讼已经成为我国公民或社会主体针对违法行为进行维权的主要方式，越来越多的行政相对人选择诉讼方式进行维权。通过强化行政诉讼监督，可以将更广泛的行政行为，尤其是进入诉讼领域的行政行为进行更全面的监督，促进严格执法。

总之，“天生我材必有用”。行政检察工作以行政诉讼监督为基石，既是尊重检察规律，也是履行国家使命所在，更是顺应新时代人民群众更丰富内涵的新需求。应当立足生效行政裁判监督、行政审判人员违法行为监督、行政裁判执行监督的责任田，辛勤耕耘，优化检察产品品质，提高产品数量，做实行政检察工作。

（二）以化解行政争议为“牛鼻子”

为什么要把化解行政争议作为办理诉讼监督案件的目标任务？有的人认为这不是检察机关的法定职责，是否是种他人的责任田，荒了自家的地？前面已多次提到，行政诉讼案件办结，但行政相对人的权利救济还没完成。经检察机关抗诉的申诉案件即使在法院再审中得到改判，仍可能无法解决当事人的实质性争议，当事人胜诉只是新一轮“马拉松”诉讼程序的开始。司法审查、诉讼监督不解决实际问题，监督效果不仅大打折扣，反而增加当事人讼累，激化社会矛盾，这正是行政诉讼制度在法治功能上的疲弱、缺位与滞后问题。2014年修改后的《行政诉讼法》第1条在关于行政诉讼制度的目的中特别强调了“解决行政争议”，因为化解行政争议是“保护权利”和“监督权力”两个目标的结合点和落脚点。所以，从立法精神和监督规律来讲，化解行政争议应当是诉讼监督任务的应有之义，是以定分止争的司法效果来弥补行政诉讼制度的短板，也是以节约司法资源提高解决效率来补强司法的公正公信。

从政治效果上讲，要把人民满意作为政法工作的根本标准，为民解忧解困，才是以人民为中心，才是把行政诉讼监督作为政治性很强的业务工作和业务性很强的政治工作来定位。张军检察长在2019年大检察官研讨班上指出：“坚守客观公正立场，持续更新检察监督理念”。行政检察要“做实”，归根结底就是要让人民群众通过行政诉讼监督有实实在在的获得感。检察机关要顺应新时代人民群众的新需求，以问题为导向，积极探索在办理生效裁判的监督案件中化解行政争议。化解行政争议应当是最首要的诉讼监督任务。只要人民群众盼望的“案结”“事了”真正实现，则“功莫大焉”“善莫大焉”。

怎么在办理监督案件时做好调处和解工作？一是要立足行政检察的监督定位。行政检察履行诉讼监督职责，既要监督法院的审判和执行，又要监督行政机关的行政执法；既要监督法院、行政机关依法履职，又要支持法院公正司法、支持行政机关维护行政相对人合法权益，防止行政诉讼中因为法院不敢判、行政争议调解中行政机关不愿调而影响行政相对人的权利救济。在具体办案时，要立足法律监督机关的职权优势，充分运用调查核实手段，根据需要，既可以对涉及行政相对人合理诉求的相关事实进行调查取证，也可以对被诉行政行为之外的相关事实进行调查，同理，还可以运用审判人员违法监督和向纪委监察委移送行政违法线索等监督手段和方式。二是要处理好抗诉与调处和解的衔接关系。要坚持有权必维原则。习近平总书记在2014年中央政法工作会议上指出：维权是维稳的基础，维稳的实质是维权。要处理好维稳与维权的关系，把群众合理合法的利益诉求解决好。对当事人诉求合理合法的案件，把化解行政争议作为诉讼监督的“牛鼻子”，既要“以监督促调”，也要“以抗诉促调”。有的案件即使不符合抗诉标准，“不抗亦调”，争取尽早解决当事人的合理诉求。对不符合监督条件同时诉求也不合理合法的案件，要认真做好释法说理工作，通过专家咨询、听证等方式，引导当事人服判息诉。三是要明确办案责任。谁来化解行政争议？不能离开基层院，也不能一律推给基层院，基层院没有“尚方宝剑”往往寸步难行，所以，怎么样发挥检察一体化，怎么样把被诉机关所在地检察院与上级检察院的合力发挥好，都要加强研究探索。最高人民检察院、省级院的承办人也是承办案件调处和解工作的责任人，最高人民检察院的检察官要跟着案件“沉到底”，直接与行政机关面对面，要运用好专题汇报等同级监督手段。最高人民检察院已经开始改革申诉案件的审查方式，除极少数行政相对人的诉求无据无理外，都要求引入和解促调程序。四是发挥协同合力。要善于与地方相关部门在创新诉源治理中加强协作。有一点必须明确，诉讼监督属于事后监督，对尚未提起行政诉讼的纠纷以及正在法院审理阶段、检察机关不是诉讼参与人的诉讼案件，检察机关不宜介入参与调解。因为监督者不能与监督对象共同执法司法。否则，如果调解程序或者调解结果发现错误，就会影响诉讼监督的公信度。对检察机关正在办理的监督包括抗诉案件，检察机关则可以与法院、社会组织等其他部门进行协同促成和解。

（三）以非诉执行监督为延伸

行政非诉执行监督，是对诉讼裁判执行监督的延伸。行政非诉执行监督的范围，主要是人民法院对行政非诉执行申请的受理、审查、裁决和实施行为，所以也称为是对行政诉讼裁判执行监督的延伸。监督重点主要为：一是人民法院对行政非诉执行申请是否依照行政诉讼法及其他相关行政法律法规进行立案审查；二是人民法院对行政非诉法律文书的执行中是否存在违法情形。一言概之，行政非诉执行监督的边界还是人民法院的执行活动。当然，在监督过程中，发现行政机关的行政行为违法，则可以监督。不构成违法，属于不规范或者制度漏洞等，也可以向其提出改进工作的检察建议，那当归之于治理类检察建议的广义监督范畴。

对行政机关已经生效的行政处罚未及时申请执行，或者对行政机关申请法院强制执行后，法院裁定由行政机关强制执行而行政机关未及时执行的情形，譬如违法建筑的拆迁。政府的执行活动，不属于法院委托的司法活动，实质上是行政行为，应当执行而不执行当然存在违法性，性质上属于职务违法，依法应当由监察委监督。公益诉讼试点以来，有不少案件是对行政处罚没有执行以致损害了公益而启动了诉前程序，有处理固体垃圾场的，也有拆除违法建筑的。有的检察机关提起了公益诉讼，但结果败诉了。败诉的原因，就是执行行为的不可诉性。因为执行法律文书不产生新的权利义务，行政处罚书与判决书的法律意义是一样的。目前，公益诉讼的立案条件已经规范：对未构成违法的行政决定因未执行到位而影响公益保护的，原则上不予立案，可直接移送监察委处理。这就是遵循职权法定与效率价值的问题，检察监督不能一家包打天下。习近平总书记有句妙喻："房子不要造在人家的地基上。"行政检察也是同一个法理，非诉执行监督也要善于运用好双赢多赢共赢理念下的政治智慧、法律智慧和监督智慧。本属于监察委的职权范围，而且监察委监督更为有效的，不能越俎代庖。

三、如何处理行政检察与其他监督职能的关系

（一）与监察委员会职务违法监督的界限和衔接

行政检察与监察既有密切联系，又有很大差异，因此做实行政检察工作，可以主动与监察委加强配合、做好衔接。一是线索移送上交流反馈。检察机关在办理行政诉讼监督案件时，包括调处行政争议时，发现公职人员违法乱纪，要用好线索及时移送监察委的机制或工作方式。二是监督措施上补充保障。对行政机关无正当理由不配合调查、不采纳建

议、不出庭应诉或者不履行判决的，检察机关可将情况通报至监察委。

（二）与公益诉讼检察的界限和衔接

明确行政检察监督和行政公益诉讼检察监督的界限，应从公正与效率原则出发来把握。实践中，要注意把握以下几个界限：

界限一：对公益诉讼的审判活动、裁判结果的监督，强调的是公正性和客观性。公益诉讼起诉人，其身份相当于原告，诉讼当事人与诉讼监督者的身份相分离是程序公正的基本要求。因此，对公益诉讼的审判活动、裁判结果的监督，可以按照行政诉讼监督程序办理，并由专门的行政检察部门负责；行政检察与公益诉讼为同一个部门的，则应当由该部门行政检察人员负责，而不宜由承担公益诉讼任务的人员负责监督。

界限二：对公益诉讼裁判结果执行的监督，按同一件事由同一个办案组负责的原则，应当由公益诉讼办案组负责协调和监督执行。因为检察机关虽然作为起诉人，但没有自己的特殊利益，再加上裁判已经生效，不受胜诉或者败诉的影响，在不影响公正价值的前提下，就应当考虑效率价值。

界限三：对于需要行政机关进一步作出新的行政行为或纠正违法行为，如果在公益诉讼的法定领域，应当属于公益诉讼范畴；如果超出法定领域的，则属于职务违法，也不宜由行政检察部门管辖。

界限四：对于需要向行政机关提出改进工作检察建议的，因不符合行政违法的立案条件，不属于公益诉讼办案范围，应当依照治理类建议的相关规定来办理。

综上，行政检察工作既蕴含着人民群众对公正司法、依法行政的殷切期望，也承载着最高人民检察院党组对做实行政检察工作的嘱托与厚望。希望全国检察机关行政检察部门和广大行政检察人员坚定信心，敢于担当，勇于创新，努力做实新时代行政检察工作，为全面推进依法治国作出新的更大的贡献！

行政诉讼检察监督的范围*

姜明安**

2018年经第十三届全国人大第一次会议修正的现行宪法和同年第十三届全国人大常委会第六次会议修订的人民检察院组织法，以及经2017年第十二届全国人大常委会第二十八次会议修改的行政诉讼法明确规定了新时代检察机关的国家法律监督机关性质、检察机关对行政诉讼实行监督的职权、方式以及行政诉讼检察监督的范围。行政诉讼检察监督的范围可以概括为以下五项：

一、对行政诉讼起诉、受理的监督

起诉、受理是行政诉讼活动的第一个环节。检察机关对行政诉讼活动的法律监督是全过程、全方位的。因此，行政诉讼检察监督的第一项监督即是对行政诉讼起诉、受理环节的监督。根据《行政诉讼法》第91条和第93条规定，公民、法人或者其他组织向人民法院提起诉讼，人民法院作出确有错误的不予立案或者驳回起诉的终局裁定，人民检察院可以向人民法院提出抗诉或者检察建议，以纠正此种错误裁定，保护公民、法人和其他组织的行政诉权。

---

* 原文见《新时代行政检察监督："做实"的路径与方法》，载《检察日报》2019年9月9日。

** 姜明安，北京大学法学院教授，博士生导师。

二、对行政审判活动的监督

行政审判是行政诉讼活动中最重要的环节。这个环节如果出现行政机关、社会团体或个人违法干预或人民法院违反法定诉讼程序等情形，诉讼结果显然就难于保证公正。因此，检察机关对行政审判的监督是整个行政诉讼检察监督的最重要环节。《人民检察院组织法》第47条第2款规定，对于领导干部等干预司法活动、插手具体案件处理，或者人民检察院内部人员过问案件情况的，办案人员应当全面如实记录并报告；有违法违纪情形的，由有关机关根据情节轻重追究行为人的责任。这一条款适用于所有审判活动，尤其适用于行政审判活动。另外，根据《行政诉讼法》第91条第1款第5项的规定，检察机关要对行政审判的诉讼程序进行监督，对人民法院违反法律规定的诉讼程序作出的可能影响公正的终局裁判，可以向人民法院提出抗诉或者检察建议，以启动再审，纠正裁判中可能的错误。

三、对生效行政判决、裁定和调解书的监督

人民检察院对人民法院生效行政判决、裁定和调解书的监督是行政诉讼检察监督中最常见、最具法律效力的监督类型。根据《行政诉讼法》第93条规定，最高人民检察院对各级人民法院已经发生法律效力的判决、裁定，上级人民检察院对下级人民法院已经发生法律效力的判决、裁定，发现有本法第91条规定情形之一，或者发现调解书损害国家利益、社会公共利益的，应当提出抗诉。地方各级人民检察院对同级人民法院已经发生法律效力的判决、裁定，发现有本法第91条规定情形之一，或者发现调解书损害国家利益、社会公共利益的，可以向同级人民法院提出检察建议，并报上级人民检察院备案；也可以提请上级人民检察院向同级人民法院提出抗诉。

四、对行政判决、裁定等生效法律文书的执行的监督

《人民检察院组织法》第 20 条规定的检察机关职权之一即是对判决、裁定等生效法律文书的执行工作实行法律监督，当然包括对行政判决、裁定等生效法律文书执行的监督。尽管目前行政诉讼法及其司法解释尚没有专门规定对行政判决、裁定等生效法律文书执行的检察监督，但是根据行政法理论及实践，最高人民法院和最高人民检察院《关于民事执行活动法律监督若干问题的规定》应可以参照适用于对行政判决、裁定等生效法律文书执行的检察监督。参照上述规定，具有下列情形之一的执行案件，人民检察院应当依职权进行监督：

（1）损害国家利益或者社会公共利益的；

（2）执行人员在执行时有贪污受贿、徇私舞弊、枉法执行等违法行为、司法机关已经立案的；

（3）造成重大社会影响的；

（4）需要跟进监督的。

此外，人民检察院认为人民法院在执行活动中可能存在怠于履行职责情形的，亦属于检察监督的范围。

五、对行政审判人员在审判程序中的违法行为的监督

对行政审判人员在审判程序中违法行为的监督也属于广义的行政诉讼检察监督的范畴。《行政诉讼法》第 93 条第 3 款规定，各级人民检察院对审判监督程序以外的其他审判程序中审判人员的违法行为，有权向同级人民法院提出检察建议。另外，根据《行政诉讼法》第 91 条第 8 项和第 93 条第 1 款、第 2 款的规定，检察机关发现行政审判人员在案件审理时有贪污受贿、徇私舞弊、枉法裁判的情形，应对相应终局裁判提出抗诉，启动法院再审。并且，依据《监察法》第 34 条，检察机关对在监督中发现行政审判人员涉嫌贪污贿赂、失职渎职等职务违法或者职务犯罪的问题线索，应移送监察机关，由监察机关依法调查处置。

以“五化”为方向 担当使命做实行政检察*

张相军**

行政检察“一手托两家”，发挥着监督人民法院公正司法和促进行政机关依法行政的双重作用，是“四大检察”法律监督格局和国家法治监督体系的重要组成部分。中国特色社会主义进入新时代，人民群众对公平正义的需求在行政案件中得到越来越多的体现，一些行政争议成为人民群众的烦心事，行政诉讼监督案件呈现出数量持续上升、类型分布广泛、矛盾集中突出、息诉化解难度大等特点。要以“监督格局多元化、办案导向精准化、基层业务实在化、工作机制一体化、素质能力专业化”“五化”为方向，做实行政检察，提升人民群众的获得感和满意度。

一、完善多元化行政检察监督格局

修改后的行政诉讼法进一步丰富了行政检察履职内容、履职程序和履职手段，为完善多元化行政检察监督格局提供了法律保障。一要完善多元化的监督方式。综合运用抗诉、再审检察建议、检察建议等行政诉讼监督方式，既发挥好抗诉的刚性监督作用，也发挥好再审检察建议的同级监督优势，同时运用好检察建议这一灵活的法律监督方式。二要完

* 原文见《新时代行政检察监督：“做实”的路径与方法》，载《检察日报》2019年9月9日。

** 张相军，最高人民检察院第七检察厅厅长。

善多元化的监督职能。裁判结果监督、审判违法行为监督和执行监督，是行政诉讼监督的三项基本职能，要做到全面协调充分发展，推动行政诉讼监督从只注重裁判结果监督、实体违法监督向裁判过程与裁判结果监督并重、程序违法监督与实体违法监督并重、对人监督与对事监督并重转变。三要完善多元化的工作格局。遵循行政诉讼监督规律，明确不同层级检察机关行政检察工作的侧重点，形成最高人民检察院、省级院、市级院以办理裁判结果监督案件为主，基层院以办理审判违法和执行监督案件为主，四级院各有侧重、密切配合、全面履职的多元化行政诉讼监督工作格局。四要完善多元化的衔接机制。一方面，要建立行政检察与刑事检察、民事检察、公益诉讼检察的多元化衔接机制，发挥检察机关"四大检察""十大业务"的整体优势；另一方面，要加强检察监督与其他行政纠纷解决机制的对接，构建协商、调解、仲裁、行政裁决、行政复议、行政诉讼、行政检察有机衔接、相互协调的多元化纠纷解决机制，推动实质性化解行政争议。

二、着力以精准化为导向提升办案质效

张军检察长指出，行政检察要围绕行政诉讼监督展开，做到精准，抓好典型性、引领性案件的监督，做一件成一件、成一件影响一片。落实精准监督，总的要求是坚持精准化导向，加强精细化审查，努力办成精品案件。要优化司法资源配置，建立繁案精办、简案快办机制，提高监督的精准度与权威性。对于具有典型性、引领性的案件，改变以往那种仅限于书面审查的模式，做到"六个必须"：必须听取申请人或其诉讼代理人意见、必须与原审法官沟通、必须与提请抗诉检察院办案人沟通；实行案例强制检索制度，必须查找以往类似案件处理情况，并在审查报告中作出说明，破解适用法律疑难；对重要证据，必须加强调查核实，改变以往"坐堂办案"模式；重大法律适用等问题必须向专家咨询或者组织专家论证等。对案件事实清楚、法律关系简单的案件，要坚持提高

效率但不降低标准，简化程序但不减损诉讼权利的原则，加快办案进度，让司法公正更好更快实现。

三、着力促进基层行政检察业务实在化

基层检察工作是检察工作的基础，做实行政检察必须做实基层。司法实践中检察机关行政裁判结果监督案件呈“倒三角”现象，加之近年来人民法院推行行政案件集中管辖改革，一些基层检察院有行政检察职能没有行政检察业务，行政裁判结果监督、审判人员违法行为监督和裁判执行诉讼监督案件量少、工作量不饱和，基层行政检察难以发挥作用。做实基层行政检察，关键是促进其业务实在化。一要把促成当事人和解作为行政诉讼监督案件审查的必经程序。上级院在设置对下业务考评指标时，可将促进和解、实质性化解行政争议工作纳入行政检察业务考评项目；在案件质量评查时，也要将促成和解，实质性化解争议工作作为评查的重点，全面评价行政检察工作。二要推行行政诉讼监督案件公开听证制度。探索不支持监督申请案件检察宣告制度，邀请人大代表、政协委员、人民监督员参加，做好检察环节释法说理、息诉罢访、维护稳定工作，有效化解行政争议和矛盾纠纷。三要把行政非诉执行监督作为基层行政检察业务的新增长点。鉴于目前法院受理行政非诉执行案件总量已经超过行政诉讼案件总量，行政非诉执行已经成为基层法院行政审判庭的主要业务，要聚焦人民群众反映强烈的自然资源、社会保障、环境保护、食品药品安全、减税降费等重点领域非诉执行难问题。四要把积极参与社会治理作为重要使命。行政检察是新时代检察机关参与社会治理的重要途径，基层检察机关处于参与社会治理第一线，在运用检察建议促进有关部门改进工作、完善治理方面具有独特优势。要加强穿透式监督，在办理行政诉讼监督案件时加强对行政行为合法性的审查，对于那些虽然法院裁判没有错误，但相关行政机关不依法及时履行职责，致使个人或者组织合法权益受到损害或者存在损害危险，需要及时整改

消除的，按照《人民检察院检察建议工作规定》，依法提出改进工作、完善治理的检察建议。

四、着力健全一体化机制形成行政诉讼监督合力

一体化既是检察机关领导体制的基本特征，也是检察权运行的基本规律。当前要重点围绕行政裁判结果监督案件“倒三角”和行政案件集中管辖改革对健全一体化机制的需求，加强上下联动和横向协作，促进行政检察职能全面履行和基层行政检察人员监督能力全面提升。一要建立办理行政诉讼监督案件统一调用辖区内检察人员机制。贯彻落实修改后人民检察院组织法的规定，上级院办理重大、复杂、疑难行政诉讼监督案件，可以统一调配辖区内行政检察人员力量，采取交办、调用人员集中办案等办案机制，促进案件不均衡、人员少等问题的解决。二要完善跟进监督机制。针对当前行政抗诉和再审检察建议改判率和采纳率低的问题，对监督意见正确但未被采纳的案件，上级检察院要加大跟进监督力度，认真研究，采取抗诉、再次监督、向领导机关汇报、与法院和行政机关沟通等形式监督到底。三要建立行政诉讼案件异地监督协作机制。适应对行政案件集中管辖改革的新要求，在监督法院依法审判和执行的同时，市级和基层检察院对于同级人民法院审理的异地行政案件，需要向异地行政机关提出监督意见的，应当先向异地检察机关发函协商，由异地检察机关向其同级行政机关提出监督意见；同时，要向共同的上级检察院报告备案，便于上级检察院指导工作。

五、着力提升行政检察人员专业化素质

没有专业化的能力和人才，精准化则无法实现。精准化的前提是专业化。行政检察工作政治性、法律性、政策性、专业性都很强，更要强化专业素质的养成。尽管各地在机构改革中采取外部引进、内部调整等

方式，想方设法为行政检察部门配齐配强人员力量，但从全国范围看，当前行政检察人员专业化能力弱的问题还比较突出，监督能力亟待提升。要把专业化建设摆在突出位置来抓，突出实战、实用、实效导向，培养更强的专业素质、专业能力、专业思维和专业精神。坚持检察官教检察官，加强分级分类培训，加强岗位练兵，加强实践磨砺，全面提升行政检察人员的法律政策运用能力、防控风险能力、群众工作能力、科技应用能力、舆论引导能力。要充分运用好检答网这一业务学习平台，提升职业素养，解决疑难杂症。强化对典型案例的总结、编发和培训。认真贯彻张军检察长关于加强检察理论研究的重要指示，动员行政检察人员，主动与行政法学理论界加强沟通，加强对行政检察重大理论和实践问题的研究，为行政检察工作创新发展提供理论支撑和引领。

论新时代行政检察*

肖中扬**

党的十九大指出中国特色社会主义进入新时代，这是我国发展新的历史方位。新的时代人民美好生活需要日益广泛，在民主、法治、公平、正义、安全、环境等方面的要求也日益增长；新的时代全面深化改革进入深水区，国家治理体系和治理能力有待进一步完善；新的时代需要依法治国、依法执政、依法行政共同推进，需要法治国家、法治政府、法

* 原文载《法学评论》2019年第1期。

** 肖中扬，中国政法大学法学博士研究生。

治社会一体建设。依法治国的关键是政府依法行政，新时代依法治国的实践要求行政主体在法治的轨道上开展工作，要求强化对行政权运行的制约和监督，让权力在阳光下运行。毛泽东主席讲，“只有让人民来监督政府，政府才不敢松懈”。① 习近平总书记强调，“要健全权力运行制约和监督体系”“保证人民赋予的权力始终用来为人民谋利益”。② 我国宪法规定检察机关是国家的法律监督机关，代表人民行使法律监督权力。依据宪法的授权开展行政检察工作，监督行政权依法、规范、有序运行，促进行政法治，是新时代加强依法治权、以权治权的重要抓手，是推进全面依法治国、全面深化改革的重要方面，对在新时代维护宪法权威，在新的历史方位建设社会主义法治国家具有重要的理论和现实意义。

一、行政检察的基本界定

（一）关于行政检察的不同学说

行政检察目前尚无统一的概念和定义，理论研究成果并不多见。③ 依据对监督范围的不同把握标准，代表性的观点大致有三种：

1. 广义说。该说认为，检察权应有效制约行政权，表现在对一般违法性行政行为的监督。“一般违法性行政行为，从抽象行政行为看，主要有行政主体制定的规范性文件违反上位法或制定规范性文件的程序违反法律规定。从具体行政行为看，主要有证据不足、适用法律法规错误、

① 著名的“窑洞对话”——1945 年 7 月毛泽东与黄炎培的谈话。

② 习近平：《习近平谈治国理政》，外文出版社 2014 年版，第 142 页。

③ 张牧遥、王小米在《行政检察监督要论》一文中写道：“在笔者收集和阅读的寥寥材料中，极少数研讨也较为简略，如尹吉、倪培兴在其作《当代检察监督体制研究》中虽以一章之名研讨行政检察监督体制，却仅 13 页，内容也较为空泛；张智辉在《检察权研究》中，以千字左右简论了行政执法领域的检察监督，其重心显在论述检察建议而非行政检察监督；唯张步洪在《行政检察基本体系初论》中对我国本就稀缺的行政检察监督作了一次近似起步性的述评。”载《淮阴师范学院学报（哲学和社会科学版）》2017 年第 5 期。

违反法定程序、超越权限、滥用职权、不履行或拖延履行法定职责、行政处罚显失公正等。”[①] “检察机关作为我国专门的法律监督机关，重要职责之一是全面维护好社会主义法制的统一，应该有权对规范性文件的合法性进行检察监督，并有宪法和法律依据。对于行政机关在行政过程中所制定的除法规、规章以外的规范性文件，应属于检察机关的监督范畴之内。”[②] “除了具体行政行为是行政检察的主要内容外，把抽象行政行为纳入行政执法检察监督的范围以提高监督效果。”[③]

2. 狭义说。较广义说而言，狭义说缩小了行政检察的范围。该观点认为，行政检察应主要把范围集中在实施行政行为过程中的部分违规情形和违法现象。“目前，检察机关针对行政行为的直接监督，基本上停留在探索和论证阶段。对于行政活动的监督，仅限于特定的行政领域或者特定的行政事项。”[④] 部分行政行为与行政活动，主要是指行政主体侵害公民合法权益、国家利益和社会公共利益的违法行政行为和不作为等方面。[⑤] 从行为类型上看，“行政处罚、行政强制措施、行政许可、行政征收、行政给付、行政奖励、行政检查、重大行政决策、行政不作为等都可纳入检察监督范围”。[⑥] 监督的侧重点应放在“维护国家利益、社会公共利益和集体利益上，具有主动监督的特点”。[⑦] 主要有涉及国家利益、社会公共利益的行政许可行为、社会影响较大涉及公民人身权和财产权

---

① 王学成、曾翀：《我国检察权制约行政权的制度构建》，载《行政法学研究》2007年第4期。

② 韩成军：《人民代表大会制度下检察机关一般监督权的配置》，载《当代法学》2012年第6期。

③ 崔建科：《论行政执法检察监督制度的构建》，载《法学论坛》2014年第4期。

④ 张步洪：《行政检察基本体系初论》，载《国家检察官学院学报》2011年第2期。

⑤ 唐光诚：《论人民检察院对行政执法的监督》，载《中共天津市委党校学报》2012年第2期。

⑥ 郑锦春、乌兰：《行政执法检察监督的正当性及其机制探析》，载《中国检察官》2014年第5期。

⑦ 姚来燕：《关于行政执法检察监督的立法设想》，载《东方法学》2013年第1期。

的行政强制行为、严重侵犯公民人身权和财产权不属于行政诉讼受案范围的行政执法行为、对行政执法中发现涉嫌犯罪案件应当移送而不移送行为的监督。[①]

3. 最狭义说。这种观点的基本主张为，将所有行政执法的具体行政行为都纳入检察监督的规制范围不利于实行有效监督，缺乏必要性和现实性。具体而言："从行政权最容易寻租和被滥用的角度，将限制公民人身和财产权利的行政强制、涉及国有资源分配的行政许可、一定强度的行政处罚等纳入检察监督的视野比较现实和可行。"[②] 应当围绕社会公共利益这一核心，监督重点是"国有资产转让、环境资源保护、食品药品监管、土地审批、基本建设项目等领域的不作为、乱作为，严重损害国家利益、社会公共利益的情形"。[③] 检察机关对这几类行政行为进行监督不但符合法理，也与当前法律法规对检察权监督行政权的规定精神一脉相承。

（二）对有关行政检察学说的评析

上述几种学说，共同之处在于都强调了开展行政检察的重要性和必要性，区别在于对监督范围的界定有所不同，有的侧重检察权对行政权的全面制约，有的认为监督的重点应当放在实施行政行为过程中的违法情形和违规现象，还有的从监督的现实紧迫需要出发，仅界定几种行政行为作为检察监督的对象，每种观点的理论定位不同，侧重点存异，但价值取向趋同，对进一步深入研究行政检察具有积极的参考意义。

1. 对广义说的评析。广义说实质就是将抽象行政行为和具体行政行为都纳入检察监督的范围。在现有法律框架下，对部分抽象行政行为的

① 陈冰如等：《论检察机关行政执法监督制度的构建》，载《西部法学评论》2015年第1期。

② 广东省人民检察院课题组：《论我国行政执法检察监督制度的构建》，载《中国检察官》2011年第8期。

③ 傅国云：《行政执法检察机制改革的几点设想》，载《法治研究》2016年第3期。

监督方式主要限于权力机关监督和上级行政机关的监督，以及由审判机关在行政诉讼中进行附带审查。根据宪法和立法法的相关规定，检察机关并没有监督行政机关抽象行政行为的权限，检察机关虽负有维护法制统一的基本职责，但法律监督权之行使必须针对具体案件或行为进行。[①]

2. 对最狭义说的评析。该说具有一定的可操作性，但是将检察监督的范围仅局限于几项行政活动，其监督作用得不到有效发挥。毋庸讳言，对于侵害行政相对人合法权益的行政行为，都应当纳入检察监督的对象。

3. 对狭义说的评析。较之广义说和最狭义说，狭义说的观点较为合理，但是，狭义说的观点也有其不足之处，“行政执法检察监督的范围应当是侵犯国家、公共利益或不特定主体合法权益的情形”[②] 的观点值得商榷。因为多数行政执法的对象是十分具体的个人或者法人，将其排除在监督的范围之外显然不尽合理。

（三）对行政检察的基本界定[③]

界定行政检察，无外乎要考虑监督主体、监督对象、监督规则、监督范围四个方面的问题，其中监督范围是最为关键和核心的要素。实践中，如果监督的范围过于狭窄，无法对权力进行全面有效的监督，难以避免权力滥用的发生；如果对行政权力限制过度，监督范围过大，则不利于行政主体对社会事务进行有效管理，也会限制其为公众服务的积极性。因此，监督的范围应当宽窄适宜。考虑到开展行政检察监督尚处于探索和完善阶段，从可行性和可操作性角度出发，应当将行政检察的重点放在损害国家利益和社会公共利益的行政违法行为方面，同时也应当

---

① 山西省人民检察院课题组：《诉讼外行政检察监督论析》，载《湖南科技大学学报》2016 年第 3 期。

② 李果：《行政执法检察监督热的再思考》，载《学术论坛》2015 年第 2 期。

③ 主要是一个表明界限或使一种事物与其他事物区分开来的问题。［英］哈特：《法律的概念》，张文显、郑成良、杜景义、宋金娜译，中国大百科全书出版社 1996 年版，第 14 页。

包括损害个人、法人合法权益的行政违法行为。基于此，所谓行政检察，是指检察机关为了有效地支持和促进依法行政，根据宪法授予其享有的法律监督权，以相关法律规定为基础，按照一定的法律程序，监督行政机关行使职权，并对履行监督职责过程中发现的损害国家利益、社会公共利益以及公民法人合法权益的违法行政行为进行纠正的活动。这种监督具有以下特征：

1. 宪法性。在我国，最高权力机关通过宪法将国家专门法律监督权授予检察机关，“人民检察院依照法律规定独立行使检察权”①。人民检察院依据宪法行使法律监督职权制约行政权、审判权，确保权力的运行符合宪法和法治原则。由检察机关承担对行政行为的监督职责，对行政主体的行政执法行为实施具有法律效力的督促。这既是对宪法精神的实际落实，也是法律监督本意的回归。因此，行政检察具有宪法性，其目的亦在于维护宪法的统一、尊严、权威。

2. 专门性。人民代表大会及其常委会的监督只能是宏观的监督和对国家、社会重大事项的监督，不可能是经常性的具体的监督。② 基于人大监督的非职业化、非经常性，③ 需要将专门的法律监督权赋予专门的机关行使。因此，检察机关被授权作为专门的法律监督机关，弥补宏观监督的不足。这种专门的法律监督权，具有一定的排他性，由检察机关独立行使。检察机关通过建立专门机构④、配备专门人员，运用专门的手段、方式保证监督权的实现，使得国家权力机关的宏观监督向中观、微观监督转化，开展经常性监督，保证国家权力监督体系的正常运转。专门性

---

① 《宪法》第 136 条。

② 朱孝清：《中国检察制度的几个问题》，载《中国法学》2007 年第 2 期。

③ 傅国云：《行政检察监督的特性、原则与立法完善》，载《人民检察》2014 年第 13 期。

④ 我国检察机关设立行政检察部门作为专门开展行政检察工作的机构。为和检察机关内设机构改革一致，编者对此注略有修改，将原注中“民事行政检察部门”及“民事行政检察工作”中的“民事”二字删除。

的特征使其与立法监督、行政诉讼等外部监督和行政复议等内部监督形式有了明确具体的划分界限，监督效力和监督结果也有着明显的区别。

3. 主动性。[①] 检察权楔入行政执法活动的法律监督，是以积极主动的形式出现，不同于行政复议、行政诉讼等被动监督方式。我国行政复议及行政诉讼程序启动需要行政相对人提出诉求，遵循“不告不理”的原则。开展行政检察是检察机关的职责所在，检察机关应当积极主动履行职责，但是主动性并不代表要“四处出击”，而是在法律规定的情形出现时才能实施监督行为。即只要其在履行职责过程中发现存在法律规定监督范围之内的行政违法行为就应当启动监督程序，纠正违法行为，督促行政机关依法行使职权。这种监督相对于中立裁判的司法监督和行政机关内部监督具有明显优势，在监督力度和监督效果上更具保障性。

4. 程序性。如前所述，行政检察具有主动性，但主动性不能是肆意的、放任的，相反要保持谦抑性、有限性，通过制定完备的程序来规范行政检察行为。现代法治国家确立了以科学、公正的程序规范公权力的行使过程的正当程序原则。[②] 按照正当程序的要求，当国家权力对公民、组织的权利造成不利影响时，国家机关就有义务为该公民、组织提供表达意见的救济机会。检察机关对行政执法进行监督也要遵循正当程序原则，其受正当程序约束的程度依据对公民、组织的权利义务关系影响程度的不同而有所不同。

二、行政检察的正当性与实践探索

在明确了行政检察基本属性的前提下，有必要对其正当性进行探讨。“在现代社会，大多数国家实际上都实行行政权力优先的原则，虽然行政

① 张艳丽：《行政权运行机制研究》，黑龙江大学2003年硕士学位论文。

② ［英］丹宁勋爵：《法律的正当程序》，李克强、杨百揆、刘庸安译，法律出版社1999年版。

机关的职责在于执行立法机构制定的法律和决定，但是它在立法过程中往往是选择地支持一部分法案成为法律；或者使用浑身解数将其修改得面目全非，合乎自己的意愿之后再让它通过而成为法律。”① 因此，在现代国家中，无一不是对行政权力进行制约和监督，以防止行政权力的滥用。

（一）行政检察的正当性

行政检察在包含人大监督、监察监督、审计监督、行政机关上级监督以及公民、法人和其他组织监督等整体国家法律监督体系之中，依照一定的程序对行政机关的行政行为进行监督，不代行，不干预，建议纠正违法行为，推动严格公正执法，维护社会的公平正义。具体而言：

1. 保障行政权规范运行。行政权比较活跃，其积极实施保障了国家秩序的正常运行。因其所具有的主动性、广泛性、扩张性容易导致权力被滥用，其恣意运行极易侵害公民合法权益。“在权力问题上，不是建立在对人性的信赖上，而是要用法律加以约束，防止其行为不端。”② 如何规范和约束行政权力，防止其超越合理的范围，已经成为国家治理现代化的重要内容。权力监督体系是否完善是衡量国家法治化程度的一个重要标准，全面推进依法治国的核心和关键在于有效控制公权力。人民检察院监督行政权依法运行既是其应当承担的重要职责，也是顺应合理规范行政权运行的必然要求。

2. 维护法律统一实施。实践证明，从法在实际生活中真正发挥作用的意义上说，法的执行要比立法更触及具体的利益关系，因而也就更为重要，更需要正确实施。行政执法涉及大到国家安全、重大公共利益，小到公民日常生活的各个领域，千姿百态，千变万化。据不完全统计，80%的法律、地方性法规和几乎所有的行政法规都需要由行政机关执行。

① 王学辉、宋玉波等：《行政权研究》，中国检察出版社2002年版，第22页。

② 美国《独立宣言》起草人之一托马斯·杰斐逊语。

在实际执法过程中，有的执法人员依法行政观念欠缺，长官意志严重，[①]轻法律手段重行政手段，轻规范执法重个别处理；有的重责任轻权利，片面强调行政相对人应当服从行政机关管理，忽视对当事人合法权利的维护，有法不依、执法不严问题仍然存在；有的地方存在“地方保护主义”[②]“部门保护主义”的倾向，破坏了国家政策的统一性和法律的严肃性。对行政执法活动展开监督，纠正不作为、乱作为、慢作为，确保行政权力不越位、不错位、不缺位，有利于实现良法善治。

3. 维护社会公共利益。行政权在行使过程中会对国家、公共利益及公民的合法权益造成实际影响，违法的行政行为更是会损害公共利益。[③]比如，当前环境污染、危害食品药品安全、国有资产流失等问题较为突出，负有监管职责的行政机关疏于监管或者处置不当容易使公共利益受到侵害。行政权行使遵循效率原则，检察权监督注重公正。[④]在现代国家，检察机关被称为“公共利益的代表”，[⑤]维护公共利益是检察机关和检察官的立身之本。检察制度就是为防止公共利益受损而对有关国家机关是否遵守法律、是否损害公共利益行使检察权的制度。[⑥]行政检察具有强烈的公益性，检察机关开展行政检察，对行政主体进行监督，对涉及国家利益、社会公共利益的行政违法行为进行督促、纠正，确保其合法、

---

① 张文显：《习近平法治思想研究（下）——习近平全面依法治国的核心观点》，载《法制与社会发展》2016年第4期。

② 王芳、肖文圣、周敏倩：《论地方保护主义的隐性腐败性——基于利益攸关视角》，载《陕西行政学院学报》2016年第1期。

③ 刘畅、肖泽晟：《行政违法行为检察监督的边界》，载《行政法学研究》2017年第1期。

④ 苏扬、张宏波：《违法行政行为检察监督制度探析》，载《法制与社会》2017年第28期。

⑤ 姜涛：《检察机关提起行政公益诉讼制度》，载《政法论坛》2015年第6期。

⑥ 刘畅、肖泽晟：《行政违法行为检察监督的边界》，载《行政法学研究》2017年第1期。

正当，[1] 以此实现对公益的维护，对正义[2]的追求。从这个层面上讲，行政检察的正当性来源于维护公益的必然要求。

4. 促进全面深化改革。全面深化改革以完善和发展中国特色社会主义制度、推进国家治理体系和治理能力现代化为总目标，全面深化改革是一场注重法治引领、强化制度创新的根本性变革。[3] 行政检察既是司法体制改革的重要内容，又是以法治思维和法治方式促进行政管理规范化、现代化的重要保障。当前改革已进入攻坚期和深水区，关系复杂、利益冲突多、协调难度大等问题凸显，剩下的都是难啃的硬骨头，继续全面推进会触及多方利益，重点领域和关键环节的很多改革任务是借助行政执法实现的，能否依法行政、依规办事是关乎改革成败的根本所在。开展行政检察工作，在监督的边界内，寓支持于监督，督促行政主体严格、规范、公正、文明执法，努力完成改革任务，真正实现改革目标。既可以增强社会对政府管理能力的信心，增强社会公众对改革的信心，[4] 又能够确保改革的质效。因此，可以说行政检察的正当性来源于促进全面深化改革。

5. 推动全面依法治国。"法令行则国治，法令弛则国乱。"[5] 依法治国、建设社会主义法治国家，是新时代中国特色社会主义理论和实践的重要组成部分，也是我们党和政府管理国家事务和社会事务的基本方略。全面依法治国是国家治理的一场深刻革命，要建设法治政府，推进依法行政，严格规范公正文明执法。[6] 为实现依法治国的基本方略，必须加强监督制度建设，强化对行政权力的制约和监督。这既是有效保障公民基

---

① 孙谦主编：《中国特色社会主义检察制度》，中国检察出版社2009年版，第245页。

② 正义是给予每个人他应得的部分的这种坚定而恒久的愿望。［罗马］查士丁尼著：《法学总论——法学阶梯》，张企泰译，商务印书馆1989年版，第5页。

③ 郭春雨：《改到深处是法治》，载《人民法院报》2017年7月25日。

④ 穆虹：《全面深化改革必须全面推进依法治国》，载《求是》2014年第22期。

⑤ （东汉）王符《潜夫论·述赦第十六》。

⑥ 习近平：《决胜全面建成小康社会　夺取新时代中国特色社会主义伟大胜利——在中国共产党第十九次全国代表大会上的报告》。

本权利的客观需要，更是全面推进依法治国的重点环节。[①] 检察机关在全面依法治国中肩负着特殊责任，是推进全面依法治国的重要力量。[②] 服务建设法治政府、推动依法行政，包括健全行政执法与刑事司法衔接机制，促进严格规范公正文明执法等，都是行政检察工作契合新时代全面依法治国内在要求的应然体现。

（二）行政检察的实践探索

新中国成立以来，我国的政治制度、经济制度、司法制度都在不断探索完善之中，行政检察同样经历了萌芽起步、逐步发展、日趋合理的过程。行政检察的实践探索大致经历了新中国成立初期的“一般监督”，到检察机关恢复重建后的实践中侧重“司法监督”，再到2000年以来通过落实两法衔接机制发挥监督作用，直至目前的多样化模式和有效经验四个阶段。

1. 新中国成立初期的“一般监督”。新中国成立初期，在列宁的法律监督思想和苏联检察实践的影响下，1954年的人民检察院组织法赋予了检察机关广泛的监督职能，被称为“一般监督”，[③] 主要包括对有关国家机关违反法律的行政决定和措施，以及对国家机关工作人员的违法行为实行的检察监督活动。1949年《中央人民政府组织法》第28条规定，最高人民检察署对政府机关、公务人员和全国国民之严格遵守法律负最高检察责任。此后，《中央人民政府最高人民检察署试行组织条例》第3条、《中央人民政府最高人民检察署暂行组织条例》第3条、《各级地方人民检察署组织通则》第2条等3部法律文件也对一般监督作出原

① 宁吉喆：《强化对行政权力的制约和监督》，载《人民日报》2014年12月2日。
② 《深化依法治国实践　全面加强检察监督》，载《检察日报》2017年11月3日。
③ ［俄］维诺库罗夫：《检察监督》，刘向文译，中国检察出版社2009年版，第113页。

则性规定,[①] 并得到了"五四宪法"的肯定。[②] 由于监督范围太过宽泛，检察机关未能真正履行对行政权"一般监督"的职能。

2. 恢复重建后侧重于"司法监督"。1978 年，五届全国人大一次会议通过的宪法规定重新设置人民检察院，1979 年的《人民检察院组织法》第 5 条规定了各级人民检察院的职权，包括对于公安机关的侦查活动、人民法院的审判活动、对于刑事案件判决、裁定的执行和监狱、看守所、劳动改造机关的活动是否合法，实行监督。1979 年人民检察院组织法删去了 1954 年该法中关于"最高人民检察院对于国务院所属各部门、地方各级国家机关、国家机关工作人员和公民是否遵守法律，行使检察权"的规定，即检察院的"一般监督"职能。检察机关恢复重建后，主要监督公安、监狱、看守所等部门在刑事诉讼过程中的相关活动，监督对象仅是在刑事诉讼中享有相关职权的公安、监狱等部门，未涉及其他行政部门，因此说检察机关恢复重建后的行政检察侧重于"司法监督"。

3. 2000 年以来的"两法衔接"[③]。2000 年 10 月，国务院在全国范围内开展了严厉打击制售伪劣商品违法犯罪的活动。为解决行政执法机关向司法机关移送涉嫌犯罪案件缺乏明确法律规定的问题，2001 年 4 月，国务院发布《关于整顿和规范市场经济秩序的决定》，明确要求加强行政执法与刑事司法的衔接，对破坏市场经济秩序构成犯罪的行为及时移送司法机关处理，这是第一次提出"两法衔接"的概念。2001 年国务院颁布的《行政机关移送涉嫌犯罪案件的规定》明确，检察院对行政部门涉

---

① 王桂五:《王桂五论检察》，中国检察出版社 2008 年版，第 189 页。

② 1954 年《宪法》第 81 条规定，中华人民共和国最高人民检察院对于国务院所属各部门、地方各级国家机关、国家机关工作人员和公民是否遵守法律，行使检察权。地方各级人民检察院和专门人民检察院，依照法律规定的范围行使检察权。

③ "两法衔接"指行政执法与刑事司法衔接，是检察机关、监察机关、公安机关、政府主管部门和有关行政执法机关探索实行的旨在防止以罚代刑、有罪不究、渎职违纪等社会管理问题而形成行政执法与司法合力的工作机制。

嫌犯罪案件的移送进行监督。[①] 2011年，中共中央办公厅、国务院办公厅转发了《关于加强行政执法和刑事司法衔接工作的意见》，对“两法衔接”工作作出全面规定。各地围绕涉嫌犯罪案件的移送加强监督制约，在防止“以罚代刑”的同时也对行政机关依法行政起到了支持和促进的积极作用。

4. 多样化的实践探索。在落实两法衔接机制基础上，检察机关进一步积极探索开展行政检察的途径，监督方式日益丰富。

一是规范检察建议工作。2001年最高人民检察院制定的《民事行政抗诉案件办案规则》第48条规定，对于存在制度隐患的国家机关，或者严重失职应追究纪律责任的国家机关工作人员，检察机关可以提出检察建议。2009年最高人民检察院发布《检察建议工作规定（试行）》，较为全面地规定了检察建议的适用条件、内容要求、制发程序，使检察建议工作更加规范。

二是开展行政公益诉讼。2015年7月1日，十二届全国人大常委会作出《关于授权最高人民检察院在部分地区开展公益诉讼试点工作的决定》，据此最高人民检察院以生态环境和资源保护、国有资产保护、国有土地使用权出让、食品药品安全等领域为重点，在北京、内蒙古、吉林等13个省份的检察机关开展为期2年的提起公益诉讼试点。截至2017年5月，各试点地区办理行政公益诉讼诉前程序案件6774件，行政机关纠正违法或者主动履职的4358件，占75%，即3/4的行政机关在行政公益诉讼的诉前程序中纠正了违法行为，履行了法定职责。[②] 目前，检察机关提起行政公益诉讼已经明确写入了修改后的行政诉讼法，这标志着行政公益诉讼制度在我国已经初步建立起来。[③] 数据显示，2017年7月至

① 《行政机关移送涉嫌犯罪案件的规定》第14条。

② 最高人民检察院原民行厅厅长胡卫列解读《关于修改民事诉讼法和行政诉讼法的决定》，载中国人大新闻网2017年6月27日。

③ 张宇、孙慧：《浅析行政公益诉讼制度的建立与发展》，载《商情》2017年第27期。

2018年8月，全国检察机关平均每月办理行政公益诉讼诉前程序案件3000件以上、提起公益诉讼超过100件；2018年3月，最高人民检察院还公布了《湖南省蓝山县环保局不依法履行职责案》《成都市双流区市场监管局违法履职案》等10起检察机关公益诉讼典型案例，[①] 社会反响良好。

三是省级人大常委会作出决议、决定。目前，大多数省级及部分副省级城市人大常委会通过的有关决定、决议都对检察机关监督行政执法活动作出了规定。吉林省人大常委会《关于加强民事行政检察工作的决议》明确规定，全省各级人民政府应当依法行政、依法办事，积极支持检察机关履行法律监督职责；2015年《宁波市行政执法监督工作机制建设试点工作实施方案》提出，开展行政执法检察监督与政府法制监督协作机制建设试点工作，进行协同监督；2016年《厦门市人民代表大会常务委员会关于加强人民检察院法律监督工作的决议》提出，市、区人民政府应当积极探索并完善依法行政与检察监督互动工作机制。

四是因地制宜的鲜活实践。2011年、2014年广东省人民检察院先后下发《关于确定行政检察促进社会管理创新试点单位的通知》和《关于开展行政违法检察监督试点工作的意见》，确定了13个开展行政违法行为检察监督的试点单位，办理了一批成功案例。山东、[②] 山西、[③] 浙江、广西、黑龙江等省也开展了行政执法检察监督试点工作。宁夏回族自治区各级检察机关通过"两法衔接"信息平台对各类行政执法案件进行审查。

① 《检察机关公益诉讼典型案例》，载《人民法院报》2018年3月3日。

② 2011年，山东省人民检察院确定在全省10个基层检察院开展行政执法检察监督试点工作。

③ 山西省人民检察院2014年5月开展了对行政执法行为进行检察监督的试点工作，选择太原等4个市级检察院作为试点先试先行。在总结试点工作经验的基础上，2015年5月该院下发《关于探索开展行政执法行为检察监督专项活动的实施方案》，载《检察日报》2014年6月12日。

各地的实践探索亮点纷呈，各具特色，取得了良好的社会效果和法律效果。据不完全统计，2012—2014年，全国检察机关共办理督促行政机关履行职责案件409838件。[①] 2011年至2016年宁夏回族自治区检察机关共审查各类行政执法案件18327件，发出检察建议书34份，监督行政执法机关移送涉嫌犯罪案件142件175人，法院作出有罪判决29件41人，还监督了诸如腾格里沙漠环境污染案等一批有影响的行政执法案件，得到广大人民群众的高度赞誉。2013年山西省开展行政检察监督专项活动，全省各地检察机关共发出督促起诉意见书、检察建议书4190件，为国家追缴、挽回经济损失24.1亿余元。[②]

诚然，在实践过程中行政检察仍然存在一些亟待解决的问题。一是对行政违法行为进行监督的具体权能没有予以明确，行政检察的范围、内容也亟待法律确认。目前有的地方人大通过规范性法律文件对此作出规定，有的是以检察机关与相关部门联合发文的形式进行规定，但是既有的规定较为原则、零散，系统性、操作性不强，检察机关的职能作用难以充分发挥。二是监督程序欠缺具体、统一的操作规范。比如，开展行政检察如何发现线索、如何调查核实、如何进行处理，是否对外公布，每个程序步骤的具体时限等都没有明确的规定。三是监督方式有限。目前主要是通过制发检察建议、支持起诉、督促起诉、提起公益诉讼等方式开展监督，方式方法不多，不能适应行政法治发展的客观需要。

三、一些国家行政检察的比较研究

根据检察机关在国家权力体系中的地位，各国的行政检察可以分为从属模式和独立模式两种类型。

① 最高人民检察院民事行政检察厅：《行政检察工作的现状与发展》，载《国家检察官学院学报》2015年第5期。

② 谢文轶：《行政检察工作的现状与发展》，载《国家检察官学院学报》2015年第5期。

（一）从属模式

采用该模式的国家不乏大陆法系和英美法系的代表性国家。这些国家大多采用立法权、司法权、行政权等三权分权制衡[1]的国家建构，检察权及检察机关从属于行政权及行政机关，并由司法行政部门负责人作为检察机关的首长。在这种模式下，由于检察权并不是独立的国家权力，加之检察机关隶属于行政机关，因此行政检察属于行政机关内部的监督，或者可以说在检察权的从属模式下并不存在严格意义上的行政检察。对行政权及行政执法的监督主要通过制约立法权、司法权的运行来实现。典型国家代表有大陆法系的德国，英美法系的英国和美国。

1. 德国。19 世纪末巴伐利亚邦在其行政法院内设立检察官，负责对政府违法行为提起公诉。[2] 1960 年联邦德国《联邦行政法院法》明确规定设立行政诉讼公益代表人制度，认可联邦、州和地方三级检察官有权作为相应公益代表人，代表国家和社会分别参加联邦最高、州高等和地方行政法院的诉讼。[3] 还规定了停止作为之诉，即检察官针对政府实施的对公共利益可能造成威胁的行政执法提出的预防性停止作为之诉，如政府颁布开垦森林的许可，可能会影响周边的生态环境，且这种行政行为可能造成的损害是事后的救济手段无法挽回的，此时，检察官可以提起停止作为之诉。通过诉讼监督行政权的行使，进而保障和维护国家和社会公共利益。

2. 英国。在英国，检察总长的职责是保护国家公益，代表公共利益监督行政活动，并对公共机构实施的行政行为提起诉讼，请求法院进行司法审查。[4] 还设置了专门监督行政机关及公务人员行政行为的机构，如

---

① ［法］卢梭：《社会契约论》，何兆武译，商务印书馆 2003 年版，第 71 页。

② ［日］清水澄：《行政法泛论》，金已澜译，商务印书馆 1912 年版，第 61 页。转引自王柯瑾：《行政公益诉讼制度研究》，山东出版社 2009 年版，第 183 页。

③ 胡建森：《十国行政法》，中国政法大学出版社 1993 年版，第 223 页。

④ 王名扬主编：《英国行政法》，中国政法大学出版社 1987 年版，第 206 页。

行政裁判所和议会行政监察专员署，行政裁判所及行政监察专员署监督侵害公民权益的不良行政，即虽然不违法但却不合理的行政行为。①

3. 美国。在美国，法律规定一旦出现官员违法行政的情形，国会就可以授权检察长向法院主张维护公共利益而提起诉讼，实现对行政权进行有效的监督。《美国法典》第 28 卷第 547 条规定："联邦总检察长可参与他认为美国的利益要求他参与以及认为美国感兴趣的任何民事或行政案件。"② 实践中，如果有政府机关或其他行政机构的行为损害美国社会公众的利益，检察长有权指派检察官就某一行政违法案件进行调查和复审。"美国检察官在参与行政诉讼方面具有广泛的权力，美国联邦检察长有权决定并参与他认为涉及联邦利益的任何行政诉讼案件，美国检察官有权决定并参与他认为涉及社会公共利益的任何行政诉讼案件。"③

（二）独立模式

采用该模式的国家大多采用一元分立权力结构的国家建构，④ 即在立法机关之下，检察机关与行政机关各自独立，对权力机关负责，如苏联、越南等。在这种模式下，检察权及检察机关独立于行政权及行政机关，行政执法检察属于外部监督。典型代表是苏联和俄罗斯。

1. 苏联。1977 年的《苏维埃社会主义共和国联盟宪法》第 164 条规定，一切部、国家委员会和主管部门、企业、机构和组织、地方人民代表苏维埃执行和发布命令的机关、集体农庄、合作社和其他社会组织、公职人员以及公民是否严格和一律遵守法律，由苏联总检察长及其所属

---

① ［英］威廉·韦德：《行政法》，徐炳等译，中国大百科全书出版社 1997 年版，第 365 页。

② 甄贞主编：《检察制度比较研究》，法律出版社 2010 年版，第 349 页。

③ 金明焕主编：《比较检察官制度概论》，中国检察出版社 2007 年版，第 278 页。

④ 樊崇义：《一元分立权力结构下的中国检察权》，载《人民检察》2009 年第 3 期。

各级检察长行使最高检察权。[①] 苏联检察机关有权代表国家对各权力机关、管理机关、社会团体、企业和其他各种机关以及苏联公民是否确切遵守法律实行监督。总检察长要求所有检察机关主动对法制实行一般监督。其中，区检察署是检察体系中的基本单位，绝大多数的检察工作都由区检察署执行。监督工作主要围绕以下步骤展开：首先，监督地方权力机关和国家管理机关发布的法令是否合法；其次，审查决定中所规定的行政处分的种类、范围和实施处分的程序是否合法；最后，审查强制性决定的发布是否遵守了特别程序的规定。当区检察长发现存在行政违法行为时，无论针对何种情况，都应立即采取消除违法行为的统一措施，比如对非法决议、决定、命令、其他法令或非法行为提出抗议；提出关于消除促成非法行为的原因和条件的意见书；直接向机关领导人员提出建议，请求恢复公民或团体受到侵犯的权利。[②]

2. 俄罗斯。俄罗斯现行的《检察机关法》系统规定了俄罗斯联邦检察机关组织和活动等基本内容，规定俄罗斯联邦检察机关在国家的多个领域实施广泛的检察监督职能。作为俄罗斯联邦的“护法机关”——俄罗斯联邦检察机关旨在“保障法律至高无上，保障法制的统一和巩固，保护法人和公民的权利与自由，捍卫社会和国家的利益”。2014 年 2 月，俄罗斯联邦通过了《关于俄罗斯联邦最高法院和俄罗斯联邦检察机关的俄罗斯联邦宪法修正案》，从国家基本法的层面对检察制度进行了修改。与之相适应，《俄罗斯联邦检察法》也进行了相应的修改。修改后的《俄罗斯联邦检察法》规定，检察长有权通过法律手段，借助检察监督文件向主管机关提出消除违法行为，以及追究过错人责任的要求：（1）对抵触法律的文件提出异议，以国家名义要求撤销非法文件或者予以修正，

① 李勇：《传承与创新：新中国检察监督制度史》，中国检察出版社 2010 年版，第 189 页。

② 谢鹏程：《前苏联检察制度》，中国检察出版社 2008 年版，第 112—116 页、第 202—206 页。

恢复受到侵害的公民权利和自由，以及国家或其他机关的合法利益；（2）送达消除违法行为的提请书，被送达机关应在一个月内审议并采取措施消除行为以及产生条件；（3）提起行政违法诉讼；（4）采取措施赔偿物质损失；（5）宣布关于禁止实施违法行为的预先警告。[①]

（三）评析与启示

以上国家或有政体上的差异，或有具体监督手段、方法的不同，但是在强化对行政权的监督、确保行政机关依法行政方面的要求是统一的，对行政检察制度的存在价值均予以肯定并积极实践。其共性之处还表现在：

1. 注重在行政检察方面建章立制。把各种监督主体的地位、职责、权限，权力行使的方式、程序等用明确的法律规定下来，增强行政检察的权威性和可预见性，从而达到威慑犯罪分子、规范监督行为、政府行为的目的。[②] 比如，美国的《涉外贿赂法》，德国的《联邦官员法》《纪律惩戒法》，英国的《防止贪污法》《文官守则》，俄罗斯的《俄罗斯联邦检察法》，等等。

2. 以公益为标准开展监督活动。这一点在从属模式国家表现尤为明显，检察机关更多被视为国家利益、社会公益的代表，以公益代表人的身份活跃于保护国家和社会公共利益的一系列活动中，对行政部门的行政执法活动发挥着监督作用。

3. 保持监督权行使的谦抑性，划定合理的权力边界，兼顾好平衡。一方面保障行政权足够强大，以提高服务公民的效率；另一方面，通过监督防止政府权力的滥用，保证公民的合法权益得到最坚固的维护。加强行政检察的目的是支持和促进依法行政，保障行政行为公正高效透明

① ［俄］维诺库罗夫：《检察监督》，刘向文译，中国检察出版社 2009 年版，第 151—162 页。

② 陈奇星、罗峰：《略论西方国家的行政监察机制》，载《政治与法律》2000 年第 3 期。

运行，保障公民、法人或者其他组织的合法权益，检察机关应当坚守监督的边界，[①] 保持应有的理性。

总而言之，无论是英美法系还是大陆法系，无论是从属模式的国家还是独立模式的国家，虽然所处时代、政治体制、法制状况迥异，对检察监督的规定不尽相同，但上述共性内容是相通的，对我们构建新时代中国特色行政检察体系提供了参考。

四、完善新时代行政检察体系的初步设想

党的十八届四中全会对检察机关的行政检察工作提出了一系列具体要求："完善对涉及公民人身、财产权益的行政强制措施实行司法监督制度"，"检察机关在履行职责中发现行政机关违法行使职权或者不行使职权的行为，应该督促其纠正"，"探索建立检察机关提起公益诉讼制度"，"完善检察机关行使监督权的法律制度"。这些重要精神成为实践中丰富行政检察的内涵、建立健全行政检察监督体系的政策依据。当前，我国已经进入中国特色社会主义新时代，行政检察工作应当在习近平新时代中国特色社会主义思想的指引下，主动适应新时代的发展要求，充分发挥法律监督应有的职能作用，进一步明确行政检察的内容、重点、程序、方式等，健全完善检察机关与行政机关协调配合的工作机制，积极构建、完善具有中国特色的新时代行政检察体系。

（一）树立契合新时代特点的指导理念

1. 服务促进国家治理能力、治理体系现代化。国家治理体系和治理能力的现代化，是使国家治理体系制度化、科学化、规范化、程序化，使国家治理者善于运用法治思维和法律制度治理国家。[②] 促进国家治理体

① 张智辉：《检察权优化配置研究》，中国检察出版社2014年版。

② 辛向阳：《国家治理体系和治理能力现代化的基本内涵》，载《马克思主义文摘》2014年第7期。

系和治理能力的现代化，必然要求依法行政，行政权固有的扩展性和侵犯性，[1] 需要通过外部的监督来防止权力行使的负面效应。检察机关发挥监督职能作用，一方面提供法律服务，保障依法行政，另一方面监督行政权规范行使，实现行政法治化和行政执法的规范化。因此，服务促进国家治理能力现代化是新时代行政检察的价值导向。

2. 注重权力之间平衡制约。“一项宪法制度之所以能够成功，就在于它成功地在专断的权力一端与受限制的权力一端之间达到平衡并维持这种平衡。”[2] 此外，当权力之间能够形成大体平衡的机制时，社会的稳定程度以及普遍对社会的认可度也比较高。把握住法律监督权的实际功能，健全符合法治发展趋势的检察监督制度才具有更为长远的生命力。[3] 在行政检察中，需要特别强调权力制衡的理念，从坚持公正与效率相统一的角度把握行政权与检察权之间制衡的有度、有效。基于保障行政权高效运行的考虑，检察机关应当减少对行政机关不必要或不当的干涉与介入，保持监督“有度”。同时，检察机关对履行职责中发现的行政机关违法行使职权或者不行使职权的行为依法进行监督，通过督促其纠正违法行政行为以达到监督的“有效性”，从而维护社会公平正义，实现公正与效率的统一。

3. 坚持共同目标一致性。检察工作与行政工作都是新时代党和国家工作的重要组成部分，在建设法治国家中肩负着重要责任，服务和保障广大人民群众的合法权益、促进经济社会发展、维护社会和谐稳定的目标是完全一致的。源于这样的认识，检察机关在履行职责过程中，应当进一步加强与行政机关的协调和沟通，增进共识，相互支持，密切配合，为解决好人民群众最关心、最直接、最现实的利益诉求、解决好人民日

① 吴筠：《行政权初论》，武汉大学2004年硕士学位论文。

② ［美］博登海默：《法理学——法律哲学与法律方法》，邓正来译，中国政法大学出版社1999年版，第149页。

③ 李勇：《新中国检察监督制度史的启示》，载《检察日报》2013年1月10日。

益增长的美好生活需要和不平衡不充分的发展之间的主要矛盾①作出共同努力，积极推动行政检察监督和行政机关的内部纠错机制的紧密衔接与良性互动，共同维护社会主义法制的统一、尊严和权威。检察权与行政权之间，即监督者与被监督者之间，除了制约，更重要的是认识到监督者积极开展监督是为了更加有效地帮助被监督者，被监督者应摒弃抵触、排斥监督的错误观点而乐于接受监督者的监督。②

4. 保持监督的谦抑有限。行政检察谦抑有限的理念包括两个方面：一方面，检察权是一种有限权力，③ 应当对行政权保持谦抑，防止检察权过分干涉甚至代替行政权。控制权力是检察机关对行政执法活动开展法律监督的应然目的，但是应当避免检察机关妨碍行政执法机关在应对纷繁复杂的社会管理事务时的能动性与自主性。行政执法权的专业性、技术性以及为确保行政执法时效所需的独立性，决定检察机关应当给予行政执法机关必要的尊重。另一方面，是对其他监督权力保持谦抑，尊重其他监督机关职权的行使和职能的发挥，并尽可能依托其他监督机制和行政系统内部监督机制作用的发挥，在其他各种外部监督和内部监督方式不能或难以发挥预防、制止和纠正行政违法行为的情况下，秉持谦抑有限④理念，根据相关法律、法规、政策性文件明确授权而开展“特定监督”，确保行政检察的实效。

5. 立足国情，创新思维。实践没有止境，理论创新也没有止境。坚持解放思想、实事求是、与时俱进、求真务实，一切从实际出发，总结国内成功做法，借鉴国外有益经验，勇于推进理论和实践创新，是党带

① 习近平：《决胜全面建成小康社会　夺取新时代中国特色社会主义伟大胜利——在中国共产党第十九次全国代表大会上的报告》。

② 王中开：《论我国行政权与检察权的权力配置及相互关系》，山东大学2011年硕士学位论文。

③ ［英］弗里德利希·冯·哈耶克：《法律、立法与自由》，邓正来、张守东、李静冰译，中国大百科全书出版社2000年版，第457页。

④ 傅国云：《论行政执法检察监督》，载《法治研究》2017年第4期。

领人民在改革开放实践中积累的宝贵财富，[1] 也是新时代开展行政检察工作的重要遵循。前文所述从属模式和独立模式下行政检察的有些内容虽然值得我们学习借鉴，但是世界上没有完全相同的政治制度模式，政治制度不能脱离特定社会政治条件和历史文化传统来抽象评判，不能生搬硬套。我国人民代表大会制度有别于西方的三权分立理论，权力的分立和制衡不是我国检察权配置所追求的目标，具有协调、统一性质的监督才是其真正的价值预设。[2] 检察机关如何代表公共利益，如何加强对违法行政行为的监督，如何规范权力有序运行，都要牢牢立足我国仍处于并将长期处于社会主义初级阶段、仍是世界上最大的发展中国家的最大实际，创新思维和理念，积极顺应新时代的要求，以发展的眼光对行政检察课题作出中国式的解答，彰显中国特色、时代特色，贡献中国智慧和中国方案。

（二）准确把握监督的对象、内容、效力

监督对象是开展行政检察的客体要素，监督内容是开展行政检察的关键所在，监督效力是开展行政检察的价值归宿，三者的内容相互联系，相互影响，对于准确理解、全面把握行政检察具有重要理论和实践意义。

1. 监督对象。明确监督对象是开展行政检察的前提。由于抽象行政行为的普遍约束性、反复适用性和准立法性，其中可能包含大量的专业设定和较全面的行为考虑，就检察机关特别是基层检察院现阶段的力量来看，难以对抽象行政行为实现有效监督。所以，从监督的现实可能性和现有监督能力出发，目前行政检察监督的对象可以是具体行政行为，但又不是全部的具体行政行为。具体行政行为种类众多，包括“许可、审批、征收、给付、确认、裁决、检查、奖励、处罚、强制等”。[3] 其中，

---

① “四个坚持”是党的十八届三中全会对35年改革开放成功实践进行的科学总结。

② 刘宗珍：《理解检察权：语境与意义》，载《政法论坛》2015年第5期。

③ 姜明安：《论行政执法》，载《行政法学研究》2003年第4期。

行政复议、行政裁决、行政调解、行政仲裁等行为是“行政机关根据法律的授权，按照准司法程序审理和裁处有关争议或纠纷，以影响当事人之间的权利、义务关系，从而具有相应法律效力的行为”。[①] 这些行政司法行为不是行政检察的对象，在许可、审批、征收、处罚等具体行政执法行为中，那些会损害到相对人合法权益的损益性行政执法行为[②]是行政检察的重点。从递进式的角度考虑，现阶段，可以重点从影响群众生产生活、社会反映强烈的问题入手；从长远来看，检察机关应当站在全面维护社会公共秩序高度，对所有损害权力秩序、权利秩序的违法行政行为进行监督。[③]

2. 监督内容。对行政检察的内容存在不同看法。有观点认为，应以行为是否合法为审查标准。[④] 也有观点提出，检察机关对行政执法检察监督，以合法性审查为主，以合理性审查为例外。[⑤] 笔者赞同监督内容是对行政行为合法性监督的观点，因为“合理性问题主要取决于具体行政行为所面对的事实，具有一定的特殊性”，[⑥] 属于行政机关自由裁量的内容。行政机关在作出行政行为时，会综合考虑与相对人及其行为相关的各种因素，如相对人的年龄、性别、学历、生活背景等社会因素；这些因素往往难以形成符合要求的文书材料，检察人员无法收集和审核这些材料，进而使得检察监督难以有效进行。权力之间可以相互监督和制约，但是

① 邓云园：《完善我国行政行为司法审查制度的思考》，载《知与行》2017 年第 2 期。

② 损益性行政执法行为，是指给行政相对人带来不利后果的行政执法行为，通常表现在行政主体为行政相对人设定义务或者剥夺、限制其权益。

③ 张雪樵：《违法行政检察监督的谱系化》，载《人民检察》2016 年第 11 期。

④ 颜翔：《行政检察监督体制之改造——以行政权监督转向为视角》，载《江西社会科学》2015 年第 3 期。

⑤ 杜睿哲、赵潇：《行政执法检察监督：理念、路径与规范》，载《国家行政学院学报》2014 年第 2 期。

⑥ 姚来燕：《关于行政执法检察监督的立法设想》，载《东方法学》2013 年第 1 期。

却绝对不能相互替代。[①] 因此，行政检察的内容应限于对合法性的监督，止步于对合理性的监督。[②] 对合法性的监督具体体现在时间和空间两方面的监督。对时间表现形式的监督，即行政执法行为的各环节是否在法律规定的时间内完成，其步骤和顺序有没有被打乱，有没有被遗漏等。对空间表现形式的监督，即对特定行政执法行为的方式进行监督，比如是否采取了法律规定的书面方式或其他方式，还是采取了法律禁止的方式，或者法定方式是否存在瑕疵等。

3. 监督效力。行政检察不具有终局性。[③] 行政检察对于行政行为并没有实体上的处分权，属于程序性权力，是一种对行政权违法行使的异议权。检察机关对于履职中发现的违法行政行为，建议、督促行政主体[④]履行其相关职责或者纠正其违法行为，对行政违法或滥用职权提出异议，有关行政主体必须在程序上接受，至于对行政执法中违法情况是否纠正以及如何纠正，应当由行政主体自行决定，行政检察并不具有终局或实体处理的效力。在对行政权力的监督体系中，行政检察只是其中之一，对于违法行政行为，还可以开辟针对行政违法的诉讼途径，即允许被害人针对作为统治者的国家提起行政诉讼。[⑤]

（三）设置合理的监督程序

任何实体的目标定位都需要借助程序的技巧以安排和落实，法律上实体性的目标追求只有被装置于程序性的逻辑框架中，才能真正体现出

① 韩成军：《具体行政行为检察监督的制度架构》，载《当代法学》2014年第5期。

② 田野：《行政执法检察监督的发展与界限——行政执法与检察监督机制研究研讨会观点综述》，载《人民检察》2015年第16期。

③ 张彬：《论行政权检察监督的现实与理论依据》，载《人民法院报》2014年3月19日。

④ 行政主体包括国家行政机关和法律、法规授权的组织。

⑤ ［德］拉德布鲁赫：《法学导论》，米健、朱林译，中国大百科全书出版社1997年版，第133页。

其实践意义。[①] 设置科学合理的监督程序是开展监督工作的保证。

1. 发现程序。检察机关在履行职能过程中发现行政违法行为，且根据相关法律规定该行政违法行为属于监督范围的情况下，启动行政检察程序。线索来源包括控告申诉检察部门受理控告、举报、申诉过程中发现的行政违法行为；刑事检察部门办理刑事案件过程中发现的行政违法行为；行政检察部门受理行政诉讼申诉过程中发现的行政违法行为；开展专项活动中发现的行政违法行为等。最高人民检察院已对相关内设机构的职能进行了调整和整合，将民事检察部门和行政检察部门予以分设，可以预见开展行政检察工作的专门机构和力量势必得到加强。由此而来，随着全国检察机关相关内设机构的对应设置，行政检察线索的来源部门也会随之改变。

2. 调查、核查程序。对发现的违法行政行为线索，检察机关应当有权调阅行政执法卷宗，查阅行政机关的立案文书、行政处罚文书及相应材料，以确定行政执法程序是否合法。[②] 当前，检察机关主要通过协商获取阅卷权。一是在启动之初，及时与有关行政机关及其上级机关的相关监督职能部门进行沟通，以会议纪要等形式明确调卷审查权。二是以规范性文件等形式，在对区域内检察机关启动行政执法活动监督后，就依法享有调卷审查的权力予以统一确定。除书面调查外，要全面听取行政相对人、行政主体的意见或辩解，必要时对客观证据或证人证言进行复核，以厘清事实，明辨是非。

3. 处理程序。在调查、核查程序结束后，确实发现行政主体存在违法行为，检察机关应当主动将最终形成的审查意见向被审查的机关书面通报，加强沟通、促进达成共识，从而促使行政机关在检察建议提出之

---

① 谢晖：《论法律程序的实践价值》，载《北京行政学院学报》2005 年第 1 期。

② 丁军青、黄学昌、相华生：《行政执法检察调查基本问题研究》，载《人民检察》2011 年第 24 期。

前自行纠正行政违法行为。对于行政机关未自行纠正的，检察机关应当在规定的期限内采取书面形式作出处理决定：一是认为符合监督条件的，应当通过检察建议书、纠正违法意见书、发出禁止令等方式提出监督意见。二是发现有关主管人员或直接责任人员存在违纪违规行为的，应当移交有关部门处理。行政机关对检察建议的内容是否采纳、持何种意见，应当在一定时间内向检察机关进行回应、回复。

4. 公布程序。对于检察机关开展行政检察工作最终形成的法律文书和有关综合材料，通过公报、官方网站、新闻媒体依次进行发布，逐步向社会公开。以公开促履行，借助社会公众和舆论监督的力量，增强行政检察监督的效果。

（四）综合运用多样化的监督手段

实践中，在运用好检察建议、专项报告等监督方式的基础上，积极探索发出检察意见、纠正违法通知书、行政执法备案、提起行政公益诉讼等，并保持灵活性，强化监督的多元手段，形成开放的体系，[①] 提升整体监督力度和效率，发挥监督的综合效能。[②]

1. 检察意见。[③] 主要针对明显违反法定程序、违法行政行为后果严重提出的纠错意见，督促行政执法主体进行整改。对于检察意见，被监督对象应当服从和接受，并及时作出处理和回应。检察机关应当实时跟进，督促落实，保证监督效果。

2. 纠正违法通知书。这是督促行政执法主体改变特定违法行为的监督方式，适用于行政机关违反法律的明确规定，并且法律规定是羁束性

① 作为“开放的”体系，它总是未完成，也是不可能完成的。转引自［德］卡尔·拉伦茨：《法学方法论》，陈爱娥译，商务印书馆2003年版，第362页。

② 郑新俭：《推进行政违法行为检察监督》，载《人民检察》2016年第11期。

③ 肖中扬、杨静：《论“三农”行政检察》，载《中国刑事法杂志》2017年第2期。

的情形。检察机关据此直接要求行政机关作出或改变特定行为的，[①] 应当按照法定程序向行政执法主体发出《纠正违法通知书》。

3. 行政执法备案。行政执法备案是指行政机关的执法部门在作出具体的行政行为后，应当将相关材料报送到有关行政机关备案记录，并且接受该机关的审查监督。其中，检察机关可以对行政执法后行政机关制作的结论性文件进行备案审查。[②]

4. 检察令状。[③] 适用于行政机关的特定行为（或不作为），且对权益的侵害具有紧迫性，需要立即制止（或强制），或者相对人已经穷尽了其他法律救济手段的情形。[④] 根据令状所起的作用，可以简单划分为禁止令、执行令。检察令状虽然具有强制力，行政机关必须先予执行，必要时检察机关可以自己执行；但更多地表现为一种紧急情况下的救济，而非最终救济。

5. 提起行政公益诉讼。就具体案件而言，一旦发现行政机关对检察机关提出的检察建议、纠正意见等诉前监督措施无视、不接受，或者虽然表示接受但实际上不纠正其违法行为，在符合提起行政公益诉讼的情形下，检察机关可以采用行政公益诉讼的方式来维护国家利益以及社会利益。现行《行政诉讼法》对行政公益诉讼作出明确规定，“人民检察院在履行职责中发现生态环境和资源保护、食品药品安全、国有财产保护、国有土地使用权出让等领域负有监督管理职责的行政机关违法行使职权或者不作为，致使国家利益或者社会公共利益受到侵害的，应当向行政机关提出检察建议，督促其依法履行职责。行政机关不依法履行职责的，

---

① 解志勇：《行政检察：解决行政争议的第三条道路》，载《中国法学》2015 年第 1 期。

② 姚来燕：《关于行政执法检察监督的立法设想》，载《东方法学》2013 年第 1 期。

③ 王华伟、刘一玮：《试论行政执法检察监督方式之改进——以“检察督促令”为契点》，载《湖北社会科学》2017 年第 6 期。

④ 解志勇：《行政检察：解决行政争议的第三条道路》，载《中国法学》2015 年第 1 期。

人民检察院依法向人民法院提起诉讼”[1]。较之《人民检察院提起公益诉讼试点工作实施办法》，新法列举的行政公益诉讼范围增加了食品药品安全领域。随着该项工作的推进完善，行政公益诉讼的范围将会进一步扩大，从而更加有力地维护社会公共利益。

（五）提供有力的监督保障

针对当前行政检察的现状，可以从明确具体权能、整合修改现有法律规定、建立完善相关工作机制等方面为新时代行政检察工作提供有力的保障。

1. 明确检察机关对行政主体进行监督的具体权力。现行《人民检察院组织法》规定“人民检察院是国家的法律监督机关”。人民检察院通过行使检察权，“维护国家利益和社会公共利益，保障法律正确实施，维护社会公平正义，维护国家法制统一、尊严和权威”。[2] 具体到行政检察工作，可以规定知情权、质询权、要求行政机关承担说明义务的权力、提前介入权、调查权、督促执法权和行政违法纠正权、公布公示权等。知悉行政机关相关执法信息和情况是开展监督的前提和基础，因此，开展行政检察首先要赋予检察机关对相关行政活动的知情权；[3] 检察机关可以对其知悉了解的相关情况提出疑问，进行质询，要求行政机关提供作出行政行为的依据，[4] 对检察机关的质询行政机关有说明的义务；在对行政机关的答复不满意时，检察机关可以行使提前介入权，就有关情况向行政机关及其工作人员进行调查核实，收集固定相关的证据，即此时检察

---

① 王红建：《行政诉讼法新增“行政公益诉讼”条款看点在哪里?》，载法制网2017年7月4日。

② 《人民检察院组织法》第2条。

③ 陈涛：《论检察机关诉讼监督的知情权和侦查权》，载《法制与社会》2012年第32期。

④ 张雪樵：《违法行政检察监督机制的谱系化》，载《人民检察》2016年第11期。

机关享有调查核实的权力和收集固定证据的权力，[①] 在此基础上行使督促执法权和行政违法纠正权，要求行政机关严格规范执法，及时纠正违法行政行为，并对相关情况进行公示公布。

2. 整合修改现有法律规定。如前所述，有关行政执法检察监督的规定，主要散落于行政法规、司法解释和多部门联合发布的意见等低位阶的规定中，而且还存在诸多不协调之处。应当对繁杂的规定进行梳理，对不合时宜的条文进行修改和完善，把重要制度上升到法律层面予以规定。通过进一步修改有关基本法律，从总体上界定和完善行政检察的职能职权、行使职权的程序；在行政法律法规中，进一步明确细化行政检察的各项程序路径；进一步将现行法律法规关于行政检察监督规定的任意性规范表述修改为强制性法律规范，对《检察意见书》和《纠正违法通知书》等监督方式的效力予以明确，增加检察监督的刚性和力度。明确被监督机关及检察机关自身不依法履行职责和义务的法律责任，根据造成后果的严重程度分别承担行政责任、刑事责任等，将监督中遇到的问题尽量都纳入法制化轨道上来，最大限度减少非法制化监督对行政权产生的干扰以及行政执法监督的乏力状态。[②]

3. 健全检察机关与行政执法机关协调配合的工作机制。主要包括常态化工作协调机制、信息共享机制、动态协作配合机制等方面。

一是建立常态化工作协调机制。建立由各级行政部门和检察机关共同组成的相对固定的监督保障协调机构，健全上至国务院与最高人民检察院之间，下至基层人民政府与同级人民检察院之间常态化的工作协调机制。各组成单位既相互独立又相互配合，保持经常性工作沟通，通过定期召开联席会议、情况通报、工作会商等形式，加强日常工作联系，

① 杜睿哲、赵潇：《行政执法检察监督：理念、路径与规范》，载《国家行政学院学报》2014 年第 2 期。

② 刘峰：《行政执法活动的检察监督研究——以甘肃省检察机关行政执法检察监督为例》，兰州大学 2016 年硕士学位论文。

加强协作配合，推动形成工作合力，共同研究解决执法过程和监督过程中遇到的实际问题，实现对行政行为的有效监督。

二是建立健全信息共享机制。信息畅则监督顺。当下，网络信息技术日新月异，社会信息化深入发展，新一轮科技革命深刻影响人们生活和行政执法工作。科技、网络、信息都在发展变化，人民群众、行政部门、检察机关之间相互联系和依存日益加深，所以无论行政主体还是检察机关都要主动适应、拥抱新一轮科技革命，善于运用信息化手段开展工作。建设信息共享平台，推动行政部门与检察机关之间的信息互联互通，充分利用互联网、大数据，实现信息共享，拓宽监督线索来源。建立信息通报制度，检察机关对已经启动的行政执法程序监督的数据、制发检察建议等情况，应当及时向行政机关及其上级部门、司法行政部门等具有对行政权监督的机构、部门进行通报，积极争取支持，为开展行政检察奠定良好基础。

三是动态协作配合机制。检察机关应当确定专门机构负责动态跟踪相关信息在各行政执法主体之间流转、互通的情况，定期了解监测对检察机关意见的处理过程所处阶段、程度，及时督促行政执法机关反馈处置结果，明确相关检察建议、纠正违法意见等的答复期限、落实期限以及逾期未落实的跟进监督措施，切实提高纠正行政违法行为和检察监督的质量效率。

“法治的精髓就是制约和监督国家行政机关及其工作人员”，[①] 全面依法治国是中国特色社会主义新时代的本质要求和重要保障，[②] 依法治国关键在于依法行政。加强对行政权运行的监督制约，依法及时有效纠正违法行政行为是新时代行政检察工作的目标和发展方向。检察机关应当自觉以习近平新时代中国特色社会主义思想引领更新检察理念、调高工

① 张文显：《法哲学范畴研究》，中国政法大学出版社2001年版，第166页。

② 习近平：《决胜全面建成小康社会　夺取新时代中国特色社会主义伟大胜利——在中国共产党第十九次全国代表大会上的报告》。

作定位，加快构建权责明晰、监督有效、保障有力的行政检察监督体系，不断创新、发展行政检察工作的理论、制度和实践体系，不断提高行政检察的质量效率和公信力，为促进国家治理体系和治理能力现代化服务，为建成社会主义法治国家以及法治政府贡献力量。

论侵犯公民合法权益型行政强制措施的检察监督*

王林林**

根据我国《行政强制法》的规定，行政强制措施是行政机关在行政管理过程中，为制止违法行为、防止证据损毁、避免危害发生、控制危险扩大等情形，依法对公民的人身自由实施暂时性限制，或者对公民、法人或者其他组织的财物实施暂时性控制的行为。行政强制措施以国家强制力为后盾，要求行政相对人绝对服从，从本质上看是行政机关为实现特定目的而采取的临时手段。① 作为一种具体行政行为，行政强制措施具有保障性、暂时性的特点，其目的是保障一种秩序的形成，保障后续行政行为的有效做出。如为了保障事后的检验而封存货物，为了保障事后的处罚而暂扣肇事者的驾照，为了保障事后执行的实现而冻结当事人的银行存款。行政强制措施自身不能作为制裁手段而使用。由于直接涉

* 原文载《法学杂志》2019年第3期。

** 王林林，上海大学法学院讲师。

① 路志强：《司法改革背景下行政强制措施检察监督研究》，载《兰州学刊》2015年第10期。

及公民人身、财产利益，而实践中为达到行政管理目的，行政机关多忽视行政强制措施的保障性、临时性特征，违反法定程序，超范围、超时限滥用，用行政强制措施代替行政处罚等，严重侵犯相对人的人身、财产权益，甚至造成难以弥补的损失。[①] 公众对实践中发生的诸如深圳“身份证查验案”、上海“警察抱摔抱婴妇女案”等案件反应强烈，在一定程度上反映出规范涉及公民人身、财产权益行政强制措施执法活动，实现有效监督具有相当的紧迫性。

一、问题的提出

现有的行政强制措施监督体系并不健全，存在制度性短板。目前，除社会舆论、群众自发监督等非制度性监督外，对涉及公民人身、财产权益行政强制措施的监督救济主要有权力机关监督、行政诉讼监督、行政复议监督等途径，这些监督方式在一定程度上均存在缺陷或短板。权力机关对行政机关的监督在很大程度上流于形式、力度不足。行政诉讼监督的问题在于法院受理行政诉讼案件，对提起行政诉讼的原告资格限制过多，要求遵循严苛的法定程序及需要较多专业知识，导致不少行政相对人在人身、财产权益遭受侵害后难以通过行政诉讼获得救济。至于行政复议监督，因行政复议机构之间没有形成统一体系，只是对本行政机关负责，而行政复议机关可以是作出行政强制措施机关的上一级行政机关，也可以是作出行政强制措施机关所属的同级政府，在特殊情况下，

① 政府针对社会、经济生活中出现的集中、突出问题，经常采取集中时间、力量的突击行动，进行专项“治理、整治和打击”，如“严厉打击假冒伪劣商品”的行动，“整顿集贸市场小摊贩”的行动，“扫黄打非”行动，“拆除（城市）私搭乱盖违章建筑”的行动等，这类集中治理行动实行“严厉查处、有效整治、决不姑息”。在这类行动中，行政机关容易采取超过法定限度和范围的行政强制措施，以加强打击力度的效果。这种活动一旦被频繁使用，易对公民的人身、财产权益侵害严重。参见张淑秋：《行政强制措施存在滥用代罚问题》，载《法制日报》2016年3月10日。

还可能是作出原强制措施机关本身。这种上下级行政机关之间较近的亲缘关系，决定了行政复议机关缺乏行政复议这种带有准司法性质的纠纷解决机制所必需的中立性和独立性。[①] 可以看出，这几种监督方式对行政强制措施难以实现有效制约。

作为宪法规定的法律监督机关，检察机关负责监督行政机关对法律的执行与审判机关对法律的适用。我国检察制度的特色也体现在检察机关是专门的法律监督机关，依法独立地行使检察权。[②] 检察制度的独立价值使检察机关对涉及公民人身、财产权益行政强制措施开展检察监督有着天然优势。作为宪法规定的法律监督机关，检察监督是法定和制度化的监督，没有本位利益的诉求，监督具有独立性和客观性，可以保证监督的中立性；同时作为专门的法律监督机关，检察机关能够保证检察监督的专业性和灵活性，避免了行政诉讼监督等模式下的监督滞后性。近年来，部分地区检察机关通过多种途径获取信息并展开对行政执法的监督工作，显示出检察监督权属的扩张性。[③] 这些创新性检察监督主要面向环境执法、国土资源执法、规划执法、安全生产执法、食品安全执法等领域，收到了非常好的检察监督效果，体现了法律效果和社会效果的统一。[④]

党的十八届四中全会通过的《中共中央关于全面推进依法治国若干重大问题的决定》（以下简称《决定》）明确要求："完善对涉及公民人

① 韩成军：《刍议具体行政行为检察监督的正当性》，载《社会科学战线》2014 年第 4 期。

② 牛向阳、贾道国、李殿民：《我国民行检察监督在社会管理创新中的实践及其完善》，载《山东社会科学》2013 年第 3 期。

③ 尤其是党的十八届四中全会后，检察监督权的探索实践更趋热烈。2014 年 10 月 20 日，贵州省金沙县检察院以行政公益诉讼原告身份将金沙县环保局诉至有管辖权的遵义仁怀市法院，请求判令金沙县环保局依法履行处罚职责。参见刘子阳：《检察机关"官告官"破监督乏力难题》，载《法制日报》2015 年 1 月 12 日。

④ 肖金明：《建构、完善和发展我国行政检察制度》，载《河南社会科学》2011 年第 6 期。

身、财产权益的行政强制措施实施司法监督制度。”为贯彻《决定》的要求，最高人民检察院出台了《关于贯彻落实〈中共中央关于全面推进依法治国若干重大问题的决定〉的意见》，其中提出：检察机关将建立对涉及公民人身、财产权益行政强制措施的法律监督制度。加强与相关部门的协调沟通，在深入调研和试点的基础上，明确检察机关对涉及公民人身、财产权益的行政强制措施开展法律监督的范围和方式，完善监督程序和保障措施，重点围绕行政机关滥用行政强制措施，违反法定程序、超范围、超时限采取行政强制措施，侵犯公民人身、财产权益等问题，开展监督工作，促进行政强制措施的依法规范使用。[①] 此举更加强化了检察机关的法律监督地位，确保对涉及公民人身、财产权益的行政强制措施的法律监督制度化、有序化开展。

检察机关的公诉、侦监、批捕及刑事诉讼监督职能广受关注，而对行政执法活动的监督长期被忽视。域外检察机关对行政执法活动的监督实践对于完善我国行政检察监督尤其是涉公民人身、财产权益行政强制措施监督，提供了一些可供参考的做法。首先，对涉及公民根本利益的具体行政行为，检察机关可以通过行政公诉方式参与监督。例如，英国的检察机关提起公益诉讼的制度。检察长依法律规定，参与重大行政诉讼；凡是涉及公共利益的诉讼并要颁布训诫令或者宣言的，凡为防止损害公共利益或约束公共机关不致发生违法行为的，经检察长许可后，可借检察长名义提起诉讼。对涉及公益的行政案件，英国检察官可以通过公益诉讼的方式进行检察监督。[②] 在美国，对于行政机关损害公众利益的案件，法律采取多元化诉讼主体制，但在实践中，检察机关往往作为公

① 陈菲：《检察机关将从四方面加强对违法行政行为的法律监督》，载新华网2015年2月21日，http://news.xinhuanet.com/politics/2015-02/21/c_1114414110.htm。

② 谢志强：《行政检察制度比较研究》，载《河北法学》2010年第9期。

益诉讼的原告方出现在诉讼中。[1] 其次，除诉讼监督外，苏联法律确立"一般监督"制度，各级检察院对国家管理机关、企事业单位、公职人员和公民是否执行法律实行监督的职权就是苏联检察机关的一般监督权。[2] 1955 年的《苏联检察监督条例》将"各部、各主管部门和它们所属的各机关和企业、地方劳动者代表苏维埃的执行机关和管理机关、合作组织及其他社会团体、公职人员和苏联公民"均纳入检察机关一般监督的范围。1979 年的《苏联检察院组织法》更是明确将一般监督的对象扩展至上述机关和组织的具体活动，检察机关对国家社会生活有全面的监督权，行政机关的行政活动的监督必不可少。苏联解体后，俄罗斯联邦的政治体制进行了较大的变革，建立了类似于三权分立的政治体制，但是苏联时期检察机关的部分职能却保留了下来，1992 年通过的《俄罗斯联邦检察机关法》（现行检察机关法）保留了检察机关一般监督的权力。新中国成立之初，我国检察体系的构建，对苏联模式参考较多，虽然改革开放后逐步建立起全新的检察体系，但与苏联模式仍有千丝万缕的联系。

二、我国行政强制措施检察监督"遭遇"的理论和现实困境

（一）监督活动"属性"与检察职能"定性"的理论"不自洽"

对侵犯公民合法权益行政强制措施的检察监督，应当具有充足的理论根据，以避免因理论准备不足而引起盲目的业务进展或者对行政强制措施检察监督的质疑。

---

① 与一般公民相比，检察官在民事诉讼中享有广泛的权力，其中最突出的是"优先审理权"。比如，《美国对反托拉斯的起诉案以优先审理的法令》中规定，检察长可向法院职员提交说明，根据检察机关意见"法案对公众利益至关紧要"则此时，法官要对此尽快予以审理、判决。这种将检察诉讼与公民、团体诉讼相结合的方式，有效地保障了公共利益的实现。参见赵许明：《美国民事检察诉讼制度及其价值分析》，载《国家检察官学院学报》2002 年第 2 期。

② 谢志强：《行政检察制度比较研究》，载《河北法学》2010 年第 9 期。

作为宪法规定的法律监督机关，检察机关依法行使法律监督权。检察机关实施诉讼监督和部分诉讼外监督活动之余，还承担公诉、批捕等检察职能。对于法律监督权和检察权的关系，理论界长期存在分歧。一种观点认为一切检察机关的活动都是法律监督活动的具体形式，全部检察权可统一于法律监督权；另一种观点认为法律监督权和检察权两种职权是并存的关系，任何一方都无法涵盖另一方。此外，关于检察权的本质，有学者认为是司法权，也有学者认为是行政权。产生上述分歧的根本原因在于对检察机关的定位、检察职能的定性和检察活动的属性产生混淆。检察权权能定性不明确，势必严重影响检察机关法律监督职能的有效展开。

随着职务犯罪案件侦查职能从检察权的剥离，关于检察机关法律监督机关的定位再次引发争论。有学者认为，检察机关的法律监督职能可以说基本上已经被监察委员会吸收了，[①] 监察委员会会在事实上取代检察机关成为真正意义上的法律监督机关。[②] 也有学者根据部门法条文所规定的检察机关权限，甚至依据西方国家尤其是英美的刑事诉讼制度评价检察机关的法律监督机关性质定位的不自洽。对检察机关法律监督机关定位质疑的一个重要原因便在于没有立足宪法原理来构建关于法律监督的原理性理论。[③] 虽然我国检察机关的检察权进行了一定的调整，然而检察机关作为宪法确定的法律监督机关，其地位是由宪法规定的，不能由于部分检察活动的调整而否定其法律监督机关的地位。虽然我国的检察权

---

① 李声高：《国家监察权运行机制研究——兼论检察机关改革的方向与路径》，载《时代法学》2017年第5期。

② 胡勇：《监察体制改革背景下检察机关的再定位与职能调整》，载《法治研究》2017年第3期。

③ 龚佳禾：《法律监督的基本原理研究论纲》，载《中南大学学报（社会科学版）》2010年第1期。

权能体系中的“法律监督”，是根植于苏联式监督的描摹，[①] 但在理论发展和制度实践中却不能被固定的理论和成型的制度左右，而是要结合我国现实的社会条件来进行。西方检察制度虽未被冠以“监督”，但这并不意味着检察机关没有法律监督权能，也不意味着检察权没有“监督”功能，只不过这种“监督”蕴藏于权力结构配置与权力运行机理当中，而不具有任何特殊或优势表征而已。[②] 我国人民代表大会的法律监督机制，包括国家权力机关直接实施的法律监督和国家设置的专门法律监督机关——人民检察院的法律监督。国家权力机关的法律监督权是立法权的延伸，主要监督政府机关发布的决定和命令的合宪性和合法性，对于政府机关不适当的决定和命令有权撤销；此外，还包括对检察院、法院职权活动进行监督。

虽然检察机关作为法律监督机关的宪法地位并未改变，然而检察机关活动的实际属性与检察机关的职能定性不完全吻合，这是造成对行政执法活动检察监督实践难以有效展开的重要原因。检察机关的检察活动，有的属于行政权能属性，有的属于司法权能属性，而我国检察机关的职能定性是独立于行政机关和司法机关的检察机关，由此产生活动属性与机关定性的错位，将会严重影响检察机关检察活动。当前，围绕检察机关职能定性存在较大争议，一种观点认为检察权职能仅定性于公诉权，批捕、诉讼监督等权能则都应当从检察权中剥离出去。另有观点认为法律监督应当是一种源于宪法、位列人大监督之下的职能，不限于诉讼监

① 新中国成立前，起草《中央人民政府组织法》时，关于检察机关的设置，曾经有两种不同的意见：一种意见主张检察机关直属于国家权力机关，独立于行政机关和司法机关；另一种意见主张将检察机关隶属行政机关。后经过讨论，最后认为应当根据列宁的原则，在国家最高权力机关领导下，设立独立的检察机关，赋予检察机关相对独立的地位，确立检察权与行政权、司法权的分离。参见王桂五：《论检察》，中国检察出版社 2013 年版，第 41 页。

② 王戬：《不同权力结构模式下的检察权研究》，法律出版社 2011 年版，第 52 页、第 53 页。

督又不同于一般监督。以法律监督权为基本属性的检察权的设置，是权力制衡原理在我国的具体实践，是根据人民代表大会的授权对行政权的监督。因此，检察权的权能范围应当围绕法律监督性质予以扩张。可以看出，关于检察权“限缩”与“拓展”的争论从未停止。检察机关对行政强制措施的实施进行监督，若不能在以法律监督权为基本属性设置的检察权框架内，不仅监督效果大打折扣，甚至会产生检察机关无监督的情形，遑论检察监督机能的发挥。

（二）检察监督实践面临的多重障碍

1. 检察监督的具体法律规范缺位。作为宪法规定的法律监督机关，由检察机关监督行政强制措施执法活动是较为适宜的。[①] 但从当前的监督实际来看，检察机关对侵犯公民合法权益行政强制措施进行监督的法律依据并不完备。检察机关对行政执法活动的监督，只能在行政诉讼中发现人民法院作出的行政判决、裁定确有错误时，按照审判监督程序提出抗诉，这种监督参与度有限，力度不足，解决问题缺乏及时性、针对性。我国检察机关对行政违法活动进行监督的法律依据广泛存在于法律、法规和司法解释中，如行政诉讼法、《人民检察院民事行政抗诉案件办案规则》等。其中《行政诉讼法》第11条被理解成对行政检察制度全面监督性质所作的原则性规定。然而，仅有原则性的法律规范无法为检察机关监督提供完备的法律依据。一方面，涉及公民人身、财产权益行政强制措施开展法律监督的范围、方式、程序以及处理结果等问题缺少明确的法律依据，检察机关行使法律监督职权的可操作性不强，公民人身、财产权益难以得到及时、实效的保障；另一方面，由于缺乏规范系统的监督规范，一些以会签形式下发的相关规范性文件，强制力不足，影响检

① 汤维建、徐全兵：《人大对检察机关的监督研究》，载《中国刑事法杂志》2014年第1期。

察监督的权威性。[①]

2. 检察监督范围不明确。行政强制措施检察监督范围的划定，不仅影响监督效果，而且决定监督的权力边界。首先，行政强制措施范围广泛，如何认定是否属于检察监督的范围。《决定》已经对检察机关实施检察监督的对象范围作出限定，即涉及公民人身、财产权益行政强制措施。但不可否认，这一范围的划定仍不够明确。其次，针对涉公民人身、财产权益行政强制措施活动的合法性进行监督无争议，但是否对其合理性进行监督存在争议。根据《行政诉讼法》第70条第6项，行政行为明显不当的，人民法院判决撤销或者部分撤销，并可以判决被告重新作出行政行为。可以看出，法院在一定程度上可以对具体行政行为的合理性进行审查，而检察机关可否对明显不当侵犯公民合法权益的行政强制措施进行监督，需要进一步明确。最后，行政执法机关及工作人员在行政执法过程中存在的违法、违规甚至涉嫌贪污、受贿、渎职等职务犯罪行为是否属于检察监督的范围也未厘清。随着国家监察体制改革的深入推进，检察机关的监督职能发生重大调整，对违法违规采取行政强制措施造成公民人身、财产权益遭受重大损害的，究竟由检察机关进行法律监督还是由监察委进行监察监督，同样需要进一步厘清。

3. 检察监督手段的局限性。行政强制措施检察监督涉及行政权和检察权两大权力的运行，属于公权力之间的监督。由于对侵犯公民合法权益行政强制措施的检察监督制度尚在建构之中，实践中检察机关的监督手段有限，且缺少刚性，监督效果不明显，造成相似问题频发。其一，监督手段有限，无法体现其约束力。根据行政强制措施违法程度的轻重不同，以及程序违法、实体违法的类别不同，检察监督的方式包含检察提醒、纠正意见、纠正违法通知书、检察意见和检察建议。检察提醒、

① 王蕾：《检察机关监督行政强制措施的现状与完善建议》，载《人民检察》2016年第6期。

纠正意见、检察意见和检察建议等均属于柔性监督手段，采用“提醒”“意见”“建议”等用语，约束力有限。其二，检察机关发现行政机关在行政执法中存在违法行使行政强制措施的情形时，往往只是口头提出纠正意见或以发送纠正违法通知书等方式提醒其纠正。这种监督缺乏法定强制力。通知书发出后，检察机关的监督职责就告一段落，存在“只发不管”的情况。[①] 其三，行政强制措施作出机关消极对待检察机关的监督处理意见，监督意见常常得不到回馈，严重影响监督效果。

4. 过程检察监督存在罅隙。根据检察机关介入行政强制措施执法活动时间的不同，检察监督存在结果监督和过程监督。结果监督，指在行政强制措施实施完毕以后，检察机关依职权主动发现违法或根据当事人的申请监督而介入调查以纠正行政违法行为的监督。过程监督，检察机关依职权或依当事人申请，参与到行政强制措施实施过程之中。涉及公民人身、财产权益行政强制措施的检察监督偏重于从结果端进行监督，忽视了对行政强制措施执法活动本身的过程监督。首先，结果监督会导致监督的滞后、错位，继而影响法律监督效果的发挥。[②] 前已论及，行政强制措施的滥用，往往会对相对人的人身、财产权益造成难以弥补的损失。如限制人身自由行政强制措施的滥用造成的损害包括身体的伤残、伤痛，心理上的伤害和名誉上的败坏。[③] 对于违法或者违规的行政强制措施，若只进行结果监督，可能会造成损失的扩大，而这些损失在过程监督中则是可以有效避免的。其次，结果监督还可能造成监督程序无法启动。涉及公民人身、财产权益行政强制措施的相对人往往处于弱势地位，不敢或者不愿意向行政机关提出异议，提起复议或诉讼以寻求救济，检察机关难以介入并掌握该项执法活动的实体及程序细节，无法对其实现有效监督。

---

① 王蕾：《检察机关监督行政强制措施的现状与完善建议》，载《人民检察》2016年第6期。

② 万毅：《台湾地区检察制度》，中国检察出版社2011年版，第102页。

③ 周伟：《论限制人身自由行政强制措施的检察监督》，载《学习论坛》2018年第6期。

三、我国行政强制措施检察监督的现有理念

（一）合法检察监督

检察机关依法对行政强制措施进行监督，以保证行政机关及其工作人员依法、合理行政。合法检察监督具体包含两方面的内容：第一，监督法定。检察机关的监督活动有明确合法的依据。根据现有法律规定，检察机关对行政行为的监督主要体现在对行政诉讼中错误判决、裁定以及违法情况的监督，对于行政机关的具体行政执法活动进行检察监督缺乏位阶较高的法律依据。宪法、法律对检察机关履行法律监督职责缺乏全面具体的规定，检察监督法律体系存在空白。在实践中，检察机关对涉公民人身、财产合法权益行政强制措施的监督活动虽有宪法依据和一些具体规则的指导，但中观层面的法律法规有待进一步补充。第二，监督内容法定。对涉及公民人身、财产权益行政强制措施进行监督，主要围绕执行主体是否合法，有无滥用职权或怠于履行法定职责的情形，行政强制措施的内容、程序是否合法以及行政强制措施的适用是否明显不当等情形。不当适用行政强制措施同样会对行政相对人权益产生重大影响，行政行为是否合理也应是检察监督的重要内容。参照行政诉讼法的有关规定，合理性监督应限于行政强制措施适用明显不当或不符合立法目的的情形，而不应作扩大解释。

（二）有限检察监督

《决定》在明确对行政强制措施实行司法监督价值取向的同时，对监督范围进行了必要的限缩，司法监督的对象，不具有列举加概括式的可拓展性，也就是说，没有必要也不可能对所有的行政强制措施都实施司法监督。这是因为检察监督具有有限性的特点，不论是对行政诉讼的监督，还是监督关口前移，直接监督行政权的行使，都不是全面介入，而只是介入一些重要的环节、一些相对人处于严重弱势的行政行为，如果

全面介入，检察机关囿于现有的人力物力，恐怕难以应对，一旦失控，将面临巨大责任。①

强化对涉及公民人身、财产权益行政强制措施的检察监督，由传统的对公民行政诉讼以抗诉方式进行监督转化为直接对行政强制措施进行监督，检察机关的角色由间接性的监督司法活动主体，转变为直接监督行政强制措施的主体，检察机关的介入提前，监督权得到扩张。涉及公民人身、财产权益行政强制措施的检察监督是宪法意义上两种平等权力之间的监督，虽具有必要性及可行性，但不应过分强调和夸大，检察监督仍应保持应有的谦抑性。行政权虽然容易被滥用，但也是国家权力中能动性、效率性和创造性最强的。因此，检察监督不能以扼杀行政活动的积极功能为代价。只有在法定和必要的前提下，检察监督才能启动，以免对行政权造成不必要干预。

（三）特定型过程检察监督

行政强制措施具有公定力属性，行政行为成立后经特定的国家机关撤销之前，行为始终有效。行政法上设计的行政救济方式主要为事后监督，即必须在具体行政行为已经成立生效后才能启动。② 行政机关的自我控制和纠错是一种事前控制或事中控制，具有事后控制所不具有的独特优势。笔者认为，对于特定的，如涉及公民人身自由的强制措施造成的身体伤害和精神侵害往往具有不可逆转性，以及即时强制措施中，监督不及时会造成危害后果的扩大或者损害无法弥补，从而失去监督的意义，故对这些行政强制措施则可以实施过程监督，可以及时纠正违法行政强制措施或防止损害的扩大。

① 祁菲：《“行政诉讼法修改与检察制度的完善”学术研讨会综述》，载《国家检察官学院学报》2013年第2期。

② 韩成军：《具体行政行为检察监督的制度架构》，载《当代法学》2014年第5期。

（四）互动性检察监督

强化检察监督并不意味着放弃其他监督主体对涉及公民人身、财产权益行政强制措施的监督。构建涉及公民人身、财产权益行政强制措施的检察监督体系，应当以检察权为核心、多种监督权力相互配合，联合多方主体参与监督，实现全面监督和配合监督。检察监督主要通过程序机制发挥作用，为根据事务管理和行政权力形成分工制约的其他权力进行行政权实质性合法审查留下空间，如此，就能够发挥分工制衡这种权力制约和监督的优势，能够在监督机制上尽量符合我国行政权的设计和运行机制。[①] 如监察监督的对象是违法违规采取行政强制措施，侵犯公民合法权益的实施者——行政部门的公职人员，就公职人员的依法履职、秉公用权、廉洁从政以及道德操守情况进行监督，追究相关人员违法违规的法律责任；而检察机关则针对行政部门的公职人员所实施的行政强制措施活动进行监督，纠正违法。

四、我国行政强制措施检察监督制度的建构路径

（一）建立健全检察监督的法律规范体系

对涉及公民人身、财产权益行政强制措施进行检察监督，尚缺少完备的法律规范体系。在宏观层面上，检察机关作为宪法确立的专门法律监督机关，具有包括促进依法行政在内的诸多职能。《人民检察院组织法》第 2 条也作此规定。此外，《决定》等文件同样为强化行政强制措施检察监督提供宏观的政策指导。在微观层面上，各地探索完善行政强制措施检察监督的做法，为涉及公民人身、财产权益行政强制措施检察监督提供了广泛的实践基础。在中观层面，明确、细致的法律规范缺位，检察机关监督侵犯公民合法权益的行政强制措施时，往往无法可依，底

① 张彬：《我国行政权监督模式的整合思考》，载《河北法学》2014 年第 3 期。

气不足。检察监督缺少震慑力和权威性，行政强制措施实施机关难免敷衍塞责，影响监督效果。

行政强制措施的检察监督属于检察机关法律监督的重要组成部分。受制于我国检察监督体系的不完备，各地检察机关对行政强制措施的监督机制差异较大，短期内可由全国人大常委会授权部分省市开展试点工作，不仅可以解决依据不明确的问题，而且能够为监督法律规范的建立健全提供更为系统的实践基础。从法律监督制度的整体发展来看，只有通过制定“法律监督法”，实现法律监督的专门化立法，才能从根本上解决检察机关在开展法律监督工作中遇到的法律依据不足、监督不力等共性问题。①“法律监督法”的出台有利于立足于以法律监督权为基本属性的检察权设置，体现权力制衡原理，发挥检察机关的法律监督职能。此外，“法律监督法”的制定有利于形成统一的法律监督体系，通过法律实现检察职能“定性”和检察活动“属性”的理论自洽，进而明确行政强制措施检察监督的体系性定位和制度设计。

在现有的法律规范框架内，建立健全行政强制措施检察监督法律规范体系应突出最高人民检察院司法解释的功能。通过发布司法解释的方式实现中观层面检察监督法律规范的架构：第一，新修订的《人民检察院组织法》虽未明确规定检察机关对侵犯公民合法权益行政强制措施进行监督的职权，但在第20条第8项补充检察机关行使法律规定的其他职权，检察机关行使检察监督有法可依。第二，《人民检察院组织法》明确最高人民检察院行使的职权包括对属于检察工作中具体应用法律的问题进行解释。对侵犯公民合法权益行政强制措施进行检察监督属于检察机关的行政检察工作，由最高人民检察院出台司法解释，进一步明确监督的范围、监督方式以及监督程序的启动，为行政强制措施检察监督制度

① 樊崇义：《检察机关深化法律监督发展的四个面向》，载《中国法律评论》2017年第5期。

提供更为具体的规范依据。如地方检察机关对强制隔离戒毒已经形成了较为成熟且有效的监督机制，在此情形下，可以考虑先由最高人民检察院发布监督工作指导意见，再出台司法解释，保障戒毒人员的合法权益，确保强制隔离戒毒工作的合法、公正和廉洁。

（二）明确涉及公民人身、财产权益行政强制措施的范围

检察机关监督涉及公民人身、财产权益行政强制措施的适用，应有明确的监督范围。监督范围不明确，无论是检察机关超范围监督还是怠于监督，均会侵犯公民的合法权益或者妨碍行政机关依法履职。行政强制措施通常是对公民人身权、财产权的极大限制，对涉及公民人身、财产权益行政强制措施实行法律监督，旨在通过检察机关的法律监督来规范行政强制措施权的行使，进而保障公民权益免受行政权失控而带来的侵害，可以看出，行政强制措施的检察监督制度在价值上更侧重于彰显人权保障理念。

检察机关履行监督职责，首先，应结合行政强制措施的法律特征判断该行政行为是否属于行政强制措施。实践中，行政强制措施和行政强制执行、行政处罚存在容易混淆的地方，给法律监督部门造成困扰。因此，还应从实施上述具体行政行为的机关入手，明确行政强制措施的内涵，细化行政强制措施的认定标准。其次，进一步判断该行政强制措施是否属于涉及公民人身、财产权益的行政强制措施。对涉及公民人身、财产权益行政强制措施进行检察监督，虽然有宏观法律规定，但要成为制度建设并逐步推广，还需要实践试点。试点中检察监督的范围不宜过大，可以考虑将监督范围限定在行政扣留、房屋拆迁、强制戒毒、食品药品安全、环境资源保护等涉及公民切身权益等重点领域。在试点办法逐渐成熟的基础上，再逐步扩大涉及公民人身、财产权益行政强制措施检察监督的范围。最后，应判断监督内容是否属于合法性或者特定情形中的“明显不当”行为。检察机关监督行政强制措施，原则上以具体行政行为违法为前提。但不可否认，行政诉讼中法院审查范围已由单纯的违法性审查扩大为对违法性和“明显不当”具体行政行为的监督。行政

机关对行政相对人采取行政强制措施违反必要原则、均衡原则或者为当事人设置苛刻的、不合情理的义务等，是行政强制措施“明显不当”的主要情形。[①] 公民对行政机关采取的行政强制措施不服，向法院起诉，法院审理后认为“明显不当”的，可以直接判决撤销、判决变更、责令补救或赔偿等裁判方式，向行政相对人提供救济。笔者认为，检察机关对“明显不当”行政强制措施的检察监督符合法律监督保障人权的基本理念。围绕行政强制措施“明显不当”的情形，检察机关需要明确适用该行政强制措施的目的及所保护的利益，进一步审查该行政行为是否是实现该目的所必需的且造成的损害是否小于其所保护的利益，以及对行政相对人施加的义务是否过于严苛等。

（三）构建多元化的检察监督手段

《人民检察院组织法》第21条原则性规定检察机关实施法律监督，可以进行调查核实，依法提出抗诉、纠正意见和检察建议。笔者认为，涉及公民人身、财产权益行政强制措施的种类广泛，在具体适用上差别较大，采用多元化的监督手段更有助于实现有效的检察监督。

1. 规范检察建议、纠正违法意见书等的适用规则。检察机关监督涉及公民人身、财产权益的行政强制措施，其监督手段主要是检察建议和纠正违法意见书，明确检察建议和纠正违法意见书的适用规则，有利于规范监督行为，避免出现内容较原则和空泛的问题，增强检察建议和纠正违法意见书的可操作性。作为检察机关常用的监督方式，检察建议具有方便、灵活、高效，且能在不引起强对抗的基础上协调检察权和行政权的关系等优点，在行政强制措施的监督中被较多使用。检察建议作为一种建议性质的监督方式相对成熟，已经制度化；[②] 实践操作层面上，采

① 曹晟：《新〈行政诉讼法〉中行政行为“明显不当”的审查与判断》，载《法律适用》2016年第8期。

② 吕涛：《检察建议的法理分析》，载《法学论坛》2010年第2期。

用检察建议的方式符合检察工作特点和实际，具有较高认可度，行政机关对检察建议易于理解和接受。检察建议一般适用于如下情形：一是行政强制措施行为违法程度轻微、程序问题上存在瑕疵、强制整改和自行纠错；二是行政强制措施明显违法，作为检察机关发出纠正违法通知书或提起行政公诉的前置程序的以及其他检察机关认为采用检察建议比较适宜的。① 与检察建议监督力度相仿的还有纠正违法意见书，该方式要求行政机关必须在一定的期限内对违法具体行政行为进行改正并予以答复。相对于检察建议而言，纠正违法意见书往往在检察机关已经确认强制措施存在违法情况下，更容易引起行政机关的重视和关注。此外，明确检察建议、纠正违法意见书等的适用，还应当对行政执法机关对检察机关的检察建议、纠正违法意见书等回复与落实情况予以制度化保障，敦促行政机关及时反馈意见，避免无效的监督，如地方实践中将行政机关的反馈情况列入县人大常委会对行政执法机关负责人年度评议内容。

2. 结合涉及公民人身、财产权益行政强制措施的特点，探索新的监督手段。对于短期限制人身自由的行政强制措施，有学者建议由检察院发出人身保护令状，并通过事前报告的方式申请令状。具体而言，对于可能采取暴力措施或者进一步限制人身自由的，检察机关主动监督认为有必要到现场，并对限制人身自由行政强制措施合法性、合理性进行审查，认为行政机关采取限制人身自由行政强制措施违法或者不当的，提出口头检察建议或者发出禁止令，建议或阻止行政机关采取相应的补救措施。② 对于长期限制人身自由的行政强制措施，如强制隔离戒毒的检察监督，地方检察机关同样进行了创新性实践。2016 年 3 月，江苏省检察机关实现了对全省戒毒场所法律监督的全覆盖，建立备案反馈制度。地

① 韩成军：《具体行政行为检察监督的制度架构》，载《当代法学》2014 年第 5 期。

② 周伟：《论人身自由权的暂时性法律保护——以行政强制措施检察监督为视角》，载《云南大学学报（社会科学版）》2018 年第 4 期。

方戒毒所在办理戒毒人员提前或延迟解戒、变更戒毒措施、所外就医等事项时，抄报人民检察院备案；对戒毒人员逃跑、破坏监管秩序，发生重大疫情、所内吸毒、安全生产事故、戒毒人员所内死亡、违禁品流入等事故的，主动及时通报驻地人民检察院。

（四）构建富有实效的检察监督程序

检察机关监督行政强制措施程序的启动，过去主要依靠当事人申请，现在则是当事人申请监督和检察机关依职权监督相结合。首先，公民的人身、财产权益均属私权，公民具有自主处分权，当事人出于个人考虑不愿意申请检察机关监督的情况，除非涉及国家利益、社会公共利益等情形检察机关可以自行介入外，其他情况下应尊重当事人的程序选择权。检察机关盲目介入、过早介入行政执法活动，不利于行政机关发挥自由裁量权，干扰行政机关正常执法活动，影响行政权的行使。此外，一旦当事人选择通过行政复议、行政诉讼程序，并可以解决行政强制措施纠纷，则检察机关不必对行政强制措施实施检察监督，否则有悖检察监督谦抑性救济的要求。其次，检察机关依职权自行启动监督的案件主要包含两类：一是检察机关在履职过程中发现行政强制措施侵犯公民合法权益，存在损害国家国家利益或者社会公共利益，造成重大社会影响或者需要跟进监督的情形；二是人大交办需要检察机关进行监督的案件。

优化特定型行政强制措施监督介入程序，强化过程监督。行政机关适用行政强制措施，其权力分配与运行的过程性控制存在障碍，造成监督不足。对于即时性强制措施而言，无论是行政相对人申请还是依职权启动监督程序，检察机关难以及时介入，只能采取事后监督。然而对于长期限制人身自由或者影响社会公共利益的行政强制措施而言，往往会给相对人造成难以弥补的损失，检察机关应实施过程监督，从而及时发现和纠正违法行政强制措施或防止损害的扩大。一方面，加强行政强制措施实施机关与监督机关的信息共享，使检察机关能更加直接地了解情况，逐步从事后监督向事中监督转化。另一方面，为了提升检察监督的针对性与时效性，检察机关应根据行政强制措施涉及公民权益或社会公共利益的具体情况，注重对重点案件的过程介入。

设置专门的行政检察部门，固化检察机关监督行政强制措施的权能。内设机构设置的不同逻辑体现了对检察权分类和运行在理论上的不同认识。行政检察是检察工作的薄弱环节，存在不敢监督、不善监督等问题。如今，行政检察内涵得以扩大和丰富，各地检察机关改革创新，对部分行政执法领域展开法律监督工作，进行了检察机关的内部职能分离。设置专门的行政检察机构承担对行政领域的法律监督职能，有利于强化检察机关对行政强制措施的法律监督，延伸检察监督的职能。

俄罗斯行政检察制度研究*

刘天来**

尽管我国的检察制度在很大程度上借鉴自苏联，但是我国行政检察制度的内涵与俄罗斯行政检察制度的内涵却很不相同。我国通行的行政检察概念指的是检察机关监督行政诉讼的制度和活动，① 即将行政检察局限于诉讼领域，视其为与刑事诉讼检察、民事诉讼检察并列的三大诉讼

* 原文载《北方法学》2019 年第 3 期。

** 刘天来，中国社会科学院拉丁美洲研究所助理研究员。

① 张步洪：《行政检察基本体系初论》，载《国家检察官学院学报》2011 年第 2 期。

监督领域之一。[1] 而当代俄罗斯行政检察制度除了包括监督行政诉讼之外，还包括对公共行政行为进行监督的内容。在中央大力推进依法治国和新一轮司法改革的背景下，我国行政检察制度的内涵也在不断扩大，比如行政公益诉讼制度、行政执法监督制度的确立等。因此，考察与我国检察制度有着深厚历史渊源的当代俄罗斯行政检察制度，对改革和完善我国行政检察制度无疑具有非常重要的现实价值和借鉴意义。有鉴于此，笔者拟从法律执行情况检察监督、行政违法行为检察监督、行政诉讼检察监督入手，逐一剖析当代俄罗斯行政检察制度。[2]

一、俄罗斯行政检察理论基础

俄罗斯行政检察的理论渊源和理论基础都是检察监督，也即俄罗斯法学史上源远流长的“一般监督”（общий надзор）。俄罗斯行政检察的理论是以检察监督基本理论为基础和底色，由法律执行情况检察监督、行政违法行为检察监督、行政诉讼检察监督三部分相对独立的子理论构成。因此，探究俄罗斯行政检察的理论基础，必须同时对检察监督基本理论的内涵进行考察。

---

① 肖金明：《构建、完善和发展我国行政检察制度》，载《河南社会科学》2011年第6期。

② 本文将当代俄罗斯行政检察制度划分为三部分，遵循俄罗斯学者对当代俄罗斯检察监督的划分，主要是依据法律的划分。由于历史原因，俄罗斯涉及行政检察的法律结构有其特殊性：《行政违法法典》和《行政诉讼法典》是俄罗斯行政法中的基石，两部法典分别独立地调整不同的内容，所调整的检察监督的内容也自成一体，故单独列为两部分。其余的划分为法律执行情况检察监督，其中又根据《检察院法》第三编第二章、第三章对检察机关监督职能的二分法再整合成法律执行监督、遵守人和公民的权利与自由监督两部分。俄罗斯学者如沃罗宁（ВоронинО. В.）认为《检察院法》第三编单独划分，以及将行政违法行为和行政诉讼排除出外便是行政检察划分为三部分内容的依据。克留科夫（КрюковВ. Ф.）等学者也将遵守人和公民的权利和自由的检察监督视为法律执行情况监督，许多俄罗斯学者同样是遵循这种划分方式。因此，笔者将俄罗斯行政检察制度划分为法律执行情况检察监督、行政违法行为检察监督、行政诉讼检察监督三部分。

（一）检察监督与行政检察基本理论

俄罗斯检察监督在俄罗斯法学上被称为“一般监督”。关于它的实质和意义，巴斯科夫（Басков В. И.）的观点能很准确地诠释，“对国家管理领域和行政机关准确和统一地执行法律实施监督”，[①] “一般监督的对象应是准确而统一地执行法律，其标准是：有法律施行的地方，就应该有一般监督”。[②] 梅尔尼科夫（Мельников Н. В.）等将当代俄罗斯检察监督的内容概括为护法、执法和其他活动的综合。[③] 也有学者认为护法和执法的活动两者构成了检察监督的内容。[④] 就检察监督的基本理论而言，检察监督分为保护性监督和恢复性监督，合法性是检察监督的核心及活动原则，评价检察监督的主要标准是效率和质量。一般监督的内容在不同时期有不同的侧重点。根据《开展对法律的执行、人和公民的权利与自由的遵守的检察监督令》，现阶段俄罗斯检察机关检察监督的侧重点是对法律文件合法性、遵守人和公民的权利与自由（以下简称“人权”）、经济和生态安全领域的监督和预防犯罪现象。[⑤]

就检察监督范围而言，当代俄罗斯检察机关监督的对象并不局限于国家机关，还囊括社会组织、商业和非商业组织等。《民法典》第 1 条排除了检察机关对民事法律关系的监督，因此国家机关的商业行为被排除在检察监督的范围之外。[⑥] 就行政检察而言，除了行政诉讼外，俄罗斯行

---

① См.：Басков В. И. Курс прокурорского надзора. М.：Зерцало，1998，С. 113.

② См.：Басков В. И. Курс прокурорского надзора. М.：Зерцало，1998，С. 118.

③ См.：Мельников Н. В. Прокурорская власть//Государство и право，2002，№ 2，С. 18—20.

④ См.：Воронин О. В. К вопросу о содержании современного прокурорского надзора//Вестник Томского государственного университета，2011，№ 346，С. 97.

⑤ См. подробнее：Приказ Генерального прокурора РФ от 07，12，2007 г. № 195《Об организации прокурорского надзора за исполнением законов，соблюдением прав и свобод человека и гражданина》//СПС《КонсультантПлюс》.

⑥ См.：Воронин О. В. О современном содержании прокурорского надзора//Вестник Томского государственного университета，2012. № 4（6），С. 20.

政检察只在具体类别的法律关系中实施监督，比如行政法律关系。行政诉讼检察监督是 2015 年第一部专门调整行政诉讼的《行政诉讼法典》（以下简称《行诉法典》）施行之后才获得共识。此前俄罗斯的行政诉讼适用《民事诉讼法典》或者《仲裁程序法典》，俄罗斯法学理论上对将其归为行政检察的内容存在争议。

俄罗斯法学理论特别注意将检察监督与其他监督相区分，这种区分同时也是行政检察与其他监督特别是与行政监督相区分的理论基础。苏联时期，法学理论认为检察监督具有最高性、有限介入性和对被监督主体评价的排他性。当代俄罗斯法学理论将最高性予以否定，认为检察监督是监督（контроль）的一种特殊形式，与其他监督不同之处在于检察监督是一种独立的法律现象，由专门的、独立的国家机关行使，对被监督者进行合法性评价。[①] 沃罗宁（Воронин О. В.）认为，行使监督权力时，检察机关不得介入业务活动，不得代替其他机关行使职权，展开检察原则上是检察机关获知存在违法现象，使得检察监督与其他机关的命令性、管理性、行政监督性的行为相区分而不混同，[②] 明确了检察监督的界限。

具体到行政检察，俄罗斯法学理论认为，行政检察从合法性的角度监督，而行政监督则从合理性的角度监督，比检察监督更加细致与深入。行政监督不是独立的权力，隶属行政权，而检察权是独立的权力。此外，检察监督还监督司法权，如行政诉讼检察监督。俄罗斯法学理论认为，发展行政检察的重要依据是行政检察的必要性，当今违法问题突出，行政检察所要解决的一个紧迫问题就是合法性监督问题。为了保障行政权行使的合法性，俄罗斯采取了许多方法，比如建立独立的审计署，或者内设监督机

---

① См.：Назаров Н. С. Общая теория надзорной деятельности. М.：Книга – сервис，2007，С. 240.

② См.：Воронин О. В. О современном содержании прокурорского надзора// Вестник Томского государственного университета，2012. № 4（6），С. 18.

构，但最重要的还是检察机关。正如卡尔莫里茨基（Кармолицкий А. А.）所言："虽然在联邦和地方层面都设立许多具有监督职能的机构，但是他们低效、无力、软弱，因此检察机关无论愿意与否都需要承担其他监督机关也承担不了的监督责任。"① 梅岑科夫（Мыцыков А. Я.）也认为，第一，俄罗斯现在行政权行使的合法性现状使得检察机关在任何时候介入都是有理由和必要的；第二，界定检察机关本身法律地位的规范不是十分明确。② 因此，引入外来的行政检察监督尤显必要。俄罗斯联邦领导人也特别注意到检察机关是监督遵守宪法和法律最有效和最实用的工具，因此，要求检察机关不断进行实质性的改革和完善，以符合国家发展和改革的要求。③

（二）行政检察子理论

构建于上述检察监督基本理论之上的俄罗斯行政检察的三部分子理论相对独立、相互联系但又各有其特点。比如，关于行政违法行为检察监督，谢尔金（Шергин А. П.）教授指出，行政违法行为在过去和现在都是最广泛的，并且还有持续增长的趋势。④ 同时，许多行政违法行为的裁决并未实际得到执行。行政违法行为很多情况下就是犯罪的前奏，两者联系紧密。斯图康诺夫（Стуканов А. П.）深入揭示了两者之间的联

---

① См.：Кармолицкий А. А. Прокурорский надзор в сфере исполнительной власти//Вестник Московского университета，2013，№ 1，С. 34，37.

② См.：Мыцыков А. Я. Правовое регулирование деятельности прокуратуры//Законность，2011，№ 1.

③ См.：Шалаев А. А. К вопросу об эффективности прокурорского надзора за исполнением законов//Экономика. Государство. Общество，2013，№ 2，С. 1—2.

④ См.：Шергин А. П. О концепции административной политики//Актуальные проблемы административного и административно－процессуального права：Материалы международной научно－практической конференции. М.，2003，С. 25.

系，并指出行政违法行为人更有可能进一步成为犯罪嫌疑人。[①] 罗布子雅科夫（Лобзяков В. П.）等许多学者同样持这一观点。[②] 行政违法行为的现状是行政违法行为检察监督的现实基础，检察监督的独立性、有力性等此时被挖掘和彰显，两者相结合，进而构建了行政违法行为检察监督理论。

同样的理论构建逻辑也适用于法律执行检察监督、遵守人权原则检察监督、行政诉讼检察监督的理论构建。就法律执行检察监督理论而言，俄罗斯学界认为，规范性法律文件的监督在俄罗斯由众多不同的监督机关负责，上述的行政监督也在此发挥作用。但是对规范性法律文件的合法性监督，需要独立、专业、系统性的检查，检察机关鉴于其性质正是独立、专业、有足够资源的机关。基于此，俄罗斯法学理论认为，在现行国家体制之下检察机关无疑是更适合的规范性法律文件监督机关。

就行政诉讼检察监督而言，检察机关对行政案件的审理进行诉讼监督在 2015 年前已由《民事诉讼法典》《仲裁程序法典》明确规定。俄罗斯法学理论认为，检察机关作为国家的“化身”，为了公共利益、国家利益而提起行政公益诉讼是最合适的主体。为了特定公民个人的利益而诉诸法院，则是落实宪法上人权条款的必要之举、有效之举。在学界认为应当加强检察监督的共识之下，《行诉法典》增加了检察机关在行政诉讼中的分量。

对于遵守人权原则检察监督，俄罗斯学界认同，人权在俄罗斯千年历史上从来就不是国家的优先方向，在苏联时期与集体利益混同，个体应服从于集体利益。因此，在当代俄罗斯，人权应是立法和执法的主要方向。依据并结合检察监督基本理论，俄罗斯学界认为，检察机关的活

① См.：Стуканов А. П. Теоретические и методические проблемы прокурорского надзора за исполнением законов органами административной юрисдикции Российской Федерации：дис. …канд. юрид. наук. М.，1998，С. 87.

② См.：Лобзяков В. П. Криминология и административная юрисдикция милиции. М.，1996，С. 24.

动显得极为重要，因为实现人权就必须严格地执行法律，检察机关的活动特别是检察监督，是遵守人权原则的一种保障。“检察监督保护的客体实质上是公民的一系列权利。”①

可见，俄罗斯行政检察三部分内容的理论相对独立，但都是以检察监督基本理论为基础，结合自身的特殊内容构建的。

（三）行政检察理论研究和实践动态

目前，俄罗斯学界对行政检察普遍持积极支持的态度，现在的关注前沿是如何完善包括行政检察在内的检察监督，这种完善的方向是加强检察监督、加强行政检察力度。拉斯吉娜（Ласкина Н. В.）认为，“检察机关尚不能积极行使监督职能，提高监督效率……保障合法性”②。为了加强行政检察，有学者提出了改进思路。比如有观点指出，应当修改宪法，使得宪法如同对宪法法院、最高法院等的规定一样包含有机关活动的内容部分，因为宪法中没有明确检察机关为了何种目的而设立，具体从事什么。又比如，有观点认为，检察机关并非信息情报机构，有些违法行为并不一定能到达检察院，因此应当加强检察机关的积极性，修改相关法律，赋予其更多职权以开展监督。

就行政检察的内容而言，加强行政检察是研究的热点。比如，对于行政违法行为检察监督，有学者认为，应当将监督行政违法行为单独列为独立的一项监督活动，③ 斯图康诺夫就是此观点的代表之一。更有学者

---

① См.：Письменов В. Н.，Хлопотной А. В. О прокурорском надзоре в России: прошлое и настоящее//Сборник научных статей пятой Всероссийской научно – практической конференции《Права человека: история，теория，практика》，Курск，2016. С. 167.

② См.：Ласкина Н. В. Прокурорский надзор，М.，2012.

③ См.：Стуканов А. П. Теоретические и методические проблемы прокурорского надзора за исполнением законов органами административной юрисдикции Российской Федерации: дис. …канд. юрид. наук. М.，1998，С. 87.

进一步认为，应当在检察机关设立专司监督行政违法行为的内设机构。[①] 又如法律执行检察监督，俄罗斯学界提出了许多加强的建议。莫吉娜（Мокина Т. В.）就指出，检察机关要更积极地参与立法过程，完善收集、分析规范性法律文件违法的方法，与司法部等相关部门加强合作，加强信息共享共通，保证刑事追究的威胁力等。[②] 而人权监督一直是检察监督研究的热点，相关科研成果也比法律执行检察监督、行政违法行为检察监督、行政诉讼检察监督要多，约占行政检察相关研究的三分之一。行政诉讼监督则随着《行诉法典》施行的年月渐深，研究也随之加深。

此外，对专门领域行政检察监督的研究也是目前俄罗斯学界研究行政检察的一个方向，如对医疗卫生行政检察、食品安全行政检察、生态环保行政检察等的研究。就实践状况而言，俄罗斯行政检察的力度是相当大的，比如对规范性法律文件提出抗告，被抗告机关满足抗告而修改或废止违法法律文件的比例多年来一直在92%以上，2016年更是高达96.38%。判决满足检察机关诉求或者因满足其诉求而撤诉的比例除了2012年略低于90%（只占89.89%）之外，各年份都在90%以上。通过上述理论动态和实践数据，我们可以看到俄罗斯行政检察良好的制度运行效果。正如别斯萨拉博夫所言，"（行政检察）成了民主法治国家不可或缺的工具"。[③]

---

① См.：Субанова Н. В. Вопросы прокурорского надзора за исполнением законов в сфере административных правонарушений//Вестник Академии Генеральной прокуратуры РФ，2010，№ 2（16），С. 24.

② См.：Мокина Т. В. Прокурорский надзор за законностью нормативных правовых актов органов государственной власти РФ и субъектов РФ//Юридический вестник Кубанского государственного университета，2013，№ 2（15），С. 13.

③ См.：Бессарабов В. Г. Прокурорский надзор：защита прав и свобод человека и гражданина//Законы России：опыт，анализ，практика，2011，№ 11，С. 7.

二、法律执行情况检察监督

俄罗斯检察机关对行政机关法律执行情况进行监督（прокурорский надзор за законностью всфере деятельности органов исполнительной власти）的主要法律依据是《俄罗斯联邦检察院法》（以下简称《检察院法》）第1条第2款第2项、第3项。[①] 该法第三编“检察监督”专门规定了检察机关的监督权，其第一章详细规定了对法律执行的监督，第二章详细规定了对遵守人权原则的监督。作为法律渊源的还有联邦总检察长不同时期颁布的各种命令。就俄罗斯行政检察制度而言，对行政机关和公务人员法律执行情况的检察监督，分为法律执行检察监督（прокурорский надзор за исполнением законов）和遵守人权原则检察监督（прокурорский надзор за соблюдением прав и свобод человека и гражданина）两部分。

（一）检察机关监督法律执行情况的权限

调整不同检察机关权限的主要法律文件为《地区检察长、相当于地区检察长的军事和其他专门检察机关权限划分令》等。[②] 在行使监督职权时，各级检察机关的权限划分为：（1）联邦总检察长对联邦机关及其公务人员实施监督，其中，“联邦机关及其公务人员”指的是除联邦立法机

① 《检察院法》第1条第2款第2项规定：“监督联邦行政机关、俄罗斯联邦侦查委员会、俄罗斯联邦各主体的代议制机关（立法机关）和行政机关、地方自治机关、军事管理机关、监督机关、他们的公务人员、对各强制羁押场所保障人权和保障对强制羁押场所人员进行帮助实行社会监督的主体、商业组织和非商业组织的管理机关和领导人法律执行的情况实行监督，以及对他们所颁布的法律文件是否符合法律实行监督”；第3项规定：“对联邦行政机关、俄罗斯联邦侦查委员会、俄罗斯联邦各主体的代议制机关（立法机关）和行政机关、地方自治机关、军事管理机关、监督机关、他们的公务人员、对各强制羁押场所保障人权和保障对强制羁押场所人员进行帮助实行社会监督的主体、商业组织和非商业组织的管理机关和领导人遵守人和公民权利与自由的情况实行监督”。

② См. подробнее: Приказ Генерального прокурора РФ от 09. 09. 2002 г. № 59《О разграничении компетенции прокуроров территориальных, приравненных к ним военных и других специализированных прокуратур》//СПС《КонсультантПлюс》.

关（联邦委员会和国家杜马）、联邦总统、联邦政府、司法机关之外的联邦各部、委、局等联邦机关及其公务人员；（2）联邦主体①检察机关对联邦主体行政机关和立法机关、联邦行政机关区域机关及其公务人员实施监督；（3）区、市检察机关对地方自治机关、联邦行政机关区、市机关及其公务人员、商业和非商业组织管理机关及其公务人员实施监督。此外，上级检察机关有权行使下级检察机关的职权。

俄罗斯检察机关行使监督职权的过程中，检察检查（прокурорская проверка）发挥着重要的作用。检察检查是俄罗斯检察机关展开检察监督的手段，② 由四个阶段组成：一是准备阶段；二是着手检查阶段；三是采取措施阶段，依据不同的情况提出抗告、消除违法建议、预防违法警告、诉诸法院等；四是监督执行阶段。检察检查同时也适用于行政违法行为监督、行政诉讼监督等其他监督。一般而言，俄罗斯检察机关展开检察检查基于两个条件：收到违反法律的信息以及认为相关问题不属于其他机关的权限并且需要检察机关直接采取措施。不过，就当今俄罗斯检察监督的实际情形而言，检察机关为了公共利益即可展开检察检查，不取决于是否收到违反法律的信息。

同时，俄罗斯法律赋予检察机关多种监督法律执行情况的手段。根据《检察院法》第三编的规定，俄罗斯检察机关对行政机关及其公务人员的法律执行情况进行监督时，有权采取以下手段：（1）在提交职务证件的情况下，无障碍地进入《检察院法》第 21 条第 1 款③所列机关的区域和房舍；（2）了解他们的文件和材料；（3）根据检察机关收到的关于违法行为事实的信息检查法律的执行情况；（4）要求上述机关的领导人和其

---

① 俄罗斯是联邦制国家，联邦主体是俄罗斯类似于我国省一级行政区划的统称。

② 检察检查是俄罗斯检察机关展开监督的手段、措施，在检察检查中可采取的手段和措施与下一段第（1）项至第（7）项内容一致。同时，检察机关也可以对涉及民生、资源、国家安全等特殊领域的法人和其他企业展开检察检查。

③ 与前述《检察院法》第 1 条第 2 款第 2 项规定的主体一致。

他公务人员提交必要的文件、材料；（5）挑选专家查明已经发生的问题；（6）对检察机关收到的材料、请求进行审查，对被其监督的组织和下属部门的活动进行稽查；（7）传唤公务人员和公民就违法行为作出解释；（8）对与法律相抵触的法律文件提出抗告，或向法院提起诉讼，要求宣告该文件无效；（9）向其他机关发出消除违法建议；（10）提起行政违法诉讼；（11）提起刑事诉讼；（12）要求追究违法行为人的责任；（13）释放根据非司法机关的决定而受到非法拘留的人；（14）发出预防违法警告。

其中，占监督法律执行情况核心地位的是抗告、消除违法建议和预防违法警告。第一，抗告（протест）。抗告是对国家机关、地方自治机关或者公务人员的规范性法律文件，有证据证明其存在违法情况从而要求废止或修改的检察文书。抗告是俄罗斯检察机关对违反法律情况广泛使用的主要法律手段之一，其适用范围限于法律文件。但抗告的提出，并不产生中止被抗告法律文件的效力。[①] 抗告的意见可以改变，也可以撤回。第二，消除违法建议（представление об устранении нарушений закона）。消除违法建议源于《检察院法》第 24 条第 1 款的规定，是对于国家机关及其公务人员的作为、不作为或者违法决定等作出的检察文书。检察机关在消除违法建议书中指出违法的具体信息，进而建议消除违法行为的内容及其原因，同时还可提出其他要求，[②] 如建议追究相关人员的责任。第三，预防违法警告（предостережение о недопустимости нарушения закона）。预防违法警告是俄罗斯行政检察制度中对法律执行情况进行监督的另一重要法律手段，[③] 为了预防违法行为，或者有证据证

---

① См.：Ястребов В. Б. Надзор за исполнением законов как основная функция прокуратуры//Проблемы совершенствования прокурорского надзора. Материалы научно－практ. конф. М. 1997，С. 15.

② См.：Чурилов А. В. Прокурорский надзор за соблюдением прав и свобод граждан//Законность，1997，№ 8，С. 9.

③ 其他监督机关也可以适用预防违法警告这一手段。

明将发生违法行为，检察机关可以书面形式向公务人员发出预防违法警告。预防违法警告不得向公民或法人发出，只能向公务人员、社会组织或宗教组织的公务人员或领导人发出。

（二）法律执行检察监督

在俄罗斯法律语境中，作为法律执行情况监督一部分的法律执行检察监督，主要指的是对规范性法律文件的检察监督，对“具体行政行为”类型的检察监督，则属于遵守人权检察监督和行政违法行为检察监督等其他行政检察监督领域的范畴。在俄罗斯行政检察制度中，对法律执行的检察监督，与上述监督法律执行情况的权限一致。监督法律文件是否符合法律是俄罗斯检察机关最重要的职能之一。[①]

俄罗斯检察机关要求尽一切可能预防颁发不符合联邦法律的法律文件，因此非常重视参与制定机关制定法律文件的过程。《检察院法》第9条规定了检察机关参与立法的权限，“检察长在行使职权的过程中如确定必须完善现行规范性法律文件的，则有权向同级或下级立法机关和有权提出立法倡议的机关提出修订、增补、废止或通过法律和其他规范性法律文件的建议”。除此之外，1996年总检察长还专门签发了第49号总检察长令，[②] 要求检察机关积极参与立法机关的立法活动。

俄罗斯各地差别巨大、情况复杂，因此，俄罗斯检察机关特别重视对联邦主体法律文件合法性的监督。对联邦主体法律文件合法性监督主要是《对俄罗斯联邦主体和地方自治国家机关规范性法律文件合法性展

① См.：Химичева О. В. Концептуальные основы процессуального контроля и надзора на досудебных стадиях уголовного судопроизводства. М.：Закон и право，ЮНИТИ－ДАНА，2004，С. 402.

② См. подробнее：Приказ Генерального прокурора РФ от 09. 08. 1996 г. № 47《Об участии органов и учреждений прокуратуры в правотворческой деятельности и систематизации законодательства в прокуратуре Российской Федерации》//СПС《КонсультантПлюс》.

开检察监督令》。[①] 该命令规定在遵守联邦制的原则下，加强对联邦主体法律文件合法性的监督。除此之外，总检察院还加强与联邦司法部的合作，颁发相关的法律文件，展开共同行动。比如，颁发了《开展执行俄联邦总检察院与俄联邦司法部 1998 年 3 月 25 日的协议的命令》,[②] 对两部门监督联邦主体的法律文件、两机关联合入驻联邦主体展开监督检查等共同行动进行了规定。

除了抗告、消除违法建议、预防违法警告外，俄罗斯检察机关有权将国家机关或公务人员违法的法律文件诉诸法院。诉诸法院是俄罗斯检察机关对违反法律的法律文件所使用的主要法律手段之一。一般而言，当出现故意违反法律、不接受检察机关废止法律文件的要求等情形时，检察机关会依据程序法的规定，将法律文件诉诸有管辖权的法院，包括普通法院、仲裁法院、[③] 各联邦主体宪法（基本法）法院等,[④] 由法院判决法律文件无效或者作出其他裁决。

（三）遵守人权和公民的权利与自由检察监督[⑤]

对遵守人权原则的监督是俄罗斯检察机关对法律执行情况监督的另一个方面。保障人权是俄罗斯的宪法原则，公民的主要权利在宪法上得

---

① См. подробнее: Приказ Генерального прокурора РФ от 02. 10. 2007 г. № 155《Об организации прокурорского надзора за законностью нормативных правовых актов органов государственной власти субъектов Российской Федерации и местного самоуправления》//СПС《КонсультантПлюс》.

② См. подробнее: Приказ Генерального прокурора РФ от 30. 07. 1998 г. № 49/7р《Об организации исполнения соглашения Генеральной прокуратуры Российской Федерации и Министерства юстиции Российской Федерации от 25 марта 1998 года》//СПС《КонсультантПлюс》.

③ 俄罗斯仲裁法院（Арбитражный суд）属于国家机关，是与普通法院并列的法院，主要负责审理经济类案件。而我们一般理解意义上的民间仲裁称为“仲裁院”。

④ См.: Мельников А. Надзор за исполнением законов//Законность, 1998, № 3, С. 7.

⑤ 应当说，遵守人权检察监督贯穿所有检察监督活动，包括行政违法行为监督、行政诉讼监督等。

到确认，相关宪法条文具有直接的法律效力。在俄罗斯行政检察制度中，检察监督的目的之一在于监督各机关对人权保护规定的遵守。在获悉侵犯人权的信息时，检察机关有权对任何机关展开检察检查和其他监督行为，[①] 法律对此没有任何限制。[②]

检察机关为了监督相关主体对人权保障原则的遵守，除了可以采取前述措施外，还有权采取下列措施：（1）审议和检查关于侵犯人权的申诉、控告和其他请求；（2）向受害人阐明维护其权利和自由的程序；（3）采取措施预防和制止侵犯人权的行为，追究违法人员的责任和要求赔偿所造成的损失。

"（法律执行）首先是保障公民劳动的、财产的和其他的权利和合法利益，这是公务人员审理公民建议、申请和申诉的法律要求"，[③] 因此俄罗斯检察机关对侵犯人权的申诉、控告和其他请求特别重视。总检察长签发了多个总检察长令对此予以规定，其中占据基础、核心地位的是《关于将俄罗斯联邦检察机关体系各级机关和机构审议与处理公民申诉的程序，以及接待公民程序的工作细则付诸实施的命令》[④] 以及《俄罗斯联邦检察机关审理申诉和接待公民程序令》。[⑤] 对于特殊情报的，应适用

---

① См.：Чурилов А. В. Защита прав и свобод человека и гражданина средствами прокурорского надзора. М.：ИПК РК Генер. Прокуратуры РФ，1999，С. 35.

② См.：Винокулов Ю. Е. Прокурорский надзор. 6 – е издание. М.：Высшее образование，2005，С. 174—175.

③ См.：Басков В. И. Курс прокурорского надзора. М.：Зерцало，1998，С. 118.

④ См. подробнее：Приказ Генерального прокурора РФ от 15. 01. 2003 г. № 3《О введении в действие Инструкции о порядке рассмотрения обращений и приема граждан в органах и учреждениях прокуратуры Российской Федерации》//СПС《КонсультантПлюс》.

⑤ См. подробнее：Приказ Генерального прокурора РФ от 30. 01. 2013 г. № 45《О порядке рассмотрения обращений и приёма граждан в органах прокуратуры Российской Федерации》//СПС《КонсультантПлюс》.

《特殊情报和其他必要情报呈交程序令》。[①] 此外，联邦总检察院还就与其他部门共享相关违法信息问题积极展开合作，颁发了相关法律文件。联邦总检察院设有公民来信来访局，各主体检察院设置了相应的处室，负责在工作日处理公民来信来访工作。历届总检察长都要求公民的任何一个申诉都能得到及时、积极的处理。

三、行政违法行为检察监督

2002 年生效的《俄罗斯联邦行政违法法典》[②]（以下简称《行违法典》）是专门调整行政违法行为的法律。根据《行违法典》第 2.1 条的规定，行政违法行为指的是"自然人或法人违反法律的、有过错的并被本法典或俄罗斯联邦主体行政违法法规定了行政责任的行为（不作为）"。行政违法行为的主体包括自然人、法人，当然也包括国家机关和公务人员。自然人或法人违反《行违法典》的，由有管辖权的法院、机关、公务人员审理。由于笔者仅论述行政检察制度，因此探讨范围限于俄罗斯检察机关对公务人员行政违法行为，以及对机关、公务人员行使国家权力提起、审理、裁决行政违法案件行为的检察监督。

（一）行政违法案件中检察机关的权限

《检察院法》第 2 条规定了俄罗斯检察机关的一项职能就是"依照《行违法典》和其他联邦法律规定的权限提起行政违法行为案件和进行行政案件调查"。《检察院法》第 25 条规定："检察长根据公务人员违法行

① См. подробнее: Приказ Генерального прокурора РФ от 04. 10. 2007 г. № 158《О порядке представления специальных донесений и иной обязательной информации》// СПС《КонсультантПлюс》.

② 《行违法典》是俄罗斯行政法的基石性法律之一，内容十分庞杂，调整范围极其广泛，既包含实体法规范，又包含程序法规范，囊括了行政处罚、行政复议、行政强制、行政诉讼等诸多内容，涉及治安、林业、交通、航运、海关、农业等诸多领域，被俄罗斯总统普京誉为"俄罗斯联邦行政法典"。

为的性质作出提起行政违法行为诉讼的说明理由的决定。”而《行违法典》第24.6条规定：“在进行行政违法案件的诉讼时，俄罗斯联邦总检察长及由其任命的各级检察长在自己的职权范围内，对俄罗斯联邦宪法的遵守情况和现行法律在俄罗斯联邦领土上的执行情况实施监督。但是，在法院进行诉讼的行政违法案件除外。”因此，就案件范围而言，俄罗斯检察机关对除了在法院进行诉讼的案件之外的所有行政违法案件实施监督。①

俄罗斯检察机关在行政违法案件中的权限共有三项：（1）提起行政违法案件；（2）参加行政违法案件的审理，提出请求并就案件审理的问题出具结论性意见；（3）无论是否参加了行政违法案件的审理，均可对其裁决提出抗诉。② 此外，检察机关有权决定释放根据非司法机关的决定而被非法行政拘留的人员。2007年总检察长颁发的《开展对法律的执行、人和公民的权利和自由的遵守检察监督令》第7.4条对此特别予以明确和强调，同年颁发了3个总检察长命令对以行政拘留代替刑事拘留以躲避刑事检察监督的行为进行了规范。检察机关行使上述职权时，依然有权展开检察检查和采取相应的手段。

---

① 行政违法案件除了由法院审理外，其他国家机关或公务人员也有权审理，且很大部分是由法院以外的国家机关或公务人员审理的。第24.6条的“诉讼(производство)”，与中文语境下仅指在法院进行的诉讼不同，还包括在其他国家机关或公务人员审理案件的诉讼。而“在法院进行诉讼的行政违法案件除外”主要指检察机关在法院审理案件时，不像对其他国家机关或公务人员的监督一样，发出消除违法建议书、预防违法警告等，而是尊重司法权。2005年3月24日联邦最高法院全体会议第5号决议《关于法院适用〈俄罗斯联邦行政违法法典〉若干问题的决议》对此作出了解释(Постановление Пленума Верховного Суда РФ от 24.03.2005 г. №5《О некоторых вопросах, возникающих у судов при применении Кодекса Российской Федерации об административных правонарушениях》)。

② 作为检察机关监督手段之一的抗诉，与我国不同，俄罗斯检察机关使用抗诉不仅针对法院的裁决，在行政违法案件中，还可向其他国家机关或公务人员的裁决提出。

2016 年 9 月 22 日，《预防违法制度基本法》[①] 生效。该法经过长达 3 年的审议，终成为俄罗斯预防违法的基本法律。该法最初的草案并没有关于检察机关的规定，在后来的草案中，瓦西里科夫（Васильков Д. С.）提出，鉴于检察机关在护法中的作用和角色，应当增加相应条款。[②] 扎依切夫（Зайцев С. П.）也认为，预防违法制度缺乏检察机关是有缺陷的。[③] 因此，在他们的努力下，立法机关增加了检察机关在该法中的角色，这主要集中在第 17 条。第 17 条新增了检察机关可采取的措施：预防约谈；不得为违法行为创造条件的正式警告，或者不得继续有损社会利益行为的正式警告；预防审计；发出消除促进违法的原因和条件的建议书；预防检查。这些措施作为新的手段和权限，丰富了俄罗斯行政检察制度的内容。

（二）行政违法案件提起的检察监督

《检察院法》第 25 条规定检察机关只能对公务人员提起行政违法行为案件，但是《行违法典》第 28. 4 条明确规定了检察机关有权提起任何其他行政违法行为的案件，排他地列出了专属于检察机关提起的行政违法案件范围，即涉及公务人员行政违法行为的案件。因此，《检察院法》第 25 条与《行违法典》第 28. 4 条发生冲突，这在俄罗斯法学界中引发了争论。比如，噶尔岑科（Гальченко А. И.）就主张限制检察机关的权力，认为只能对公务人员提起行政违法案件，不能提起对公民的行政违法案件。[④] 但是，更多学者认为，检察机关有权提起任何行政违法行为案

---

① См. подробнее: Федеральный закон от 23.06.2016 г. № 182 – ФЗ《Об основах системы профилактики правонарушений в Российской Федерации》//СПС《КонсультантПлюс》.

② См.: Васильков Д. С. Законодательные основы профилактики правонарушений//Законность, 2013, № 5, С. 37—40.

③ См.: Зайцев С. П. Профилактика преступлений и правонарушений: координация и прокурорский надзор//Законность. 2009, № 8, С. 45.

④ См.: Гальченко А. И. Возбуждение прокурором дел об административных правонарушениях//Законность, 2014, № 2, С. 20—25.

件，因为检察机关行使的不仅仅是法律监督的职权，还有保护人权等职权，这种观点最终也为俄罗斯司法实践所接受。

因此，俄罗斯检察机关有权对任何人提起行政违法案件，有权对任何行政违法行为提起行政违法案件。不过，理论界和实务界认识到，俄罗斯检察机关是护法机关而非行政机关，因此其行使法律监督职权时并不会积极主动地追究公民行政违法行为的责任，其对公民提起行政违法案件只是一种补充。[①] 然而如果行政机关或公务人员提起了行政违法案件，但检察机关认为不应提起的，可以向决定提起行政违法案件的机关或公务人员提出异议。

俄罗斯检察机关提起行政违法案件，既可以根据自己的检查结果提起，也可以根据收到的申诉、大众媒体的报道等信息提起。法律没有明确规定检察机关审理申诉的期限，只是规定在查明具有行政违法事实后，应当立即作出提起行政违法案件的决定。根据当代俄罗斯的实践，如果公民等的申诉没有足够的证据证明存在行政违法行为的，检察机关一般会在 30 天内处理。

（三）行政违法案件审理的检察监督

俄罗斯检察机关参与行政违法案件审理，有权参与证据的举证、质证，提出各种申请，指出行政违法行为的原因、性质等，监督审理行政违法案件的主体作出合法、合理、理由充分、有说服力的裁判，提出消除行政违法行为原因的建议，并对案件审理过程中出现的问题作出结论（заключение）。

如果为查明行政违法行为需要进行鉴定等耗费大量时间的程序性行为，检察机关有权展开行政调查（административное расследование）。

---

① См.：Винокуров К. Некоторые вопросы вынесения прокурором постановления о возбуждении производства по делу об административном правонарушении. http：//www. jourclub. ru/32/426/（Дата обращения：17. 03. 2018 г.）.

行政调查是现行《行违法典》新增的法律手段，1984 年的《苏俄行政违法法典》并没有相关规定。一般而言，行政违法案件中的行政调查，多是涉及选举、公投、反贪污贿赂、社会保障、环境保护、消费者权利保护等领域。根据联邦最高法院的解释，行政调查是指为查明行政违法行为事实、固定证据等需要耗费大量时间的综合性程序行为。行政调查包括举行鉴定、确定受害人、询问居住在其他地方的人等。[①] 展开行政调查的前提必须是需要进行耗费大量时间的程序性行为。

对于未成年人行政违法案件，俄罗斯法律规定检察机关应当参与未成年人事务和权利保护委员会[②]或其他行政司法机关的审理。相关单位应当将案件的审理地点和时间通知检察机关。由检察机关自行提起的未成年人行政违法案件，审理机关应当通知检察机关案件的审理时间和地点。

（四）行政违法案件裁决的检察监督

尚未产生法律效力的行政违法案件的裁决，检察机关有权提出抗诉。对尚未产生法律效力的行政违法案件的裁决提出抗诉的，可以自收到裁决书副本之日起 10 个昼夜内提出。根据联邦最高法院全体会议决议《关于法院适用〈俄罗斯联邦行政违法法典〉若干问题的解释》[③] 的规定，如果检察机关不能在 10 个昼夜内提出抗诉的，其可以请求恢复被耽搁的

---

① См. подробнее: Постановление Пленума Верховного Суда Российской Федерации от 24. 03. 2005 г. № 5《О некоторых вопросах, возникающих у судов при применении Кодекса Российской Федерации об административных правонарушениях》//СПС《КонсультантПлюс》.

② 未成年人事务和权利保护委员会（Комиссия по делам несовершеннолетних и защите их прав）是负责未成年人违法、犯罪和保护事务的机关，由联邦主体最高行政机关和地方自治机关设立。

③ См. подробнее: Постановление Пленума Верховного Суда Российикой Федарации от 24. 03. 2005 г. № 5《О некоторых вопросов, возникающих у судов при применении Кодекса Российской Федерации об административных правонарушениях》//СПС《КонсультантПлюс》.

期限，有权审理抗诉的法院、机关或公务人员可以裁定恢复，也可以驳回。而无论检察机关是否参与了行政违法案件的审理，均有权对相关法律文书提出抗诉。

已经产生法律效力的行政违法案件的裁决，包括对行政违法案件的申诉或抗诉的审理结果，如果不符合程序法的要求，或者不正确适用实体法的，只能由联邦主体检察长及其副手或联邦总检察长及其副手提出抗诉。已经产生法律效力但并未得到实体审理的裁决，比如驳回提起行政违法案件的裁定，检察机关也有权提出抗诉。

对于可能存在的和产生行政违法的原因和条件，《行违法典》第29.13条规定审理行政违法案件的法官、机关、公务人员，可以向相应的组织和公务人员提交关于采取措施以消除违法原因和条件的呈文（представление），但没有对检察机关可以采取的措施作出规定。[①] 不过，在俄罗斯法律实践中，根据《检察院法》以及新生效的《预防违法制度基本法》，对于这种情况，检察机关有权采取预防约谈、预防检查、发出预防违法警告等法律手段。

四、行政诉讼检察监督

2015年9月15日，《行政诉讼法典》（以下简称《行诉法典》）生效，改变了俄罗斯行政诉讼一直以来由《民事诉讼法》和《仲裁程序法》调整的历史。[②]《行诉法典》第39条专门调整检察机关参与行政诉讼的事项。检察机关参与行政诉讼，目的在于保障诉讼参与人特别是作

① СМ.：Винокуров А. Ю. К вопросу об участии органов прокуратуры в профилактику правонарушений в Российской Федерации//Административное и муниципальное право，2016，№ 7，С. 620—626.

② См.：Туманов Д. А.，Бесунова А. Участие в административном судопроизводстве прокурора，а также органов，организаций и граждан с целью защиты “чужих” интересов//Законы России：опыт，анализ，практика，2016，№ 5，С. 60.

为弱势一方公民的权利，以及监督法院作出合法和合理的裁判。综观《行诉法典》的规定，检察机关参与行政诉讼的方式有三种：提起行政诉讼、就行政案件提出结论（заключение）以及提出抗诉。[①]

（一）行政诉讼提起的检察监督

根据俄罗斯《行诉法典》第39条的规定，检察机关在下列三种情况下可以提起行政诉讼：第一，为了保护公民、不特定群体的权益；第二，保护俄罗斯联邦、联邦主体、地方自治组织的利益；第三，其他联邦法律规定的可以提起行政诉讼的情形。其中，法律没有对"利益"作出界定，检察机关可以为这些主体的任何利益提起行政诉讼，具体情况由检察机关掌握。[②] 可见俄罗斯的公益诉讼制度在《行诉法典》中得到明文规定。在俄罗斯行政诉讼中，能为第三人或不特定群体利益提起诉讼的还有人权全权代表、社会组织等，但与这些主体相比，检察机关的保护更加有力、更为高效。[③] 相较于1992年《检察院法》只规定了检察机关出庭支持诉讼，新的《行诉法典》第39条赋予了检察机关原告资格，明显扩大了其权限。除了《行诉法典》之外，联邦最高法院也颁发了一系

① 依照《行诉法典》，除了初审外，俄罗斯行政诉讼还有四种审级。在这四种审级中，检察机关提出抗诉的文书都用不同的词语表达，分别是 апелляционное представление（上诉审意见书）、кассационное представление（申诉审意见书）、надзорное представление（监督审意见书）、представление о пересмотре（再审意见书）。本文参照黄道秀老师的译法，考虑我国法律术语使用习惯，均译为抗诉。《行诉法典》不及于行政违法案件的审理，关于行政违法案件的程序，仍然适用《行违法典》。检察机关对行政违法案件的监督也仍适用《行违法典》。

② См.：Зеленская Л. А.，Витохина Д. М. Прокурор как лицо，участвующее в деле в административном судопроизводстве//Вестик Краснодарского универститета МВД России，№ 4（30），2015，С. 234.

③ См.：Кулакова. В. Ю. К вопросу о специальных основаниях обращения в суд в защиту чужих интересов государственных органов，органов местного самоуправления，граждан и организаций//Законы России：опыт，анализ，практика，2012，№ 9，С. 11—19.

列的司法解释赋予检察机关原告的权能。[①]

公民可以向检察机关书面申请为维护其利益而提起行政诉讼，但前提是公民因健康状况、年龄、无行为能力或其他正当原因而不能亲自诉诸法院，或法律另有规定。俄罗斯法学界认为，不能亲自诉诸法院的公民多是残疾人、未成年人、穷人等，正是这些人因客观条件难以诉诸法院寻求救济。尽管很少公民是绝对处于不能诉诸法院的状态的，但是因经济收入等因素，诉诸法院在很大程度上是其力所能及范围之外的，且公民不主动维护权益不一定符合社会公共利益，因此对于“不能亲自诉诸法院”应从宽掌握。[②] 而历史上《苏俄民事诉讼法典》曾规定，法律规定的主体无须第三人的请求即可为第三人本身的利益而提起诉讼。因此，《行诉法典》颁布后，俄罗斯法学界持从宽认定公民向检察机关申请维护其利益的前提的态度。检察机关为了除公民以外的其他主体的利益提起行政诉讼的，则没有此限制。

检察机关提起行政诉讼，目的是保护弱势群体的利益或者公共利益，因此《行诉法典》对检察机关放弃诉讼请求作出了有利于被保护权利一方的特别规定：第一，为了保护不特定群体的权益提起行政诉讼后又放弃诉讼请求的，法院对该案件的实体审理不受影响，诉讼继续进行。但如果检察机关放弃诉讼请求是因为行政诉讼的被告已经满足了诉讼请求的，则法院驳回诉讼请求并终止行政诉讼程序。第二，检察机关为了保护公民的权益提起行政诉讼后放弃诉求的，如果公民不同意放弃行政诉讼请求，法院对该案的实体审理继续进行；如果公民也声明放弃诉求的，在不违反法律和不损害第三人权利和法律利益的情况下，法院终止行政

① См.：Загвязинская О. А.，Астахова М. А. Функциональный статус прокурора как субъекта административного судопроизводства//Социально - экономические и правовые исследования，2016，Том. 2，№ 4，С. 79.

② См.：Кулакова В. Ю. Участие в гражданском процессе государственных органов и органов местного самоуправления：дисс…канд. юрид. наук. М.，2001，С. 99—101.

诉讼程序；公民放弃诉讼请求后，不得再次起诉。

（二）行政诉讼审理的检察监督

在行政诉讼审理过程中，俄罗斯检察机关有权提出各种申请，行使《行诉法典》第四章“案件参加人和诉讼的其他参加人”规定的各种诉讼权利。包括要求共同被告参与行政诉讼、申请更改不适格的行政诉讼被告、传唤证人、鉴定、申请延期审理、邀请专家参与、采取保全措施、申请回避等。对于在法庭审理过程中出现的问题，检察机关也有权提出自己的观点（довод），比如将几个行政案件的审理合并到一个程序中、证据质证的顺序、和解、对物证的处理、案件审理的延期等。[①]

在行政诉讼审理过程中，检察机关可以通过提交结论（заключение）的方式参与行政诉讼。结论是检察机关一种非常重要的诉讼监督手段。俄罗斯检察机关提出的结论的主要内容是分析法庭审理过程中的证据，揭示双方法律关系的性质，引用调整双方法律关系的法律，并提出自己的观点，同时明确指出案件应当如何判决。检察机关参与行政诉讼审理并提出结论的案件范围限于《行诉法典》第 213 条、第 243 条、第 268 条、第 272 条、第 277 条、第 283 条规定的 6 类案件：（1）对规范性法律文件持有异议的案件；（2）保护选举权和参与全民公投权的案件；（3）将公民送入精神病医院接受强制治疗或者延长具有精神病障碍的公民强制治疗时间的案件；（4）强制公民进入抗结核医疗机构接受治疗的案件；（5）将应当被驱逐出境的外国人送入专门机构，或者延长应当被驱逐出境的外国人在专门机构的时间的案件；（6）被剥夺自由的释放人员的行政稽查案件。但是，俄罗斯检察机关自身提起的行政诉讼案件，不得提出结论。尽管检察机关提交的结论“分量很重”，但是 2007 年俄罗斯宪法法院裁决检察机关的结论只作为法庭审理的一种材料，不拘束法

① См.：Павловкая М. В. Особенности участия прокурора в административном судопроизводстве//Законность，2016，№ 1（975），С. 3—7.

院的裁判。①

通过向法庭提出结论而参加诉讼的检察机关，经告知开庭时间和地点后没有出庭的，不影响案件的审理。对于检察机关不出庭的行为，法院可以依据《行诉法典》第 200 条对检察机关作出“个别裁定”（частное определение）。② 同时，检察机关在法庭审理过程中，发现有违反法律情况的，也有权在结论中提出由法院作出个别裁定并发往相应的机关或者公务人员的要求。

（三）行政诉讼裁决的检察监督

1. 初审法院裁决的检察监督。对于初审法院③针对下列事项的裁决，俄罗斯检察机关有权提出抗诉：更改或拒绝更改权利继受人；拒绝接受

① См. подробнее：Определение Конституционного суда РФ от 18.12.2007 г. № 831 – О – О《Об отказе в принятии к рассмотрению жалобы гражданина Петрова Владимира Владимировича на нарушение его конституционных прав частью третьей статьи 45，частью первой статьи 344，частью второй статьи 347，статьей 357，частью второй статьи 366 и статьей 387 Гражданского процессуального кодекса Российской Федерации》//СПС《КонсультантПлюс》.

② 个别裁定原来是民事诉讼和刑事诉讼上的一种手段，后被引入新《行诉法典》，指的是法院在案件审理过程中发现存在违反法律的情况或侵犯人权的情况，而向相关单位或公务人员发出司法文书，相关单位或公务人员应当在 1 个月内告知法院关于其采取的消除违法行为的措施，否则会被科处诉讼罚金的特殊裁判类型。

③ 俄罗斯行政诉讼共有五个审级：初审、上诉审、申诉审、监督审、再审，也有学者将申诉审译为再诉审、第二上诉审等。其中，上诉审法院是初审法院的上一级法院，申诉审法院是联邦主体法院主席团或联邦最高法院，监督审法院是联邦最高法院主席团，再审法院可以是四个审级的法院。上诉审只要被当事人或检察机关提起，则必然启动。申诉审、监督审、再审并不必然启动程序，而是由法官审查决定，如果驳回则相应程序终止。上诉审审结后，裁判文书发生法律效力，所以后面的审级是对已产生法律效力的裁判文书的审理。上诉审、申诉审、监督审、再审法院都可以维持原判，也可以改判或驳回。申诉审的主要权限是审理初审和上诉审有无严重违反实体法和程序法规范，即法律审。当事人、检察机关、任何权利受到影响的第三人都可以提起申诉审。启动监督审程序无时效限制，监督审只有总检察长及其副手才有权限提出抗诉，主要审理涉及《行诉法典》第 341 条规定的事项，即是否存在违反人权，侵害不特定人群及公共利益，违反统一的法律规范的适用和解释的行为。只要发生了对正确审理和解决行政案件具有重大意义的新情况即可启动再审程序，比如据以作出裁决的法律被宪法法院宣告违宪。

行政起诉；驳回行政起诉；中止行政起诉；中止行政诉讼程序；采取保全措施；恢复或拒绝恢复已过期限；处理物证的问题；驳回视频或音频材料的问题；拒绝采取补充决议；延期或分期执行法院裁决，改变法院裁决执行的方法和程序。此外，如果法院不采纳检察机关的结论而作出其他判决，也可以提出抗诉。对于初审法院尚未生效的判决，除法律另有规定外，参与案件的检察机关可以自判决作出的 1 个月内提出抗诉，抗诉书通过初审法院提交。如果检察机关提出的抗诉书不符合要求，法院裁定中止审理抗诉并指定合理的时间让检察机关改正抗诉书。如果检察机关在规定的期限内根据法院的裁定作出了改正，未被退回前第一次提出的时间视为抗诉书提出的时间。初审法院有权驳回检察机关的抗诉，对此，检察机关有权向上一级法院上诉。检察机关对初审法院裁决的抗诉、上诉由上诉审法院（суд апелляционной инстанции）审理。对此作出的裁定自作出时生效。同时，综合分析《行诉法典》第 39 条、第 306 条、第 307 条，对于应当参与初审法院案件审理却没有参与的检察机关，依然有权在上诉审中参与法庭审理并提出结论。

2. 已生效裁决的检察监督。对于已经产生法律效力的法院裁决，如果检察机关参与了该行政案件的审理，有权向申诉审法院（суд кассационной инстанции）提出抗诉。抗诉书按照法律规定直接向相应的有管辖权的申诉审法院提出。检察机关提出抗诉的权限划分为：（1）联邦总检察长及其副手，有权向所有申诉审法院提出；（2）联邦主体检察长、军区检察长，有权向联邦主体最高法院主席团、军区（舰队）军事法院主席团提出；（3）区、市检察机关无权在申诉审法院提出抗诉，启动申诉审。但区、市检察机关有权提请有权检察机关向相应的申诉审法院提出抗诉。启动申诉审的检察机关应当参与庭审，但不到庭不妨碍法院对抗诉书的审理。如果检察机关参与了该行政案件的审理，其还有权提出启动监督审程序的抗诉。启动监督审程序的抗诉仅能由俄罗斯联邦总检察长、副总检察长直接向监督审法院（суд надзорной инстанции），即联邦最高法院主席团提出。被总检察长及其副手提起的已经发生法律效力的裁决，是由联邦主体法院通过初审程序作出的已经发生法律效力的判决，或联邦最高法院行政审判庭、联邦最高法院上诉庭通过上诉审程序作出的裁定，或联邦最高法院行政审判庭通过申诉审程序作出的裁定。可见，无论是初审判决、上诉审裁定还是申诉审裁定，产生法律效力后，总检察院都可以提出启动监督审程序的抗诉。如果出现对正确审理和解决行政案件具有重大意义的新情况或者发现其他新情况的,[①] 俄罗斯检察机关还可以向法院提出抗诉以启动再审程序。启动再审程序的抗诉遵循“谁改变向谁发”的原则，即原则上检察机关向初审法院提出抗诉，如果上诉审法院、申诉审法院或者监督审法院变更了初审法院判决并作出新的裁决的，则向相应法院提出。

五、余论——俄罗斯行政检察制度对我国的借鉴意义

自1722年彼得一世首次设立被称为“沙皇之眼”的检察机关以来，俄罗斯检察机关已经走过近300年的历程，虽然在苏联时期一度被废除，但至今依然活跃在俄罗斯的国家生活中，在俄罗斯法治进程中扮演着不可或缺的角色。由法律执行情况检察监督、行政违法行为检察监督、行政诉讼检察监督构建起来的俄罗斯行政检察制度，既符合检察权程序性、非终局性的特点，又覆盖了行政行为的大部分内容，全方位地监督行政机关切实地执行法律、遏制违法行为、遵守人权原则，卓有成效地承担了法律监督的责任，展现了良好的制度运行效果，对促进依法行政发挥

① 《行诉法典》第350条规定的具有重大意义的新情况共有9种，包括作为行政案件裁判根据的法院裁决或其他机关的决议被撤销；已生效的法院裁判认定作为行政案件裁判根据的法律行为无效；联邦宪法法院认定法院裁判所适用的法律不符合宪法；联邦最高法院或普通法院认定据以作为裁判根据的规范性法律文件自通过之日无效；欧洲人权法院确认法院审理具体案件时违反了《人权和基本自由公约》；联邦最高法院全体会议或主席团的裁决确定或变更具体案件中适用法律规范的实践；已生效的法院刑事判决确认故意提供虚假鉴定结论、证人提供虚假证言而导致法院作出非法的没有根据的裁判；已生效的法院刑事判决确认案件参加人或其代理人的犯罪行为或者法官在审理该行政案件时实施了犯罪行为；申请人原来不知悉也不可能知悉的对案件具有重大意义的情况。

了十分重要的作用。俄罗斯行政检察制度对完善我国行政检察制度而言，主要具有以下三方面的借鉴意义：

第一，将规范性法律文件纳入行政检察监督范围。俄罗斯行政检察制度中，联邦各机关、联邦主体机关、地方自治机关的规范性法律文件都属于检察监督的范围。俄罗斯检察机关每年就规范性法律文件提出的抗告约40万份，加上诉诸法院、参与规范性法律文件制定机关的制定程序等，其对俄罗斯法制统一的效果无疑是极为巨大且影响深远的。我国已有学者指出，我国行政违法的深层次原因在于作为上游的规范性法律文件违法，作为法律监督机关的检察院对此无能为力，处理违法的规范性法律文件的权限和手段明显远远不如俄罗斯检察机关。俄罗斯行政检察在规范性法律文件监督方面为我们提供了鲜活的实例和可资借鉴的内容。

第二，增加行政检察的监督手段。“工欲善其事，必先利其器”，俄罗斯检察机关在行政检察中拥有抗告、消除违法建议、预防违法警告、诉诸法院、提交结论、抗诉、检察检查、行政调查、预防约谈、预防审计、预防检查、处罚等丰富多样、刚柔并济的手段，使得其无论面对的是行政权还是司法权，在行政程序抑或司法程序，还是面对不同的违法行为，以及在违法行为出现前、进行时和完成后的不同阶段，都可以选择适用最恰当、最有效的手段，进而使得行政检察更为有力、更具效果，而不是仅处于一个“建议者”的地位。具有多样的监督手段是俄罗斯检察机关发挥作用、行政检察制度良好运行的基础和保障。相比之下，我国检察机关在行政检察中的检察建议和诉诸法院等手段显得苍白无力，亟须增加监督手段。

第三，加强检察机关对公民个人权利的保护。俄罗斯行政检察制度中，在获悉关于侵犯人权的信息时，检察机关有权对任何机关、任何组织展开检察检查和进行其他监督活动，并可采取必要的介入措施。而检察机关除为了公共利益、国家利益而提起、介入行政诉讼外，还可为因健康状况、年龄、无行为能力等其他正当原因不能亲自诉诸法院寻求救济的公民的利益而诉诸法院。此外，检察机关还可以受理公民的申诉进而采取相应的措施。俄罗斯检察机关对公民权利的保护力度无疑是我国检察机关所应学习和追求的。任何制度建设最终应该落到个体权利保护之上，公民的权利和自由应是任何制度建设的最终归属点。俄罗斯行政检察制度中，检察机关保护公民个人权利、保护弱势群体的制度内容值得称赞。俄罗斯行政检察制度无疑具有许多积极的方面，值得我们继续挖掘和探索，以期为将来研究和完善我国行政检察制度提供更多借鉴。

2019年行政检察应用理论研究成果

以行政非诉执行监督为突破口 做实行政检察工作*

张相军**

行政非诉执行监督是对人民法院行政非诉执行活动实行法律监督的一项重要职能。当前，行政非诉执行案件增长明显，一些地方行政非诉执行难问题突出，加强行政非诉执行监督的重要性、紧迫性愈加凸显。贯彻“讲政治、顾大局、谋发展、重自强”检察工作总体要求和“稳进、落实、提升”检察工作基调，做实行政检察工作，必须把行政非诉执行监督牢牢抓在手上，作为当前行政检察的重要职能和行政检察部门的重点工作，努力在深化行政非诉执行监督方面取得新成效。

加强行政非诉执行监督是适应全面依法治国新要求，践行以人民为中心发展思想，发挥行政检察“一手托两家”功能作用的客观需要。以习近平同志为核心的党中央对全面依法治国高度重视，党的十九大对新时代推进全面依法治国提出新任务，描绘了到2035年基本建成法治国

---

* 原文见《深化行政非诉执行监督　补齐短板做实行政检察工作》，载《检察日报》2019年5月27日。

** 张相军，最高人民检察院第七检察厅厅长。

家、法治政府、法治社会的宏伟蓝图。推进全面依法治国，法治政府建设是重点任务，其核心、重心和难点是依法行政。中国特色社会主义进入新时代，人民群众的民主意识、权利意识、法治意识越来越强，人民群众对公平正义的需求已在行政案件包括非诉执行案件中得到越来越多的体现。而行政非诉执行是行政强制执行的最重要组成部分，对于实现案件当事人合法权益、维护行政权威至关重要。包括行政非诉执行监督在内的行政检察，就其功能来说，是“一手托两家”，既监督人民法院公正司法，又促进行政机关依法行政。加强行政非诉执行监督，有利于促进法院依法履职，确保裁定得到有效执行，保护当事人合法权益，有利于维护行政权威，促进行政机关依法行政，对于维护国家利益、社会公共利益和行政裁决权利人合法权益，都具有重要意义。检察机关作为国家专门的法律监督机关和重要的司法机关，理应发挥“一手托两家”的作用，有效履行包括行政非诉执行监督在内的法律监督职能，在推进法治政府建设、促进依法行政方面发挥更大的作用。

加强行政非诉执行监督是加强基层检察院行政检察工作，补齐行政检察短板，实现“四大检察”全面协调充分发展的重要抓手。行政检察是检察机关法律监督职能的重要组成部分，与刑事检察、民事检察、公益诉讼检察共同构成“四大检察”。行政检察的核心是行政诉讼监督，包括裁判结果监督、审判人员违法行为监督和执行监督（含非诉执行监督）。虽然裁判结果监督是行政检察的重要职责，但由于法律规定和行政诉讼的特点，经过再审后的案件都集中到了市级以上检察院，基层检察院受理的裁判结果监督案件很少，案件分布呈“倒三角”。这带来的直接后果，就是基层检察院作用发挥难的问题。破解这一难题，关键是推动形成最高人民检察院、省级院、市级院以办理裁判结果监督案件为主，基层院以办理审判违法和执行监督案件为主，四级检察院各有侧重、全面履职的多元化行政检察工作格局。特别是基层检察院要把行政非诉执行监督作为重要抓手，作为解决基层院行政检察发挥作用难的突破口。目前，法院受理行政非诉执行案件总量已经远超行政诉讼案件总量，且此类案件一般由基层法院受理、审查、裁定和实施。行政非诉执行既涉及行政决定能否得到执行，又涉及行政相对人的合法权益保护，理应成为行政检察监督的重点。

2018 年底，最高人民检察院党组认真贯彻落实党的十九届三中全会精神，把内设机构改革作为检察工作创新发展的突破口，分别设立民事、行政检察机构，专设公益诉讼检察机构，延续多年的民事行政检察部门一分为三，被社会各界誉为改革开放 40 年来检察机关内设机构前所未有之大变革。在 2019 年的全国两会上，全国人大通过的关于最高人民检察院工作报告的决议也第一次对“四大检察”全面协调充分发展提出了要求。检察机关内设机构改革，为包括行政非诉执行监督在内的行政检察工作创新发展带来重大机遇。总的看，在“四大检察”格局中，行政检察还是短板和弱项，特别是基层检察院行政检察工作更是如此。因此，补齐行政检察短板，就必须把加强基层检察院行政检察工作摆在突出位置来抓；而改变基层检察院行政检察落后局面，目前必须把加强行政非诉执行监督作为突破口和重要抓手。这是立足基层检察院行政检察职权配置，综合分析行政诉讼监督规律、特点、现状基础上的基本判断和必然选择。

认真贯彻最高人民检察院党组关于做实行政检察工作的要求，深入推进行政非诉执行监督专项活动。在 2019 年的全国检察长会议上，张军检察长着眼于推动“四大检察”全面协调充分发展，针对行政检察在整个检察工作中还是弱项和短板的实际，鲜明提出了“做实行政检察工作”的要求，为行政检察工作发展指明了前进方向。

长期以来，由于种种原因，行政非诉执行制度未能得到较好的落实。2018 年最高人民检察院在全国检察机关部署开展了行政非诉执行监督专项活动。今后要在巩固专项活动成果，总结专项活动经验的基础上，做实继续深化的工作，特别是要坚持围绕中心服务大局，围绕减税降费、自然资源、社会保障、环境保护、食品药品安全等重点领域，结合各地特点适时开展“小专项”监督活动，促进解决一些地方非诉执行难、执行乱的问题。

要坚持以办案为中心，在办案中监督，在监督中办案，通过办理一件件实实在在的案件，监督纠正行政非诉执行受理、审查、裁定和实施中的突出问题。要加强跟进监督，对提出的检察建议要跟踪落实、跟踪问效，努力把每一件检察建议做到刚性、做成刚性；对重大案件，上级检察院要加强挂牌督办和业务指导。要坚持双赢多赢共赢，加强与人民法院、行政机关的联系沟通，建立健全信息通报、联席会议、衔接配合等工作机制，推动提高公正司法和依法行政水平，推动我国行政强制执行体制机制不断完善。要积极参与社会治理，把深化行政非诉执行监督与促进社会治理体系和社会治理能力现代化、法治化结合起来，对监督工作中发现的社会治理方面存在的问题和漏洞，深入查找原因，研究对策建议，向有关部门提出加强社会治理的检察建议。

“穿透式”行政检察监督与促进社会治理*

张相军**

我国检察制度是中国特色社会主义国家制度和法律制度的有机组成部分，在实现国家治理能力和治理体系现代化中发挥着独特的、不可替代的重要作用。最高人民检察院新一届党组适应新时代人民群众对民主、法治、公平、正义、安全、环境等方面的新要求，提出做优刑事检察、做强民事检察、做实行政检察、做好公益诉讼检察的“四大检察”全面、

* 本文为作者在中国法学会行政法学研究会2019年年会上的发言。

** 张相军，最高人民检察院第七检察厅厅长。

协调、充分发展新格局，成立专司行政检察职能的第七检察厅，为发挥行政检察监督作用，促进社会治理，提供了有力组织保障。穿透式行政检察监督正是立足我国行政检察“一手托两家”作用，立足行政检察以行政诉讼监督为核心职能的前提下，着眼于如何在加强和创新社会治理中更好发挥法治保障作用而提出的。

穿透，就是不局限于事物的表面现象，对内部的、原始的、深层次的问题进行逐层的剖析。“穿透式监督”借鉴互联网金融领域的穿透式监管理论，是对我国行政检察监督职能配置的反思，是对行政诉讼监督实践中面临“倒三角”“程序空转”挑战的回应，是对上海等地方检察机关行政检察监督探索的经验提炼。穿透式监督至少有两层含义：一是从监督法院行政审判活动穿透至监督行政机关作出的行政行为。二是从个案监督穿透至类案监督。易言之，就是通过直接监督人民法院的审判和执行活动，间接地对行政机关依法行政起到督促作用，使“间接”也能发挥出“直接”的效果。“穿透”，是坚持以问题为中心，针对的是实践中突出的“遮蔽”。因为存在三大遮蔽，所以才要穿透。第一，程序给实体披上“合法的外衣”；第二，“案结事未了”；第三，个案解决遮蔽类案漏洞。穿透式监督的理论基础主要是检察机关法律监督的宪法定位，其次是实质法治理念。

穿透式行政检察监督具有独特的价值。一是发挥“一手托两家”作用，促进依法行政。穿透式监督透过监督诉讼活动对行政行为进行监督，正是切合“一手托两家”的履职根本，一方面监督人民法院公正司法，另一方面促进行政机关依法行政。二是着眼于实质性化解行政争议，促进解决程序空转问题。行政诉讼案件程序空转是人民群众反映强烈的烦心事、操心事、揪心事，也是当前社会治理的难点和重点。穿透式监督对那些虽然法院裁判正确但行政违法行为依旧存在的程序空转案件进行了有效回应。三是发挥检察监督能动性，提升社会治理能力。行政检察监督是专门监督、一体监督，也是双重监督，具有主动性、规范性、权威性等优势。穿透式监督从个案探清行政违法普遍性、根本性问题，提出改进工作、完善社会治理检察建议，有助于解决依法行政和社会治理层面的共性问题。

实现穿透式监督的功能，一是要以合法性审查为基础，做到精准监督。要以精准化监督为导向，强化精细化审查，加强调查核实。检察机关对行政机关、行政行为存在的问题要有所作为，审查范围不局限于当事人申请监督，应加大对行政行为作出合法性、合理性的调查核实，同时拓宽依职权监督范围。二是要以完善治理为目标，强化跟踪监督。穿透式监督的有效性不仅取决于抗诉书和检察建议的有理有据，更取决于跟踪监督情况。要立足办案，坚持在办案中监督，在监督中办案。坚持个案监督与类案监督相结合，个案办理与专项治理相结合，发挥类案检察建议和专项监督活动在集中解决一类问题，促进一个行业或领域突出问题治理中的作用。发挥行政诉讼监督年度报告制度在社会治理中的积极作用，当好党委法治参谋。三是要以行政诉讼监督为基点，恪守有限监督。穿透式监督不同于一般监督，并未超出行政诉讼监督的范围，坚持谦抑性，仍然是有限监督。要用有限监督维护司法公正，提升依法行政能力水平，实现双赢多赢共赢，促进国家治理能力和治理体系现代化。

创新机制推动行政争议实质性化解*

傅国云**

当前，行政检察工作面临案源发现难、法院改判纠错难、行政争议

* 原文见《新时代行政检察监督："做实"的路径与方法》，载《检察日报》2019年9月9日。

** 傅国云，浙江省人民检察院检委会专职委员。

化解难、业务能力不足等诸多难题，行政检察应当立足法律监督，根据行政诉讼特点和规律，坚持监督与支持、维权与维稳、纠错与解纷有机结合，完善工作机制，促进行政检察工作创新发展。

一、行政检察监督案源发现机制

“巧妇难为无米之炊。”案源线索发现是做实行政检察的关键，传统行政检察案源线索主要来自当事人申请监督、有关个人和组织控告举报、检察机关办案中发现等，案件线索存在局限，特别是涉及社会公共利益的案件线索难以发现，故有必要着力构建和完善案件线索发现机制。

一是建立行政检察与刑事检察、民事检察等部门案件线索双向移送、信息共享、配合协作机制。着力构建“四大检察”全面、协调、充分发展的“产业链”，如刑事检察、民事检察中发现行政行为违法线索，需要行政检察监督的，应当及时移送承担行政检察职能的部门办理。

二是与法院建立信息共享机制。法院有关行政审判和执行的信息向检察机关开放，建立检法要情通报机制，如法院将行政机关诉讼活动中违法情况定期向检察机关通报，包括干预司法、不按要求举证、行政机关负责人不出庭、对司法建议不回复等，以便对行政机关及其工作人员违法行为进行监督。

三是完善行政执法与行政检察衔接机制。加强与司法行政部门、行政执法单位沟通协调，实现信息共享，拓展行政检察监督案源渠道。如衢州市检察院与市司法局建立行政处罚执行情况专项监督常态化机制，对涉及公共利益的行政非诉执行开展类案监督，取得良好效果。

四是信息化、智能化助推案源发现。借力高科技、信息化手段，拓展案源渠道。如绍兴市检察院积极与当地大数据局对接，对行政执法基础类数据进行人工筛选，获得有价值的线索。

二、行政非诉强制执行检察建议的提起

法院对行政非诉执行实行“裁执分离”，现实中，由于行政机关怠于向法院申请执行或法院裁定后不实施强制执行，以及法院违法不受理执行申请或受理后不作裁定等，造成大量行政处罚案件未得以执行，非诉行政执行制度形同虚设，严重损害国家利益、社会公共利益。行政非诉执行监督主要有两类：一是依申请监督。行政诉讼中根据当事人申请，依照行政诉讼法、有关司法解释等的规定，对行政机关和法院非诉执行实行监督。二是依职权监督。针对生态环境和资源保护、食品药品安全、国有财产保护、国有土地使用权出让、公共安全等领域的行政非诉执行，当行政机关不行使职权，导致国家利益、社会公共利益严重损害，检察机关可以依职权发现线索并开展监督。

三、行政检察工作机制创新

当前，比较可行的创新行政检察工作机制途径主要有以下两个方面：

其一，创建行政争议实质性化解新机制。行政争议周期长、案情复杂、矛盾尖锐，简单确认行政违法或撤销行政行为，常常无助于行政相对人利益诉求，甚至可能引发新的矛盾和冲突。为防止行政争议在诉讼、信访等程序中空转，检察机关可以探索将行政争议实质性化解嵌入诉讼监督。一是案件审查阶段根据当事人的意愿，引导当事人和解，通过释法说理让当事人回归理性，协调化解矛盾，必要时可以邀请法院、行政机关参与。二是抗诉（再审检察建议）后，结合行政相对人合理诉请，向法院提出行政争议协调化解建议，由法官主导、检察官配合、行政机关有关负责人协同，从根本上解决矛盾纠纷，做到案结事了。

其二，创新社会治理机制。针对行政审判和执行中反映出的行政违法普遍性、根本性问题，督促行政机关建章立制，促进社会治理。如针对区域行政强制执行乱象，可以向同级政府或行政机关提出社会治理检察建议。

行政非诉执行检察监督功能价值的五方面体现*

姜明安**

行政非诉执行检察监督，是指人民检察院依据人民检察院组织法的授权对人民法院行使行政非诉执行职能活动的监督。行政非诉执行，是指人民法院依据行政诉讼法和行政强制法的规定，应行政机关的申请，并对相应申请的合法性进行审查和作出执行裁定后，对在法定期限内不自动履行行政决定，且不申请行政复议和提起行政诉讼的公民、法人或者其他组织采取强制执行措施，强制执行行政决定的行为。

行政非诉执行检察监督对于新时代全面推进依法治国，建设法治国家、法治政府和法治社会具有非常重要的、并为其他制度不可替代的作用。这一制度的主要功能和价值表现在下述五个方面：

一、实现宪法和人民检察院组织法对人民检察院的性质定位，全面履行人民检察院的法律监督职能

《宪法》第134条和《人民检察院组织法》第2条均将人民检察院的性质定位为国家的法律监督机关。《人民检察院组织法》第20条规定人民检察院享有八项职权，其中四项法律监督职权中，有两项包含行政非诉执行检察监督：对诉讼活动的法律监督和对判决、裁定等生效法律文书执行的法律监督。行政非诉执行是行政诉讼法第八章规范的行政诉讼

---

* 原文见《深化行政非诉执行监督　补齐短板做实行政检察工作》，载《检察日报》2019年5月27日。

** 姜明安，北京大学法学院教授，博士生导师。

执行活动的重要内容之一，故属于行政诉讼活动的组成部分；行政非诉执行，在行政机关提出申请后，人民法院无论是准予执行，还是不准予执行，都要作出裁定，此种裁定当然属于判决、裁定等生效法律文书的范畴，对此种裁定的执行当然属于对判决、裁定等生效法律文书执行的内容。因此，检察机关加强行政非诉执行检察监督对于其全面履行人民检察院组织法赋予的法律监督职能，实现宪法和人民检察院组织法对人民检察院的性质定位具有重要意义。

二、保障人民法院依法、公正、高效履行行政非诉执行职能，保护作为被执行人的公民、法人和其他组织的合法权益

法律之所以授权人民法院履行行政非诉执行职能，而非授权行政机关自己强制执行（当然，法律也授权行政机关可以对某些比较紧急的或侵权可能性较小的行政决定实施强制执行），其主要目的在于防止行政机关违法行使职权，滥用权力，侵犯公民、法人或者其他组织的合法权益。虽然公民、法人或者其他组织对行政机关违法侵犯其合法权益的行政决定可以申请行政复议或者提起行政诉讼，但是，由于各种客观或主观的原因，存在放弃复议、诉讼的机会或者耽误了复议、诉讼的法定期限的情形。在这种情况下，法律不将强制执行权赋予行政机关而赋予人民法院，就是要让法院对行政决定的合法性进行审查，以阻止对可能的违法行政决定的强制执行，保护公民、法人和其他组织的合法权益。而法律的这种目的有赖于人民法院依法、公正地审查相应行政决定和正确作出准予或不准予执行的裁定并予以实施。如果法院、法官不依法、公正行使行政非诉执行职能，这种目的就会落空。然而，在目前的法治运行环境下，法院、法官违法、错误地行使行政非诉执行职能的情况难以完全避免。因此，为了加强对法院、法官依法、公正行使行政非诉执行职能的监督，以更好地保护公民、法人和其他组织的合法权益，法律赋予人民检察院以行政非诉执

行检察监督的职能。

三、防止行政机关及其公职人员滥用职权，推进法治政府建设

行政非诉执行检察监督的直接对象是人民法院，但是此种监督必然涉及行政机关，行政机关无疑构成了行政非诉执行检察监督的间接对象。检察机关在对人民法院就行政非诉执行案件作出的准予执行或不准予执行的裁定进行法律监督时，必然要审查行政机关所申请法院执行的行政行为的合法性。如果通过审查，发现相应行为的实施主体不具有行政主体资格，或者相应行为明显缺乏事实根据或法律、法规依据，或者相应行为具有其他明显违法并损害被执行人合法权益的情形，人民法院却对其作出了予以执行的裁定，人民检察院不仅应向人民法院发出检察建议，制止人民法院对违法行政行为的执行，同时还应审查相应行政公职人员在实施相应行政行为的过程中是否有违法乱纪、滥用职权、贪污腐败的行为。如发现相应公职人员有违法乱纪、滥用职权或贪污腐败的行为，应将案件有关材料转送纪检监察机关调查处理。这样，检察机关在对人民法院行政非诉执行活动进行监督时，就同时也监督了行政机关及其公职人员的行政行为。检察机关的这种监督无疑有利于防止行政机关及其公职人员滥用职权，推进法治政府建设。

四、支持公民、法人和其他组织依法维权，促进行政相对人守法和依法履行法定义务

行政非诉执行检察监督大多是由公民、法人或者其他组织向人民检察院申请监督启动的，人民检察院这种应申请启动监督的程序实质是对公民、法人和其他组织维权行为的支持。当然，人民检察院应申请启动行政非诉执行监督程序，最后的结果不一定能如申请人所愿。如果行政

机关的行政行为确实违法，人民法院仍裁定准予执行，检察机关自然会支持申请人的申请。但是，如果行政机关的行政行为是合法的，公民、法人或者其他组织有义务履行行政行为为之确定的义务，人民法院裁定准予执行，检察机关则不仅不会建议人民法院撤销准予执行裁定，还应说服申请人自觉主动履行行政行为为之确定的义务；如果人民法院已经启动强制执行，则应说服申请人配合人民法院的强制执行。在这种情况下，行政非诉执行检察监督实质上发挥了促进行政相对人守法和依法履行法定义务的功能和作用。

五、防范和化解社会矛盾，推进和谐社会、法治社会建设

公民、法人和其他组织不履行行政行为为之确定的义务，通常是其认为相应行政行为违法，侵犯了他们的合法权益，而行政机关申请人民法院强制执行，则通常是其认为相应行政行为合法，相对人不履行是违法的。在这种情况下，二者的争议和矛盾如果不能获得公正的处理，必然会影响社会的和谐和社会秩序的稳定，如果矛盾激化，还可能导致社会冲突。对此，人民检察院展开行政非诉执行检察监督，如认定行政机关的行政行为违法，可建议人民法院不准予强制执行，以平息行政相对人对政府的不满和怨愤情绪；如认定行政机关的行政行为合法，相对人不履行违法，则教育相对人知法、守法，使之认识到自己抗拒履行的错误，从而自觉履行法定义务。无论属于上述哪种情形，非诉执行检察监督在其中均可发挥防范和化解社会矛盾、推进和谐社会和法治社会建设的功能和作用。

优化路径探索全方位监督模式*

刘长江**

行政非诉执行监督实践中，应立足法律监督宪法定位，优化监督方式，全方位做好行政非诉执行监督。

坚持办案模式与办事模式相结合。行政非诉执行监督，应贯彻双赢多赢共赢理念，坚持办案模式与办事模式有机结合，在强化法律监督、拓展监督空间、增强监督实效和促进社会治理上下功夫，力求达到监督一案、带动一片的效果。检察建议，系行政非诉执行监督的主要方式。在新时代背景下，检察建议可立足办案探索出更多的新方式、新方法。如检察机关以促进类案问题解决为目标，以调研报告的形式分析原因、提出对策建议，引起关注和重视，有利于推动相关问题从体制、机制上真正得以破解。

坚持事后监督与事中监督相结合。行政非诉执行监督，主要是事后监督。所谓“事后”，是执行活动中需要监督的事件已经发生，并非要求案件已经执行完结。但是，在对行政相对人人身、财产权益，或公共利益很大可能造成不可逆的损害情形下，可通过中止执行检察建议进行事中监督。如准予拆除的违法建筑包含合法建筑的，可以发出纠正违法的检察建议，同时建议中止执行。监督实践中，还存在见证执行这一同步监督方式，一般基于人民法院邀请或当事人请求，对重大、疑难、复杂案件进行现场监督。检察机关发现问题时，可适时提出纠正意见。

---

* 原文见《深化行政非诉执行监督　补齐短板做实行政检察工作》，载《检察日报》2019 年 5 月 27 日。

** 刘长江，北京市人民检察院第四分院检察官助理。

坚持非诉方式与诉讼方式相结合。行政非诉执行监督，是对行政非诉执行立案、审查和执行活动的全流程监督，属于执行活动监督范畴。除通过联合督办、跟进监督等多种途径，将检察建议做成刚性、做到刚性外，检察机关还可以提起行政公益诉讼的方式实现监督。如行政相对人非法占用农地被行政处罚，其在法定期限内未申请复议或提起诉讼，行政机关怠于履行申请执行职责，在收到检察建议后，仍不积极履职，导致罚款没有缴纳，农用地未恢复原状，检察机关可提起行政公益诉讼。

坚持非刑事路径与刑事路径相结合。除上述非刑事路径外，行政非诉执行监督还应重视通过刑事路径强化监督深度，解决深层次问题，有力促进依法行政和依法执行。主要体现在：（1）对执行判决、裁定失职，执行判决、裁定滥用职权等行为行使侦查权，依法查处相关人员职务犯罪。（2）对行政机关工作人员涉嫌犯罪、人民法院工作人员涉嫌其他犯罪，依管辖权限移送监委等有关部门。（3）行政相对人涉嫌拒不执行判决、裁定罪或其他犯罪的，依法移送公安机关。如行政相对人涉嫌销售不符合安全标准的食品犯罪，检察机关建议不予执行食药监局的执行申请，并移送相关犯罪线索。对于尚未构成犯罪的，建议有关部门依纪依法进行问责。同时，人民法院工作人员继续承办案件将影响执行活动公正性的，应依据《关于对司法工作人员在诉讼活动中的渎职行为加强法律监督的若干规定（试行）》建议更换承办人。

优化行政非诉执行监督之方式路径，还应注意以下两点：（1）坚持权力与权利双维护。监督和支持并重，支持的前提是依法行使职权。同时，对于损害被执行人合法权益的，也应予以监督。（2）善于运用民事诉讼法律。除特殊规定外，行政非诉执行适用民事诉讼法及相关司法解释、规范性文件等的规定。如案外人对执行标的物主张所有权或其他合法权益，以排除执行的，应允许其依法提出执行异议、提起案外人异议之诉；个体工商户的字号为被执行人的，法院可以直接执行该字号经营者的财产。法院违反上述规定，可依法进行监督。

在监督与促进中实现双赢多赢共赢*

黄金娜**

福建省人民检察院探索开展行政非诉执行监督工作，办理了一批典型案例，就行政非诉执行检察监督案件的审查思路与技巧总结如下。

一、抓住重点，加强对法院非诉行政执行的监督

第一，监督纠正怠于受理情形。行政机关向法院申请强制执行，有时存在有案不立、拖延立案等问题；有的因执行力量不足、害怕矛盾转移、法律认识分歧等，逾期不受理非诉行政执行申请，也不作出是否准予强制执行裁定，导致行政处罚决定长期搁置，使行政监管目的落空，损害了行政执法活动的权威性和公信力。对此，通过发出检察建议，督促法院按照法定程序办理，既促进解决个案受理问题，也通过个案或者类案监督，促进解决普遍性怠于受理问题。

第二，监督纠正怠于执行行为。实践中，有的作出准予执行裁定后未采取适当的执行措施，甚至不采取任何措施。对此，发出检察建议把握的时间标准是：法院作出准予执行裁定后，超出 3 个月内未予执行的。针对执行案件查控手段单一、强制执行措施运用不足等问题，建议法院在查询银行账户等过程中化静态查询为动态跟踪，及时有效地查控被执行人的财产。对于一

* 原文见《深化行政非诉执行监督　补齐短板做实行政检察工作》，载《检察日报》2019 年 5 月 27 日。

** 黄金娜，福建省人民检察院第七检察部检察官。

些长期难以解决的类案，同时向行政机关和法院发出检察建议，督促开展集中清理活动，推动召开工作协调会，最终促进案件得以执行。

第三，监督纠正执行不到位问题。目前，有的法院没有按照行政处罚决定书或行政征收决定书内容全面足额执行，或在执行中遇到障碍未穷尽法定执行措施就裁定终结执行。对此，要加强审查把关，对不符合终结执行程序条件的非诉行政执行案件，依法监督予以纠正，并跟踪实际执行效果。

第四，监督纠正执行中的其他错误行为。实践中，有的非诉行政执行存在执行裁定错误、执行程序不规范、执行措施不当、侵害行政相对人或者案外人合法利益的情形。对此，坚持程序监督和实体监督并重，查清事实证据，找准法律依据，加强说理论证，有理有据有节地开展监督。

二、探索改革，促进依法行政和规范执法，实现双赢多赢共赢

第一，开展督促行政机关依法、及时向法院申请强制执行专项工作。针对履职中发现的行政机关作出行政处罚后普遍存在未及时申请法院强制执行现象的问题，开展督促行政机关申请执行专项监督工作。

第二，充分发挥公益诉讼诉前程序作用，强化对具有行政强制执行权的行政机关怠于执行、违法执行的监督。法律将某些特定领域行政决定的强制执行明确授权给行政机关，但由于法律对自行强制执行的期限没有明确规定，行政机关往往依赖于相对人自动履行义务，怠于自行强制执行，导致国家和社会公共利益一直处于受侵害状态。这在拆除违法建筑、收缴罚款等方面较为常见。如对于行政机关不接受监督的，发出检察建议的检察院可以提请上级检察院向被建议机关的上一级部门提出监督意见，必要时向同级人大常委会报告。对于符合提起公益诉讼要求的，做好与行政公益诉讼工作衔接。

第三，延伸监督触角，促进行政机关依法行政。着眼于个案背后的共性问题，对于行政机关履职过程中的风险隐患剖析研判，如行政机关对同类问题适用法律不一致、多次执法中适用法律存在同类错误或有相

同违法行为，以及工作制度、管理方法、工作程序违法或者不当的，提出改进执法工作的检察建议，引起有关部门重视。

新时代"做实行政检察"的实践探索*

贺　卫**

行政检察监督是检察机关法律监督职能的重要组成部分。随着最高人民检察院内设机构改革完成，法律监督已形成刑事检察、民事检察、行政检察、公益诉讼检察并行的"四大检察"监督格局。如何在新时代新要求下"补强短板，做实行政检察"，为法律监督职能全面协调充分发展贡献行政检察力量，上海市黄浦区检察机关进行了相应论证与探索。

一、法律监督权的组织定位及其与行政权的关系

依据我国宪法的规定，检察机关的职能是对国家机关及其工作人员、公民、法人和其他组织是否遵守法律进行监督，以保障法律的统一实施。以往我国检察机关的职权主要是法律监督权、侦查权、批准逮捕权、审查起诉权、公诉权等。随着国家权力结构的不断改革，尽管部分职务犯罪侦查权发生了转移，但这并不意味着我国检察机关的"法律监督机关"之宪法定位发生改变。党的十八届四中全会提出"行政检察"制度，指出"检察机关在履行职责过程中发现行政机关违法行使职权或者不行使

* 原文载《检察日报》2019 年 8 月 20 日。

** 贺卫，上海市黄浦区人民检察院检察长。

职权的行为，应该督促其纠正”。这表明，国家对检察机关“法律监督机关”的宪法定位作出了更为深刻的落实，更加强调在行政检察监督和公益诉讼上寻找有力依托，以更好地匹配宪法定位。

二、检察机关对行政机关进行法律监督的必要性

（一）全面推进依法治国的战略需求

党的十八届四中全会提出“加快建设法治政府”“强化对行政权力的制约和监督”的要求，这明确了对行政权进行监督是依法治国的应有之义。在我国当前的法律框架下，尽管行政权监督主体众多，但都缺乏直接的监督制约机制，人大监督采取汇报与调研方式，缺少针对性，司法监督属于事后性监督，社会与公民监督缺少监督能力和手段。因此，需要一种能够对行政机关进行直接的、全面的、贴身式监督的主体与机制。检察机关作为国家专门的法律监督机关和重要的司法机关，具有体制化的监督能力和经验，理应发挥包括行政检察在内的法律监督职能作用，为推进全面依法治国贡献智慧和力量。

（二）满足人民群众对美好生活需要的必然要求

随着社会主要矛盾的变化，人民群众对美好生活的向往更加强烈，这其中就包括对环境、教育、医疗等领域的需求。而我国的公共资源配置，大部分是以国家参与的方式实施的，这就需要对行政权力进行规范，保障人民的需求得以实现。然而，当前我国的法治建设中存在的诸多问题，需要强化检察机关法律监督，通过深化行政检察等法律监督实践，构建与行政机关之间的良性互动，满足人民群众新时代的新需求，让人民群众在每一个司法案件中感受到公平正义。

（三）防止行政权力滥用的现实需要

行政权力具有天然的扩张性，一旦突破监督制约的牢笼，将严重冲击社会秩序，导致个人诉求无法得到保障，国家和集体利益也将无人主

张诉权，因此说行政权力的滥用极易损害公民和法人的权利、社会公共利益以及国家利益。为此，需要借助居中协调者的力量采取必要的手段对行政权力进行监督，防止其滥用。而检察机关作为法律监督机关，是国家权力结构中重要的一环，承担着维护社会公共利益、国家利益的天然职责，由检察机关担任居中协调者的角色对行政机关进行法律监督，有利于行政机关提升合规意识，及时改进行为方式，提高行政行为的可预期性，防止行政权力的滥用。

（四）检察机关参与社会治理的有益探索

长期以来检察机关习惯运用公诉权、侦查监督权、民事行政诉讼监督权等司法化治理方式对公安机关侦查活动、法院诉讼活动进行监督。然而，由于检察机关在司法化治理方式的启动上是被动的，容易因逐案审查而碎片化，难以在全局上对行政权的运行形成影响。为弥补司法化治理方式的局限，检察机关有必要在行政检察工作中探索联席会议、法制宣传、信息数据共享等非司法化治理方式的运用。这些非司法化治理方式所具有的启动方式主动性、手段灵活性和多样性等优势，可以有效弥补司法化治理方式在参与社会治理的深度和广度上的不足，提升检察机关参与社会治理的能力和质效，这有助于形成科学有效的社会治理体系。

三、寓支持于监督：探索行政检察与公益诉讼

张军检察长指出，要牢牢把握检察工作新的时代坐标，充分发挥法律监督职能作用，在法律监督工作中与其他执法司法部门形成良性、互动、积极的工作关系。这就要求检察机关在行政检察监督和公益诉讼的过程中，一方面要通过行政违法通知书、检察建议、行政公益诉讼等职能强化法律监督；另一方面也要运用沟通协调机制，处理好检察机关与行政机关的关系。

上海市黄浦区检察院为更好发挥行政监督职能，将行政检察监督纳入黄浦区依法治区整体工作，并在区依法治区领导小组办公室下设置黄浦区行政检察监督办公室，由区委常委、政法委书记和区检察院检察长共同担任办公室主任。试点以来，上海市黄浦区检察院立足检察职能，充分依托行政检察监督办公室的平台作用，对行政检察监督、公益诉讼等工作进行了多方探索，取得了一定的成效。

（一）明确总体目标

行政检察监督办公室紧紧围绕涉及社会公共利益、关系民生焦点的重点事项，通过行政检察监督，促进本区各行政部门依法行政、推进黄浦区法治政府建设；通过完善行政手段与司法手段相衔接的治理模式，提升行政执法机关与检察机关的相互协助、配合和支持，提升区域化治理水平及实际成效，为进一步推进依法治区、促进法治城区建设提供基础保障。

（二）树立“寓支持于监督”的监督理念

上海市黄浦区行政检察监督办公室树立“寓支持于监督”的监督理念，一方面建立联络机制、备案机制等多项机制，积极加强与各行政执法部门的沟通交流，做好支持、服务、保障依法行政各项工作；另一方面明确行政检察监督和公益诉讼的适用范围、监督方式、支持行政执法等内容。

（三）稳步推进行政检察监督和行政公益诉讼

第一，与行政执法部门建立沟通协作机制。（1）建立信息共享机制。上海市黄浦区检察院借鉴成熟经验结合区域实际，建立“行政执法与行政检察信息共享平台”，将该平台的数据资源服务于行政检察监督和公益诉讼案件线索的获取，为监督案源线索发现、分析直至程序启动提供强大的智能辅助。（2）建立联席会议机制。为加强与行政执法机关的联系沟通，行政检察监督办公室发挥“服务平台”和“桥梁纽带”作用，建立联席会议制度，召集成员单位定期参加联席会议，相互通报行政执法监督工作开展情况，实现案情互通、信息共享。

第二，做实行政检察监督。行政检察具有“一手托两家”的功能，承担着监督法院公正司法和促进行政机关依法行政的双重责任。上海市黄浦区检察院充分利用行政检察监督办公室的平台优势，一方面，探索建立履职中发现行政机关违法行使职权或不行使职权的监督机制；另一方面，推进行政非诉执行监督专项活动，与法院建立协作机制，实现违法情形监督全覆盖，灵活运用督促履职、检察建议等多种方式，推动司法权与行政权的良性互动。同时，积极参与社会治理，对监督过程中发现的社会治理方面的问题进行分析研判，查找问题之根源，并研究解决良策，向有关部门提出加强社会治理的检察建议，推动多元化监督格局的内涵式发展。

第三，做好行政公益诉讼检察监督。（1）结合区域实际加强公益保护。重点围绕医疗美容、食品安全、国资保护、消防安全四个领域，聚焦行政机关违法行使职权或不作为造成对国家和社会公共利益侵害的事件和线索，探索行政公益诉讼对行政违法行为和行政强制措施监督的有效途径。（2）充分发挥诉前检察建议的作用。牢固树立通过诉前程序实现维护公益目的是司法最佳状态的理念，用好诉前检察建议这一法定监督方式。规范检察建议的办理程序、形式内容、跟进监督以及成效评估、诉讼衔接等各个环节，深入探索检察建议公告、宣告制度和向党委、人大报告检察建议落实情况制度。以解决问题为目标，通过开展联席会议、联合约谈、现场协调、公开听证等多种形式，促进诉前程序的司法化，增强检察建议的刚性、精准性和可操作性。

区分不同“案型”提升行政检察监督质效*

梁春程**

行政检察是“四大检察”中的重要组成部分，经过30年的发展，已经形成以裁判结果监督、审判违法行为监督和行政执行监督为主体的多元化监督格局。其中裁判结果监督兼具“民告官”的诉讼特点和“一手托两家”的监督功能，与行政纠纷解决和公民权利救济的关联度最大，是行政检察的重点和难点。为做实行政检察工作，上海检察机关在常规监督的基础上提出裁判结果监督精准化的办案机制，通过案件繁简分流和审查方式创新，形成简案快审、繁案精办、类案深挖的办案模式，有助于提升监督办案质效。

一、简案快审，突出监督效率

裁判结果监督案件一般经过行政复议、行政诉讼一审或者二审、再审等程序，为优化办案资源配置，可以对案件事实清楚、权利义务关系明确、争议不大的案件适用简案快审程序，重点做好释法说理、息诉服判工作，减少当事人诉累。

具体来说，对于下列六类案件，如果案件事实清楚、权利义务关系明确、争议不大的，可探索适用简案快审：（1）一审法院适用简易程序审理的行政诉讼案件；（2）申请监督行政案件涉及款额2000元以下的；

---

* 原文载《检察日报》2019年9月17日。

** 梁春程，上海市嘉定区人民检察院检察官。

（3）属于政府信息公开案件的；（4）仅对适用法律有争议的；（5）群体性案件，涉及同一事由同一诉请，经审查已对一起案件作出不支持监督申请决定后，其他申请案件可适用简案快审；（6）其他需要简案快审的案件。

简案快审“快”在以下三个方面：（1）缩短办案时间。按照《人民检察院行政诉讼监督规则（试行）》第12条规定：“人民检察院受理当事人申请监督的案件，应当在三个月内审查终结并作出决定，但调卷、鉴定、评估、审计期间不计入审查期限。有特殊情况需要延长的，由本院检察长批准。”上述被纳入简案快审的裁判结果监督案件，审查办案期限可缩短为两个月。（2）简化法律文书。对适用简案快审案件，撰写审结报告应简明扼要，必要时可采用表格式、要素式等方式撰写。（3）完善审限中止、延长等流程审批条件。对审限中止、延长等条件严格适用，加强流程监控和后续跟踪。

二、繁案精办，突出监督质量

申请裁判结果监督案件属于重大疑难案件、有影响案件、公众媒体关注案件、上级机关指令办理的案件、新类型案件的，承办检察官不得简化审查程序，必须严格按照行政诉讼监督规则开展工作，精细审查，充分调查，通过亲历性、司法化、多元化的办案方式，确保监督质量。

具体来说：第一，坚持“五见面”制度。检察官在审查案件过程中应当调取行政卷宗和审判卷宗，开展精细化阅卷审查。同时还应积极行使调查核实权，坚持与当事人（律师）见面、与行政机关（律师）见面、与法官见面。如涉及鉴定、评估等内容，还应当与鉴定人、评估人见面。如上述人员不同意见面，检察官可以采用电话、传真、电子邮件等方式对当事人进行询问，并记录在案。第二，探索公开听证制度。程序公正是法的正义存在形式之一，经由公正的法律程序才能体现法的正义。否则，即使目的正当，也容易引起争论，从而造成执行上的阻碍。

实践中，部分行政案件中行政机关的行政行为虽然被法院维持，但行为本身确实存在一定瑕疵。检察机关组织公开听证，邀请人大代表、政协委员、专家律师、人民监督员参加评议，既给申请人一个阐述自身意见的透明、公正、平等的平台，也能集思广益帮助申请人实现权利救济，促进行政机关依法行政，即使其申请最终没有得到支持，息诉罢访的效果也会有很大的提升。第三，借助外脑，精准研判。实践中，行政诉讼监督案件涉及行政管理的范围广、类型多，尤其是劳动和社会保障、建设规划、不动产登记、房屋征收补偿、金融、知识产权等类型和领域，法律性、专业性很强，检察机关需要发挥行政检察专家咨询论证委员会作用，探索专家辅助办案机制，对案件精准把脉、精准研判、对症下药，提升行政检察监督意见的精准性。

三、类案深挖，突出监督效果

行政诉讼监督案件整体规模不大，强化精准监督，还需要深入挖掘监督案件背后存在的执法规范、法律适用等问题，在办理引领性、典型性、影响性案件上下功夫，实现“办理一批案件、规范一个领域”的监督效果。

具体来说：一是重点标识，全面检索。建立检察官检索及报告机制，检察官在办理行政诉讼监督案件时应当对申请人、诉讼案由、行政单位、行政领域、行政行为等进行标识，并在检察系统内外进行类似案件检索，并将检索情况在审查报告中如实记录，做到办案尺度统一、监督标准统一，防止出现同案监督结果不一的情况。二是内部联动，类案联审。在对审判程序中审判人员违法监督案件、执行监督案件的个案开展行政检察监督同时，对于其中涉及行政诉讼裁判结果监督案件的线索应注意归集、分类，分析研判。通过向人民法院和有关行政机关发送类案检察建议、白皮书、年度报告等制度机制，归纳行政诉讼监督的特点与难点，梳理在监督中发现的行政审判和行政执法存在的问题，提出改进措施，加强总结宣传，扩大监督影响。三是上下一体，精准跟进。由于法律规定行政案件需经过再审后检察机关方能受理，兼之近年来法院对行政案件进行集中管辖，裁判结果监督案件基本上都集中到市级院层级以上检察院，呈现上下级“倒三角”分布的特点。针对这种情况，可以建立下级院辅助上级院办案的工作机制，缓解上级院办案压力。基层检察院通过制发再审检察建议、检察建议开展行政诉讼监督活动的，上级院应当及时介入和指导，对于未取得监督效果的一类案件，上级院应当跟进监督，归纳问题，统一协调，真正做到通过精准监督把行政检察的“门牌”立起来。

完善对基层人民法院行政非诉执行检察监督途径的思考*

姜广俊　张西明　刘　玲**

一、基层人民法院行政非诉执行存在的问题

行政非诉强制执行是行政机关以国家强制力为后盾，保障行政决定实现的最后一道防线。实践中，基层人民法院在行政非诉执行工作中存在的消极行为，使得行政非诉执行的作用大打折扣，也损害了行政权威。主要表现在：

（一）该受理不受理现象普遍存在

在行政机关申请强制执行时，基层人民法院常以案多人少、人员紧

* 原文载《中国检察官》2019 年第 23 期。

** 作者单位：山东省滕州市人民检察院。

张为由对行政机关符合条件的执行申请不予受理。以某基层人民法院为例，2017年至2018年，国土资源部门向人民法院申请非诉行政执行的违法占用土地案件461件，涉及违法占地369.58亩，该院均未受理。基层人民法院往往对行政机关的强制执行申请在期限内该受理而不受理，也不说明不予受理的原因，更不出具不予受理裁定，使行政非诉执行规定成了法律白条。

（二）仅作出裁定却不执行，裁定实为“一纸空文”

大量行政机关申请强制执行的案件，人民法院虽按期作出裁定，但大多未实际执行，裁定作出后就束之高阁，成为“一纸空文”。在某基层人民检察院近年监督的27件行政非诉执行案件中，人民法院作出裁定但未实施执行的案件就有18件。

（三）结案随意，缺少监督

行政非诉执行案件不仅涉及当事人利益，更多案件还涉及国家利益和社会公共利益。案件可以和解方式结案，但前提是不损害公共利益和他人合法权益。实践中，违法执行和解、滥用终结本次执行程序、消极执行、选择性执行等问题大量存在。如在某基层人民检察院发现的人防办申请强制执行的人防易地建设费收取案件中，就存在行政机关与建设单位私自协商降低收费标准，申请撤销案件的情形。

（四）案件久拖不结，情形严重

人民法院受理行政非诉执行案件后，应当在30日内对具体行政行为的合法性进行审查，并就是否准予强制执行作出裁定，执行期限一般为3个月。但现实中，人民法院已受理的行政非诉执行案件存在大量超期办理、久拖未结等情形。由于案件放置太久，往往错过执行最佳时机，可能最终将无法执行到位，导致国家利益或社会公共利益遭受损失。

上述问题在基层司法实践中普遍存在，因行政机关不申请、法院不受理或行政裁定作出后没有执行等各种原因导致环保、国土、食药、综合行政执法等领域的行政处罚或其他行政决定未得到实际执行的是一个庞大的体量，行政权威、司法权威受损不言而喻。

二、存在问题的原因分析

（一）人民法院有效监管缺失

在基层人民法院，普遍存在行政庭案多人少的矛盾，加之受结案率考核指标的影响，行政机关移送人民法院执行不积极，移送后人民法院受案、结案不主动，不予受理、受理后仅作出裁定，无实际执行情形多发。很多情况是，行政机关推说案件已移送人民法院强制执行，但实际上人民法院却没有受理案件，案件是否实际执行，落到了空挡。

（二）“裁执分离”不到位、执行主体不明确

从最高人民法院的相关司法政策看，裁判与执行分离分为内部“裁执分离”和外部“裁执分离”两种情形。内部“裁执分离”，是行政机关申请强制执行后，人民法院行政庭负责作出裁定，执行机构负责具体执行。外部“裁执分离”，即行政机关申请强制执行后，人民法院裁定准予执行的，交由行政机关或者人民政府负责组织实施。根据《山东省高级人民法院关于依法推进不动产非诉行政执行案件“裁执分离”的意见》的规定，行政机关向人民法院申请强制执行房屋、建筑物、设施等，实行外部“裁执分离”，除此之外实行内部“裁执分离”。仅就内部“裁执分离”而言，不少法院存在行政庭与执行机构相互推诿现象。实践中，外部“裁执分离”和内部“裁执分离”的执行不到位，成为行政机关和人民法院相互推诿责任的理由，导致大多数行政非诉执行案件无果而终。

（三）对社会公益不关注

一般非诉执行案件都涉及财政收入等国家利益或者社会公共利益，损失公益一般对行政机关和个人都没有具体影响，无论人民法院是否受理、是否裁定或者是否执行，往往无人关注、缺乏监督。

（四）监督环节不完整

长期以来，检察机关对行政非诉执行的监督视角一直停留在人民法院的“受、裁、执”环节，对行政机关普遍存在的催告不及时、申请执行不积极、移送材料不规范等诸多问题，并未纳入行政非诉执行检察范围，对行政机关法律监督缺位。

（五）检察监督刚性不足

按照法律规定，对人民法院的执行监督一般是向人民法院发出检察建议，但却未赋予检察建议刚性，一旦人民法院不采纳或不及时采纳、不纠正或不及时纠正的，检察工具箱内可用工具甚少，检察监督效果虚化。而仅对事监督，无对人制约，也使得法官不重视，同样的问题屡次监督屡次再犯。

三、做实基层行政非诉执行检察的思考

长期以来，行政非诉执行被排除在行政诉讼监督的范围之外。2018年2月8日，最高人民检察院印发《全国检察机关民事行政非诉执行监督专项活动实施方案》，明确人民法院对行政非诉执行申请的受理、审查、裁决和执行行为都是检察监督的对象。行政非诉执行监督是当前基层人民检察院行政检察工作的重要组成部分。行政非诉执行检察监督具有“一手托两家”的功能作用，如何加强这一监督，需要结合实践进行思考。

（一）拓展和加强对行政机关非诉执行申请和实施的监督

对行政机关申请强制执行、自行强制执行的监督，目前存在认识分歧。有人认为，行政机关已经生效的行政处罚未及时申请执行，或者对行政机关申请法院强制执行后，法院裁定由行政机关强制执行而行政机关未及时执行的，是政府的执行活动，不属于法院委托的司法活动，实质上还是行政行为，应当执行而不执行当然存在违法性，性质上属于职

务违法，依法应当属于监察委的监督范围。有人认为，行政机关作出处罚后该催告不催告，该申请执行不申请的，检察机关可以提出检察建议。笔者认为，行政非诉执行监督本质上是对人民法院执行活动的监督，应立足对人民法院行政非诉执行的受理、审查、裁定和实施进行监督。然而，对人民法院行政非诉执行的监督必然涉及行政机关，审查行政机关申请执行的行政行为的合法性、规范性。因此，检察机关对行政非诉执行监督必然会延伸至对行政机关的监督。监督内容包括：该催告不催告，该申请不及时申请，或者不该申请而申请；人民法院裁定由行政机关强制执行而不执行；行政机关自身具有强制执行权而怠于执行、违法执行等情形。结合个案办理，还可以跟踪监督行政机关行政行为的实施情况，如是否存在该处罚不处罚、该催告不催告等情形。符合公益诉讼条件的，可以向行政机关提出诉前检察建议。发现行政公职人员违法乱纪的，将有关线索移送纪检监察机关。

（二）全面监督人民法院对行政非诉执行案件的受理、审查、执行

一是强化入口监督。《行政强制法》第 56 条规定，人民法院接到行政机关强制执行的申请，应当在 5 日内受理。对行政机关作出的行政行为，当事人不履行、不起诉的，重点审查行政机关是否申请人民法院强制执行，已申请强制执行的，审查人民法院是否有该受理而不受理情形。

二是强化合法性监督。《行政强制法》第 58 条规定了“实质审查”，即审查“合法性”。对申请强制执行的案件，监督人民法院是否在裁执前，对行政行为的合法性进行了审查，避免具有实体和程序瑕疵的具体行政行为进入执行程序。对诸如征地拆迁、责令停产等社会影响大、涉及人数多的行政非诉执行案件以及可能作出不予裁定的案件，要求人民法院启动听证审查程序。

三是强化案件程序监督。程序监督在行政非诉执行案件中重点是执行期限监督，最高人民法院《关于人民法院办理执行案件若干期限的规定》第 1 条规定，非诉执行案件一般应当在立案之日起 3 个月内执结。

对该类案件监督，重点审查人民法院是否在法律规定的期限内执结。

四是强化执行监督。行政处罚决定书中对金钱处罚的内容一般由人民法院依法受理并裁定执行，通常也由人民法院执行，而对非金钱行政处罚内容则更多实行“裁执分离”。在该环节，将金钱处罚是否执行到位作为对人民法院执行环节重点审查内容。

（三）多措并举，提升检察监督刚性

一是坚持办案模式与办事模式相结合。检察建议是行政非诉执行监督的主要方式，个案审查、类案监督、制发社会治理检察建议坚持实行“案件化”办理。根据实际情况，着眼促进类案问题解决，从个案办理入手，形成有原因分析、有对策建议的调研报告，推动相关问题从体制机制上得以破解。

二是坚持事后监督与事中介入相结合。在对行政相对人人身、财产权益或者国家利益、社会公共利益很大可能造成不可逆损害的情形下，可以通过中止执行检察建议进行“事中介入”。如准予拆除的“违法建筑”包含合法建筑的，可以发出纠正违法的检察建议，同时建议中止执行。一般基于人民法院邀请或当事人请求，可以对重大、疑难、复杂案件进行现场监督，发现问题适时提出纠正意见。

三是坚持非诉方式与诉讼方式相结合。行政非诉执行监督属于执行活动监督范畴，可通过联合督办、跟进监督等多种途径增强检察建议的刚性，也可以对接行政公益诉讼实现监督。

四是坚持非刑事路径与刑事路径相结合。开展监督中，注重借助或者督促人民法院运用法律手段，运用信用联合惩戒、限制高消费、限制或禁止行业准入等失信联合惩戒措施，促使被执行人自觉履行义务。对于有能力履行而拒不履行的，督促人民法院依法采取强制措施，情节严重构成犯罪的，依法追究刑事责任。对国家机关工作人员涉嫌执行判决、裁定失职或者滥用职权，或者其他职务犯罪，按照管辖权限立案侦查或者移送案件线索。

补强行政检察短板　增强法律监督实效*

程学峰　贾瑞捧**

随着新时代社会主要矛盾转化，人民群众对民主、法治、公平、正义、安全、环境等方面的更高需求，不仅体现在刑事案件中，还体现在民事行政案件里。针对基层行政检察工作存在的问题，基层检察院应当“补短板，强弱项”，遵循行政检察工作的特点和规律，综合运用各种监督方式，增强法律监督实效，达到办理一案、教育一片的效果。

以内设机构改革为契机，优化队伍结构，强化队伍素质，完善专业化的队伍管理机制。第一，基层检察院在内设机构改革时，应根据实际情况成立相应的行政检察办案机构，在制度上刚性保障基层行政检察工作机构设置。第二，为行政检察部门配备充足的人员，将一些法理水平高、年富力强的检察人员充实到行政检察部门，为做实行政检察工作奠定人力资源基础。第三，建立分层次的专业化培训模式，强化行政检察队伍素质。第四，树立“开放共享理念”，用好“外脑”，聘请有法律背景的人大代表、政协委员、律师等领域专家成立“行政检察专家小组”，采用咨询、听证、专家论证会的方式开展工作，提升办案质量。

以推动“四大检察”全面协调充分发展为契机，加大行政检察宣传，化解基层行政检察线索匮乏的瓶颈。第一，继续开展“宣传月”活动，深入社区、乡镇，进院入户，现场接待群众来访和法律咨询，发放行政

* 原文载《检察日报》2019 年 6 月 2 日。
** 作者单位：河北省鸡泽县人民检察院。

检察宣传资料，宣传和推介行政检察职能，让老百姓更直观地了解行政检察工作内容、流程，增强基层群众对行政检察工作的知晓度，扩大行政检察影响力，吸引当事人选择检察监督的途径。第二，召开民营企业家座谈会，了解民营企业对法律的企求，制定方案，充分发挥行政检察职能，服务和保障民营经济健康发展。

以推进全面依法治国战略布局为契机，逐步推动立法，有效解决行政检察建议刚性不足问题。第一，立足自身，树立双赢多赢共赢理念，与法院建立协调机制。行政检察工作是检察工作的传统薄弱环节，应当树立双赢多赢共赢的理念。一是行政检察官要苦练内功，增进行政检察文书的说理性和公开性，以过硬的政治素质、法律素养和品德操守赢得法官、当事人以及社会各方面的认同和尊重。二是与法院建立协调机制，通过充分协商，会签相关行政检察办案文件，从而理顺检法两院的关系，达到共赢的效果。三是采用公开宣告的形式送达检察建议，邀请人大代表、政协委员及相关人士参加，检法两院可以就检察建议进行公开论证，既增加了检察建议的刚性，又达到了多赢的效果。第二，争取外援，建立重大案件汇报制度，由人大出台支持行政检察工作的决议。一是构建和完善行政检察工作报告制度，遇有重要、敏感线索及案件，及时向人大常委会报告，争取人大支持，并将检察建议的落实情况定期向人大反馈，借力人大监督增强行政检察的刚性。二是定期向人大汇报行政检察工作，努力让人大代表理解和支持行政检察工作，条件成熟后，提请人大出台支持行政检察工作的决议，形成规范性文件，增强行政检察监督的刚性。

行政检察理论研究进展评述与展望

关于做实新时代行政检察工作的思考*

张相军**

行政检察是检察机关法律监督职能的重要组成部分，它与刑事检察、民事检察、公益诉讼检察共同构成“四大检察”并行的法律监督格局。2019 年是最高人民检察院行政检察部门分设后的开局之年，如何坚持以人民为中心的发展思想，按照“讲政治、顾大局、谋发展、重自强”的检察工作总要求和“稳进、落实、提升”工作基调，做实新时代行政检察工作，实现行政检察工作良好开局，为法律监督职能全面协调充分发展贡献行政检察力量，为人民群众提供更优更实更好的行政检察产品，是全国检察机关行政检察人员必须认真思考的重大课题。

一、清醒认识行政检察工作面临的新形势新挑战，下大气力补齐行政检察短板

行政检察的核心是行政诉讼监督，贯穿行政诉讼活动全过程，既有

---

* 原文载《中国检察官》2019 年第 7 期。

** 张相军，最高人民检察院第七检察厅厅长。

结果监督，也有程序监督；就其功能来说，是“一手托两家”，既监督人民法院公正司法，又促进行政机关依法行政。中国特色社会主义进入新时代，人民群众的民主意识、权利意识、法治意识越来越强，对公正司法、依法行政的要求越来越高，检察机关必须适应新形势新要求，下大气力尽快补齐行政检察短板，实现“四大检察”全面协调充分发展。

一是贯彻落实党中央全面依法治国重大部署，行政检察不能缺位。党的十九大对新时代推进全面依法治国提出新任务，描绘了2035年基本建成法治国家、法治政府、法治社会的宏伟蓝图。2018年8月和2019年2月，习近平总书记主持召开中央全面依法治国委员会第一次、第二次会议并发表重要讲话，对推进全面依法治国提出明确要求。检察机关作为国家专门的法律监督机关和重要的司法机关，理应充分发挥包括行政检察在内的法律监督职能作用，为推进全面依法治国贡献检察智慧和检察力量。

二是推进法治政府建设，行政检察责无旁贷。依法治国的核心、重心和难点是依法行政。推进全面依法治国，法治政府建设是重点任务。2019年全国两会上，李克强总理在政府工作报告中强调：“坚持依法全面履职。深入贯彻依法治国基本方略，严格遵守宪法法律，把政府活动全面纳入法治轨道……全面落实行政执法责任制和问责制，对一切违法违规的行为都要坚决查处，对一切执法不公正不文明的现象都要坚决整治，对所有行政不作为的人员都要坚决追责。”检察机关作为国家的法律监督机关，要发挥“一手托两家”的作用，在推进法治政府建设，促进依法行政方面发挥更大的作用。

三是适应人民群众新需求，行政检察急需加强。党的十九大指出，我国社会主要矛盾已经转化为人民日益增长的美好生活需要和不平衡不充分的发展之间的矛盾。当前，人民群众对公平正义的需求已在行政案件中得到越来越多的体现，近几年检察机关受理的行政申诉案件大幅度上升。2017年法院审结的行政案件是2013年的2倍，同期检察机关受理的行政申请监督案件也上升了 86.9%。满足人民群众新时代的新需求，让人民群众在每一起司法案件中感受到公平正义，行政检察必须积极适应，主动跟上，有效供给。

四是检察机关内设机构改革，为行政检察工作创新发展带来重大机遇。2018 年底，最高人民检察院党组认真贯彻落实党的十九届三中全会精神，把内设机构改革作为检察工作创新发展的突破口，针对民事、行政申诉持续上升，监督案件大量积压的实际，为着力解决“重刑事轻民行”问题，分别设立民事、行政检察机构；同时忠实于公共利益代表的嘱托和法律赋权，落实中央全面深化改革委员会第三次会议精神，专设公益诉讼检察机构，延续多年的民事行政检察部门一分为三，被社会各界誉为改革开放 40 年来检察机关内设机构前所未有之大变革，是系统性、重塑性的改革，是战略性调整。这为新时代行政检察工作创新发展提供了重大机遇。2019 年的全国两会上，全国人大通过的《关于最高人民检察院工作报告的决议》也第一次对“四大检察”全面协调充分发展提出了要求。但同时，我们也要清醒地认识到，行政检察的现状目前还处于短、弱、小、冷的阶段。正如张军检察长指出的，在整个检察工作中，行政检察是“短板中的短板”“弱项中的弱项”。无论是理念还是实践，包括重视、投入程度，相比其他检察业务都有明显差距。可以说，其他检察监督工作已经到了“好不好”的阶段，而行政检察总体仍处于“有没有”的阶段，多数地方检察院有职能、无业务、无案件。具体来说：一是短，行政检察在检察机关是短板中的短板。一直以来，民事行政检察都是检察机关的薄弱环节。在 2018 年最高人民检察院内设机构改革之前，民事检察、行政检察、公益诉讼检察三项职能由民事行政检察厅一个部门来负责，而刑事检察部门则有很多。即使在民事行政检察部门内部，行政检察更是短板。比如，最高人民检察院原来的民行厅有七八个处，但只有一个处负责行政诉讼监督，而且这个处还要办理大量的民事检察案件。二是弱，主要是行政检察力量弱。人员配备弱，最高人民检察院2018年以前负责行政诉讼监督的业务处仅有3人，不少基层院甚至地市级检察院都没有专门的行政检察办案组和人员，不少从事行政检察工作的同志专业能力弱，理念更新慢，缺少行政法律背景。三是小，行政检察业务规模小。行政诉讼案件本身体量就小，2013年至2017年法院审结一审行政案件91.3万件，同期刑事案件445.1万件、民事案件3139.7万件。法院行政案件与民事案件的比例是1∶34。2018年，全国检察机关受理各类行政诉讼监督案件1.77万余件，受理各类民事诉讼监督案件10万余件，二者的比例约为1.8∶10。从提出监督意见的数量看，2018年全国检察机关提出行政抗诉仅117件（提出民事抗诉4000件），法院同期改判19件；提出再审检察建议90件（民事再审检察建议4000件），法院同期采纳23件，采纳率约为25.6%；审判违法行为监督和执行活动监督检察建议，行政监督是7000件，民事监督是4万件。四是冷，行政检察是检察工作中的冷门，不为人知。提起检察院，过去很多人知道有公诉、批捕等。很少有人知道行政检察，即使在法律界甚至检察机关，也有很多人不了解行政检察。

张军检察长在全国检察长会议上强调，要以“稳进、落实、提升”；作为2019年检察工作基调。这完全符合党中央和人民群众对检察工作的新要求，完全符合检察工作实际。坚持这一工作基调，对于破解行政检察难题，着力改变“短弱小冷”局面也具有重要指导意义。具体到行政检察工作来说，“稳进”，就是要坚持为大局服务、为人民司法，全面履行好法律赋予的行政检察职能，同时积极探索发挥行政检察在促进依法行政方面的新作用。“落实”，就是要把中央的决策部署和最高人民检察院党组的要求在行政检察工作中不折不扣予以贯彻落实，确保各项部署落地见效。“提升”，包括监督理念的提升、监督能力的提升、监督质效的提升。广大行政检察人员要把智慧和力量凝聚到落实检察工作主题上来，清醒认识行政检察工作面临的新形势新挑战，下大气力补齐行政检察短板，为“四大检察”全面协调充分发展贡献行政检察力量。

二、坚持以理念变革为引领，为做实行政检察工作谋实策

行政检察的核心是行政诉讼监督。自 1989 年我国行政诉讼法颁布以来，行政诉讼监督从无到有经历了 30 年的发展，形成了以裁判结果监督、审判违法行为监督、行政执行监督三大监督为主体的多元化监督格局。可以说，行政诉讼监督是检察机关的传统业务。传统业务在新时代如何创新发展，是我们必须破解的重大课题。30 年来行政检察的发展实践表明，改变短板和弱项的现状，不仅要着力解决精力投入、人力配备和能力提升方面的问题和不足，更要在更新监督理念上下功夫。理念是行动的先导。理念一新天地宽。理念更新跟不上时代的发展，再多的精力投入，再多的人力配备，也都不会产生应有的效果。检察机关反贪转隶、职能重大调整后的检察实践表明，正是最高人民检察院党组鲜明提出了一系列适应新时代要求的新理念，有力提振了全系统的精气神，引领整个检察工作破题开局。法律监督职能全面协调充分发展、在办案中监督在监督中办案、精准监督、智慧借助、双赢多赢共赢等监督理念的提出，为行政检察工作创新发展注入了新动力。尤其是作为传统检察业务的行政诉讼监督工作，首先要以监督理念变革来引领。各地行政检察部门和办案组织都要按照最高人民检察院第七检察厅的要求，扎实开展“理念变革引领与做实行政检察工作”学习讨论活动，各级行政检察部门和广大行政检察人员要认真学习习近平总书记对政法工作、检察工作的重要指示精神，深刻领会和践行最高人民检察院党组关于全面协调充分发展、精准监督、智慧借助、双赢多赢共赢等新理念，深刻理解行政检察部门单设的战略意义，把这些理念融入血液，贯穿行政检察工作全过程，自觉用以指导实践、推动工作。

2019 年的全国检察长会议上，张军检察长着眼于推动“四大检察”全面协调充分发展，针对当前行政检察在整个检察工作中还是弱项和短板的实际，鲜明提出了“做实行政检察工作”的要求，为行政检察工作发展指明了前进方向。2019 年，我们将围绕做实行政检察工作的要求，

谋实策、出实招、求实效，全面做好各项行政检察工作。

一是深入开展“做实新时代行政检察工作”调研活动。正确的决策离不开调查研究，正确的贯彻落实也离不开调查研究。习近平总书记指出，“调查研究是谋事之基、成事之道”“是我们做好工作的基本功”。调查研究是对客观实际情况的调查了解和分析研究，目的是把事情的真相和全貌调查清楚，把问题的本质和规律把握准确，把解决问题的思路和对策研究透彻。各地检察机关行政检察部门要按照最高人民检察院第七检察厅的部署要求，组织开展好“做实新时代行政检察工作”调研活动，深入实际，深入群众，深入基层，广泛听取人民法院、行政机关、律师和人大代表、政协委员、专家学者等方面意见，准确把握全面深化改革、全面依法治国对行政检察工作提出的新任务，准确把握新时代人民群众对行政检察工作提出的新需求，全面了解人民法院行政审判、行政执行工作情况，多层次、多方位、多渠道地调查了解情况，摸清家底，把握规律，在此基础上研究谋划做实行政检察工作的思路和对策。

二是坚持以人民为中心的发展理念，自觉为大局服务，为人民司法。这是行政检察工作讲政治、顾大局的重要体现，也是行政检察工作的重要使命。要紧紧围绕稳增长、促改革、调结构、惠民生、防风险、保稳定，立足行政检察职能积极作为、精准服务。自觉将行政检察工作融入“五位一体”总体布局和“四个全面”战略布局，主动服务保障打好“三大攻坚战”“一带一路”建设、京津冀协同发展、推进长江经济带发展等党和国家中心工作。重点办理涉及扶贫救助、社会保障、土地林地管理、教育医疗卫生、知识产权、减税降费、治安处罚、违章建筑拆除等领域的行政诉讼监督案件。在助力防范化解重大风险方面，对那些可能引发社会稳定风险的重大行政诉讼监督案件，强化执法办案风险评估预警，探索行政检察官会同控告申诉检察官联合接访机制，坚决避免因办案释法说理不够引发重大信访风险乃至社会稳定风险。切实发挥“一手托两家”作用，建立行政检察年度报告制度，结合办理案件，每年分析行政诉讼和行政诉讼监督态势，分析监督工作中发现的行政审判和执行的特点及存在的问题，分析监督工作中发现的行政机关执法中存在的问题，总结行政检察工作中的好经验好做法，对促进依法行政、公正司法提出意见和建议，在监督人民法院公正司法的同时，在促进行政机关依法行政方面有更大作为，主动当好党委政府的法治参谋。

三是坚持以办案为中心，在办案中监督，在监督中办案，全面履行行政诉讼监督职能。行政检察的核心是监督办案，只有心无旁骛抓办案，一心一意谋监督，才是做实行政检察工作的正道。要综合运用抗诉、再审检察建议、检察建议等监督方式，全面协调履行裁判结果监督、审判违法行为监督和执行监督等行政诉讼监督职能。行政诉讼监督政治性、法律性、专业性都很强，涉及行政管理领域广，涉及法律法规点多面广量大，必须坚持依法监督的原则，运用法治思维，把握监督边界，特别是要把法律适用的审查监督放在突出位置，严格执行程序规定、监督规则和法律适用规则，守住法治底线。探索类案监督工作机制，结合办案，围绕重点领域和重点环节，有针对性提出意见建议，达到办理一案警示教育一片的效果。完善行政检察一体化机制，充分发挥上级院行政检察部门指导协调作用，建立行政申诉案件移送、职务犯罪线索移送反馈等机制，形成检察监督合力。突出加强案例指导，紧紧围绕案件审查、调查核实、法律适用、政策把握、监督跟踪等检察重点环节选编指导性案例和典型案例，发挥引领、示范和指导作用。

三、坚持问题导向，以求真务实作风和改革创新精神，着力推动解决行政检察工作面临的难题

当前补齐行政检察短板，还面临不少困难，还有不少人民群众反映强烈的问题和制约行政检察工作发展的痛点、难点。必须坚持求真务实的作风，弘扬改革创新的精神，采取针对性措施，着力攻坚克难。

一是强化精准监督，着力破解监督规模小，影响力小的难题。相对

于民事、刑事诉讼监督，行政诉讼监督案件规模小，这是客观现实。同时，因为规模小，一些地方检察院人均办案量相对较少，这也为精准监督提供了前提。要践行精准监督理念，健全以“精准化”为导向的行政诉讼监督机制，完善繁简分流办案机制，做到繁案精办、简案快办，提高行政诉讼监督质效，努力在办理引领性和典型性等精品案件上下功夫，做一件成一件，成一件影响一片。对重大疑难复杂案件，完善精细化阅卷审查模式，规范和加强调查核实权的运用；坚持智慧借助，建立和依托行政检察专家委员会制度，邀请法学专家、专家型法官、律师以及有法律背景的人大代表、政协委员参加评议、咨询和研判。对金融、知识产权等专业性较强的案件，探索行业专业人员辅助办案机制，善于借助外脑提高办案质量和效果。对政府信息公开案件、事实和法律争议不大的简单案件，要加快办案进度，做好释法说理、息诉服判工作，减轻当事人诉累。建立行政诉讼监督意见采纳情况跟踪和通报机制，及时掌握监督意见的采纳、落实情况以及未被采纳的原因，适时总结分析，对人民法院审理情况依法跟进监督。规范行政诉讼监督中检察建议的制作、审核、送达、反馈及质量、效果评估，增强检察建议的刚性，提高检察建议质量和效果。加强与人民法院、行政机关的沟通，充分运用政治智慧、法律智慧、监督智慧，依法履行行政诉讼监督职责，争取双赢多赢共赢。

二是深入推进行政非诉执行监督，着力推动解决行政裁判结果监督“倒三角”，基层院作用发挥难的问题。裁判结果监督是行政检察的重要职责，但由于法律规定和行政诉讼的特点，经过再审后的案件都集中到了市级以上检察院，基层检察院受理的裁判结果监督案件就很少，案件分布呈“倒三角”。2018 年，全国检察机关共受理 9000 多件裁判结果监督案件，全国 3000 多个基层检察院仅受理 442 件。在“民告官”案件中，基层院行政检察监督作用很难发挥。加之法院对行政案件实行集中管辖后，一些基层检察院在裁判结果监督方面更难有所作为。破解这一难题，关键是推动形成最高人民检察院、省级院、市级院以办理裁判结果监督案件为主，基层院以办理审判违法和执行监督案件为主，四级检察院各有侧重、全面履职的多元化行政检察工作格局。特别是基层检察院要把行政非诉执行监督作为重要抓手，作为解决基层院行政检察发挥作用难的突破口。目前，法院受理行政非诉执行案件总量已经远超行政诉讼案件总量，且此类案件一般由基层法院受理、审查、裁定和实施。行政非诉执行既涉及行政决定能否得到执行，又涉及行政相对人的合法权益保护，理应成为行政检察监督的重点。2018 年最高人民检察院部署了专项监督活动，取得了明显成效。2019 年要继续深化，特别是要围绕减税降费、国土资源、社会保障、环境保护、食品药品安全等重点领域，结合各地特点适时开展"小专项"监督活动，促进解决一些地方非诉执行难、执行乱的问题。

三是做好不支持监督申请后半篇文章，着力推动解决行政案件当事人诉求强烈，服判息诉难的问题。据统计，检察机关监督的行政案件中，90% 以上的审查结果是不支持监督申请。行政诉讼案件涉及当事人的切身利益，为达到改判的目的，当事人通常会穷尽一切手段。但是，由于当事人不会告、不信任国家机关，息诉就很难。有的当事人本身"不懂法"，又不愿意聘请律师代理，致使"不会告""告不准"，败诉后时过境迁，检察机关难以监督法院纠正。有的是不信任，行政案件解决的是"官"与"民"之间的纠纷，当事人对立情绪严重，想当然认为检察机关与法院、行政机关"官官相护"。有的是缺乏配套机制，法律不是万能的，纠纷的化解、问题的解决，需要方方面面的配合，但目前相关配套制度不够健全，很多问题难以得到彻底解决。要高度重视不支持监督申请案件的释法说理、息诉服判问题，落实执法办案风险评估预警机制，完善行政检察与控告申诉检察衔接机制，完善公开审查、听证机制，探索检察宣告制度，深化律师参与化解和代理工作，有效化解社会稳定风险。改进不支持监督申请考核评价机制，对通过释法说理促成和解的、息诉服判的、当事人不再要求复查的等不支持监督申请案件，在考核时给予正面激励。

四是探索行政检察前端参与社会治理机制，着力推动解决行政案件程序空转，行政争议实质性化解难的问题。尽管立案登记制改革后，行政案件立案难的问题得到一定程度缓解，但司法实践中行政案件诉讼程序空转的问题还比较突出。一些行政案件法院以超过诉讼时限、原告不适格、不属于法院管辖范围、没有具体诉讼请求、缺乏事实根据等为由，裁定不予受理或者驳回诉讼请求，案件经过一审、二审、再审等一系列诉讼程序后，始终没有进入实体审理程序，行政纠纷难以得到实质解决。有研究表明，法院办理行政案件中不予受案案件数占案件总量的近一半。据统计，程序空转案件申请检察机关监督的比例在一些地方达到70%。这些案件向检察机关申请监督后，由于没有实体判决，检察机关就很难纠正案件中的实体错误。行政诉讼制度的一个突出优势，就是“可以把政治性的权力制约问题和权力监督问题，技术性转化为法律问题、诉讼问题”。这实际上是引导和鼓励民众运用法律途径理性维权。但行政案件诉讼程序空转，使法定的诉讼之路举步维艰，不仅增加了当事人的诉讼成本，浪费了宝贵的司法资源，诱发了涉诉信访，更加严重的是稀释了司法公信力，损害了司法权威和法治权威。造成行政案件诉讼程序空转问题的原因，虽然有当事人不会告、告不准甚至滥用诉权的问题，但最根本的还是法律制度设计存在不足。我国行政诉讼制度是一种消极的司法型的诉讼制度，法院一般只能审查行政行为的合法性，不能审查正当性和合理性，只要行政行为在技术上合法，行政机关的自由裁量权的运用就不受法院审查；检察机关的行政诉讼监督也主要是针对行政诉讼活动，一般不能直接针对行政违法行为提出监督意见，尤其是检察机关的监督是在经过法院一审、二审、再审之后，本质上属于末端参与社会治理。破解行政案件诉讼程序空转难题，除了健全协商、调解、仲裁、行政裁决、行政复议、行政诉讼、行政检察有机衔接、互相协调、多元化的行政纠纷解决机制外，应当探索建立检察机关对行政违法行为的监督机制，使监督关口从目前的末端监督纠正，转向前端预防提醒，减少行政争议的发生，促进行政机关依法履职，严格规范文明执法，克服行政诉讼周期长的弊端。

五是着力解决专业化能力不足的问题。行政诉讼监督面临着行政案件经过多次审理，监督发现问题难；行政法律法规体系庞杂，法律适用难；行政申诉案件法律争议大，检法统一认识难等难题。这就需要行政检察人员有更高地发现问题的能力和水平，更高地正确适用和把握法律的能力和水平，更高地说服法官的能力和水平。仅就适用法律来说，行政法数量是我国各个部门法中最多的。除了法律外，还有大量的行政法规、地方法规、部门规章、地方规章和规范性文件等。截至 2018 年 10 月，除宪法外，我国现行有效行政法律 268 部，行政法规 757 部，地方性法规 12000 部。这些法律法规都需要对照甄别。落实重自强的要求，突出加强专业化建设，是做实行政检察工作的重要保证。当前行政检察队伍素质能力还不适应时代发展和办案需要，无论是专业素质、专业能力，还是专业思维和专业精神都还有不小的差距，可以说专业化建设是目前制约行政检察工作发展的最突出短板。落实好重自强的要求，就要首先从自身找差距，把专业化建设作为当前和今后一个时期加强行政检察队伍建设重中之重的任务来抓，通过苦练内功重自强，全面提升行政检察队伍整体素质和业务能力。要加强大教育培训规模，突出实战、实用、实效导向，围绕培养更强的专业素质、专业能力、专业思维和专业精神，加强分级分类培训、岗位练兵、实践磨砺，全面提升行政检察人员的法律政策运用能力、群众工作能力、防控风险能力、科技应用能力、舆论引导能力。充分运用好检答网，打造行政检察业务学习、研讨交流、业务指导的线上综合性平台，使广大行政检察人员养成办案遇到难题在检答网上查询、提问的习惯，提升职业素养，丰富办案知识，解决疑难问题。加强行政检察理论研究，尤其是对行政检察内涵与外延、职权配置与运行规律等重大问题的研究，为行政检察工作创新发展提供理论引领与支撑。

加强理论研究
为做实行政检察提供引领和支撑*

张相军**

在2019年初的全国检察长会议上，张军检察长强调，要加强对行政检察的内涵和外延、职权配置和运行规律等的理论研究。这些都对加强检察理论研究，构建行政检察理论体系提出了新课题新要求。

一、加强对行政检察的内涵与外延的理论研究，推动完善行政检察立法

行政检察的内涵与外延是构建行政检察理论体系的基础问题，决定着行政检察的对象和范围。行政检察可作广义和狭义两种意义上的理解。就广义的行政检察而言，基于检察机关作为法律监督机关的宪法定位，基于行政法的目的是约束和规范行政权力，应当研究和关注检察权监督行政权的制度与理论，包括行政诉讼检察监督、行政公益诉讼检察等。就狭义的行政检察而言，应当将行政检察限定为行政诉讼检察监督。目前“四大检察”中的行政检察，就是狭义的行政检察，其核心是行政诉讼监督，包括裁判结果监督、审判人员违法行为监督、执行监督（包括裁判执行监督和非诉执行监督）。但狭义的行政检察，突出问题是对行政权的监督“名不符实”，检察机关对法院是直接监督，而对行政机关则是

* 原文载《人民检察》2019年第15期。

** 张相军，最高人民检察院第七检察厅厅长。

间接监督，除行政公益诉讼涉及的特定领域外，检察机关对行政违法行为的监督主要是通过监督法院的行政审判和执行活动，以及通过延伸参与社会治理触角来间接实现的。行政违法行为检察监督未能在人民检察院组织法的修订中得以明确，表明对行政违法行为检察监督的理论研究仍需加强。行政检察理论研究应重点围绕行政检察在行政权监督体系中的地位和作用，与行政强制措施监督、公益诉讼检察的关系，以及行政违法行为检察监督的特点、对象、范围、程序、方式等问题，为完善行政违法行为检察监督立法提供理论支撑。

二、加强对行政检察职权配置和运行规律的研究，为构建独立的行政检察工作体系提供理论引领

构建独立的行政检察工作体系，应深化对行政检察职权配置和运行规律的认识，正确把握共性规律和个性特点，既要充分考虑行政诉讼作为传统的三大基本诉讼制度之一，首先属于诉讼的范畴，具有诉讼的性质和特征，遵循诉讼的一般规律；又要充分注意到行政诉讼不仅仅属于诉讼范畴，还是一身兼具三重身份的制度（解决行政争议的诉讼制度、对行政行为进行司法审查的行政法制监督制度、对合法权益受到侵犯的行政相对人进行救济的行政法律救济制度），具有行政法制监督和行政法律救济的性质和特征。既要遵循检察活动的共同理念和一般原则，包括遵循与民事诉讼监督相同的理念和原则，又要尊重行政活动的基本原则，遵守行政检察权设置原则和行使原则。目前在建立独立的行政检察工作体系方面面临的问题，主要是对行政诉讼与民事诉讼、行政诉讼监督与民事诉讼监督的共性关注多，对行政诉讼监督的独立性和特殊规律关注不够、研究不深，特别是对行政实体法律关系的规律和特点在行政诉讼监督中关注不足。一是行政实体法律关系中，行政主体和行政相对人处于不平等的地位，行政诉讼的原告是作为行政相对人的公民、法人或者其他组织，被告只能是作为行政主体的行政机关或者法律、法规授权的

组织，这是行政诉讼区别于民事诉讼和刑事诉讼的基本特征。二是行政诉讼的内容是解决行政争议，行政争议的起因是被告作出被行政相对人提出异议的行政行为，行政争议的解决是法院审查和确认相应行政行为是否合法。而民事诉讼则不同，民事争议的起因可以是双方当事人任一方的行为或某种法律事实，法院解决民事争议通常要审查原告、被告双方的行为，或双方争议的某种法律事实，而不是仅审查被告的行为，更不是仅限于审查被告行为的合法性。三是合法性审查原则是行政诉讼的本质属性，是我国行政诉讼的中心原则，是区别于刑事诉讼、民事诉讼的关键。行政诉讼表面上看也是原告、被告之间的争端，但本质上却是确认行政机关行使行政职权所作出的行政行为的效力问题。对行政诉讼规律认识的深化，有助于全面把握行政诉讼监督的规律，特别是确立正确的行政检察监督理念和监督原则。

在监督理念上，行政检察与民事检察一样，都要贯彻落实为大局服务、为人民司法，在办案中监督、监督中办案，精准监督，智慧借助，双赢多赢共赢等理念。但是也应当看到，除了这些共同的监督理念外，行政检察还应当有其独特的理念。一是能动监督理念应当是行政检察的基本理念。与民事检察不同，行政检察需要更加主动地履行职责，兼顾个体正义与整体正义。能动监督，主要体现在监督程序启动、监督工作方法的选择上，在维护社会公共利益方面需要更加主动地开展工作，包括强化依职权启动监督程序，加强调查核实权的运用等。二是穿透式监督应当成为行政检察的基本理念。与民事检察不同，行政检察“一手托两家”，既监督法院公正司法，又促进行政机关依法行政。基于穿透式监督的理念，无论对裁判结果监督还是对行政执行进行监督，都要注意透过审判行为与审判结果去监督行政行为的合法性，透过行政行为审查相应的行政法律关系的正当性。三是系统监督应当成为行政检察的基本理念。系统监督主要体现在判断标准上。与公共政策、公共目标、公共利益的高度相关性，是行政检察区别于民事检察的一个显著特征。行政诉讼监督的过程，就是统一运用法律工具平衡公益与私益、公权与私权的过程。因此，坚持系统监督理念，就要牢记平衡多重利益、多重价值、多重目标是行政检察的内在要求，更好地协调与审判机关、行政机关及行政相对人的关系。

在监督原则上，行政检察监督应当遵循检察活动的一般原则，如检察一体原则、正当程序原则、责权统一原则、客观公正原则、职权法定原则等。但需要注意的是，基于行政权作为公权力的性质和行政行为大多关涉公共利益的特点，这些通用于检察权运行各个领域的原则对于行政检察权的运行还具有特定的、特别的意义。一是检察一体原则的落实。基于基层检察院行政裁判结果监督案件量极少的实际，上级检察院在辖区内统一调配行政检察人员力量既可以解决自身案件量大的困难，也有利于为下级检察院培养行政检察人员。在法院对行政案件开展集中管辖的背景下，更需要加强不同地区检察机关之间的横向协作，以解决异地监督行政机关的难题。二是行政权的公共性与接受监督的广泛性，决定了行政检察权比民事检察权受职权法定原则约束的程度要低；行政行为的涉公益特点，要求检察机关更加重视依职权开展监督，同时依职权监督应当尊重行政规律与正当的行政裁量，尽可能在不影响行政机关正常工作的情况下开展，即便必须要行政机关予以配合，也应当使这种影响降到最低限度。

三、加强对行政检察参与社会治理的理论研究，充分发挥行政检察促进社会治理法治化、现代化的积极作用

社会治理既是对全社会的治理，也是全社会共同参与的治理。行政检察是新时代检察机关参与社会治理的重要途径。检察机关应主动融入共建共治共享社会治理新格局，研究行政检察参与社会治理的方式，推动完善风险防控机制和预防化解矛盾纠纷机制，推进法治国家、法治政府、法治社会建设。目前，可以从以下几个方面进行探索和实践：一是

坚持和发扬新时代“枫桥经验”。一方面，加强检察机关法律监督与其他行政纠纷解决机制对接；另一方面，在办理行政诉讼检察监督案件时加强对行政行为合法性的审查，对那些虽然法院裁判没有错误，但行政行为存在违法或者不当行为的，依法向行政机关发出检察建议，从源头上促进行政机关依法行政，减少行政争议。二是建立行政诉讼检察监督年度报告制度。三是结合办案促进依法行政和社会治理。对于在诉讼监督中发现的行政执法行为违法或不规范的问题，检察机关直接向行政机关提出检察建议，更有利于问题的尽快解决，促进社会治理。四是推行不支持监督案件申请公开听证和检察宣告制度。邀请人大代表、政协委员、人民监督员等参加，做好检察环节释法说理工作，有效化解行政争议和矛盾纠纷。

新时代行政检察未来发展六点思考*

应松年**

行政检察，是我国当前四大检察“刑事检察、民事检察、行政检察、公益诉讼检察”之一。人民检察院是国家的法律监督机关，按照行政诉讼法规定，人民检察院有权对行政诉讼实行法律监督。行政检察要围绕行政诉讼监督展开，或者说，行政检察的核心是行政诉讼监督。以行政诉讼监督为起点，针对目前行政检察较为短板的现状，从未来行政检察

* 原文见《新时代行政检察监督：“做实”的路径与方法》，载《检察日报》2019年9月9日。

** 应松年，中国法学会行政法学研究会名誉会长，中国政法大学终身教授。

全局发展的蓝图与战略布局，以下六个方面可以进一步深入研究：

第一，做强行政诉讼检察监督重点在落实。关于对行政诉讼实行法律监督，一直存在不同理解。有人认为，这仅是对从事行政诉讼活动的人民法院的监督。也有人认为，行政诉讼是一种三方关系，检察监督对象应该包括从事诉讼活动的人民法院和参与行政诉讼的行政机关和当事人。从实践情况看，之前，行政检察多是对法院行政诉讼活动的监督。从监督的内容看，行政检察也主要是对法院行政诉讼活动结束后的判决、裁定或调解是否有违法，从而提起抗诉或提出检察建议。行政诉讼案件与民事诉讼相比，数量上要少得多。因而，行政检察的抗诉量和检察建议量也就少很多。但也应当看到，实践中行政诉讼案件中有很多需要和应当抗诉和提起检察建议的案件，有待行政检察有效行使监督权。因此，做强行政检察，一个重要的方面仍在于如何落实行政检察在行政诉讼中对法院审判活动的监督。

第二，需全面梳理行政检察监督裁判外的范畴。从行政检察的内容看，行政诉讼活动涉及的内容显然并不限于裁判，如非诉强制执行等也都是行政检察的重要领域，需要进行全面、系统地梳理。

第三，从主体要素考虑行政检察空间。从行政检察的主体要素来看，把行政诉讼中的三方主体，包括法院、行政机关和当事人，都纳入行政检察的范围，以三方主体为原点考察行政检察业务职能，行政检察范围将在未来可以有很大扩展空间。

第四，探索行政检察通过更多方式促进行政机关依法行政。对行政诉讼的检察监督，其效果在于，通过推进正确行使审判职能，同时达到促进行政机关依法行政和建设法治政府的目标。这即是一手托两家的实质效果，既维护了司法公正，也监督和促进了依法行政。但是，在促进行政机关依法行政方面，除了通过维护司法公正为原点来促成外，行政检察未来可否通过其他方式直接来推动和促进行政机关依法行政、通过什么方式和程序，也是值得深入研究探索的领域。

第五，从行政机关法律活动类型化视角探索行政检察可介入的范围。行政机关的法律活动大致可分为三大部分，一类是制定规范，一类是执法，还有一类是解决争议纠纷。制定规范的活动，按层次而言，规范重点应在规章以下的一般规范性文件的制定，这一领域对公民权利的影响很大，但当前的行政检察尚未进入，可以进一步论证研究。行政执法的领域极为广泛，内容复杂，形式多样，亟须行政检察介入。尤其是那些对公民权利将产生较大影响的执法活动，有些可以在作出决定前介入，以防止出错；有些也可以在结束后作出评价，提出是否需要改正的建议。实践中某些地区，也有针对特定内容已经介入的，这种情形就需要及时总结经验。至于解决行政争议的活动，包括调解、裁决、复议等，都是可以也应该介入的范围。总之，行政检察对行政机关活动的监督，我们以前已有实践，目前最需要的是与行政机关一起总结经验，讨论下一步可以在哪些方面开展行政检察以及监督的内容、方式等。

第六，针对虚假诉讼、乱投诉，行政检察可否有所作为。行政诉讼中的另一方是公民，其实目前也有不少问题，如信息公开诉讼中存在大量乱投诉、某些虚假诉讼现象等。虽然法院已在采取多种措施，但行政检察是否可以作出反应，也是一个需要研究与解决的问题。

总之，新时代行政检察在当前仍有待进一步发展，仍需要解决大框架上的布局，在许多领域需要进一步梳理、扩展和深入。立足当前阶段，最重要的是要总结行政检察实践工作中的已有经验，研究如何具体地逐步扩展和深入规划，制定一条发展主线，围绕此主线来分阶段推进，包括立法规范、司法解释、与不同权力机构的衔接、机制的建立等。

后　记

目前，行政检察理论与实务研究还处于起步阶段，缺乏丰富而深厚的理论与实践根基，我们编写这部报告，试图为行政检察理论研究与实务工作提供一些扎实的参考。编写年度报告是一种新的尝试，报告中肯定有许多不足之处，恳请读者提供宝贵意见建议，以便我们在今后的年度报告中加以完善。

报告的编写工作自2019年底启动，尽管期间突如其来的新冠肺炎疫情打乱了许多工作和研究计划，但我们仍抓紧完成这项任务，历时半载，数易其稿，终于完成了这部现在呈现在各位读者面前的报告。

报告由武汉大学行政检察研究中心联席主任、最高人民检察院第七检察厅张相军厅长，武汉大学行政检察研究中心主任、武汉大学法学院秦前红教授共同拟定框架和审定书稿，最高人民检察院第七检察厅韩成军、邓烈辉、聂影、董擎、李知隆，武汉大学行政检察研究中心苏绍龙、陈家勋、石泽华，以及《国家检察官学院学报》编辑部赵丹等同志分工编写。在此，我们要衷心感谢各级检察机关为报告编写工作提供的生动实践素材，以及中国检察出版社为报告编写和出版工作提供的大力支持。

编　者

2020年7月